9급 공무원 영어 **시험대비**   동영상강의 www.pmg.co.kr

박문각 공무원

1위
박문각

2024

김세현 영어

단원별 기출문제

김세현 편저

기출로 합격까지!

이 책의 **머리말**

🧱 왜 기출이어야 하는가?

약간씩 차이는 있지만 기출은 무한 반복되고 있습니다. 따라서 기출문제는 철저한 분석이 필요합니다.

2022. 국가직 9급

우리말을 영어로 잘못 옮긴 것을 고르시오.

① 커피 세 잔을 마셨기 때문에, 그녀는 잠을 이룰 수 없다.
  → Having drunk three cups of coffee, she can't fall asleep.

② 친절한 사람이어서, 그녀는 모든 이에게 사랑받는다.
  → Being a kind person, she is loved by everyone.

③ 모든 점이 고려된다면, 그녀가 그 직위에 가장 적임인 사람이다.
  → All things considered, she is the best-qualified person for the position.

④ 다리를 꼰 채로 오랫동안 앉아 있는 것은 혈압을 상승시킬 수 있다.
  → Sitting with the legs crossing for a long period can raise blood pressure.

자릿값에 의해 준동사이고 crossing 뒤에 목적어가 없으므로 crossing은 crossed로 고쳐 써야 한다.

2019. 지방직 9급

밑줄 친 부분 중 어법상 옳지 않은 것은?

Each year, more than 270,000 pedestrians ① lose their lives on the world's roads. Many leave their homes as they would on any given day never ② to return. Globally, pedestrians constitute 22% of all road traffic fatalities, and in some countries this proportion is ③ as high as two thirds of all road traffic deaths. Millions of pedestrians are non-fatally ④ injuring—some of whom are left with permanent disabilities. These incidents cause much suffering and grief as well as economic hardship.

자릿값에 의해 준동사이고 injuring 뒤에 목적어가 없으므로 injuring는 injured로 고쳐 써야 한다.

2018. 국가직 9급

밑줄 친 부분 중 어법상 옳지 않은 것은?

Focus means ① getting stuff done. A lot of people have great ideas but don't act on them. For me, the definition of an entrepreneur, for instance, is someone who can combine innovation and ingenuity with the ability to execute that new idea. Some people think that the central dichotomy in life is whether you're positive or negative about the issues ② that interest or concern you. There's a lot of attention ③ paying to this question of whether it's better to have an optimistic or pessimistic lens. I think the better question to ask is whether you are going to do something about it or just ④ let life pass you by.

자릿값에 의해 준동사 자리이고 paying 뒤에 목적어가 없으므로 paying은 paid로 고쳐 써야 한다.

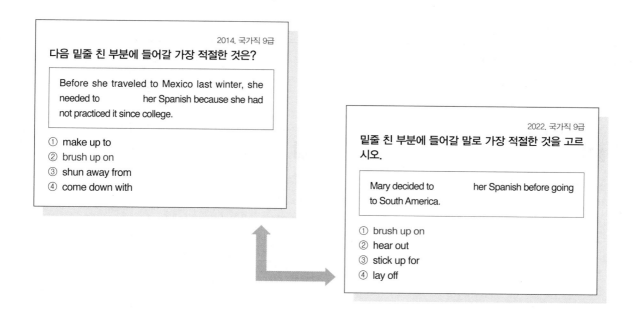

다음 밑줄 친 부분에 들어갈 가장 적절한 것은?

Before she traveled to Mexico last winter, she needed to _____ her Spanish because she had not practiced it since college.

① make up to
② brush up on
③ shun away from
④ come down with

밑줄 친 부분에 들어갈 말로 가장 적절한 것을 고르시오.

Mary decided to _____ her Spanish before going to South America.

① brush up on
② hear out
③ stick up for
④ lay off

🧱 기출은 미래다

기출문제 풀이는 그냥 문제 풀이로만 끝나서는 안 됩니다. 그 이유는 기출은 무한 반복되어 응용되기 때문입니다. 이미 공무원 시험은 정형화된 패턴을 가지고 있고 영어의 중요도에 따라 빈도가 높은 내용은 공무원 시험에서 계속 응용되어 출제되므로 지금 수험생 여러분이 공부하고자 하는 이 기출문제집은 앞으로 치를 공무원 시험의 예행연습이 되는 것입니다. 결국 기출은 미래일 수밖에 없습니다.

마지막으로 이 교재가 나오기까지 많은 힘을 실어 주신 박용 회장님께 깊은 감사를 드립니다. 또한 우리 연구실 직원들에게도 고마움을 표합니다. 그리고 주말까지 반납하면서 애써 주신 박문각 출판팀의 노고에 깊은 감사 말씀을 전합니다. 누가 이분들보다 더 멋지게 작업을 해내겠습니까?

2023년 11월
수험생 여러분의 건승을 기원하며 노량진 연구실에서

김세현

이 책의 **구성과 특징**

🕐 유형별 문제

공무원 시험을 파트별로 분류해서 문제들을 구성했습니다.
문법·독해·어휘·생활영어를 유형별로 정리할 수 있습니다.

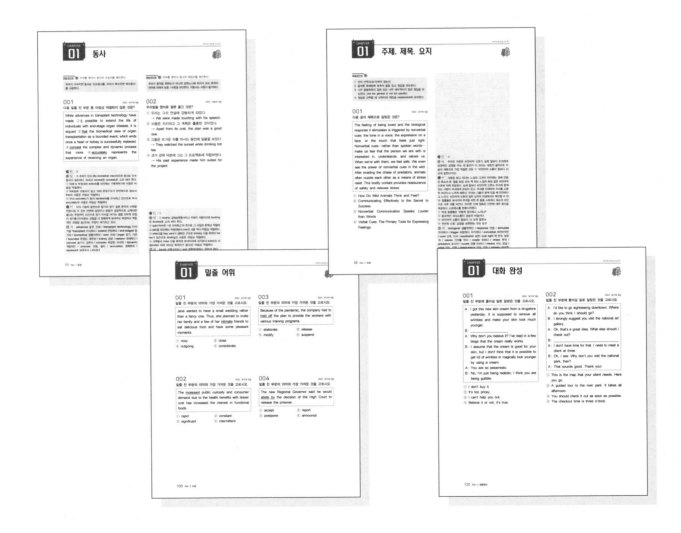

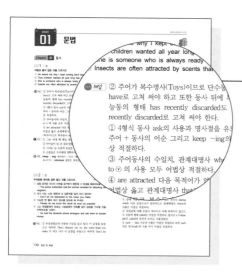

🕐 자세한 해설

좀 더 구체적이고 정확한 해설을 통해
펼쳐졌던 지식들을 하나로 모았습니다.

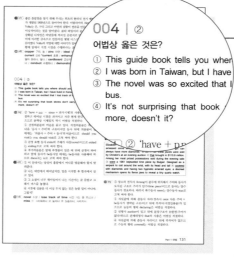

🕐 복습 한 번 더

모든 문제들을 해설편에
다시 수록하여 한 번 더
복습할 수 있도록 구성했
습니다.

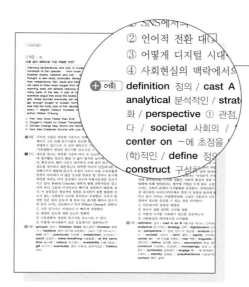

🕐 정확한 해석과 필수 어휘

각 지문마다 정확한 해석을 제시했고,
그 지문과 관련된 필수 어휘를 함께 구
성해서 좀 더 쉽고 효과적으로 어휘를
외울 수 있습니다.

CONTENTS

이 책의 **차례**

Part **01** 문법

Part **02** 독해

김세현 영어
단원별 기출문제

기출로 합격까지!

PART

01

문법

문법포인트 01 주어를 찾아서 동사의 수일치를 확인한다.

주어가 단수이면 동사는 단수동사를, 주어가 복수이면 복수동사를 사용한다.

001

2023. 국가직 9급

다음 밑줄 친 부분 중 어법상 적절하지 않은 것은?

> While advances in transplant technology have made ① it possible to extend the life of individuals with end-stage organ disease, it is argued ② that the biomedical view of organ transplantation as a bounded event, which ends once a heart or kidney is successfully replaced, ③ conceal the complex and dynamic process that more ④ accurately represents the experience of receiving an organ.

✅ **정답** ③

💬 **해설** ③ 주어가 단수 (the biomedical view)이므로 동사도 단수동사가 필요하다. 따라서 conceal은 conceals로 고쳐 써야 한다.
① 뒤에 to 부정사(to extend)를 대신하는 가목적어 it의 사용은 어법상 적절하다.
② that앞에 선행사가 없고 뒤에 문장구조가 완전하므로 접속사 that의 사용은 어법상 적절하다.
④ 부사 accurately가 동사 represents를 수식하고 있으므로 부사 accurately의 사용은 어법상 적절하다.

❗**해석** 이식 기술의 발전으로 말기의 장기 질환 환자의 수명을 연장시킬 수 있는 반면에 심장이나 콩팥이 성공적으로 교체되면 끝나는 한정적인 사건으로 장기 이식을 여기는 생물 의학적 관점이 장기를 (이식)받는 경험을 더 정확하게 보여주는 복잡하고 역동적인 과정을 숨긴다는 주장이 제기되고 있다.

➕ **어휘** advances 발전, 진보 / transplant technology 이식 기술 *transplant 이식하다 / extend 연장하다 / end-staged 말기의 / biomedical 생물의학의 / view 견해 / organ 장기, 기관 / bounded 한정된, 제한된 / kidney 콩팥 / replace 대체하다 / conceal 숨기다, 감추다 / complex 복잡한, 어려운 / dynamic 역동적인 / process 과정, 절차 / accurately 정확하게 / represent 보여주다 나타내다

문법포인트 02 주어를 찾아서 동사의 태일치를 확인한다.

주어가 동작을 취하는가 아니면 당하느냐에 따라서 또는 목적어 유무에 의해서 능동 / 수동을 판단한다. 자동사는 수동이 불가하다.

002

2023. 지방직 9급

우리말을 영어로 잘못 옮긴 것은?

① 우리는 그의 연설에 감동하게 되었다.
  → We were made touching with his speech.
② 비용은 차치하고 그 계획은 훌륭한 것이었다.
  → Apart from its cost, the plan was a good one.
③ 그들은 뜨거운 차를 마시는 동안에 일몰을 보았다.
  → They watched the sunset while drinking hot tea.
④ 과거 경력 덕분에 그는 그 프로젝트에 적합하였다.
  → His past experience made him suited for the project.

✅ **정답** ①

💬 **해설** ① touch는 감정표현동사이고 주체가 사람이므로 touching은 touched로 고쳐 써야 한다.
② apart from은 '~은 차치하고'의 뜻으로 그 쓰임은 문맥상 적절하고 plan을 대신하는 부정대명사 one의 사용 역시 어법상 적절하다.
③ while다음 they were가 생략된 구조로 drinking 다음 목적어 hot tea가 있으므로 drinking의 사용은 어법상 적절하다.
④ 사역동사 make 다음 목적격 보어자리에 과거분사 suited의 사용(suited 뒤에 의미상 목적어가 없다)은 어법상 적절하다.

➕ **어휘** touch 감동시키다 / suit 적합하게하다, 알맞게 하다

문법포인트 03 주어를 찾아서 동사의 시제일치를 확인한다.

> 주변 내용을 보면서 시제관계가 적절한지 확인한다.

003
2022. 지방직 9급

우리말을 영어로 잘못 옮긴 것을 고르시오.

① 식사를 마치자마자 나는 다시 배고프기 시작했다.
→ No sooner I have finishing the meal than I started feeling hungry again.
② 그녀는 조만간 요금을 내야만 할 것이다.
→ She will have to pay the bill sooner or later.
③ 독서와 정신의 관계는 운동과 신체의 관계와 같다.
→ Reading is to the mind what exercise is to the body.
④ 그는 대학에서 의학을 공부했으나 결국 회계 회사에서 일하게 되었다.
→ He studied medicine at university but ended up working for an accounting firm.

문법포인트 04 동사의 본질을 이해한다.

> 동사가 갖고 있는 기본 속성을 이해한다.

004
2023. 국가직 9급

어법상 옳지 않은 것은?

① All assignments are expected to be turned in on time.
② Hardly had I closed my eyes when I began to think of her.
③ The broker recommended that she buy the stocks immediately.
④ A woman with the tip of a pencil stuck in her head has finally had it remove.

✔ **정답** ①

해설 ① 부정어 No sooner가 문두에 위치하면 주어와 동사가 도치되어야 하고 No sooner는 과거완료시제를 이끌므로 No sooner I have finishing은 No sooner had I finished로 고쳐 써야 한다.
② 조동사 will have to의 사용과 '조만간'의 의미를 갖는 sonner or later의 사용 모두 어법상 적절하다.
③ 관계대명사 what의 관용적 표현인 'A is to B what C is to D (A와 B의 관계는 C와 D의 관계와 같다) 구문의 사용은 어법상 적절하다.
④ 접속사 but을 기준으로 과거동사의 병렬과 동명사의 관용적 용법인 'end up ~ing(결국 ~하게 되다) 구문 모두 어법상 적절하다.
➕ **어휘** no sooner A than B A하자마자 B했다 / accounting 회계 / firm 회사

✔ **정답** ④

해설 ④ 사역동사 have 다음 목적격 보어자리에 원형부정사(to없는 부정사)의 사용은 능동의 형태로 뒤에 목적어 (명사)가 위치해야 하는데 목적어가 없으므로 원형부정사 remove는 과거분사 removed로 고쳐 써야 한다.
① be expected 다음 to 부정사의 사용은 어법상 적절하고 또한 과제가 '제출되는' 것이므로 수동부정사 to be turned in의 사용 모두 어법상 적절하다.
② '~하자마자 ~했다'라는 의미인 'Hardly + had + S + p.p. ~ when + S + 과거동사' 구문의 사용은 어법상 적절하다.
③ 주요명제동사 recommend 다음 that절에는 '(should) + 동사원형'이 있어야 하므로 주어 she 다음 조동사 should가 생략되어 동사원형 buy를 사용한 것은 어법상 적절하다.
❗ **해석** ① 모든 과제는 정시에 제출될 것으로 예상된다.
② 나는 눈을 감자마자 그녀에 대해 생각하기 시작했다.
③ 그 중개인은 그녀에게 즉시 주식을 살 것을 권했다.
④ 머리에 연필 끝이 박힌 여자가 마침내 그것을 제거했다.
➕ **어휘** assignment 과제 / turn in 제출하다 / broker 중개인 / stock 주식 / immediately 즉시 / stick(-stuck-stuck) 찌르다, ~을 박다 / remove 없애다, 제거하다

001

2022. 지방직 9급

어법상 옳지 않은 것을 고르시오.

① He asked me why I kept coming back day after day.
② Toys children wanted all year long has recently discarded.
③ She is someone who is always ready to lend a helping hand.
④ Insects are often attracted by scents that aren't obvious to us.

002

2021. 지방직 9급

우리말을 영어로 잘못 옮긴 것을 고르시오.

① 경찰 당국은 자신의 이웃을 공격했기 때문에 그 여성을 체포하도록 했다.
   → The police authorities had the woman arrested for attacking her neighbor.
② 네가 내는 소음 때문에 내 집중력을 잃게 하지 말아라.
   → Don't let me distracted by the noise you make.
③ 가능한 한 빨리 제가 결과를 알도록 해 주세요.
   → Please let me know the result as soon as possible.
④ 그는 학생들에게 모르는 사람들에게 전화를 걸어 성금을 기부할 것을 부탁하도록 시켰다.
   → He had the students phone strangers and ask them to donate money.

003

2022. 국가직 9급

밑줄 친 부분 중 어법상 옳지 않은 것은?

To find a good starting point, one must return to the year 1800 during ① which the first modern electric battery was developed. Italian Alessandro Volta found that a combination of silver, copper, and zinc ② were ideal for producing an electrical current. The enhanced design, ③ called a Voltaic pile, was made by stacking some discs made from these metals between discs made of cardboard soaked in sea water. There was ④ such talk about Volta's work that he was requested to conduct a demonstration before the Emperor Napoleon himself.

004

2021. 국가직 9급

어법상 옳은 것은?

① This guide book tells you where should you visit in Hong Kong.
② I was born in Taiwan, but I have lived in Korea since I started work.
③ The novel was so excited that I lost track of time and missed the bus.
④ It's not surprising that book stores don't carry newspapers any more, doesn't it?

005

우리말을 영어로 잘못 옮긴 것을 고르시오. 2021. 지방직 9급

① 그의 소설들은 읽기가 어렵다.
   → His novels are hard to read.
② 학생들을 설득하려고 해 봐야 소용없다.
   → It is no use trying to persuade the students.
③ 나의 집은 5년마다 페인트칠된다.
   → My house is painted every five years.
④ 내가 출근할 때 한 가족이 위층에 이사 오는 것을 보았다.
   → As I went out for work, I saw a family moved in upstairs.

006

2020. 지방직 9급

밑줄 친 부분 중 어법상 옳지 않은 것은?

Elizabeth Taylor had an eye for beautiful jewels and over the years amassed some amazing pieces, once ① <u>declaring</u> "a girl can always have more diamonds." In 2011, her finest jewels were sold by Christie's at an evening auction ② <u>that</u> brought in $115.9 million. Among her most prized possessions sold during the evening sale ③ <u>were</u> a 1961 bejeweled time piece by Bulgari. Designed as a serpent to coil around the wrist, with its head and tail ④ <u>covered</u> with diamonds and having two hypnotic emerald eyes, a discreet mechanism opens its fierce jaws to reveal a tiny quartz watch.

007

2020. 지방직 9급

어법상 옳은 것은?

① Of the billions of stars in the galaxy, how much are able to hatch life?
② The Christmas party was really excited and I totally lost track of time.
③ I must leave right now because I am starting work at noon today.
④ They used to loving books much more when they were younger.

008

2019. 국가직 9급

밑줄 친 부분 중 어법상 옳지 않은 것을 고르시오.

A myth is a narrative that embodies — and in some cases ① <u>helps to explain</u> — the religious, philosophical, moral and political values of a culture. Through tales of gods and supernatural beings, myths ② <u>try to make</u> sense of occurrences in the natural world. Contrary to popular usage, myth does not mean "falsehood." In the broadest sense, myths are stories — usually whole groups of stories — ③ <u>that can be</u> true or partly true as well as false; regardless of their degree of accuracy, however, myths frequently express the deepest beliefs of a culture. According to this definition, the *Iliad* and the *Odyssey*, the koran, and the Old and New Testaments can all ④ <u>refer to as</u> myths.

009

우리말을 영어로 잘못 옮긴 것은?

① 혹시 내게 전화하고 싶은 경우에 이게 내 번호야.
→ This is my number just in case you would like to call me.
② 나는 유럽 여행을 준비하느라 바쁘다.
→ I am busy preparing for a trip to Europe.
③ 그녀는 남편과 결혼한 지 20년 이상 되었다.
→ She has married to her husband for more than two decades.
④ 나는 내 아들이 읽을 책을 한 권 사야 한다.
→ I should buy a book for my son to read.

010

밑줄 친 부분 중 어법상 가장 옳지 않은 것은?

By 1955 Nikita Khrushchev ① had been emerged as Stalin's successor in the USSR, and he ② embarked on a policy of "peaceful coexistence" ③ whereby East and West ④ were to continue their competition, but in a less confrontational manner.

011

밑줄 친 부분 중 어법상 가장 옳지 않은 것은?

Squid, octopuses, and cuttlefish are all ① types of cephalopods. ② Each of these animals has special cells under its skin that ③ contains pigment, a colored liquid. A cephalopod can move these cells toward or away from its skin. This allows it ④ to change the pattern and color of its appearance.

012

밑줄 친 부분 중 어법상 적절하지 않은 것은?

It would be difficult ① to imagine life without the beauty and richness of forests. But scientists warn we cannot take our forest for ② granted. By some estimates, deforestation ③ has been resulted in the loss of as much as eighty percent of the natural forests of the world. Currently, deforestation is a global problem, ④ affecting wilderness regions such as the temperate rainforests of the Pacific.

013

2018. 서울시 9급

밑줄 친 부분 중 어법상 가장 옳지 않은 것은?

Blue Planet II, a nature documentary ① <u>produced</u> by the BBC, left viewers ② <u>heartbroken</u> after showing the extent ③ <u>to which</u> plastic ④ <u>affects</u> <u>on</u> the ocean.

014

2018. 서울시 9급 (추가채용)

다음 밑줄 친 부분 중 어법상 적절하지 않은 것은?

I ① <u>convinced</u> that making pumpkin cake ② <u>from</u> scratch would be ③ <u>even</u> easier than ④ <u>making</u> cake from a box.

015

2018. 서울시 7급

어법상 가장 옳지 않은 것은?

① Culture shock is the mental shock of adjusting to a new country and a new culture which may be dramatically different from your own.
② A recent study finds that listening to music before and after surgery helps patients cope with related stress.
③ By brushing at least twice a day and flossing daily, you will help minimize the plaque buildup.
④ The existence of consistent rules are important if a teacher wants to run a classroom efficiently.

준동사

문법포인트 05 자릿값을 확인한다.

문장 구성의 기본 원칙(주어 하나에 동사 하나만 존재)에 따라 또 다른 동사의 변형(준동사)을 이해한다.

001

2021. 지방직 9급

어법상 옳지 않은 것은?

① Fire following an earthquake is of special interest to the insurance industry.
② Word processors were considered to be the ultimate tool for a typist in the past.
③ Elements of income in a cash forecast will be vary according to the company's circumstances.
④ The world's first digital camera was created by Steve Sasson at Eastman Kodak in 1975.

✔ **정답** ③

● **해설** ③ 동사 be와 동사 vary는 겹쳐 사용할 수 없다. 따라서 be vary는 be various나 vary로 고쳐 써야 한다.
① 주어가 Fire이므로 단수동사 is의 사용은 어법상 적절하고 또한 following 뒤에 의미상 목적어(earthquake)가 있으므로 능동의 형태 역시 어법상 적절하다. 또한 'of + 추상명사'는 형용사 역할을 하므로 be동사 뒤에 사용 가능하다.
② 인지동사 consider의 수동태 구문으로 목적격 보어 자리에 to부정사의 사용은 어법상 적절하고 과거 표시 부사구 in the past가 있으므로 과거동사 were의 사용 역시 어법상 적절하다.
④ 주어가 단수명사(camera)이므로 단수동사 was의 사용은 어법상 적절하고 뒤에 목적어가 없으므로 수동의 형태도 어법상 옳다. 또한 과거 연도 1975년이 있으므로 과거시제의 사용 역시 어법상 적절하다.

❗ **해석** ① 지진 후에 따른 화재는 보험업계에 특별한 관심이 된다.
② 워드 프로세서는 과거에 키보드 사용자에게 최고의 도구로 여겨졌다.
③ 현금 예측의 소득 요인은 회사 상황에 따라 달라질 것이다.
④ 세계 최초의 디지털 카메라는 1975년 Eastman Kodak에서 Steve Sasson이 만들었다.

➕ **어휘** earthquake 지진 / insurance 보험 / industry 업계, 산업 / ultimate 최고의, 궁극의 / element 요소, 요인 / forecast 예상, 예측 / circumstance 상황

문법포인트 06 to부정사 / 동명사 / 원형부정사를 판단한다.

준동사 자리라고 판단되면 앞에 있는 동사에 따라 to부정사 / 동명사 / 원형부정사를 선택한다.

002

2017. 지방직 7급

우리말을 영어로 잘못 옮긴 것을 고르시오.

① 높은 굽이 항상 여성에게 국한된 패션 품목은 아니었다.
→ High heels were not always a fashion item limited to women.
② 프랑스 신발 디자이너인 하디는 신발이 거대한 심리적 효과를 지닌다고 말한다.
→ Hardy, a French shoe designer, says that shoes have a huge psychological impact.
③ 남성들은 왜 여성들이 이상하게 생긴, 높은 신발에 그들의 안락함을 희생하는지 의아해할 수도 있다.
→ Men may wonder why women sacrifice their comfort over oddly shaped, elevated shoes.
④ 높은 굽을 신는 가장 중요한 목적은 여성으로 하여금 더 크고, 날씬하고, 섹시하게 느끼도록 하는 것이다.
→ The most important point of wearing high heels is to make a woman to feel taller, slimmer and sexier.

✔ **정답** ④

● **해설** ④ 사역동사(make) 다음 목적격 보어 자리에 to부정사는 적절하지 않다. 따라서 to feel은 feel로 고쳐 써야 한다.
① not ~ always는 부분 부정이므로 어법상 적절하고, 과거분사 limited의 사용 역시 어법상 적절하다.
② say는 3형식 동사로 뒤에 명사절(that S + V ~)의 사용은 어법상 적절하다.
③ 부사 oddly가 shaped를 꾸며 주는 것은 어법상 적절하고 shaped와 병렬을 이루는 elevated 역시 어법상 적절하다.

➕ **어휘** huge 거대한 / psychological 심리적인 / wonder 궁금[의아해하다] / sacrifice 희생하다 / oddly 이상하게 / elevated 높은, 고상한 / slim 날씬한

문법포인트 07 현재분사/과거분사를 선택한다.

준동사 자리라고 판단되면 능동/수동에 따라 현재분사/과거분사를 판단한다. 또한 분사구문의 기본개념을 정리한다.

003

2019. 국가직 9급

밑줄 친 부분 중 어법상 옳지 않은 것을 고르시오.

Domesticated animals are the earliest and most effective 'machines' ① underline available to humans. They take the strain off the human back and arms. ② underline Utilizing with other techniques, animals can raise human living standards very considerably, both as supplementary foodstuffs (protein in meat and milk) and as machines ③ underline to carry burdens, life water, and grind grain. Since they are so obviously ④ underline of great benefit, we might expect to find that over the centuries humans would increase the number and quality of the animals they kept. Surprisingly, this has not usually been the case.

✅ **정답** ②

💬 **해설** ② 자릿값에 의해 준동사 자리이고 뒤에 목적어가 없으므로 utilizing은 utilized로 고쳐 써야 한다.
① 명사를 후치수식하는 형용사 available은 어법상 적절하다.
③ 명사를 후치수식하는 형용사 역할을 하는 to부정사(to carry)의 사용은 어법상 적절하다.
④ of + 추상명사는 형용사(of benefit = beneficial)의 역할을 하므로 be동사의 보어 역할은 어법상 적절하고 이 형용사를 수식하는 부사 obviously의 사용 역시 어법상 적절하다.

❗ **해석** 길들여진 동물은 인간이 이용할 수 있는 가장 오래되고 효율적인 '기계'이다. 그들은 인간의 등과 팔의 긴장을 없애준다. 다른 기술들을 이용해서 고기와 우유에 있는 단백질을 제공하는 보조 식품으로서 그리고 짐과 물을 나르고, 곡식을 가는 기계로서도 가축들은 인간의 생활수준을 매우 크게 높일 수 있다. 가축들은 분명히 매우 이익이 되기 때문에, 우리는 수세기에 걸쳐 인간이 기르고 있는 동물의 수와 품질을 증가시켰을 것이라 기대할 것이다. 놀랍게도, 이것은 보통 그렇지 않았다.

➕ **어휘** domesticated 길들여진 / available 이용 가능한 / strain 긴장 / utilize 이용하다, 활용하다 / raise 올리다 / living standard 생활수준 / considerably 상당히, 아주, 매우 / supplementary 보조의 / foodstuff 식품 / protein 단백질 / burden 짐, 부담 / grind 갈다 / grain 곡식, 곡물 / obviously 분명히, 명백하게

문법포인트 08 준동사의 관용적 용법을 암기한다.

to부정사, 동명사 그리고 분사의 관용적 용법을 외운다.

004

2021. 지방직 9급

어법상 옳은 것은?

① My sweet-natured daughter suddenly became unpredictably.
② She attempted a new method, and needless to say had different results.
③ Upon arrived, he took full advantage of the new environment.
④ He felt enough comfortable to tell me about something he wanted to do.

✅ **정답** ②

💬 **해설** ② 부정사의 관용적 용법인 'needless to say(말할 필요도 없이)'의 사용과 접속사 and를 기준으로 동사 attempted와 had가 병렬을 이루는 구조 모두 어법상 적절하다. 참고로 needless to say는 부사구로서 뒤에 있는 동사 had를 수식하고 있다.
① 2형식 동사 become 뒤에는 형용사 보어가 필요하므로 부사 unpredictably는 형용사 unpredictable로 고쳐 써야 한다.
③ upon은 전치사이므로 뒤에 명사나 전치사가 위치해야 한다. 따라서 동사 arrived는 문맥상 arriving으로 고쳐 써야 한다.
④ enough가 형용사를 수식할 때에는 반드시 후치수식해야 하므로 enough comfortable는 comfortable enough로 고쳐 써야 한다.

❗ **해석** ① 나의 착한 딸이 갑자기 예측 불가능해졌다.
② 그녀는 새로운 방법을 시도했고 말할 필요도 없이 다른 결과물을 얻었다.
③ 그는 도착하자마자 새로운 환경을 완전히 활용했다.
④ 그는 자신이 하고 싶은 것에 대해 내게 말할 만큼 충분히 편안해 졌다.

➕ **어휘** sweet-natured 착한, 다정한 / unpredictably 예측 불가능하게 / attempt 시도하다 / needless to say 말할 필요도 없이 / upon(on) ~ ing ~ 하자마자 / take advantage of ~ ~ 을 이용[활용]하다 / comfortable 편안한

문법포인트 09 준동사의 동사적 성질을 이해한다.

준동사도 동사에서 출발했기 때문에 동사적 성질을 갖는다.

005

2020. 국가직 9급

우리말을 영어로 잘못 옮긴 것은?

① 인간은 환경에 자신을 빨리 적응시킨다.

→ Human beings quickly adapt themselves to the environment.

② 그녀는 그 사고 때문에 그녀의 목표를 포기할 수밖에 없었다.

→ She had no choice but to give up her goal because of the accident.

③ 그 회사는 그가 부회장으로 승진하는 것을 금했다.

→ The company prohibited him from promoting to vice-president.

④ 그 장난감 자동차를 조립하고 분리하는 것은 쉽다.

→ It is easy to assemble and take apart the toy car.

✓ 정답 ③

••• 해설 ③ 'prohibit A from B 동명사/명사' 구문은 어법상 적절하지만 promote는 타동사이므로 뒤에 의미상 목적어가 있어야 하는데 의미상 목적어가 없다. 따라서 promoting은 문맥상 promotion으로 고쳐 써야 한다.

① 주어와 동사의 수일치 그리고 재귀대명사의 사용(주어와 목적어가 같다) 모두 어법상 적절하다.

② 'have no choice but to ⓥ' 구문과 전치사 because of 다음 명사의 사용 모두 어법상 적절하다.

④ 가주어/진주어 구문의 사용과 병렬구조 그리고 to부정사의 의미상 목적어의 사용 모두 어법상 적절하다.

➕ 어휘 human being 인간, 인류 / adapt 적응시키다 / have no choice but to ⓥ ⓥ할 수밖에 없다 / prohibit A from B A가 B하는 것을 막다[못하게 하다] / promote 승진시키다 / vice-president 부통령, 부회장 / assemble 조립하다 / take apart 분해하다, 분리하다

001

2022. 국가직 9급

우리말을 영어로 잘못 옮긴 것을 고르시오.

① 커피 세 잔을 마셨기 때문에, 그녀는 잠을 이룰 수 없다.
　→ Having drunk three cups of coffee, she can't fall asleep.
② 친절한 사람이어서, 그녀는 모든 이에게 사랑받는다.
　→ Being a kind person, she is loved by everyone.
③ 모든 점이 고려된다면, 그녀가 그 직위에 가장 적임인 사람이다.
　→ All things considered, she is the best-qualified person for the position.
④ 다리를 꼰 채로 오랫동안 앉아 있는 것은 혈압을 상승시킬 수 있다.
　→ Sitting with the legs crossing for a long period can raise blood pressure.

002

2022. 국가직 9급

우리말을 영어로 잘못 옮긴 것을 고르시오.

① 나는 단 한 푼의 돈도 낭비할 수 없다.
　→ I can afford to waste even one cent.
② 그녀의 얼굴에서 미소가 곧 사라졌다.
　→ The smile soon faded from her face.
③ 그녀는 사임하는 것 외에는 대안이 없었다.
　→ She had no alternative but to resign.
④ 나는 5년 후에 내 사업을 시작할 작정이다.
　→ I'm aiming to start my own business in five years.

003

2020. 지방직 9급

우리말을 영어로 잘못 옮긴 것은?

① 나는 네 열쇠를 잃어버렸다고 네게 말한 것을 후회한다.
　→ I regret to tell you that I lost your key.
② 그 병원에서의 그의 경험은 그녀의 경험보다 더 나빴다.
　→ His experience at the hospital was worse than hers.
③ 그것은 내게 지난 24년의 기억을 상기시켜준다.
　→ It reminds me of the memories of the past 24 years.
④ 나는 대화할 때 내 눈을 보는 사람들을 좋아한다.
　→ I like people who look me in the eye when I have a conversation.

004

2019. 지방직 9급

밑줄 친 부분 중 어법상 옳지 않은 것은?

Each year, more than 270,000 pedestrians ① lose their lives on the world's roads. Many leave their homes as they would on any given day never ② to return. Globally, pedestrians constitute 22 % of all road traffic fatalities, and in some countries this proportion is ③ as high as two thirds of all road traffic deaths. Millions of pedestrians are non-fatally ④ injuring — some of whom are left with permanent disabilities. These incidents cause much suffering and grief as well as economic hardship.

005

2018. 국가직 9급

밑줄 친 부분 중 어법상 옳지 않은 것은?

Focus means ① getting stuff done. A lot of people have great ideas but don't act on them. For me, the definition of an entrepreneur, for instance, is someone who can combine innovation and ingenuity with the ability to execute that new idea. Some people think that the central dichotomy in life is whether you're positive or negative about the issues ② that interest or concern you. There's a lot of attention ③ paying to this question of whether it's better to have an optimistic or pessimistic lens. I think the better question to ask is whether you are going to do something about it or just ④ let life pass you by.

006

2018. 지방직 9급

우리말을 영어로 잘못 옮긴 것은?

① 모든 정보는 거짓이었다.
   → All of the information was false.
② 토마스는 더 일찍 사과했어야 했다.
   → Thomas should have apologized earlier.
③ 우리가 도착했을 때 영화는 이미 시작했었다.
   → The movie had already started when we arrived.
④ 바깥 날씨가 추웠기 때문에 나는 차를 마시려 물을 끓였다.
   → Being cold outside, I boiled some water to have tea.

007

2018. 지방직 9급

우리말을 영어로 옳게 옮긴 것은?

① 그는 며칠 전에 친구를 배웅하기 위해 역으로 갔다.
   → He went to the station a few days ago to see off his friend.
② 버릇없는 그 소년은 아버지가 부르는 것을 못 들은 체 했다.
   → The spoiled boy made it believe he didn't hear his father calling.
③ 나는 버팔로에 가본 적이 없어서 그곳에 가기를 고대하고 있다.
   → I have never been to Buffalo, so I am looking forward to go there.
④ 나는 아직 오늘 신문을 못 읽었어. 뭐 재미있는 것 있니?
   → I have not read today's newspaper yet. Is there anything interested in it?

008

2018. 서울시 9급 (추가채용)

다음 밑줄 친 부분 중 어법상 적절하지 않은 것은?

When you find your tongue ① twisted as you seek to explain to your ② six-year-old daughter why she can't go to the amusement park ③ that has been advertised on television, then you will understand why we find it difficult ④ wait.

009

2018. 서울시 9급 (추가채용)

다음 밑줄 친 부분 중 어법상 적절하지 않은 것은?

Lewis Alfred Ellison, a small-business owner and a construction foreman, ① died in 1916 after an operation to cure internal wounds ② suffering after shards from a 100-lb ice block ③ penetrated his abdomen when it was dropped while ④ being loaded into a hopper.

010

2017. 국가직 9급

다음 중 우리말을 영어로 잘못 옮긴 것을 고르시오.

① 그 회의 후에야 그는 금융 위기의 심각성을 알아차렸다.
→ Only after the meeting did he recognize the seriousness of the financial crisis.

② 장관은 교통문제를 해결하기 위해 강 위에 다리를 건설해야 한다고 주장했다.
→ The minister insisted that a bridge be constructed over the river to solve the traffic problem.

③ 비록 그 일이 어려운 것이었지만, Linda는 그것을 끝내기 위해 최선을 다했다.
→ As difficult a task as it was, Linda did her best to complete it.

④ 그는 문자 메시지에 너무 정신이 팔려서 제한속도보다 빠르게 달리고 있다는 것을 몰랐다.
→ He was so distracted by a text message to know that he was going over the speed limit.

012

2017. 지방직 9급

다음 중 우리말을 영어로 잘못 옮긴 것을 고르시오.

① 나는 매달 두세 번 그에게 전화하기로 규칙을 세웠다.
→ I made it a rule to call him two or three times a month.

② 그는 나의 팔을 붙잡고 도움을 요청했다.
→ He grabbed me by the arm and asked for help.

③ 폭우로 인해 그 강은 120cm 상승했다.
→ Owing to the heavy rain, the river has risen by 120cm.

④ 나는 눈 오는 날 밖에 나가는 것보다 집에 있는 것을 더 좋아한다.
→ I prefer to staying home than to going out on a snowy day.

011

2017. 하반기 국가직 9급 (추가채용)

우리말을 영어로 잘못 옮긴 것을 고르시오.

① 그 클럽은 입소문을 통해서 인기를 얻었다.
→ The club became popular by word of mouth.

② 무서운 영화를 좋아한다면 이것은 꼭 봐야 할 영화이다.
→ If you like scary movies, this is a must see movie.

③ 뒤쪽은 너무 멀어요. 중간에 앉는 걸로 타협합시다.
→ The back is too far away. Let's promise and sit in the middle.

④ 제 예산이 빠듯합니다. 제가 쓸 수 있는 돈은 15달러뿐입니다.
→ I am on a tight budget. I only have fifteen dollars to spend.

013

2017. 하반기 지방직 9급 (추가채용)

우리말을 영어로 옳게 옮긴 것은?

① 내 컴퓨터가 작동을 멈췄을 때, 나는 그것을 고치기 위해 컴퓨터 가게로 가져갔어.
→ When my computer stopped working, I took it to the computer store to get it fixed.

② 내가 산책에 같이 갈 수 있는지 네게 알려줄게.
→ I will let you know if I can accompany with you on your walk.

③ 그 영화가 너무 지루해서 나는 삼십 분 후에 잠이 들었어.
→ The movie was so bored that I fell asleep after half an hour.

④ 내가 열쇠를 잃어버리지 않았더라면 모든 것이 괜찮았을 텐데.
→ Everything would have been OK if I haven't lost my keys.

014

2017. 하반기 지방직 9급 (추가채용)

우리말을 영어로 잘못 옮긴 것은?

① 예산은 처음 기대했던 것보다 약 25퍼센트 더 높다.
→ The budget is about 25% higher than originally expecting.

② 시스템 업그레이드를 위해 해야 될 많은 일이 있다.
→ There is a lot of work to be done for the system upgrade.

③ 그 프로젝트를 완성하는 데 최소 한 달, 어쩌면 더 긴 시간이 걸릴 것이다.
→ It will take at least a month, maybe longer to complete the project.

④ 월급을 두 배 받는 그 부서장이 책임을 져야 한다.
→ The head of the department, who receives twice the salary, has to take responsibility.

015

2017. 서울시 9급

다음 밑줄 친 부분 중 어법상 가장 옳지 않은 것은?

The first coffeehouse in western Europe ① opened not in ② a center of trade or commerce but in the university city of Oxford, ③ in which a Lebanese man ④ naming Jacob set up shop in 1650.

016

2017. 서울시 9급

다음 밑줄 친 부분 중 어법상 가장 옳지 않은 것은?

Strange as ① it may seem, ② the Sahara was once an expanse of grassland ③ supported the kind of animal life ④ associated with the African plains.

CHAPTER 03 연결사 (관계사 / 접속사 / 병렬구조)

문법포인트 10 관계사를 이해한다.

관계대명사 / 관계부사 / 복합관계사의 사용을 파악한다.

001
2023. 지방직 9급

밑줄 친 부분 중 어법상 옳지 않은 것은?

One reason for upsets in sports — ① in which the team ② predicted to win and supposedly superior to their opponents surprisingly loses the contest — is ③ what the superior team may not have perceived their opponents as ④ threatening to their continued success.

✔ 정답 ③

••• 해설 ③ 관계대명사 what 다음 완전한 문장구조가 뒤에 이어지므로 관계대명사 what은 접속사 that으로 고쳐 써야 한다.
① in which 다음 완전한 문장구조가 뒤에 이어지므로 전치사(in) + 관계대명사(which)의 사용은 어법상 적절하다.
② 자릿값에 의해 준동사자리이고 뒤에 목적어가 없으므로 수동의 형태는 어법상 적절하다.
④ threaten은 감정표현동사이고 주체가 사물(the superior team)이므로 능동의 형태 threatening의 사용은 어법상 적절하다.

❗해석 스포츠에서 이길 거라로 예상되고 아마도 상대 팀보다 우세한 팀이 의외로 경기에서 지는 일들이 발생하는데 그 예상 밖의 승리의 한 가지 이유는 그 우세한 팀이 상대 팀을 자신의 지속적인 성공에 위협적이라고 여기지 않았기 때문이다.

➕어휘 upset 예상 밖의 승리(우승) / predict 예상하다 / supposedly 아마도, 추정상 / superior ~보다 뛰어난, 우월한 / opponent 상대(방) / surprisingly 의외로, 뜻밖에 / perceive A as B A를 B로 여기다, A를 B로 간주하다 / threaten 위협하다 / continued 지속적인

문법포인트 11 병렬구조를 파악한다.

대등접속사나 상관접속사를 기준으로 동일한 문법구조가 나열되는지 판단한다.

002
2022. 지방직 9급

어법상 옳지 않은 것을 고르시오.
① You can write on both sides of the paper.
② My home offers me a feeling of security, warm, and love.
③ The number of car accidents is on the rise.
④ Had I realized what you were intending to do, I would have stopped you.

✔ 정답 ②

••• 해설 ② 4형식 동사 offer의 사용은 어법상 적절하지만 접속사 and를 기준으로 security(명사), warm(형용사), love(명사)의 병렬은 어법상 적절하지 않다. 따라서 형용사 warm은 명사 warmth로 고쳐 써야 한다.
① write는 자동사와 타동사 둘 다 사용 가능하므로 어법상 적절하다.
③ The number of 다음 복수명사와 단수동사의 사용은 모두 어법상 적절하다.
④ If가 생략되어 주어와 동사가 도치된 가정법 과거완료의 사용은 어법상 적절하다.

❗해석 ① 당신은 종이의 양면에 쓸 수 있다.
② 나의 집은 내게 안정감, 따뜻함 그리고 사랑을 준다.
③ 자동차 사고의 수가 증가하고 있다.
④ 만약 내가 당신의 의도를 알아차렸다면 나는 당신을 멈추게 했을 텐데.

➕어휘 keep ~ing 계속해서 ~하다 / discard 버리다 / attract 매혹시키다 / obvious 분명한, 명백한

문법포인트 12 접속사의 기본개념을 확인한다.

명사절이나 부사절을 유도하는 접속사의 기본개념을 이해하고 접속사와 관계사의 차이를 구별한다. 또한 전치사와 접속사를 구별할 수도 있어야 한다.

003

2021. 국가직 9급

우리말을 영어로 가장 잘 옮긴 것을 고르시오

① 당신이 부자일지라도 당신은 진실한 친구들을 살 수는 없다.
→ Rich as if you may be, you can't buy sincere friends.

② 그것은 너무나 아름다운 유성 폭풍이어서 우리는 밤새 그것을 보았다.
→ It was such a beautiful meteor storm that we watched it all night.

③ 학위가 없는 것이 그녀의 성공을 방해했다.
→ Her lack of a degree kept her advancing.

④ 그는 사형이 폐지되어야 하는지 아닌지에 대한 에세이를 써야 한다.
→ He has to write an essay on if or not the death penalty should be abolished.

✔ **정답** ②

••• **해설** ② 'such + a + 형용사 + 명사 + that S + V ~' 구문을 묻고 있다. 따라서 such a beautiful meteor storm that we watched ~의 사용은 어법상 적절하고 또한 storm을 대신하는 대명사 it의 사용과 시제일치(과거시제) 모두 어법상 적절하다.

① 말장난(단어 장난: as if vs. as) 문제이다. 우리말의 양보의 의미를 지닌 접속사 '~ 일지라도'는 as를 사용해야 하므로 적절한 영작이 될 수 없다. 참고로 as가 양보절을 이끌 때에는 형용사 보어는 as 앞에 위치시켜야 한다. 따라서 적절한 영작이 되려면 Rich as if you may be는 Rich as you may be로 고쳐 써야 한다.

③ 말장난(긍정 / 부정 장난: keep A ~ ing vs. keep A from ~ ing) 문제이다. keep A ~ ing는 'A가 계속해서 ~ 하다(긍정)'이므로 적절한 영작이 될 수 없다. 적절한 영작이 되려면 ~ ing 앞에 from이 필요하다. 따라서 keep her advancing을 keep her from advancing으로 고쳐 써야 한다.

④ '~ 인지 아닌지'의 의미를 지닌 명사절을 이끄는 접속사 if는 전치사의 목적어 역할을 하는 명사절을 유도할 수 없고 주어 자리에도 위치시킬 수 없다. 이때에는 접속사 if대신 whether를 사용해야한다. 또한 if는 바로 뒤에 or not과 함께 사용할 수 없다. 따라서이 문장이 적절한 영작이 되려면 if를 whether로 고쳐 써야 한다.

➕ **어휘** **sincere** 진실한 / **meteor** 유성 / **degree** ① 온도 ② 정도 ③ 학위 / **death penality** 사형(제도) / **abolish** 폐지하다, 없애다

001

2021. 국가직 9급

밑줄 친 부분 중 어법상 옳지 않은 것은?

Urban agriculture (UA) has long been dismissed as a fringe activity that has no place in cities; however, its potential is beginning to ① be realized. In fact, UA is about food self-reliance: it involves ② creating work and is a reaction to food insecurity, particularly for the poor. Contrary to ③ which many believe, UA is found in every city, where it is sometimes hidden, sometimes obvious. If one looks carefully, few spaces in a major city are unused. Valuable vacant land rarely sits idle and is often taken over — either formally, or informally — and made ④ productive.

002

2020. 지방직 9급

우리말을 영어로 잘못 옮긴 것은?

① 보증이 만료되어서 수리는 무료가 아니었다.
   → Since the warranty had expired, the repairs were not free of charge.
② 설문지를 완성하는 누구에게나 선물카드가 주어질 예정이다.
   → A gift card will be given to whomever completes the questionnaire.
③ 지난달 내가 휴가를 요청했더라면 지금 하와이에 있을 텐데.
   → If I had asked for a vacation last month, I would be in Hawaii now.
④ 그의 아버지가 갑자기 작년에 돌아가셨고, 설상가상으로 그의 어머니도 병에 걸리셨다.
   → His father suddenly passed away last year and what was worse, his mother became sick.

003

2018. 지방직 9급

밑줄 친 부분 중 어법상 옳지 않은 것은?

I am writing in response to your request for a reference for Mrs. Ferrer. She has worked as my secretary ① for the last three years and has been an excellent employee. I believe that she meets all the requirements ② mentioned in your job description and indeed exceeds them in many ways. I have never had reason ③ to doubt her complete integrity. I would, therefore, recommend Mrs. Ferrer for the post ④ what you advertise.

004

2018. 서울시 9급

밑줄 친 부분 중 어법상 가장 옳지 않은 것은?

I'm ① pleased that I have enough clothes with me. American men are generally bigger than Japanese men so ② it's very difficult to find clothes in Chicago that ③ fits me. ④ What is a medium size in Japan is a small size here.

005

2018. 서울시 7급

빈칸에 들어갈 단어로 가장 옳은 것은?

> The term 'subject' refers to something quite different from the more familiar term 'individual'. The latter term dates from the Renaissance and presupposes that man is a free, intellectual agent and _____ thinking processes are not coerced by historical or cultural circumstances.

① that
② what
③ which
④ whose

006

2017. 하반기 국가직 9급 (추가채용)

우리말을 영어로 잘못 옮긴 것을 고르시오.

① 식사가 준비됐을 때, 우리는 식당으로 이동했다.
  → The dinner being ready, we moved to the dining hall.
② 저쪽에 있는 사람이 누구인지 알겠니?
  → Can you tell who that is over there?
③ 이 질병이 목숨을 앗아가는 일은 좀처럼 없다.
  → It rarely happens that this disease proves fatal.
④ 과정을 관리하면서 발전시키는 것이 나의 목표였다.
  → To control the process and making improvement was my objectives.

007

2017. 지방직 9급

다음 중 어법상 옳지 않은 것은?

① You might think that just eating a lot of vegetables will keep you perfectly healthy.
② Academic knowledge isn't always that leads you to make right decisions.
③ The fear of getting hurt didn't prevent him from engaging in reckless behaviors.
④ Julie's doctor told her to stop eating so many processed foods.

008

2017. 사복직 9급

다음 중 우리말을 영어로 가장 잘 옮긴 것은?

① 나는 이 집으로 이사 온 지 3년이 되었다.
  → It was three years since I moved to this house.
② 우리는 해가 지기 전에 그 도시에 도착해야 한다.
  → We must arrive in the city before the sun will set.
③ 나는 그녀가 오늘 밤까지 그 일을 끝마칠지 궁금하다.
  → I wonder if she finishes the work by tonight.
④ 그는 실수하기는 했지만, 좋은 선생님으로 존경받을 수 있었다.
  → Although making a mistake, he could be respected as a good teacher.

CHAPTER 04 조동사, 가정법

문법포인트 13 조동사를 이해한다.

조동사의 기본개념과 각 조동사의 문법적 기능을 파악한다.

001

2020. 국가직 9급

우리말을 영어로 가장 잘 옮긴 것은?

① 몇 가지 문제가 새로운 회원들 때문에 생겼다.
  → Several problems have raised due to the new members.
② 그 위원회는 그 건물의 건설을 중단하라고 명했다.
  → The committee commanded that construction of the building cease.
③ 그들은 한 시간에 40마일이 넘는 바람과 싸워야 했다.
  → They had to fight against winds that will blow over 40 miles an hour.
④ 거의 모든 식물의 씨앗은 혹독한 날씨에도 살아남는다.
  → The seeds of most plants are survived by harsh weather.

✔ 정답 ②

💬 해설 ② '주요명제' 동사 다음 that절에는 should(생략가능)가 있어야 하므로 동사원형 cease의 사용은 어법상 적절하다. 또한 cease는 자동사와 타동사 둘 다로 사용 가능하고 본문에서는 자동사로 사용되었기 때문에 능동의 형태(cease) 역시 어법상 적절하다.
① '말장난' 문제이다. '어떤 일이 일어나다, 생기다' 의 뜻을 나타내는 영어표현은 raise가 아니라 arise여야 하므로 raised는 arisen으로 고쳐 써야 한다. 참고로 이 문제는 have raised가 능동의 형태이고 뒤에 목적어가 없으므로 어법상 적절하지 않다고 판단해도 무방하다.
③ 주절의 시제가 과거인데 관계대명사 that절의 시제가 미래이므로 어법상 시제가 맞지 않다. 따라서 미래시제 will blow는 문맥상 과거시제 blew로 고쳐 써야 한다.
④ 주어와 동사의 수일치는 어법상 옳지만 survive는 자동사이므로 수동의 형태를 취할 수 없다. 따라서 are survived는 survive로 고쳐 써야 한다. 또한 이 문제는 '말장난' 문제이다. 우리말의 '거의' 는 most가 아니라 almost여야 하므로 주어진 우리말을 영어로 사용하기 위해서는 most를 almost all로 고쳐 써야 한다.

➕ 어휘 arise 일어나다, 생기다 / due to ~ 때문에 / committee 위원회 / command 명령하다 / construction 건설 / cease 중단하다, 중단되다 / harsh 거친, 혹독한

문법포인트 14 조동사의 관용적 용법을 암기한다.

조동사와 관련된 관용적 용법을 외워야 한다.

002

2016. 지방직 9급

다음 우리말을 영어로 잘못 옮긴 것을 고르시오.

① 오늘 밤 나는 영화 보러 가기보다는 집에서 쉬고 싶다.
  → I'd rather relax at home than going to the movies tonight.
② 경찰은 집안 문제에 대해서는 개입하기를 무척 꺼린다.
  → The police are very unwilling to interfere in family problems.
③ 네가 통제하지 못하는 과거의 일을 걱정해봐야 소용없다.
  → It's no use worrying about past events over which you have no control.
④ 내가 자주 열쇠를 엉뚱한 곳에 두어서 내 비서가 나를 위해 여분의 열쇠를 갖고 다닌다.
  → I misplace my keys so often that my secretary carries spare ones for me.

✔ 정답 ①

💬 해설 ① would rather A than B 병렬 구조를 묻고 있다. would rather는 조동사로 사용되기 때문에 A와 B는 모두 동사원형이 필요하다. 따라서 than 다음 going을 go로 바꿔야 한다.
② police형 집합명사(cattle, poultry, peasantry)는 항상 복수 취급을 하는 명사이므로 복수동사 are는 적절하고 be willing to ⓥ 구문도 적절하다. 또한 interfere는 구동사로 전치사 in이나 with가 필요하다. 따라서 어법상 적절하다.
③ It is no use ⓥ-ing(동명사 관용적 용법)를 묻고 있다. 따라서 It's no use 다음 동명사 worrying은 적절하다. 또한 over which(전치사＋관계대명사) 다음 문장구조도 완전하므로 어법상 적절하다.
④ so ~ that 구문을 묻고 있다. 또한 spare ones에서 ones는 부정 대명사로서 keys를 대신하므로 복수 형태가 적절하다. 따라서 어법상 적절하다.

➕ 어휘 be willing to ⓥ 기꺼이 ⓥ하다 / interfere in[with] 간섭[개입]하다 / It is no use ⓥ-ing ~해도 소용없다 / misplace 제자리에 두지 않다 / secretary 비서 / spare ① 여분의 ② 한가한

문법포인트 15 가정법 시제를 파악한다.

가정법 미래, 가정법 과거 그리고 가정법 과거완료시제 패턴을 확인한다.

003

2015. 서울시 9급

다음 어법상 ⊙과 ⓒ에 들어가기 가장 적절한 표현을 순서대로 나열한 것은?

In books I had read—from time to time, when the plot called for it—someone would suffer from homesickness. A person would leave a not so very nice situation and go somewhere else, somewhere a lot better, and then long to go back where it was not very nice. How impatient I would become with such a person, for I would feel that I was in a not so nice situation myself, and how I wanted to go somewhere else. But now I, too, felt that I wanted to be back where I came from. I understood it, I knew where I stood there. If I (⊙) to draw a picture of my future then, it (ⓒ) a large gray patch surrounded by black, blacker, blackest.

① would have, were
② had had, would have been
③ would have, was
④ have had, would be

✔ **정답** ②

··· **해설** 가정법의 시제를 묻는 문제이다. if절 안에 과거 시간을 나타내는 부사 then이 있으므로 과거 사실에 대한 반대를 나타내는 가정법 과거완료시제를 사용해야 한다. 따라서 ② had had, would have been이 정답이 된다.

❗ **해석** 내가 읽었던 책 속에서, 가끔 줄거리상 필요할 때, 누군가 향수병을 앓곤 했다. 어떤 이는 썩 좋지 않은 상황을 벗어나 어딘가 좀 더 나은 곳으로 갔고, 그러고 나서 그 좋지 않은 곳으로 다시 돌아가길 바랐다. 그처럼 나도 얼마나 조바심을 내던 사람이었던가. 왜냐하면, 나 역시 아주 좋지 않은 상황에 처해 있다고 스스로 느끼곤 했고 어디론가 떠나고 싶었다. 그러나 지금 나 역시 내가 있던 곳으로 돌아가고 싶다. 나는 이를 깨달았고 내가 거기에 머물러 있다는 것도 알았다. 만약 그 당시에 나의 미래를 그려보았더라면, 그건 아마도 어둡고 더 캄캄하고, 새까만 색으로 둘러싸인 거대한 암울한 상황이었을 것이다.

➕ **어휘** plot ① 줄거리, 구성 ② 음모 / suffer from (질병) ~을 앓다, ~병에 걸리다 / long 갈망하다, 바라다 / impatient ① 참을성 없는 ② 환자 / gray(=grey) ① 회색(의) ② 우울한, 암울한 / patch ① 시기, 상황 ② 조각 ③ 땅, 지역 / drowsiness 졸음, 나른함 / hysteria 히스테리, 과잉반응 / depression 우울(증)

문법포인트 16 if 없는 가정법을 이해한다.

if가 없어도 가정법 구문을 만들 수 있다.

004

2018. 지방직 9급

어법상 옳은 것은?

① Please contact to me at the email address I gave you last week.
② Were it not for water, all living creatures on earth would be extinct.
③ The laptop allows people who is away from their offices to continue to work.
④ The more they attempted to explain their mistakes, the worst their story sounded.

✔ **정답** ②

··· **해설** ② If it were not for ~ 구문에서 if를 지우고 주어 동사가 도치된 구조로 가정법 과거시제 패턴을 묻고 있다. if절에 과거동사 were와 주절의 시제 would+동사원형 모두 어법상 적절하다.
① contact는 타동사이므로 바로 뒤에 목적어가 와야 한다. 따라서 전치사 to를 없애야 한다.
③ 관계대명사 who 다음 동사 is는 선행사 people(복수명사)과 수일치를 시켜야 하므로 is는 복수동사 are로 고쳐 써야 한다.
④ 'The+비교급 ~, the+비교급 …' 구문을 묻고 있다. 따라서 the worst는 the worse로 고쳐 써야 한다.

❗ **해석** ① 제가 지난주에 드린 이메일 주소로 연락 부탁드립니다.
② 물이 없다면 지구상의 모든 살아 있는 생물들은 멸종할 텐데.
③ 노트북 컴퓨터는 사무실로부터 멀리 있는 사람들이 계속해서 일을 할 수 있도록 해준다.
④ 그들이 자신들의 실수에 대해서 설명하려고 애쓰면 애쓸수록 그들의 이야기는 더 안 좋게 들렸다.

➕ **어휘** were it not for ~이 없다면(=without) / extinct 멸종한 / laptop 노트북 컴퓨터 / attempt 시도하다

001

2019. 지방직 9급

다음 밑줄 친 부분 중 어법상 가장 적절한 것은?

① The paper charged her with use the company's money for her own purposes.
② The investigation had to be handled with the utmost care lest suspicion be aroused.
③ Another way to speed up the process would be made the shift to a new system.
④ Burning fossil fuels is one of the lead cause of climate change.

002

2018. 서울시 9급 (추가채용)

어법상 가장 옳은 것은?

① If the item should not be delivered tomorrow, they would complain about it.
② He was more skillful than any other baseball players in his class.
③ Hardly has the violinist finished his performance before the audience stood up and applauded.
④ Bakers have been made come out, asking for promoting wheat consumption.

003

2017. 국가직 9급

다음 우리말을 영어로 잘못 옮긴 것을 고르시오.

① 이 편지를 받는 대로 곧 본사로 와 주십시오.
→ Please come to the headquarters as soon as you receive this letter.
② 나는 소년 시절에 독서하는 버릇을 길러 놓았어야만 했다.
→ I ought to have formed a habit of reading in my boyhood.
③ 그는 10년 동안 외국에 있었기 때문에 영어를 매우 유창하게 말할 수 있다.
→ Having been abroad for ten years, he can speak English very fluently.
④ 내가 그때 그 계획을 포기했었다면 이렇게 훌륭한 성과를 얻지 못했을 것이다.
→ Had I given up the project at that time, I should have achieved such a splendid result.

004

2017. 하반기 국가직 9급 (추가채용)

어법상 옳은 것을 고르시오.

① Undergraduates are not allowed to using equipments in the laboratory.
② The extent of Mary's knowledge on various subjects astound me.
③ If she had been at home yesterday, I would have visited her.
④ I regret to inform you that your loan application has not approved.

005

2016. 국가직 9급

다음 중 어법상 옳은 것은?

① Jessica is a much careless person who makes little effort to improve her knowledge.
② But he will come or not is not certain.
③ The police demanded that she not leave the country for the time being.
④ The more a hotel is expensiver, the better its service is.

006

2016. 지방직 9급

다음 중 어법상 옳은 것을 고르시오.

① The poor woman couldn't afford to get a smartphone.
② I am used to get up early everyday.
③ The number of fires that occur in the city are growing every year.
④ Bill supposes that Mary is married, isn't he?

CHAPTER 05 기타 품사(형용사, 부사 / 비교구문 / 명사 / 대명사)

문법포인트 17 명사와 관사를 파악한다.

명사와 관사의 기본개념을 이해한다.

001

2021. 국가직 9급

우리말을 영어로 가장 잘 옮긴 것을 고르시오.

① 나는 너의 답장을 가능한 한 빨리 받기를 고대한다.
→ I look forward to receive your reply as soon as possible.

② 그는 내가 일을 열심히 했기 때문에 월급을 올려 주겠다고 말했다.
→ He said he would rise my salary because I worked hard.

③ 그의 스마트 도시 계획은 고려할 만했다.
→ His plan for the smart city was worth considered.

④ Cindy는 피아노 치는 것을 매우 좋아했고 그녀의 아들도 그랬다.
→ Cindy loved playing the piano, and so did her son.

✔ **정답** ④

⋯ **해설** ④ 'so + V + S(도치구문)'을 묻고 있다. 앞에 긍정문이 있으므로 so의 사용은 어법상 적절하고 일반동사 love를 대신하는 대동사 did의 사용과 시제일치(과거시제) 모두 어법상 적절하다. 또한 악기명 앞에 정관사 the의 사용 역시 어법상 적절하다.
① look forward to ∼ing 구문을 묻고 있다. 따라서 receive는 receiving으로 고쳐 써야 한다.
② 말장난(단어 장난: rise vs. raise) 문제이다. 우리말의 '∼을 올리다'의 영어표현은 raise를 사용해야 하므로 rise는 raise로 고쳐 써야 한다. 물론, rise는 자동사이므로 뒤에 목적어(my salary)를 취할 수 없다.
③ be worth ∼ing 구문을 묻고 있다. 따라서 considered는 considering으로 고쳐 써야 한다. 참고로 be worth ∼ing 구문에서 ∼ing의 형태는 능동이지만 수동의 의미(이런 경우를 중간태 라고 한다)를 지닐 수 있어 considering을 being considered로 고쳐 쓰지 않아도 된다.
➕ **어휘** look forward ∼ ing ∼ 하기를 학수고대하다 / reply 응답(하다) / salary 봉급, 급여

문법포인트 18 형용사와 부사를 구별한다.

동사에 의해 또는 수식관계에 따라 형용사와 부사를 구별할 수 있어야 한다.

002

2019. 국가직 9급

우리말을 영어로 잘못 옮긴 것을 고르시오.

① 제가 당신께 말씀드렸던 새로운 선생님은 원래 페루 출신입니다.
→ The new teacher I told you about is originally from Peru.

② 나는 긴급한 일로 자정이 5분이나 지난 후 그에게 전화했다.
→ I called him five minutes shy of midnight on an urgent matter.

③ 상어로 보이는 것이 산호 뒤에 숨어 있었다.
→ What appeared to be a shark was lurking behind the coral reef.

④ 그녀는 일요일에 16세의 친구와 함께 산 정상에 올랐다.
→ She reached the mountain summit with her 16-year-old friend on Sunday.

✔ **정답** ②

⋯ **해설** ② five minutes shy of midnight는 '자정 5분 전'의 뜻으로 주어진 우리말과 영어문장은 서로 일치하지 않는다. 따라서 ②가 정답이 된다.
① The new teacher 뒤에 관계대명사 that이 생략된 구조로 about의 목적어가 없으므로 어법상 적절하다. 또한 be from은 '∼출신이다'의 뜻으로 어법상 적절하고 동사를 수식하는 부사 originally의 사용 역시 어법상 적절하다.
③ 관계대명사 what 뒤에 불완전한 문장(what 다음 주어가 없다)이 이어지므로 어법상 적절하고 명사절(What appeared ∼)이 주어이므로 단수동사 was의 사용 역시 어법상 적절하다. 또한 lurk는 자동사이므로 능동의 형태 역시 어법상 적절하다.
④ reach는 타동사이므로 바로 뒤의 목적어의 사용은 어법상 적절하고 '수 단위명사+수 단위형용사' 뒤에 명사 friend가 있으므로 단수명사 year는 어법상 적절하다.
➕ **어휘** shy of ∼이 모자라는, 부족한 / midnight 자정 / urgent 긴급한, 급박한 / lurk 숨다, 숨어 있다 / coral reef 산호(초) / reach ∼에 이르다, 다다르다 / summit 정상

문법포인트 19 대명사를 파악한다

대명사의 수일치와 it의 용법을 정리한다.

003

2022. 국가직 9급

어법상 옳은 것은?

① A horse should be fed according to its individual needs and the nature of its work.
② My hat was blown off by the wind while walking down a narrow street.
③ She has known primarily as a political cartoonist throughout her career.
④ Even young children like to be complimented for a job done good.

문법포인트 20 비교구문을 이해한다

동등비교와 우등·열등비교를 판단한다. 또한 비교급 병렬을 이해한다.

004

2022. 국가직 9급

우리말을 영어로 잘못 옮긴 것을 고르시오.

① 우리가 영어를 단시간에 배우는 것은 결코 쉬운 일이 아니다.
  → It is by no means easy for us to learn English in a short time.
② 우리 인생에서 시간보다 더 소중한 것은 없다.
  → Nothing is more precious as time in our life.
③ 아이들은 길을 건널 때 아무리 조심해도 지나치지 않다.
  → Children cannot be too careful when crossing the street.
④ 그녀는 남들이 말하는 것을 쉽게 믿는다.
  → She easily believes what others say.

✔ 정답 ①

··· 해설 ① feed의 수동형 be fed뒤에 목적어가 없으므로 수동의 형태는 어법상 적절하고 전치사 according to 다음 명사의 사용과 horse를 대신하는 대명사 its 모두 어법상 적절하다.
② 접속사 while 다음 '주어 + be동사'가 생략될 때에는 문법상의 주어와 일치하거나 또는 접속사의 주어가 막연한 일반인일 때 생략가능한데 문법상의 주어(my hat)와 while 다음 주어가 문맥상 일치하지 않으므로 while walking의 사용은 어법상 적절하지 않다. 따라서 while walking은 while I was walking으로 고쳐 써야 한다.
③ 동사 has known의 목적어가 없으므로 수동의 형태가 필요하다. 따라서 has known은 has been known으로 고쳐 써야 한다.
④ 과거분사 done을 수식할 수 있는 것은 부사여야 하므로 형용사 good은 부사 well로 고쳐 써야 한다.

❗ 해석 ① 말은 개별적 욕구와 말이 하는 일의 특성에 따라 먹이를 줘야 한다.
② 좁은 길을 따라 걷고 있는 동안 내 모자가 바람에 날아갔다.
③ 그녀는 일하는 동안 주로 정치 풍자만화가로 알려져 왔다.
④ 심지어 어린 아이들조차도 잘한 일에 대해 칭찬받기를 좋아한다.

➕ 어휘 feed ① 먹다 ② 먹이다 / according to ～ 에 따라서, ～ 에 따르면 / need 욕구 / nature ① 본성, 특성 ② 자연 / blow off ～ 을 날려버리다 / narrow 좁은 / primarily 주로 / political 정치적인 / cartoonist 만화가 / throughout 도처에, ～ 동안, 쭉 내내 / career ① 직업, 경력 ② 생활 / compliment 칭찬하다

✔ 정답 ②

··· 해설 ② 비교구문에서 우등/열등비교와 동등비교는 함께 사용할 수 없으므로 more를 as(so)로 고쳐 쓴든지 아니면 as를 than으로 고쳐 써야 한다.
① never를 의미하는 by no means의 사용과 'it is 형용사 for A to 부정사' 구문의 사용 모두 어법상 적절하다.
③ 조동사의 관용적 용법인 'cannot too ～ (아무리 ～ 해도 지나치지 않다)'의 사용과 접속사 when 다음 '주어 + be동사'가 생략된 구조 (주절의 주어와 when절의 주어가 같다) 역시 어법상 적절하다.
④ beleive의 목적어 역할을 하는 관계사(what 다음 불완전한 문장이 이어진다)절의 사용은 어법상 적절하다.

➕ 어휘 by no means 결코 ～ 않는 / precious 소중한

001

밑줄 친 부분이 어법상 옳지 않은 것은?

① I should have gone this morning, but I was feeling a bit ill.
② These days we do not save as much money as we used to.
③ The rescue squad was happy to discover an alive man.
④ The picture was looked at carefully by the art critic.

002

우리말을 영어로 잘못 옮긴 것은?

① 내 고양이 나이는 그의 고양이 나이의 세 배이다.
   → My cat is three times as old as his.
② 우리는 그 일을 이번 달 말까지 끝내야 한다.
   → We have to finish the work until the end of this month.
③ 그녀는 이틀에 한 번 머리를 감는다.
   → She washes her hair every other day.
④ 너는 비가 올 경우에 대비하여 우산을 갖고 가는 게 낫 겠다.
   → You had better take an umbrella in case it rains.

003

어법상 옳은 것은?

① The traffic of a big city is busier than those of a small city.
② I'll think of you when I'll be lying on the beach next week.
③ Raisins were once an expensive food, and only the wealth ate them.
④ The intensity of a color is related to how much gray the color contains.

004

우리말을 영어로 잘못 옮긴 것을 고르시오.

① 개인용 컴퓨터를 가장 많이 가지고 있는 나라는 종종 바뀐다.
   → The country with the most computers per person changes from time to time.
② 지난여름 나의 사랑스러운 손자에게 일어난 일은 놀라 웠다.
   → What happened to my lovely grandson last summer was amazing.
③ 나무 숟가락은 아이들에게 매우 좋은 장난감이고 플라 스틱 병 또한 그렇다.
   → Wooden spoons are excellent toys for children, and so are plastic bottles.
④ 나는 은퇴 후부터 내내 이 일을 해 오고 있다.
   → I have been doing this work ever since I retired.

005

2019. 서울시 9급

밑줄 친 부분 중 어법상 가장 옳지 않은 것은?

There is a more serious problem than ① maintaining the cities. As people become more comfortable working alone, they may become ② less social. It's ③ easier to stay home in comfortable exercise clothes or a bathrobe than ④ getting dressed for yet another business meeting!

006

2018. 국가직 9급

우리말을 영어로 잘못 옮긴 것은?

① 그 연사는 자기 생각을 청중에게 전달하는 데 능숙하지 않았다.
→ The speaker was not good at getting his ideas across to the audience.
② 서울의 교통 체증은 세계 어느 도시보다 심각하다.
→ The traffic jams in Seoul are more serious than those in any other city in the world.
③ 네가 말하고 있는 사람과 시선을 마주치는 것은 서양 국가에서 중요하다.
→ Making eye contact with the person you are speaking to is important in western countries.
④ 그는 사람들이 생각했던 만큼 인색하지 않았다는 것이 드러났다.
→ It turns out that he was not so stingier as he was thought to be.

007

2017. 지방직 9급

다음 우리말을 영어로 잘못 옮긴 것을 고르시오.

① 그를 당황하게 한 것은 그녀의 거절이 아니라 그녀의 무례함이었다.
→ It was not her refusal but her rudeness that perplexed him.
② 부모는 아이들 앞에서 그들의 말과 행동에 대해 아무리 신중해도 지나치지 않다.
→ Parents cannot be too careful about their words and actions before their children.
③ 환자들과 부상자들을 돌보기 위해 더 많은 의사가 필요했다.
→ More doctors were required to tend sick and wounded.
④ 설상가상으로, 또 다른 태풍이 곧 올 것이라는 보도가 있다.
→ To make matters worse, there is a report that another typhoon will arrive soon.

008

2017. 지방직 7급

어법상 옳은 것은?

① She was noticeably upset by how indignant he responded to her final question.
② Obviously, this state of affairs is known to the ambassadors, who reacts unfavorably to it.
③ I walked on as briskly as the heat would let me until I reached the road which led to the village.
④ Although there are some similarities in the platforms of both candidates, the differences among them are wide.

김세현 영어
단원별 기출문제

기출로 합격까지!

PART

02

독해

주제, 제목, 요지

독해포인트 01

1. 먼저 선택지(보기)부터 읽는다.
2. 올바른 독해법에 맞추어 글을 읽고 정답을 유도한다.
3. 너무 광범위하지 않은 또는 너무 세부적이지 않은 정답을 유도한다. (not too general or not too specific)
4. 정답을 선택할 때 선택지의 재진술 restatement에 유의한다.

001

2023. 국가직 9급

다음 글의 제목으로 알맞은 것은?

The feeling of being loved and the biological response it stimulates is triggered by nonverbal cues: the tone in a voice, the expression on a face, or the touch that feels just right. Nonverbal cues—rather than spoken words—make us feel that the person we are with is interested in, understands, and values us. When we're with them, we feel safe. We even see the power of nonverbal cues in the wild. After evading the chase of predators, animals often nuzzle each other as a means of stress relief. This bodily contact provides reassurance of safety and relieves stress.

① How Do Wild Animals Think and Feel?
② Communicating Effectively Is the Secret to Success
③ Nonverbal Communication Speaks Louder than Words
④ Verbal Cues: The Primary Tools for Expressing Feelings

✅ **정답** ③

💬 **해설** 주어진 지문은 비언어적 신호가 실제 말보다 우리에게 긍정적인 감정을 주는 데 효과가 더 크다는 내용의 글이므로 이 글의 제목으로 가장 적절한 것은 ③ '비언어적 소통이 말보다 더 크게 말한다'이다.

❗ **해석** 사랑을 받고 있다는 느낌과 그것이 자극하는 생체 반응은 목소리 톤, 얼굴 표정, 또는 딱 맞는 느낌의 촉감 같은 비언어적 신호에 의해 유발된다. 실제 말보다 비언어적 신호는 우리와 함께 있는 사람이 우리에게 관심이 있고, 우리를 이해하며 우리를 소중히 여긴다고 느끼게 해준다. 우리는 그들과 함께 있을 때 안전하다고 느낀다. 비언어적 신호의 힘은 심지어 야생에서도 확인할 수 있다. 동물들은 포식자의 추격을 피한 후 종종 스트레스 해소의 수단으로 서로 코를 비빈다. 이러한 신체 접촉은 안전에 대한 확신을 제공하고 스트레스를 완화시켜준다.
① 야생 동물들은 어떻게 생각하고 느끼나?
② 효과적인 의사소통이 성공의 비밀이다
③ 비언어적 소통이 말보다 더 크게 말한다
④ 언어적 신호: 감정을 표현하는 주요 도구

➕ **어휘** **biological** 생물학적인 / **response** 반응 / **stimulate** 자극하다 / **trigger** 유발하다, 야기하다 / **nonverbal** 비언어적인 / **cues** 신호, 단서 / **expression** 표현 / **just right** 딱 맞게, 알맞게 / **values** 가치를 두다 / **evade** 피하다 / **chase** 추적 / **predators** 포식자 / **nuzzle** 코를 비비다 / **means** 수단, 방법 / **relief** 안도, 안정 / **reassurance** 안심, 안도 / **primary** 주요한

001

다음 글의 주제로 알맞은 것은?

There are times, like holidays and birthdays, when toys and gifts accumulate in a child's life. You can use these times to teach a healthy nondependency on things. Don't surround your child with toys. Instead, arrange them in baskets, have one basket out at a time, and rotate baskets occasionally. If a cherished object is put away for a time, bringing it out creates a delightful remembering and freshness of outlook. Suppose your child asks for a toy that has been put away for a while. You can direct attention toward an object or experience that is already in the environment. If you lose or break a possession, try to model a good attitude ("I appreciated it while I had it!") so that your child can begin to develop an attitude of nonattachment. If a toy of hers is broken or lost, help her to say, "I had fun with that."

① building a healthy attitude toward possessions
② learning the value of sharing toys with others
③ teaching how to arrange toys in an orderly manner
④ accepting responsibility for behaving in undesirable ways

002

다음 글의 요지로 알맞은 것은?

Many parents have been misguided by the "self-esteem movement," which has told them that the way to build their children's self-esteem is to tell them how good they are at things. Unfortunately, trying to convince your children of their competence will likely fail because life has a way of telling them unequivocally how capable or incapable they really are through success and failure. Research has shown that how you praise your children has a powerful influence on their development. Some researchers found that children who were praised for their intelligence, as compared to their effort, became overly focused on results. Following a failure, these same children persisted less, showed less enjoyment, attributed their failure to a lack of ability, and performed poorly in future achievement efforts. Praising children for intelligence made them fear difficulty because they began to equate failure with stupidity.

① Frequent praises increase self-esteem of children.
② Compliments on intelligence bring about negative effect.
③ A child should overcome fear of failure through success.
④ Parents should focus on the outcome rather than the process.

003

다음 글의 제목으로 가장 적절한 것은?

Well-known author Daniel Goleman has dedicated his life to the science of human relationships. In his book Social Intelligence he discusses results from neuro-sociology to explain how sociable our brains are. According to Goleman, we are drawn to other people's brains whenever we engage with another person. The human need for meaningful connectivity with others, in order to deepen our relationships, is what we all crave, and yet there are countless articles and studies suggesting that we are lonelier than we ever have been and loneliness is now a world health epidemic. Specifically, in Australia, according to a national Lifeline survey, more than 80 % of those surveyed believe our society is becoming a lonelier place. Yet, our brains crave human interaction.

① Lonely People
② Sociable Brains
③ Need for Mental Health Survey
④ Dangers of Human Connectivity

004

다음 글의 요지로 가장 적절한 것은?

Dr. Roossinck and her colleagues found by chance that a virus increased resistance to drought on a plant that is widely used in botanical experiments. Their further experiments with a related virus showed that was true of 15 other plant species, too. Dr. Roossinck is now doing experiments to study another type of virus that increases heat tolerance in a range of plants. She hopes to extend her research to have a deeper understanding of the advantages that different sorts of viruses give to their hosts. That would help to support a view which is held by an increasing number of biologists, that many creatures rely on symbiosis, rather than being self-sufficient.

① Viruses demonstrate self-sufficiency of biological beings.
② Biologists should do everything to keep plants virus-free.
③ The principle of symbiosis cannot be applied to infected plants.
④ Viruses sometimes do their hosts good, rather than harming them.

005

다음 글의 요지로 가장 적절한 것은?

In one study, done in the early 1970s when young people tended to dress in either "hippie" or "straight" fashion, experimenters donned hippie or straight attire and asked college students on campus for a dime to make a phone call. When the experimenter was dressed in the same way as the student, the request was granted in more than two-thirds of the instances; when the student and requester were dissimilarly dressed, the dime was provided less than half the time. Another experiment showed how automatic our positive response to similar others can be. Marchers in an antiwar demonstration were found to be more likely to sign the petition of a similarly dressed requester and to do so without bothering to read it first.

① People are more likely to help those who dress like themselves.
② Dressing up formally increases the chance of signing the petition.
③ Making a phone call is an efficient way to socialize with other students.
④ Some college students in the early 1970s were admired for their unique fashion.

006

다음 글의 제목으로 가장 적절한 것은?

One of the areas where efficiency can be optimized is the work force, through increasing individual productivity — defined as the amount of work (products produced, customers served) an employee handles in a given time. In addition to making sure you have invested in the right equipment, environment, and training to ensure optimal performance, you can increase productivity by encouraging staffers to put an end to a modern-day energy drain: multitasking. Studies show it takes 25 to 40 percent longer to get a job done when you're simultaneously trying to work on other projects. To be more productive, says Andrew Deutscher, vice president of business development at consulting firm The Energy Project, "do one thing, uninterrupted, for a sustained period of time."

① How to Create More Options in Life
② How to Enhance Daily Physical Performance
③ Multitasking is the Answer for Better Efficiency
④ Do One Thing at a Time for Greater Efficiency

007

다음 글의 제목으로 가장 적절한 것은?

Do people from different cultures view the world differently? A psychologist presented realistic animated scenes of fish and other underwater objects to Japanese and American students and asked them to report what they had seen. Americans and Japanese made about an equal number of references to the focal fish, but the Japanese made more than 60 percent more references to background elements, including the water, rocks, bubbles, and inert plants and animals. In addition, whereas Japanese and American participants made about equal numbers of references to movement involving active animals, the Japanese participants made almost twice as many references to relationships involving inert, background objects. Perhaps most tellingly, the very first sentence from the Japanese participants was likely to be one referring to the environment, whereas the first sentence from Americans was three times as likely to be one referring to the focal fish.

① Language Barrier Between Japanese and Americans
② Associations of Objects and Backgrounds in the Brain
③ Cultural Differences in Perception
④ Superiority of Detail-oriented People

008

다음 글의 요지로 가장 적절한 것은?

If someone makes you an offer and you're legitimately concerned about parts of it, you're usually better off proposing all your changes at once. Don't say, "The salary is a bit low. Could you do something about it?" and then, once she's worked on it, come back with "Thanks. Now here are two other things I'd like..." If you ask for only one thing initially, she may assume that getting it will make you ready to accept the offer (or at least to make a decision). If you keep saying "and one more thing...," she is unlikely to remain in a generous or understanding mood. Furthermore, if you have more than one request, don't simply mention all the things you want－A, B, C, and D; also signal the relative importance of each to you. Otherwise, she may pick the two things you value least, because they're pretty easy to give you, and feel she's met you halfway.

① Negotiate multiple issues simultaneously, not serially.
② Avoid sensitive topics for a successful negotiation.
③ Choose the right time for your negotiation.
④ Don't be too direct when negotiating salary.

009

2021. 국가직 9급

다음 글의 주제로 가장 적절한 것은?

During the late twentieth century socialism was on the retreat both in the West and in large areas of the developing world. During this new phase in the evolution of market capitalism, global trading patterns became increasingly interlinked, and advances in information technology meant that deregulated financial markets could shift massive flows of capital across national boundaries within seconds. 'Globalization' boosted trade, encouraged productivity gains and lowered prices, but critics alleged that it exploited the low-paid, was indifferent to environmental concerns and subjected the Third World to a monopolistic form of capitalism. Many radicals within Western societies who wished to protest against this process joined voluntary bodies, charities and other non-governmental organizations, rather than the marginalized political parties of the left. The environmental movement itself grew out of the recognition that the world was interconnected, and an angry, if diffuse, international coalition of interests emerged.

① The affirmative phenomena of globalization in the developing world in the past
② The decline of socialism and the emergence of capitalism in the twentieth century
③ The conflict between the global capital market and the political organizations of the left
④ The exploitative characteristics of global capitalism and diverse social reactions against it

010

2021. 국가직 9급

다음 글의 제목으로 가장 적절한 것은?

Warming temperatures and loss of oxygen in the sea will shrink hundreds of fish species — from tunas and groupers to salmon, thresher sharks, haddock and cod — even more than previously thought, a new study concludes. Because warmer seas speed up their metabolisms, fish, squid and other water-breathing creatures will need to draw more oxygen from the ocean. At the same time, warming seas are already reducing the availability of oxygen in many parts of the sea. A pair of University of British Columbia scientists argue that since the bodies of fish grow faster than their gills, these animals eventually will reach a point where they can't get enough oxygen to sustain normal growth. "What we found was that the body size of fish decreases by 20 to 30 percent for every 1 degree Celsius increase in water temperature," says author William Cheung.

① Fish Now Grow Faster than Ever
② Oxygen's Impact on Ocean Temperatures
③ Climate Change May Shrink the World's Fish
④ How Sea Creatures Survive with Low Metabolism

011

다음 글의 제목으로 가장 적절한 것은?

The definition of 'turn' casts the digital turn as an analytical strategy which enables us to focus on the role of digitalization within social reality. As an analytical perspective, the digital turn makes it possible to analyze and discuss the societal meaning of digitalization. The term 'digital turn' thus signifies an analytical approach which centers on the role of digitalization within a society. If the linguistic turn is defined by the epistemological assumption that reality is constructed through language, the digital turn is based on the assumption that social reality is increasingly defined by digitalization. Social media symbolize the digitalization of social relations. Individuals increasingly engage in identity management on social networking sites(SNS). SNS are polydirectional, meaning that users can connect to each other and share information.

* epistemological : 인식론의

① Remaking Identities on SNS
② Linguistic Turn Versus Digital Turn
③ How to Share Information in the Digital Age
④ Digitalization Within the Context of Social Reality

012

다음 글의 요지로 가장 적절한 것은?

Listening to somebody else's ideas is the one way to know whether the story you believe about the world — as well as about yourself and your place in it — remains intact. We all need to examine our beliefs, air them out and let them breathe. Hearing what other people have to say, especially about concepts we regard as foundational, is like opening a window in our minds and in our hearts. Speaking up is important. Yet to speak up without listening is like banging pots and pans together : even if it gets you attention, it's not going to get you respect. There are three prerequisites for conversation to be meaningful : 1. You have to know what you're talking about, meaning that you have an original point and are not echoing a worn-out, hand-me-down or pre-fab argument; 2. You respect the people with whom you're speaking and are authentically willing to treat them courteously even if you disagree with their positions; 3. You have to be both smart and informed enough to listen to what the opposition says while handling your own perspective on the topic with uninterrupted good humor and discernment.

① We should be more determined to persuade others.
② We need to listen and speak up in order to communicate well.
③ We are reluctant to change our beliefs about the world we see.
④ We hear only what we choose and attempt to ignore different opinions.

013

2020. 국가직 9급

다음 글의 제목으로 가장 적절한 것은?

The future may be uncertain, but some things are undeniable : climate change, shifting demographics, geopolitics. The only guarantee is that there will be changes, both wonderful and terrible. It's worth considering how artists will respond to these changes, as well as what purpose art serves, now and in the future. Reports suggest that by 2040 the impacts of human-caused climate change will be inescapable, making it the big issue at the centre of art and life in 20 years' time. Artists in the future will wrestle with the possibilities of the post-human and post-Anthropocene — artificial intelligence, human colonies in outer space and potential doom. The identity politics seen in art around the #MeToo and Black Lives Matter movements will grow as environmentalism, border politics and migration come even more sharply into focus. Art will become increasingly diverse and might not 'look like art' as we expect. In the future, once we've become weary of our lives being visible online for all to see and our privacy has been all but lost, anonymity may be more desirable than fame. Instead of thousands, or millions, of likes and followers, we will be starved for authenticity and connection. Art could, in turn, become more collective and experiential, rather than individual.

① What will art look like in the future?
② How will global warming affect our lives?
③ How will artificial intelligence influence the environment?
④ What changes will be made because of political movements?

014

2020. 국가직 9급

다음 글의 주제로 가장 적절한 것은?

For many people, work has become an obsession. It has caused burnout, unhappiness and gender inequity, as people struggle to find time for children or passions or pets or any sort of life besides what they do for a paycheck. But increasingly, younger workers are pushing back. More of them expect and demand flexibility — paid leave for a new baby, say, and generous vacation time, along with daily things, like the ability to work remotely, come in late or leave early, or make time for exercise or meditation. The rest of their lives happens on their phones, not tied to a certain place or time — why should work be any different?

① ways to increase your paycheck
② obsession for reducing inequity
③ increasing call for flexibility at work
④ advantages of a life with long vacations

015

다음 글의 요지로 가장 적절한 것은?

Evolutionarily, any species that hopes to stay alive has to manage its resources carefully. That means that first call on food and other goodies goes to the breeders and warriors and hunters and planters and builders and, certainly, the children, with not much left over for the seniors, who may be seen as consuming more than they're contributing. But even before modern medicine extended life expectancies, ordinary families were including grandparents and even great-grandparents. That's because what old folk consume materially, they give back behaviorally — providing a leveling, reasoning center to the tumult that often swirls around them.

① Seniors have been making contributions to the family.
② Modern medicine has brought focus to the role of old folk.
③ Allocating resources well in a family determines its prosperity.
④ The extended family comes at a cost of limited resources.

016

다음 글의 주제로 가장 적절한 것은?

The e-book applications available on tablet computers employ touchscreen technology. Some touchscreens feature a glass panel covering two electronically-charged metallic surfaces lying face-to-face. When the screen is touched, the two metallic surfaces feel the pressure and make contact. This pressure sends an electrical signal to the computer, which translates the touch into a command. This version of the touchscreen is known as a resistive screen because the screen reacts to pressure from the finger. Other tablet computers feature a single electrified metallic layer under the glass panel. When the user touches the screen, some of the current passes through the glass into the user's finger. When the charge is transferred, the computer interprets the loss in power as a command and carries out the function the user desires. This type of screen is known as a capacitive screen.

① how users learn new technology
② how e-book work on tablet computers
③ how touchscreen technology works
④ how touchscreens have evolved

017

2020. 지방직 9급

다음 글의 제목으로 가장 적절한 것은?

Louis XIV needed a palace worthy of his greatness, so he decided to build a huge new house at Versailles, where a tiny hunting lodge stood. After almost fifty years of labor, this tiny hunting lodge had been transformed into an enormous palace, a quarter of a mile long. Canals were dug to bring water from the river and to drain the marshland. Versailles was full of elaborate rooms like the famous Hall of Mirrors, where seventeen huge mirrors stood across from seventeen large windows, and the Salon of Apollo, where a solid silver throne stood. Hundreds of statues of Greek gods such as Apollo, Jupiter, and Neptune stood in the gardens; each god had Louis's face!

① True Face of Greek Gods
② The Hall of Mirrors vs. the Salon of Apollo
③ Did the Canal Bring More Than Just Water to Versailles?
④ Versailles : From a Humble Lodge to a Great Palace

018

2019. 국가직 9급

다음 글의 제목으로 가장 적절한 것은?

Mapping technologies are being used in many new applications. Biological researchers are exploring the molecular structure of DNA ("mapping the genome"), geophysicists are mapping the structure of the Earth's core, and oceanographers are mapping the ocean floor. Computer games have various imaginary "lands" or levels where rules, hazards, and rewards change. Computerization now challenges reality with "virtual reality", artificial environments that stimulate special situations, which may be useful in training and entertainment. Mapping techniques are being used also in the realm of ideas. For example, relationships between ideas can be shown using what are called concept maps. Starting from a general of "central" idea, related ideas can be connected, building a web around the main concept. This is not a map by any traditional definition, but the tools and techniques of cartography are employed to produce it, and in some ways it resembles a map.

① Computerized Maps vs. Traditional Maps
② Where Does Cartography Begin?
③ Finding Ways to DNA Secrets
④ Mapping New Frontiers

019

2019. 국가직 9급

다음 글의 요지로 가장 적절한 것은?

When giving performance feedback, you should consider the recipient's past performance and your estimate of his of her future potential in designing its frequency, amount, and content. For high performers with potential for growth, feedback should be frequent enough to prod them into taking corrective action, but not so frequent that it is experienced as controlling and saps their initiative. For adequate performers who have settled into their jobs and have limited potential for advancement, very little feedback is needed because they have displayed reliable and steady behavior in the past, knowing their tasks and realizing what needs to be done. For poor performers — that is, people who will need to be removed from their jobs if their performance doesn't improve — feedback should be frequent and very specific, and the connection between acting on the feedback and negative sanctions such as being laid off or fired should be made explicit.

① Time your feedback well
② Customize negative feedback
③ Tailor feedback to the person
④ Avoid goal-oriented feedback

020

2019. 국가직 9급

다음 글의 주제로 가장 적절한 것은?

Imagine that two people are starting work at a law firm on the same day. One person has a very simple name. The other person has a very complex name. We've got pretty good evidence that over the course of their next 16 plus years of their career, the person with the simpler name will rise up the legal hierarchy more quickly. They will attain partnership more quickly in the middle parts of their career. And by about the eighth or ninth year after graduating from law school the people with simpler names are about seven to ten percent more likely to be partner — which is a striking effect. We try to eliminate all sorts of other alternative explanations. For example, we try to show that it's not about foreignness because foreign names tend to be harder to pronounce. But even if you look at just white males with Anglo-American names — so really the true in-group, you find that among those white males with Anglo names they are more likely to rise up if their names happen to be simper. So simplicity is one key feature in names that determines various outcomes.

① the development of legal names
② the concept of attractive names
③ the benefit of simple names
④ the roots of foreign names

021

2019. 지방직 9급

다음 글의 주제로 가장 적절한 것은?

As the digital revolution upends newsrooms across the country, here's my advice for all the reporters. I've been a reporter for more than 25 years, so I have lived through a half dozen technological life cycles. The most dramatic transformations have come in the last half dozen years. That means I am, with increasing frequency, making stuff up as I go along. Much of the time in the news business, we have no idea what we are doing. We show up in the morning and someone says, "Can you write a story about (pick one) tax policy/immigration/climate change?" When newspapers had once-a-day deadlines, we said a reporter would learn in the morning and teach at night — write a story that could inform tomorrow's readers on a topic the reporter knew nothing about 24 hours earlier. Now it is more like learning at the top of the hour and teaching at the bottom of the same hour. I'm also running a political podcast, for example, and during the presidential conventions, we should be able to use it to do real-time interviews anywhere. I am just increasingly working without a script.

① a reporter as a teacher
② a reporter and improvisation
③ technology in politics
④ fields of journalism and technology

022

2018. 지방직 9급

다음 글의 요지로 가장 적절한 것은?

My students often believe that if they simply meet more important people, their work will improve. But it's remarkably hard to engage with those people unless you've already put something valuable out into the world. That's what piques the curiosity of advisers and sponsors. Achievements show you have something to give, not just something to take. In life, it certainly helps to know the right people. But how hard they go to bat for you, how far they stick their necks out for you, depends on what you have to offer. Building a powerful network doesn't require you to be an expert at networking. It just requires you to be an expert at something. If you make great connections, they might advance your career. If you do great work, those connections will be easier to make. Let your insights and your outputs — not your business cards — do the talking.

① Sponsorship is necessary for a successful career.
② Building a good network starts from your accomplishments.
③ A powerful network is a prerequisite for your achievement.
④ Your insights and outputs grow as you become an expert at networking.

023

다음 글의 제목으로 가장 적절한 것은?

With the help of the scientist, the commercial fishing industry has found out that its fishing must be done scientifically if it is to be continued. With no fishing pressure on a fish population, the number of fish will reach a predictable level of abundance and stay there. The only fluctuation would be due to natural environmental factors, such as availability of food, proper temperature, and the like. If a fishery is developed to take these fish, their population can be maintained if the fishing harvest is small. The mackerel of the North Sea is a good example. If we increase the fishery and take more fish each year, we must be careful not to reduce the population below the ideal point where it can replace all of the fish we take out each year. If we fish at this level, called the maximum sustainable yield, we can maintain the greatest possible yield, year after year. If we catch too many, the number of fish will decrease each year until we fish ourselves out of a job. Examples of severely overfished animals are the blue whale of the Antarctic and the halibut of the North Atlantic. Fishing just the correct amount to maintain a maximum annual yield is both a science and an art. Research is constantly being done to help us better understand the fish population and how to utilize it to the maximum without depleting the population.

① Say No to Commercial Fishing
② Sea Farming Seen As a Fishy Business
③ Why Does the Fishing Industry Need Science?
④ Overfished Animals : Cases of Illegal Fishing

CHAPTER 02 빈칸 완성

001

2023. 지방직 9급

밑줄 친 부분에 들어갈 말로 가장 적절한 것을 고르시오.

How many different ways do you get information? Some people might have six different kinds of communications to answer — text messages, voice mails, paper documents, regular mail, blog posts, messages on different online services. Each of these is a type of in-box, and each must be processed on a continuous basis. It's an endless process, but it doesn't have to be exhausting or stressful. Getting your information management down to a more manageable level and into a productive zone starts by _____. Every place you have to go to check your messages or to read your incoming information is an in-box, and the more you have, the harder it is to manage everything. Cut the number of in-boxes you have down to the smallest number possible for you still to function in the ways you need to.

① setting several goals at once
② immersing yourself in incoming information
③ minimizing the number of in-boxes you have
④ choosing information you are passionate about

✔정답 ③

해설 주어진 지문은 받은 정보를 수신함에 보관하는데 이 수신함이 많으면 관리하기가 어려우니 가능한 한 이 수신함의 수를 줄이라는 내용의 글이므로 빈칸에 들어갈 말로 가장 적절한 것은 ③ '당신이 가진 수신함의 수를 최소화하는'이다.

해석 얼마나 많은 다른 방법으로 당신은 정보를 얻는가? 어떤 사람들은 문자 메시지, 음성 메일, 종이 문서, 일반 우편, 블로그 게시물, 그리고 서로 다른 온라인 서비스의 메시지 등 6가지 서로 다른 종류의 통신수단에 답을 해야 할지도 모른다. 이것들 각각은 일종의 수신함의 유형이며, 연속적으로 처리되어야 한다. 그것은 끝이 없는 과정이지만, 지치거나 스트레스를 받을 필요는 없다. 당신의 정보 관리를 보다 더 관리하기 쉬운 수준으로 낮추고 생산적인 영역으로 전환하려면 당신이 가진 수신함의 수를 최소화하는 것으로 시작하면 된다. 당신이 메시지를 확인하거나 들어오는 정보를 읽으러 가야 하는 곳은 모두 수신함이며, 당신이 가진 것이 많을수록 모든 것을 관리하기가 더 어려워진다. 당신이 필요한 방식으로 계속 기능할 수 있도록 당신이 가진 수신함의 수를 최소한으로 줄여라.

① 한 번에 여러 목표를 설정하는
② 들어오는 정보에 몰두하는
③ 당신이 가진 수신함의 수를 최소화하는
④ 당신이 열정적인 정보를 선택하는

➕어휘 text message 문자 메시지 / in-box 수신함 / process 처리하다, 가공하다 / on a continuous basis 연속적으로 / exhausting 지치는 / get down 낮추다 / zone 영역 / cut down 줄이다 / function 기능하다, 작동하다 / immerse ① 담그다 ② 몰두하게하다, 몰두하다 / passionate 열정적인

001

밑줄 친 부분에 들어갈 말로 알맞은 것은?

In recent years, the increased popularity of online marketing and social media sharing has boosted the need for advertising standardization for global brands. Most big marketing and advertising campaigns include a large online presence. Connected consumers can now zip easily across borders via the internet and social media, making it difficult for advertisers to roll out adapted campaigns in a controlled, orderly fashion. As a result, most global consumer brands coordinate their digital sites internationally. For example, Coca-Cola web and social media sites around the world, from Australia and Argentina to France, Romania, and Russia, are surprisingly _____. All feature splashes of familiar Coke red, iconic Coke bottle shapes, and Coca-Cola's music and "Taste the Feeling" themes.

① experimental
② uniform
③ localized
④ diverse

002

밑줄 친 부분에 들어갈 말로 알맞은 것은?

Over the last fifty years, all major subdisciplines in psychology have become more and more isolated from each other as training becomes increasingly specialized and narrow in focus. As some psychologists have long argued, if the field of psychology is to mature and advance scientifically, its disparate parts (for example, neuroscience, developmental, cognitive, personality, and social) must become whole and integrated again. Science advances when distinct topics become theoretically and empirically integrated under simplifying theoretical frameworks. Psychology of science will encourage collaboration among psychologists from various sub-areas, helping the field achieve coherence rather than continued fragmentation. In this way, psychology of science might act as a template for psychology as a whole by integrating under one discipline all of the major fractions/factions within the field. It would be no small feat and of no small import if the psychology of science could become a model for the parent discipline on how to combine resources and study science _____.

① from a unified perspective
② in dynamic aspects
③ throughout history
④ with accurate evidence

003

2023. 지방직 9급

밑줄 친 부분에 들어갈 말로 가장 적절한 것을 고르시오.

We live in the age of anxiety. Because being anxious can be an uncomfortable and scary experience, we resort to conscious or unconscious strategies that help reduce anxiety in the moment — watching a movie or TV show, eating, video-game playing, and overworking. In addition, smartphones also provide a distraction any time of the day or night. Psychological research has shown that distractions serve as a common anxiety avoidance strategy. _____, however, these avoidance strategies make anxiety worse in the long run. Being anxious is like getting into quicksand — the more you fight it, the deeper you sink. Indeed, research strongly supports a well-known phrase that "What you resist, persists."

① Paradoxically
② Fortunately
③ Neutrally
④ Creative

004

2022. 국가직 9급

밑줄 친 부분에 들어갈 말로 가장 적절한 것은?

Scientists have long known that higher air temperatures are contributing to the surface melting on Greenland's ice sheet. But a new study has found another threat that has begun attacking the ice from below: Warm ocean water moving underneath the vast glaciers is causing them to melt even more quickly. The findings were published in the journal Nature Geoscience by researchers who studied one of the many "ice tongues" of the Nioghalvfjerdsfjorden Glacier in northeast Greenland. An ice tongue is a strip of ice that floats on the water without breaking off from the ice on land. The massive one these scientists studied is nearly 50 miles long. The survey revealed an underwater current more than a mile wide where warm water from the Atlantic Ocean is able to flow directly towards the glacier, bringing large amounts of heat into contact with the ice and _____ the glacier's melting.

① separating
② delaying
③ preventing
④ accelerating

005

2022. 지방직 9급

밑줄 친 부분에 들어갈 말로 가장 적절한 것을 고르시오.

One of the most frequently used propaganda techniques is to convince the public that the propagandist's views reflect those of the common person and that he or she is working in their best interests. A politician speaking to a blue-collar audience may roll up his sleeves, undo his tie, and attempt to use the specific idioms of the crowd. He may even use language incorrectly on purpose to give the impression that he is "just one of the folks." This technique usually also employs the use of glittering generalities to give the impression that the politician's views are the same as those of the crowd being addressed. Labor leaders, businesspeople, ministers, educators, and advertisers have used this technique to win our confidence by appearing to be _____.

① beyond glittering generalities
② just plain folks like ourselves
③ something different from others
④ better educated than the crowd

006

2022. 지방직 9급

밑줄 친 부분에 들어갈 말로 가장 적절한 것을 고르시오.

As a roller coaster climbs the first lift hill of its track, it is building potential energy — the higher it gets above the earth, the stronger the pull of gravity will be. When the coaster crests the lift hill and begins its descent, its potential energy becomes kinetic energy, or the energy of movement. A common misperception is that a coaster loses energy along the track. An important law of physics, however, called the law of conservation of energy, is that energy can never be created nor destroyed. It simply changes from one form to another. Whenever a track rises back uphill, the cars' momentum — their kinetic energy — will carry them upward, which builds potential energy, and roller coasters repeatedly convert potential energy to kinetic energy and back again. At the end of a ride, coaster cars are slowed down by brake mechanisms that create _____ between two surfaces. This motion makes them hot, meaning kinetic energy is changed to heat energy during braking. Riders may mistakenly think coasters lose energy at the end of the track, but the energy just changes to and from different forms.

① gravity　　　② friction
③ vacuum　　　④ acceleration

007

2021. 국가직 9급

밑줄 친 부분에 들어갈 말로 가장 적절한 것을 고르시오.

Excellence is the absolute prerequisite in fine dining because the prices charged are necessarily high. An operator may do everything possible to make the restaurant efficient, but the guests still expect careful, personal service: food prepared to order by highly skilled chefs and delivered by expert servers. Because this service is, quite literally, manual labor, only marginal improvements in productivity are possible. For example, a cook, server, or bartender can move only so much faster before she or he reaches the limits of human performance. Thus, only moderate savings are possible through improved efficiency, which makes an escalation of prices _____.
(It is an axiom of economics that as prices rise, consumers become more discriminating.) Thus, the clientele of the fine-dining restaurant expects, demands, and is willing to pay for excellence.

① ludicrous
② inevitable
③ preposterous
④ inconceivable

008

2021. 국가직 9급

밑줄 친 부분에 들어갈 말로 가장 적절한 것을 고르시오

Social media, magazines and shop windows bombard people daily with things to buy, and British consumers are buying more clothes and shoes than ever before. Online shopping means it is easy for customers to buy without thinking, while major brands offer such cheap clothes that they can be treated like disposable items — worn two or three times and then thrown away. In Britain, the average person spends more than £ 1,000 on new clothes a year, which is around four percent of their income. That might not sound like much, but that figure hides two far more worrying trends for society and for the environment. First, a lot of that consumer spending is via credit cards. British people currently owe approximately £ 670 per adult to credit card companies. That's 66 percent of the average wardrobe budget. Also, not only are people spending money they don't have, they're using it to buy things _____. Britain throws away 300,000 tons of clothing a year, most of which goes into landfill sites.

① they don't need
② that are daily necessities
③ that will be soon recycled
④ they can hand down to others

009

2021. 지방직 9급

밑줄 친 부분에 들어갈 말로 가장 적절한 것을 고르시오.

The slowing of China's economy from historically high rates of growth has long been expected to _____ growth elsewhere. "The China that had been growing at 10 percent for 30 years was a powerful source of fuel for much of what drove the global economy forward", said Stephen Roach at Yale. The growth rate has slowed to an official figure of around 7 percent. "That's a concrete deceleration", Mr. Roach added.

① speed up ② weigh on
③ lead to ④ result in

010

2021. 지방직 9급

밑줄 친 부분에 들어갈 말로 가장 적절한 것을 고르시오.

As more and more leaders work remotely or with teams scattered around the nation or the globe, as well as with consultants and freelancers, you'll have to give them more _____. The more trust you bestow, the more others trust you. I am convinced that there is a direct correlation between job satisfaction and how empowered people are to fully execute their job without someone shadowing them every step of the way. Giving away responsibility to those you trust can not only make your organization run more smoothly but also free up more of your time so you can focus on larger issues.

① work ② rewards
③ restrictions ④ autonomy

011

2020. 국가직 9급

밑줄 친 (A), (B)에 들어갈 말로 가장 적절한 것은?

When an organism is alive, it takes in carbon dioxide from the air around it. Most of that carbon dioxide is made of carbon-12, but a tiny portion consists of carbon-14. So the living organism always contains a very small amount of radioactive carbon, carbon-14. A detector next to the living organism would record radiation given off by the carbon-14 in the organism. When the organism dies, it no longer takes in carbon dioxide. No new carbon-14 is added, and the old carbon-14 slowly decays into nitrogen. The amount of carbon-14 slowly __(A)__ as time goes on. Over time, less and less radiation from carbon-14 is produced. The amount of carbon-14 radiation detected for an organism is a measure, therefore, of how long the organism has been __(B)__. This method of determining the age of an organism is called carbon-14 dating. The decay of carbon-14 allows archaeologists to find the age of once-living materials. Measuring the amount of radiation remaining indicates the approximate age.

	(A)	(B)
①	decreases	dead
②	increases	alive
③	decreases	productive
④	increases	inactive

012

2020. 국가직 9급

밑줄 친 부분에 들어갈 말로 가장 적절한 것은?

All creatures, past and present, either have gone or will go extinct. Yet, as each species vanished over the past 3.8-billion-year history of life on Earth, new ones inevitably appeared to replace them or to exploit newly emerging resources. From only a few very simple organisms, a great number of complex, multicellular forms evolved over this immense period. The origin of new species, which the nineteenth-century English naturalist Charles Darwin once referred to as "the mystery of mysteries," is the natural process of speciation responsible for generating this remarkable _____ with whom humans share the planet. Although taxonomists presently recognize some 1.5 million living species, the actual number is possibly closer to 10 million. Recognizing the biological status of this multitude requires a clear understanding of what constitutes a species, which is no easy task given that evolutionary biologists have yet to agree on a universally acceptable definition.

① technique of biologists
② diversity of living creatures
③ inventory of extinct organisms
④ collection of endangered species

013

2020. 지방직 9급

밑줄 친 부분에 들어갈 말로 가장 적절한 것은?

All of us inherit something : in some cases, it may be money, property or some object — a family heirloom such as a grandmother's wedding dress or a father's set of tools. But beyond that, all of us inherit something else, something _____, something we may not even be fully aware of. It may be a way of doing a daily task, or the way we solve a particular problem or decide a moral issue for ourselves. It may be a special way of keeping a holiday or a tradition to have a picnic on a certain date. It may be something important or central to our thinking, or something minor that we have long accepted quite casually.

① quite unrelated to our everyday life
② against our moral standards
③ much less concrete and tangible
④ of great monetary value

014

2019. 국가직 9급

밑줄 친 부분에 들어갈 말로 가장 적절한 것은?

Why bother with the history of everything?
_____.
In literature classes you don't learn about genes; in physics classes you don't learn about human evolution. So you get a partial view of the world. That makes it hard to find meaning in education. The French sociologist Emile Durkheim called this sense of disorientation and meaninglessness anomie, and he argued that it could lead to despair and even suicide. The German sociologist Max Weber talked of the "disenchantment" of the world. In the past, people had a unified vision of their world, a vision usually provided by the origin stories of their own religious traditions. That unified vision gave a sense of purpose, of meaning, even of enchantment to the world and to life. Today, though, many writers have argued that a sense of meaninglessness is inevitable in a world of science and rationality. Modernity, it seems, means meaninglessness.

① In the past, the study of history required disenchantment from science
② Recently, science has given us lots of clever tricks and meanings
③ Today, we teach and learn about our world in fragments
④ Lately, history has been divided into several categories

015

2019. 지방직 9급

밑줄 친 (A), (B)에 들어갈 말로 가장 적절한 것은?

In the 1840s, the island of Ireland suffered famine. Because Ireland could not produce enough food to feed its population, about a million people died of _____(A)_____; they simply didn't have enough to eat to stay alive. The famine caused another 1.25 million people to ____(B)____; many left their island home for the United States; the rest went to Canada, Australia, Chile, and other countries. Before the famine, the population of Ireland was approximately 6 million. After the great food shortage, it was about 4 million.

	(A)	(B)
①	dehydration	be deported
②	trauma	immigrate
③	starvation	emigrate
④	fatigue	be detained

016

2019. 지방직 9급

밑줄 친 부분에 들어갈 말로 가장 적절한 것은?

Language proper is itself double-layered. Single noises are only occasionally meaningful: mostly, the various speech sounds convey coherent messages only when combined into an overlapping chain, like different colors of ice-cream melting into one another. In birdsong also, _____: the sequence is what matters. In both humans and birds, control of this specialized sound-system is exercised by one half of the brain, normally the left half, and the system is learned relatively early in life. And just as many human languages have dialects, so do some bird species: in California, the white-crowned sparrow has songs so different from area to area that Californians can supposedly tell where they are in the state by listening to these sparrows.

① individual notes are often of little value
② rhythmic sounds are important
③ dialects play a critical role
④ no sound-system exists

017

2019. 지방직 9급

밑줄 친 부분에 들어갈 말로 가장 적절한 것은?

Nobel Prize-winning psychologist Daniel Kahneman changed the way the world thinks about economics, upending the notion that human beings are rational decision-makers. Along the way, his discipline-crossing influence has altered the way physicians make medical decisions and investors evaluate risk on Wall Street. In a paper, Kahneman and his colleagues outline a process for making big strategic decisions. Their suggested approach, labeled as "Mediating Assessments Protocol," or MAP, has a simple goal: To put off gut-based decision-making until a choice can be informed by a number of separate factors. "One of the essential purposes of MAP is basically to _____ intuition," Kahneman said in a recent interview with *The Post*. The structured process calls for analyzing a decision based on six to seven previously chosen attributes, discussing each of them separately and assigning them a relative percentile score, and finally, using those scores to make a holistic judgment.

① improve   ② delay

③ possess   ④ facilitate

018

2018. 국가직 9급

밑줄 친 부분에 들어갈 말로 가장 적절한 것을 고르시오.

Fear of loss is a basic part of being human. To the brain, loss is a threat and we naturally take measures to avoid it. We cannot, however, avoid it indefinitely. One way to face loss is with the perspective of a stock trader. Traders accept the possibility of loss as part of the game, not the end of the game. What guides this thinking is a portfolio approach; wins and losses will both happen, but it's the overall portfolio of outcomes that matters most. When you embrace a portfolio approach, you will be _____ because you know that they are small parts of a much bigger picture.

① less inclined to dwell on individual losses

② less interested in your investments

③ more averse to the losses

④ more sensitive to fluctuations in the stock market

019

2018. 국가직 9급

다음 빈칸에 들어갈 내용으로 가장 적절한 것은?

Kisha Padbhan, founder of Everonn Education, in Mumbai, looks at his business as nation-building. India's student age population of 230 million (kindergarten to college) is one of the largest in the world. The government spends $83 billion on instruction, but there are serious gaps. "There aren't enough teachers and enough teacher training institutes," says Kisha. "What children in remote parts of India lack is access to good teachers and exposure to good quality content." Everonn's solution? The company uses a satellite network, with two way video and audio _____.
It reaches 1,800 colleges and 7,800 schools across 24 of India's 28 states. It offers everything from digitized school lessons to entrance exam prep for aspiring engineers and has training for job seekers, too.

① to improve the quality of teacher training facilities
② to bridge the gap through virtual classrooms
③ to get students familiarized with digital technology
④ to locate qualified instructors across the nation

020

2018. 지방직 9급

밑줄 친 부분에 들어갈 말로 가장 적절한 것을 고르시오.

The secret of successful people is usually that they are able to concentrate totally on one thing. Even if they have a lot in their head, they have found a method that the many commitments don't impede each other, but instead they are brought into a good inner order. And this order is quite simple : _____.
In theory, it seems to be quite clear, but in everyday life it seems rather different. You might have tried to decide on priorities, but you have failed because of everyday trivial matters and all the unforeseen distractions. Separate off disturbances, for example, by escaping into another office, and not allowing any distractions to get in the way. When you concentrate on the one task of your priorities, you will find you have energy that you didn't even know you had.

① the sooner, the better
② better late than never
③ out of sight, out of mind
④ the most important thing first

021

밑줄 친 부분에 들어갈 말로 가장 적절한 것은?

In our time it is not only the law of the market which has its own life and rules over man, but also the development of science and technique. For a number of reasons, the problems and organization of science today are such that a scientist does not choose his problems; the problems force themselves upon the scientist. He solves one problem, and the result is not that he is more secure or certain, but that ten other new problems open up in place of the single solved one. They force him to solve them; he has to go ahead at an ever-quickening pace. The same holds true for industrial techniques. The pace of science forces the pace of technique. Theoretical physics forces atomic energy on us; the successful production of the fission bomb forces upon us the manufacture of the hydrogen bomb. We do not choose our problems, we do not choose our products; we are pushed, we are forced — by what? By a system which has no purpose and goal transcending it, and which _____.

① makes man its appendix

② creates a false sense of security

③ inspires man with creative challenges

④ empowers scientists to control the market laws

022

다음 밑줄 친 부분에 들어갈 말로 가장 적절한 것을 고르시오.

The Soleil department store outlet in Shanghai would seem to have all the amenities necessary to succeed in modern Chinese retail : luxury brands and an exclusive location. Despite these advantages, however, the store's management thought it was still missing something to attract customers. So next week they're unveiling a gigantic, twisting, dragon-shaped slide that shoppers can use to drop from fifth-floor luxury boutiques to first-floor luxury boutiques in deathdefying seconds. Social media users are wondering, half-jokingly, whether the slide will kill anyone. But Soleil has a different concern that Chinese shopping malls will go away completely. Chinese shoppers, once seemingly in endless supply, are no longer turning up at brick-and-mortar outlets because of the growing online shopping, and they still go abroad to buy luxury goods. So, repurposing these massive spaces for consumers who have other ways to spend their time and money is likely to require a lot of creativity. _____.

① Luxury brands are thriving at Soleil

② Soleil has decided against making bold moves

③ Increasing the online customer base may be the last hope

④ A five-story dragon slide may not be a bad place to start

www.pmg.co.kr

PART 02

CHAPTER 03 통일성

독해포인트 **03**

1. 단락의 도입부에서 무엇에 관한 글인지 살펴본다. (Main Idea 확인) 정답을 구하려 하지 말고 처음 3~4줄 정도 읽어가면서 주어진 글이 무엇을 말하려고 하는가(중심 소재 + 작가의 견해)에 초점을 맞춘다. ↳ ⊕/⊖ 확인
2. Main Idea를 기준으로 문장과 문장 간 논리를 확인한다.
3. 이 과정을 거치다 보면 전체 글의 흐름을 방해하는 **논리의 비약** 문장을 만나게 된다. 그 문장이 바로 정답이 된다.

001

2023. 국가직 9급

다음 글의 흐름상 어색한 문장은?

In our monthly surveys of 5,000 American workers and 500 U.S. employers, a huge shift to hybrid work is abundantly clear for office and knowledge workers. ① <u>An emerging norm is three days a week in the office and two at home, cutting days on site by 30 % or more.</u> You might think this cutback would bring a huge drop in the demand for office space. ② <u>But our survey data suggests cuts in office space of 1 % to 2 % on average, implying big reductions in density not space.</u> We can understand why. High density at the office is uncomfortable and many workers dislike crowds around their desks. ③ <u>Most employees want to work from home on Mondays and Fridays.</u> Discomfort with density extends to lobbies, kitchens, and especially elevators. ④ <u>The only sure-fire way to reduce density is to cut days on site without cutting square footage as much.</u> Discomfort with density is here to stay according to our survey evidence.

✅ **정답** ③

💬 **해설** 주어진 지문은 혼합 근무 방식이 점점 늘어남에 따라 사무실에서 근무하는 일수가 줄어들어 사무실 공간의 밀도가 감소했다는 내용의 글이므로 ③ '대부분의 직원들은 월요일과 금요일에 재택근무를 원한다'는 전체 글의 흐름상 어색하다.

❗ **해석** 미국인 근로자 5,000명과 미국 고용주 500명을 대상으로 실시한 우리의 월간 설문조사에 따르면, 사무직 및 지식근로자에 대한 혼합 근무로의 대규모 전환이 매우 뚜렷하다. 주 3일은 사무실에서 2일은 집에서 근무하는 것이 새로운 표준으로 자리 잡으면서 현장 근무 일수가 30% 이상 단축되었다. 당신은 이러한 단축으로 인해 사무실 공간에 대한 수요가 크게 감소할 것이라고 생각할 수도 있다. 하지만 우리의 설문조사 데이터는 평균적으로 사무실 공간의 1~2%의 감소를 보여주는데 이는 공간이 아닌 밀도의 큰 감소를 의미한다. 우리는 그 이유를 이해할 수 있다. 사무실의 높은 밀도는 불편하며 많은 근로자들은 그들 책상 주변에 사람이 붐비는 것을 싫어한다. (<u>대부분의 직원들은 월요일과 금요일에 재택근무를 원한다.</u>) 밀도에 대한 불편함은 로비, 주방, 특히 엘리베이터에까지 적용된다. 밀도를 낮출 수 있는 유일하고 확실한 방법은 현장 근무일을 줄이면서 그만큼 평방피트를 줄이지 않는 것이다. 우리의 조사 증거에 따르면, 밀도에 대한 불편함은 계속 남아있다.

➕ **어휘** huge 거대한, 어마어마한 / shift 이동, 이전 / hybrid 하이브리드의, 혼합형의 / abundantly 풍부하게, 충분히, 매우, 아주 / clear 뚜렷한, 분명한 / cutback 감축, 삭감, 단축 / emerging 새롭게 나타나는 / norm 규범, 기준 / on site 현장에서 / imply 의미하다, 암시하다 / reduction 감소, 축소 / density 밀도 / uncomfortable 불편한 / discomfort 불쾌감, 불편함 / especially 특히, 특별히 / square footage 면적

001

2023. 지방직 9급

다음 글의 흐름상 어색한 문장은?

I once took a course in short-story writing and during that course a renowned editor of a leading magazine talked to our class. ① He said he could pick up any one of the dozens of stories that came to his desk every day and after reading a few paragraphs he could feel whether or not the author liked people. ② "If the author doesn't like people," he said, "people won't like his or her stories." ③ The editor kept stressing the importance of being interested in people during his talk on fiction writing. ④ Thurston, a great magician, said that every time he went on stage he said to himself, "I am grateful because I'm successful." At the end of the talk, he concluded, "Let me tell you again. You have to be interested in people if you want to be a successful writer of stories."

002

2022. 국가직 9급

다음 글의 흐름상 가장 어색한 문장은?

Markets in water rights are likely to evolve as a rising population leads to shortages and climate change causes drought and famine. ① But they will be based on regional and ethical trading practices and will differ from the bulk of commodity trade. ② Detractors argue trading water is unethical or even a breach of human rights, but already water rights are bought and sold in arid areas of the globe from Oman to Australia. ③ Drinking distilled water can be beneficial, but may not be the best choice for everyone, especially if the minerals are not supplemented by another source. ④ "We strongly believe that water is in fact turning into the new gold for this decade and beyond," said Ziad Abdelnour. "No wonder smart money is aggressively moving in this direction."

003

2022. 지방직 9급

글의 흐름상 가장 어색한 문장은?

The skill to have a good argument is critical in life. But it's one that few parents teach to their children. ① We want to give kids a stable home, so we stop siblings from quarreling and we have our own arguments behind closed doors. ② Yet if kids never get exposed to disagreement, we may eventually limit their creativity. ③ Children are most creative when they are free to brainstorm with lots of praise and encouragement in a peaceful environment. ④ It turns out that highly creative people often grow up in families full of tension. They are not surrounded by fistfights or personal insults, but real disagreements. When adults in their early 30s were asked to write imaginative stories, the most creative ones came from those whose parents had the most conflict a quarter-century earlier.

004

2021. 국가직 9급

다음 글의 흐름상 가장 어색한 문장은?

The term burnout refers to a "wearing out" from the pressures of work. Burnout is a chronic condition that results as daily work stressors take their toll on employees. ① The most widely adopted conceptualization of burnout has been developed by Maslach and her colleagues in their studies of human service workers. Maslach sees burnout as consisting of three interrelated dimensions. The first dimension — emotional exhaustion — is really the core of the burnout phenomenon. ② Workers suffer from emotional exhaustion when they feel fatigued, frustrated, used up, or unable to face another day on the job. The second dimension of burnout is a lack of personal accomplishment. ③ This aspect of the burnout phenomenon refers to workers who see themselves as failures, incapable of effectively accomplishing job requirements. ④ Emotional labor workers enter their occupation highly motivated although they are physically exhausted. The third dimension of burnout is depersonalization. This dimension is relevant only to workers who must communicate interpersonally with others (e.g. clients, patients, students) as part of the job.

005

2021. 지방직 9급

다음 글의 흐름상 적절하지 않은 문장은?

There was no divide between science, philosophy, and magic in the 15th century. All three came under the general heading of 'natural philosophy'. ① Central to the development of natural philosophy was the recovery of classical authors, most importantly the work of Aristotle. ② Humanists quickly realized the power of the printing press for spreading their knowledge. ③ At the beginning of the 15th century Aristotle remained the basis for all scholastic speculation on philosophy and science. ④ Kept alive in the Arabic translations and commentaries of Averroes and Avicenna, Aristotle provided a systematic perspective on mankind's relationship with the natural world. Surviving texts like his Physics, Metaphysics, and Meteorology provided scholars with the logical tools to understand the forces that created the natural world.

006

2020. 국가직 9급

다음 글의 흐름상 가장 어색한 문장은?

When the brain perceives a threat in the immediate surroundings, it initiates a complex string of events in the body. It sends electrical messages to various glands, organs that release chemical hormones into the bloodstream. Blood quickly carries these hormones to other organs that are then prompted to do various things. ① The adrenal glands above the kidneys, for example, pump out adrenaline, the body's stress hormone. ② Adrenaline travels all over the body doing things such as widening the eyes to be on the lookout for signs of danger, pumping the heart faster to keep blood and extra hormones flowing, and tensing the skeletal muscles so they are ready to lash out at or run from the threat. ③ The whole process is called the fight-or-flight response, because it prepares the body to either battle or run for its life. ④ Humans consciously control their glands to regulate the release of various hormones. Once the response is initiated, ignoring it is impossible, because hormones cannot be reasoned with.

007

2020. 지방직 9급

글의 흐름상 가장 어색한 문장은?

Philosophers have not been as concerned with anthropology as anthropologists have with philosophy. ① Few influential contemporary philosophers take anthropological studies into account in their work. ② Those who specialize in philosophy of social science may consider or analyze examples from anthropological research, but do this mostly to illustrate conceptual points or epistemological distinctions or to criticize epistemological or ethical implications. ③ In fact, the great philosophers of our time often drew inspiration from other fields such as anthropology and psychology. ④ Philosophy students seldom study or show serious interest in anthropology. They may learn about experimental methods in science, but rarely about anthropological fieldwork.

008

2019. 국가직 9급

밑줄 친 부분 중 글의 흐름상 가장 어색한 것은?

In 2007, our biggest concern was "too big to fail." Wall Street banks had grown to such staggering sizes, and had become so central to the health of the financial system, that no rational government could ever let them fail. ① Aware of their protected status, banks made excessively risky bets on housing markets and invented ever more complicated derivatives. ② New virtual currencies such as bitcoin and ethereum have radically changed our understanding of how money can and should work. ③ The result was the worst financial crisis since the breakdown of our economy in 1929. ④ In the years since 2007, we have made great progress in addressing the too-big-to-fail dilemma. Our banks are better capitalized than ever. Our regulators conduct regular stress tests of large institutions.

009

글의 흐름상 가장 어색한 문장은?

Children's playgrounds throughout history were the wilderness, fields, streams, and hills of the country and the roads, streets, and vacant places of villages, towns, and cities. ① The term playground refers to all those places where children gather to play their free, spontaneous games. ② Only during the past few decades have children vacated these natural playgrounds for their growing love affair with video games, texting, and social networking. ③ Even in rural America few children are still roaming in a free-ranging manner, unaccompanied by adults. ④ When out of school, they are commonly found in neighborhoods digging in sand, building forts, playing traditional games, climbing, or playing ball games. They are rapidly disappearing from the natural terrain of creeks, hills, and fields, and like their urban counterparts, are turning to their indoor, sedentary cyber toys for entertainment.

010

다음 글의 흐름상 가장 어색한 문장은?

The Renaissance kitchen had a definite hierarchy of help who worked together to produce the elaborate banquets. ① At the top, as we have seen, was the scalco, or steward, who was in charge of not only the kitchen, but also the dining room. ② The dining room was supervised by the butler, who was in charge of the silverware and linen and also served the dishes that began and ended the banquet — the cold dishes, salads, cheeses, and fruit at the beginning and the sweets and confections at the end of the meal. ③ This elaborate decoration and serving was what in restaurants is called "the front of the house." ④ The kitchen was supervised by the head cook, who directed the undercooks, pastry cooks, and kitchen help.

CHAPTER 04 연결사

독해포인트 04

1. 단락의 도입부에서 나열이나 Two 개념이 있는지 확인한다.
2. 흐름을 따라가면서 빈칸을 기준으로 전후 관계 논리를 살펴본다.
   ① 반대 / 대조
   ② 예시
   ③ 유사
   ④ 재진술
   ⑤ 인과
3. 단락의 마지막 부분에 결론을 이끄는 연결사를 떠올린다.

001

2022. 국가직 9급

밑줄 친 (A), (B)에 들어갈 말로 가장 적절한 것은?

Beliefs about maintaining ties with those who have died vary from culture to culture. For example, maintaining ties with the deceased is accepted and sustained in the religious rituals of Japan. Yet among the Hopi Indians of Arizona, the deceased are forgotten as quickly as possible and life goes on as usual. ___(A)___, the Hopi funeral ritual concludes with a break-off between mortals and spirits. The diversity of grieving is nowhere clearer than in two Muslim societies — one in Egypt, the other in Bali. Among Muslims in Egypt, the bereaved are encouraged to dwell at length on their grief, surrounded by others who relate to similarly tragic accounts and express their sorrow. ___(B)___, in Bali, bereaved Muslims are encouraged to laugh and be joyful rather than be sad.

	(A)	(B)
①	However	Similarly
②	In fact	By contrast
③	Therefore	For example
④	Likewise	Consequently

✅ **정답** ②

💬 **해설** (A) 앞에 Hopi Indian들은 고인을 가능한 한 빨리 잊는다는 내용이 있고 (A) 뒤에는 Hopi 장례의식이 인간과 영혼사이의 단절이라는 내용이 있으므로 (A)에는 논리의 방향이 같은 연결사가 필요하다. (B)는 two개념(반대/대조의 공간개념)을 이용해야 한다. (B) 앞에 두 이슬람 문화의 차이점을 제시하고 있으므로(Egypt → 슬픔을 표현 / Bali → 웃고 기뻐함) (B)에는 By contrast가 있어야 한다. 따라서 정답은 ②이다.

📝 **해석** 사망한 사람들과 유대를 유지하는 것에 관한 믿음은 문화마다 다르다. 예를 들어 일본의 종교 의식에서는 고인과 유대를 유지하는 것이 받아들여지고 지속된다. 하지만 Arizona의 Hopi 인디언들 사이에서 망자는 가능한 한 빨리 잊히고 삶은 늘 그렇듯이 지속된다. <u>사실상</u> Hopi족의 장례의식은 인간과 영혼 사이의 단절로 결론이 난다. 슬퍼하기의 다양성은 이집트와 발리 즉, 두 이슬람교 사회에서 가장 분명하다. 이집트의 이슬람교도 사이에서 유족들은 마찬가지로 비극적인 이야기와 자신들의 슬픔을 표현하는 사람들에게 둘러싸여 그들의 슬픔을 충분히 심사숙고하도록 권장된다. <u>이와는 반대로</u>, 발리에서는 이슬람교 유족들이 슬퍼하기보다는 웃고 기뻐하도록 권장된다.

➕ **어휘** belief 믿음 / maintain 유지하다 / tie 유대 / deceased 사망한, 작고한 / sustain 지속시키다 / religious 종교적인 / ritual (종교적) 의식 / go on 계속되다, 계속하다 / as usual 늘 그렇듯이, 여느 때처럼 / funeral 장례식 / break-off 단절, 중단 / mortal ① 영원히 살 수 없는, 언젠가는 반드시 죽는 ② 사람, 인간 / diversity 다양성 / grieve 비통해 하다, 슬프게 하다 *grief 비통, 슬픔 / bereave 사별하다, 여의다 / dwell on 심사숙고하다 / at length 상세하게, 충분히 / surround 에워싸다, 둘러싸다 / tragic 비극적인 / account 설명, 이야기 / sorrow 슬픔 / similarly 마찬가지로(= likewise) / therefore 그러므로, 그래서 / consequently 결과적으로

001

2022. 지방직 9급

(A)와 (B)에 들어갈 말로 가장 적절한 것은?

Duration shares an inverse relationship with frequency. If you see a friend frequently, then the duration of the encounter will be shorter. Conversely, if you don't see your friend very often, the duration of your visit will typically increase significantly. ___(A)___, if you see a friend every day, the duration of your visits can be low because you can keep up with what's going on as events unfold. If, however, you only see your friend twice a year, the duration of your visits will be greater. Think back to a time when you had dinner in a restaurant with a friend you hadn't seen for a long period of time. You probably spent several hours catching up on each other's lives. The duration of the same dinner would be considerably shorter if you saw the person on a regular basis. ___(B)___, in romantic relationships the frequency and duration are very high because couples, especially newly minted ones, want to spend as much time with each other as possible. The intensity of the relationship will also be very high.

	(A)	(B)
①	For example	Conversely
②	Nonetheless	Furthermore
③	Therefore	As a result
④	In the same way	Thus

002

2021. 지방직 9급

(A)와 (B)에 들어갈 말로 가장 적절한 것은?

Ancient philosophers and spiritual teachers understood the need to balance the positive with the negative, optimism with pessimism, a striving for success and security with an openness to failure and uncertainty. The Stoics recommended "the premeditation of evils," or deliberately visualizing the worst-case scenario. This tends to reduce anxiety about the future: when you soberly picture how badly things could go in reality, you usually conclude that you could cope. ___(A)___, they noted, imagining that you might lose the relationships and possessions you currently enjoy increases your gratitude for having them now. Positive thinking, ___(B)___, always leans into the future, ignoring present pleasures.

	(A)	(B)
①	Nevertheless	in addition
②	Furthermore	for example
③	Besides	by contrast
④	However	in conclusion

003

밑줄 친 (A), (B)에 들어갈 말로 가장 적절한 것은?

Advocates of homeschooling believe that children learn better when they are in a secure, loving environment. Many psychologists see the home as the most natural learning environment, and originally the home was the classroom, long before schools were established. Parents who homeschool argue that they can monitor their children's education and give them the attention that is lacking in a traditional school setting. Students can also pick and choose what to study and when to study, thus enabling them to learn at their own pace.   (A)   , critics of homeschooling say that children who are not in the classroom miss out on learning important social skills because they have little interaction with their peers. Several studies, though, have shown that the home-educated children appear to do just as well in terms of social and emotional development as other students, having spent more time in the comfort and security of their home, with guidance from parents who care about their welfare.   (B)   , many critics of homeschooling have raised concerns about the ability of parents to teach their kids effectively.

	(A)	(B)
①	Therefore	Nevertheless
②	In contrast	In spite of this
③	Therefore	Contrary to that
④	In contrast	Furthermore

004

밑줄 친 (A), (B)에 들어갈 말로 가장 적절한 것은?

Assertive behavior involves standing up for your rights and expressing your thoughts and feelings in a direct, appropriate way that does not violate the rights of others. It is a matter of getting the other person to understand your view point. People who exhibit assertive behavior skills are able to handle conflict situations with ease and assurance while maintaining good interpersonal relations.   (A)   , aggressive behavior involves expressing your thoughts and feelings and defending your rights in a way that openly violates the rights of others. Those exhibiting aggressive behavior seem to believe that the rights of others must be subservient to theirs.   (B)   , they have a difficult time maintaining good interpersonal relations. They are likely to interrupt, talk fast, ignore others, and use sarcasm or other forms of verbal abuse to maintain control.

	(A)	(B)
①	In contrast	Thus
②	Similarly	Moreover
③	However	On one hand
④	Accordingly	On the other hand

005

2019. 국가직 9급

다음 빈칸 (A), (B)에 들어갈 말로 가장 적절한 것은?

Visionaries are the first people in their industry segment to see the potential of new technologies. Fundamentally, they see themselves as smarter than their opposite numbers in competitive companies — and, quite often, they are. Indeed, it is their ability to see things first that they want to leverage into a competitive advantage. That advantage can only come about if no one else has discovered it. They do not expect, ____(A)____, to be buying a well-tested product with an extensive list of industry references. Indeed, if such a reference base exists, it may actually turn them off, indicating that for this technology, at any rate, they are already too late. Pragmatists, ____(B)____, deeply value the experience of their colleagues in other companies. When they buy, they expect extensive references, and they want a good number to come from companies in their own industry segment.

	(A)	(B)
①	therefore	on the other hand
②	however	in addition
③	nonetheless	at the same time
④	furthermore	in conclusion

006

2019. 지방직 9급

다음 빈칸 (A), (B)에 들어갈 말로 가장 적절한 것은?

Today the technology to create the visual component of virtual-reality (VR) experiences is well on its way to becoming widely accessible and affordable. But to work powerfully, virtual reality needs to be about more than visuals. ____(A)____ what you are hearing convincingly matches the visuals, the virtual experience breaks apart. Take a basketball game. If the players, the coaches, the announcers, and the crowd all sound like they're sitting midcourt, you may as well watch the game on television — you'll get just as much of a sense that you are "there." ____(B)____, today's audio equipment and our widely used recording and reproduction formats are simply inadequate to the task of re-creating convincingly the sound of a battlefield on a distant planet, a basketball game at courtside, or a symphony as heard from the first row of a great concert hall.

	(A)	(B)
①	If	By contrast
②	Unless	Consequently
③	If	Similarly
④	Unless	Unfortunately

007

다음 빈칸에 들어갈 말로 가장 적절한 것은?

Does terrorism ever work? 9/11 was an enormous tactical success for al Qaeda, partly because it involved attacks that took place in the media capital of the world and the actual capital of the United States, _____(A)_____ ensuring the widest possible coverage of the event. If terrorism is a form of theater where you want a lot of people watching, no event in human history was likely ever seen by a larger global audience than the 9/11 attacks. At the time, there was much discussion about how 9/11 was like the attack on Pearl Harbor. They were indeed similar since they were both surprise attacks that drew America into significant wars. But they were also similar in another sense. Pearl Harbor was a great tactical success for Imperial Japan, but it led to a great strategic failure : Within four years of Pearl Harbor the Japanese empire lay in ruins, utterly defeated. _____(B)_____, 9/11 was a great tactical success for al Qaeda, but it also turned out to be a great strategic failure for Osama bin Laden.

	(A)	(B)
①	thereby	Similarly
②	while	Therefore
③	while	Fortunately
④	thereby	On the contrary

008

밑줄 친 (A), (B)에 들어갈 내용으로 가장 적절한 것은?

The decline in the number of domestic adoptions in developed countries is mainly the result of a falling supply of domestically adoptable children. In those countries, the widespread availability of safe and reliable contraception combined with the pervasive postponement of childbearing as well as with legal access to abortion in most of them has resulted in a sharp reduction of unwanted births and, consequently, in a reduction of the number of adoptable children. _____(A)_____, single motherhood is no longer stigmatized as it once was and single mothers can count on State support to help them keep and raise their children. _____(B)_____, there are not enough adoptable children in developed countries for the residents of those countries wishing to adopt, and prospective adoptive parents have increasingly resorted to adopting children abroad.

	(A)	(B)
①	However	Consequently
②	However	In summary
③	Furthermore	Nonetheless
④	Furthermore	As a consequence

일관성

독해포인트 05

1. 단락의 전개 방식을 이용한다.
2. 지시어를 활용한다.
3. 공간개념을 이용한다.

001

2023. 국가직 9급

주어진 문장이 들어갈 위치로 알맞은 것은?

> They installed video cameras at places known for illegal crossings, and put live video feeds from the cameras on a Web site.

> Immigration reform is a political minefield. (①) About the only aspect of immigration policy that commands broad political support is the resolve to secure the U.S. border with Mexico to limit the flow of illegal immigrants. (②) Texas sheriffs recently developed a novel use of the Internet to help them keep watch on the border. (③) Citizens who want to help monitor the border can go online and serve as "virtual Texas deputies." (④) If they see anyone trying to cross the border, they send a report to the sheriff's office, which follows up, sometimes with the help of the U.S. Border Patrol.

✔ 정답 ③

⋯ 해설 주어진 문장의 They는 ② 뒤의 Texas sheriffs를 가리키므로 주어진 문장이 들어가기에 가장 적절한 곳은 ③ 이다.

❗ 해석 이민 개혁은 정치적 지뢰밭이다. 광범위한 정치적 지지를 받는 이민 정책의 거의 유일한 측면은 불법 이민자의 흐름을 제한하기 위해 멕시코와의 미국 국경을 안전하게 지키겠다는 결의이다. 텍사스 보안관들은 최근에 국경을 감시하는 것을 돕기 위해 새로운 인터넷 사용법을 개발했다. <u>그들은 불법 횡단을 하는 것으로 알려진 장소에 비디오 카메라를 설치했고, 카메라의 실시간 비디오 자료를 웹사이트에 올렸다.</u> 국경을 감시하는 것을 돕고 싶어 하는 시민들은 온라인에 접속해 '가상의 텍사스 보안관 보' 역할을 할 수 있다. 만약 국경을 넘으려 하는 사람을 발견하면 그들은 보안관 사무실로 보고서를 보내고 후속 조치가 이루어지는데, 이 때 미국 국경 순찰대의 도움을 받기도 한다.

➕ 어휘 install 설치하다 / illegal 불법적인 / crossing 횡단 / live video feeds 실시간 비디오 자료 / immigration reform 이민 개혁 / minefield 지뢰밭 / aspect 측면, 관점 / policy 정책 / command support 지지를 받다 / resolve ① 결의하다, 다짐하다 ② 결의, 다짐 ③ 해결하다 / secure 안전하게 하다, 확보하다 / border 국경 / flow 흐름, 유입 / immigrants 이민자 / keep watch on ~을 감시하다 / sheriff 보안관 / novel 새로운 / deputy 보, 대리 / follow up 후속 조치를 하다 / U.S. Border Patrol 미국 국경 순찰대

002

2023. 국가직 9급

주어진 글 다음에 이어질 글의 순서로 가장 적절한 것은?

> All civilizations rely on government administration. Perhaps no civilization better exemplifies this than ancient Rome.

(A) To rule an area that large, the Romans, based in what is now central Italy, needed an effective system of government administration.

(B) Actually, the word "civilization" itself comes from the Latin word civis, meaning "citizen."

(C) Latin was the language of ancient Rome, whose territory stretched from the Mediterranean basin all the way to parts of Great Britain in the north and the Black Sea to the east.

① (A) − (B) − (C) ② (B) − (A) − (C)
③ (B) − (C) − (A) ④ (C) − (A) − (B)

✔ 정답 ③

💬 해설 문명에 대한 기본 개념을 제시한 주어진 글 다음에는 문명에 대한 자세한 용어설명이 나오는 (B) 가 이어져야 하고 (B) 다음에는 라틴어가 고대 로마의 언어였고 그 다음 로마에 대한 설명을 이어가는 (C)가 위치해야 한다. 마지막으로, (C)에서 소개된 로마의 거대한 영토를 an area that large로 받아(지시형용사 이용), 그토록 넓은 영역을 통치하기 위해서는 효과적인 정부 행정 시스템이 필요했다는 내용의 글인 (A)가 이어지는 것이 글의 흐름상 자연스럽다. 따라서 글의 순서로 가장 적절한 것은 ③ '(B) − (C) − (A)'이다.

❗ 해석 모든 문명은 정부 행정에 의존한다. 아마도 고대 로마보다 이에 대한 전형적인 예가 되는 문명은 없을 것이다.
(B) 실제로, '문명'이라는 단어 자체는 '시민'을 의미하는 라틴어 'civis'에서 왔다.
(C) 라틴어는 고대 로마의 언어였는데 고대 로마의 영토는 지중해 유역에서부터 북쪽의 영국 일부와 동쪽의 흑해에 이르는 모든 길로 펼쳐져 있었다.
(A) 현재 이탈리아의 중부에 기반을 두었던 로마인들이 그토록 넓은 지역을 통치하기 위해선 효과적인 정부 행정 시스템이 필요했다.

➕ 어휘 civilization 문명 / rely on ~에 의존하다 / administration 행정 / exemplify 전형적인 예가 되다, 에를 들다 / ancient 고대의 / rule 지배하다 / effective 효과적인 / actually 실제로 / Latin 라틴어 / citizen 시민 / territory 영토 / stretch 펼치다, 뻗어있다 / Mediterranean 지중해 / basin ① 유역 ② 큰 그릇, 대야 / Great Britain 영국 / Black Sea 흑해

001

주어진 글 다음에 이어질 글의 순서로 가장 적절한 것은?

Just a few years ago, every conversation about artificial intelligence (AI) seemed to end with an apocalyptic prediction.

(A) More recently, however, things have begun to change. AI has gone from being a scary black box to something people can use for a variety of use cases.

(B) In 2014, an expert in the field said that, with AI, we are summoning the demon, while a Nobel Prize winning physicist said that AI could spell the end of the human race.

(C) This shift is because these technologies are finally being explored at scale in the industry, particularly for market opportunities.

① (A) — (B) — (C)　　② (B) — (A) — (C)
③ (B) — (C) — (A)　　④ (C) — (A) — (B)

002

주어진 문장이 들어갈 위치로 가장 적절한 것은?

Yet, requests for such self-assessments are pervasive throughout one's career.

The fiscal quarter just ended. Your boss comes by to ask you how well you performed in terms of sales this quarter. How do you describe your performance? As excellent? Good? Terrible? (①) Unlike when someone asks you about an objective performance metric (e.g., how many dollars in sales you brought in this quarter), how to subjectively describe your performance is often unclear. There is no right answer. (②) You are asked to subjectively describe your own performance in school applications, in job applications, in interviews, in performance reviews, in meetings — the list goes on. (③) How you describe your performance is what we call your level of self-promotion. (④) Since self-promotion is a pervasive part of work, people who do more self-promotion may have better chances of being hired, being promoted, and getting a raise or a bonus.

003

2022. 국가직 9급

주어진 글 다음에 이어질 글의 순서로 가장 적절한 것은?

Today, Lamarck is unfairly remembered in large part for his mistaken explanation of how adaptations evolve. He proposed that by using or not using certain body parts, an organism develops certain characteristics.

(A) There is no evidence that this happens. Still, it is important to note that Lamarck proposed that evolution occurs when organisms adapt to their environments. This idea helped set the stage for Darwin.

(B) Lamarck thought that these characteristics would be passed on to the offspring. Lamarck called this idea inheritance of acquired characteristics.

(C) For example, Lamarck might explain that a kangaroo's powerful hind legs were the result of ancestors strengthening their legs by jumping and then passing that acquired leg strength on to the offspring. However, an acquired characteristic would have to somehow modify the DNA of specific genes in order to be inherited.

① (A) — (C) — (B)   ② (B) — (A) — (C)
③ (B) — (C) — (A)   ④ (C) — (A) — (B)

004

2022. 지방직 9급

주어진 문장이 들어갈 위치로 가장 적절한 곳은?

The comparison of the heart to a pump, however, is a genuine analogy.

An analogy is a figure of speech in which two things are asserted to be alike in many respects that are quite fundamental. Their structure, the relationships of their parts, or the essential purposes they serve are similar, although the two things are also greatly dissimilar. Roses and carnations are not analogous. (①) They both have stems and leaves and may both be red in color. (②) But they exhibit these qualities in the same way; they are of the same genus. (③) These are disparate things, but they share important qualities: mechanical apparatus, possession of valves, ability to increase and decrease pressures, and capacity to move fluids. (④) And the heart and the pump exhibit these qualities in different ways and in different contexts.

005

주어진 글 다음에 이어질 글의 순서로 가장 적절한 것은?

> For people who are blind, everyday tasks such as sorting through the mail or doing a load of laundry present a challenge.

> (A) That's the thinking behind Aira, a new service that enables its thousands of users to stream live video of their surroundings to an on-demand agent, using either a smartphone or Aira's proprietary glasses.
>
> (B) But what if they could "borrow" the eyes of someone who could see?
>
> (C) The Aira agents, who are available 24/7, can then answer questions, describe objects or guide users through a location.

① (A) — (B) — (C)　　② (A) — (C) — (B)
③ (B) — (A) — (C)　　④ (C) — (A) — (B)

006

주어진 문장이 들어갈 위치로 가장 적절한 곳은?

> Thus, blood, and life-giving oxygen, are easier for the heart to circulate to the brain.

> People can be exposed to gravitational force, or g-force, in different ways. It can be localized, affecting only a portion of the body, as in getting slapped on the back. It can also be momentary, such as hard forces endured in a car crash. A third type of g-force is sustained, or lasting for at least several seconds. (①) Sustained, body-wide g-forces are the most dangerous to people. (②) The body usually withstands localized or momentary g-force better than sustained g-force, which can be deadly because blood is forced into the legs, depriving the rest of the body of oxygen. (③) Sustained g-force applied while the body is horizontal, or lying down, instead of sitting or standing tends to be more tolerable to people, because blood pools in the back and not the legs. (④) Some people, such as astronauts and fighter jet pilots, undergo special training exercises to increase their bodies' resistance to g-force.

007

2021. 국가직 9급

주어진 글 다음에 이어질 글의 순서로 가장 적절한 것은?

To be sure, human language stands out from the decidedly restricted vocalizations of monkeys and apes. Moreover, it exhibits a degree of sophistication that far exceeds any other form of animal communication.

(A) That said, many species, while falling far short of human language, do nevertheless exhibit impressively complex communication systems in natural settings.

(B) And they can be taught far more complex systems in artificial contexts, as when raised alongside humans.

(C) Even our closest primate cousins seem incapable of acquiring anything more than a rudimentary communicative system, even after intensive training over several years. The complexity that is language is surely a species-specific trait.

① (A) — (C) — (B)　　② (B) — (C) — (A)
③ (C) — (A) — (B)　　④ (C) — (B) — (A)

008

2021. 국가직 9급

주어진 문장이 들어갈 위치로 가장 적절한 것은?

For example, the state archives of New Jersey hold more than 30,000 cubic feet of paper and 25,000 reels of microfilm.

Archives are a treasure trove of material: from audio to video to newspapers, magazines and printed material — which makes them indispensable to any History Detective investigation. While libraries and archives may appear the same, the differences are important. (①) An archive collection is almost always made up of primary sources, while a library contains secondary sources. (②) To learn more about the Korean War, you'd go to a library for a history book. If you wanted to read the government papers, or letters written by Korean War soldiers, you'd go to an archive. (③) If you're searching for information, chances are there's an archive out there for you. Many state and local archives store public records — which are an amazing, diverse resource. (④) An online search of your state's archives will quickly show you they contain much more than just the minutes of the legislature — there are detailed land grant information to be found, old town maps, criminal records and oddities such as peddler license applications.

* treasure trove : 귀중한 발굴물(수집물)
* land grant : (대학 · 철도 등을 위해) 정부가 주는 땅

009

주어진 글 다음에 이어질 글의 순서로 가장 적절한 것은?

Growing concern about global climate change has motivated activists to organize not only campaigns against fossil fuel extraction consumption, but also campaigns to support renewable energy.

(A) This solar cooperative produces enough energy to power 1,400 homes, making it the first large-scale solar farm cooperative in the country and, in the words of its members, a visible reminder that solar power represents "a new era of sustainable and 'democratic' energy supply that enables ordinary people to produce clean power, not only on their rooftops, but also at utility scale."

(B) Similarly, renewable energy enthusiasts from the United States have founded the Clean Energy Collective, a company that has pioneered "the model of delivering clean power-generation through medium-scale facilities that are collectively owned by participating utility customers."

(C) Environmental activists frustrated with the UK government's inability to rapidly accelerate the growth of renewable energy industries have formed the Westmill Wind Farm Co-operative, a community-owned organization with more than 2,000 members who own an onshore wind farm estimated to produce as much electricity in a year as that used by 2,500 homes. The Westmill Wind Farm Co-operative has inspired local citizens to form the Westmill Solar Co-operative.

① (C) — (A) — (B)   ② (A) — (C) — (B)
③ (B) — (C) — (A)   ④ (C) — (B) — (A)

010

주어진 문장이 들어갈 위치로 가장 적절한 것은?

And working offers more than financial security.

Why do workaholics enjoy their jobs so much? Mostly because working offers some important advantages. (①) It provides people with paychecks — a way to earn a living. (②) It provides people with self-confidence; they have a feeling of satisfaction when they've produced a challenging piece of work and are able to say, "I made that". (③) Psychologists claim that work also gives people an identity; they work so that they can get a sense of self and individualism. (④) In addition, most jobs provide people with a socially acceptable way to meet others. It could be said that working is a positive addiction; maybe workaholics are compulsive about their work, but their addiction seems to be a safe — even an advantageous — one.

011

2020. 지방직 9급

주어진 글 다음에 이어질 글의 순서로 가장 적절한 것은?

Nowadays the clock dominates our lives so much that it is hard to imagine life without it. Before industrialization, most societies used the sun or the moon to tell the time.

(A) For the growing network of railroads, the fact that there were no time standards was a disaster. Often, stations just some miles apart set their clocks at different times. There was a lot of confusion for travelers.

(B) When mechanical clocks first appeared, they were immediately popular. It was fashionable to have a clock or a watch. People invented the expression "of the clock" or "o'clock" to refer to this new way to tell the time.

(C) These clocks were decorative, but not always useful. This was because towns, provinces, and even neighboring villages had different ways to tell the time. Travelers had to reset their clocks repeatedly when they moved from one place to another. In the United States, there were about 70 different time zones in the 1860s.

① (A) — (B) — (C)
② (B) — (A) — (C)
③ (B) — (C) — (A)
④ (C) — (A) — (B)

012

2020. 국가직 9급

주어진 문장이 들어갈 위치로 가장 적절한 것은?

It was then he remembered his experience with the glass flask, and just as quickly, he imagined that a special coating might be applied to a glass windshield to keep it from shattering.

In 1903 the French chemist, Edouard Benedictus, dropped a glass flask one day on a hard floor and broke it. (①) However, to the astonishment of the chemist, the flask did not shatter, but still retained most of its original shape. (②) When he examined the flask he found that it contained a film coating inside, a residue remaining from a solution of collodion that the flask had contained. (③) He made a note of this unusual phenomenon, but thought no more of it until several weeks later when he read stories in the newspapers about people in automobile accidents who were badly hurt by flying windshield glass. (④) Not long thereafter, he succeeded in producing the world's first sheet of safety glass.

013

2020. 국가직 9급

주어진 글 다음에 이어질 글의 순서로 가장 적절한 것은?

Past research has shown that experiencing frequent psychological stress can be a significant risk factor for cardiovascular disease, a condition that affects almost half of those aged 20 years and older in the United States.

(A) Does this mean, though, that people who drive on a daily basis are set to develop heart problems, or is there a simple way of easing the stress of driving?

(B) According to a new study, there is. The researchers noted that listening to music while driving helps relieve the stress that affects heart health.

(C) One source of frequent stress is driving, either due to the stressors associated with heavy traffic or the anxiety that often accompanies inexperienced drivers.

① (A) — (C) — (B) ② (B) — (A) — (C)
③ (C) — (A) — (B) ④ (C) — (B) — (A)

014

2020. 지방직 9급

주어진 문장이 들어갈 위치로 가장 적절한 것은?

But there is also clear evidence that millennials, born between 1981 and 1996, are saving more aggressively for retirement than Generation X did at the same ages, 22~37.

Millennials are often labeled the poorest, most financially burdened generation in modern times. Many of them graduated from college into one of the worst labor markets the United States has ever seen, with a staggering load of student debt to boot. (①) Not surprisingly, millennials have accumulated less wealth than Generation X did at a similar stage in life, primarily because fewer of them own homes. (②) But newly available data providing the most detailed picture to date about what Americans of different generations save complicates that assessment. (③) Yes, Gen Xers, those born between 1965 and 1980, have a higher net worth. (④) And that might put them in better financial shape than many assume.

015

2019. 국가직 9급

주어진 문장 다음에 이어질 글의 순서로 가장 적절한 것은?

South Korea boasts of being the most wired nation on earth.

(A) This addiction has become a national issue in Korea in recent years, as users started dropping dead from exhaustion after playing online games for days on end. A growing number of students have skipped school to stay online, shockingly self-destructive behavior in this intensely competitive society.

(B) In fact, perhaps no other country has so fully embraced the Internet.

(C) But such ready access to the Web has come at a price as legions of obsessed users find that they cannot tear themselves away from their computer screens.

① (A) — (B) — (C) ② (A) — (C) — (B)
③ (B) — (A) — (C) ④ (B) — (C) — (A)

016

2019. 국가직 9급

주어진 문장이 들어갈 위치로 가장 적절한 것은?

Some of these ailments are short-lived; others may be long-lasting.

For centuries, humans have looked up at the sky and wondered what exists beyond the realm of our planet. (①) Ancient astronomers examined the night sky hoping to learn more about the universe. More recently, some movies explored the possibility of sustaining human life in outer space, while other films have questioned whether extraterrestrial life forms may have visited our planet. (②) Since astronaut Yuri Gagarin became the first man to travel in space in 1961, scientists have researched what conditions are like beyond the Earth's atmosphere, and what effects space travel has on the human body. (③) Although most astronauts do not spend more than a few months in space, many experience physiological and psychological problems when they return to the Earth. (④) More than two-thirds of all astronauts suffer from motion sickness while traveling in space. In the gravity-free environment, the body cannot differentiate up from down. The body's internal balance system sends confusing signals to the brain, which can result in nausea lasting as long as a few days.

017

주어진 글 다음에 이어질 글의 순서로 가장 적절한 것은?

There is a thought that can haunt us: since everything probably affects everything else, how can we ever make sense of the social world? If we are weighed down by that worry, though, we won't ever make progress.

(A) Every discipline that I am familiar with draws caricatures of the world in order to make sense of it. The modern economist does this by building models, which are deliberately stripped down representations of the phenomena out there.

(B) The economist John Maynard Keynes described our subject thus: "Economics is a science of thinking in terms of models joined to the art of choosing models which are relevant to the contemporary world."

(C) When I say "stripped down," I really mean stripped down. It isn't uncommon among us economists to focus on one or two causal factors, exclude everything else, hoping that this will enable us to understand how just those aspects of reality work and interact.

① (A) − (B) − (C) ② (A) − (C) − (B)
③ (B) − (C) − (A) ④ (B) − (A) − (C)

018

주어진 문장이 들어갈 위치로 가장 적절한 것은?

The same thinking can be applied to any number of goals, like improving performance at work.

The happy brain tends to focus on the short term. (①) That being the case, it's a good idea to consider what short-term goals we can accomplish that will eventually lead to accomplishing long-term goals. (②) For instance, if you want to lose thirty pounds in six months, what short-term goals can you associate with losing the smaller increments of weight that will get you there? (③) Maybe it's something as simple as rewarding yourself each week that you lose two pounds. (④) By breaking the overall goal into smaller, shorter-term parts, we can focus on incremental accomplishments instead of being overwhelmed by the enormity of the goal in our profession.

019

2018. 국가직 9급

주어진 문장이 들어갈 위치로 가장 적절한 것은?

> Some remain intensely proud of their original accent and dialect words, phrases and gestures, while others accommodate rapidly to a new environment by changing their speech habits, so that they no longer "stand out in the crowd."

Our perceptions and production of speech change with time. (①) If we were to leave our native place for an extended period, our perception that the new accents around us were strange would only be temporary. (②) Gradually, we will lose the sense that others have an accent and we will begin to fit in — to accommodate our speech patterns to the new norm. (③) Not all people do this to the same degree. (④) Whether they do this consciously or not is open to debate and may differ from individual to individual, but like most processes that have to do with language, the change probably happens before we are aware of it and probably couldn't happen if we were

020

2018. 국가직 9급

다음 주어진 문장 다음에 이어질 글의 순서로 가장 적절한 것은?

> A technique that enables an individual to gain some voluntary control over autonomic, or involuntary, body functions by observing electronic measurements of those functions is known as biofeedback.

(A) When such a variable moves in the desired direction (for example, blood pressure down), it triggers visual or audible displays — feedback on equipment such as television sets, gauges, or lights.

(B) Electronic sensors are attached to various parts of the body to measure such variables as heart rate, blood pressure, and skin temperature.

(C) Biofeedback training teaches one to produce a desired response by reproducing thought patterns or actions that triggered the displays.

① (A) — (B) — (C)
② (B) — (C) — (A)
③ (B) — (A) — (C)
④ (C) — (A) — (B)

021

주어진 문장 다음에 이어질 글의 순서로 가장 적절한 것은?

Devices that monitor and track your health are becoming more popular among all age populations.

(A) For example, falls are a leading cause of death for adults 65 and older. Fall alerts are a popular gerotechnology that has been around for many years but have now improved.

(B) However, for seniors aging in place, especially those without a caretaker in the home, these technologies can be lifesaving.

(C) This simple technology can automatically alert 911 or a close family member the moment a senior has fallen.

* gerotechnology : 노인을 위한 양로 기술

① (B) — (C) — (A)
② (B) — (A) — (C)
③ (C) — (A) — (B)
④ (C) — (B) — (A)

022

주어진 문장이 들어갈 위치로 가장 적절한 것은?

If neither surrendered, the two exchanged blows until one was knocked out.

The ancient Olympics provided athletes an opportunity to prove their fitness and superiority, just like our modern games. (①) The ancient Olympic events were designed to eliminate the weak and glorify the strong. Winners were pushed to the brink. (②) Just as in modern times, people loved extreme sports. One of the favorite events was added in the 33rd Olympiad. This was the pankration, or an extreme mix of wrestling and boxing. The Greek word pankration means "total power." The men wore leather straps with metal studs, which could make a terrible mess of their opponents. (③) This dangerous form of wrestling had no time or weight limits. In this event, only two rules applied. First, wrestlers were not allowed to gouge eyes with their thumbs. Secondly, they could not bite. Anything else was considered fair play. The contest was decided in the same manner as a boxing match. Contenders continued until one of the two collapsed. (④) Only the strongest and most determined athletes attempted this event. Imagine wrestling "Mr. Fingertips," who earned his nickname by breaking his opponents' fingers!

독해포인트 **06**

1. 먼저 선택지(보기)부터 읽는다.
2. 명사로 된 중심 Key-word에 주목한다. 이 과정에서 고유명사/숫자/시간개념이 있는지 확인한다.
3. 선택지의 재진술(restatement)에 주의한다.

001

2023. 국가직 9급

다음 글의 내용과 일치하지 않는 것은?

> Are you getting enough choline? Chances are, this nutrient isn't even on your radar. It's time choline gets the attention it deserves. A shocking 90 percent of Americans aren't getting enough choline, according to a recent study. Choline is essential to health at all ages and stages, and is especially critical for brain development. Why aren't we getting enough? Choline is found in many different foods but in small amounts. Plus, the foods that are rich in choline aren't the most popular: think liver, egg yolks and lima beans. Taylor Wallace, who worked on a recent analysis of choline intake in the United States, says, "There isn't enough awareness about choline even among health-care professionals because our government hasn't reviewed the data or set policies around choline since the late '90s."

① A majority of Americans are not getting enough choline.
② Choline is an essential nutrient required for brain development.
③ Foods such as liver and lima beans are good sources of choline.
④ The importance of choline has been stressed since the late '90s in the U.S.

✅ **정답** ④

💬 **해설** ④ 본문 마지막 문장에서 정부가 90년대 후반부터 콜린에 관한 데이터를 검토하거나 정책을 수립하지 않아 의료 전문가들조차 그에 대해 잘 모른다고 했으므로 본문의 내용과 일치하지 않는다.
① 본문 4번째 문장에서 미국이의 90%가 콜린을 충분히 섭취하지 못하고 있다고 했으므로 본문의 내용과 일치한다.
② 본문 5번째 문장에서 콜린은 두뇌 발달에 중요하다고 했으므로 본문의 내용과 일치한다.
③ 본문 8번째 문장에서 콜린이 풍부한 음식은 사람들에게 인기가 없고 그 예로서 간, 달걀 노른자, 리마콩이 있다고 했으므로 본문의 내용과 일치한다.

❗ **해석** 콜린을 충분히 섭취하고 있는가? 이 영양소는 당신의 레이더에조차도 잡히지 않을 가능성이 있다. 이제 콜린이 마땅히 받아야 할 관심을 받을 때이다. 최근 연구에 따르면, 충격적이게도 미국인의 90%가 콜린을 충분히 섭취하고 있지 않다. 콜린은 모든 연령과 (발달) 단계에 있어 건강에 필수적이며, 특히 두뇌 발달에 매우 중요하다. 왜 우리는 (콜린을) 충분히 섭취하고 있지 않은가? 콜린은 다양한 음식에서 발견되지만 소량으로 발견된다. 또한 콜린이 풍부한 음식이 가장 인기 있는 것도 아닌데, 그 예로 간, 달걀 노른자, 리마콩을 생각해 보라. 최근 미국의 콜린 섭취량을 분석한 Taylor Wallace는 "우리 정부가 90년대 후반부터 콜린에 관한 데이터를 검토하거나 정책을 수립하지 않았기 때문에 의료 전문가들조차도 콜린에 대한 인식이 충분하지 않다."라고 말한다.
① 대다수의 미국인들은 충분한 콜린을 섭취하고 못하고 있다.
② 콜린은 두뇌 발달에 필요한 필수 영양소이다.
③ 간과 리마콩과 같은 음식은 콜린의 좋은 원천이다.
④ 미국에서 90년대 후반부터 콜린의 중요성이 강조되어 왔다.

➕ **어휘** choline 콜린 / chances are (that) ~할 가능성이 있다 / nutrient 영양소, 영양분 / deserve ~받아 마땅하다 / essential 필수적인 / critical 중요한 / liver 간 / yolk 달걀 노른자 / intake 섭취 / awareness 인식, 인지 / review 재검토하다, 검토하다 / policy 정책 / majority 다수

001

다음 글의 내용과 일치하는 것은?

Around 1700 there were, by some accounts, more than 2,000 London coffeehouses, occupying more premises and paying more rent than any other trade. They came to be known as penny universities, because for that price one could purchase a cup of coffee and sit for hours listening to extraordinary conversations. Each coffeehouse specialized in a different type of clientele. In one, physicians could be consulted. Others served Protestants, Puritans, Catholics, Jews, literati, merchants, traders, Whigs, Tories, army officers, actors, lawyers, or clergy. The coffeehouses provided England's first egalitarian meeting place, where a man chatted with his tablemates whether he knew them or not.

① The number of coffeehouses was smaller than that of any other business.
② Customers were not allowed to stay for more than an hour in a coffeehouse.
③ Religious people didn't get together in a coffeehouse to chat.
④ One could converse even with unknown tablemates in a coffeehouse.

002

다음 글의 내용과 일치하지 않는 것은?

The traditional way of making maple syrup is interesting. A sugar maple tree produces a watery sap each spring, when there is still lots of snow on the ground. To take the sap out of the sugar maple tree, a farmer makes a slit in the bark with a special knife, and puts a "tap" on the tree. Then the farmer hangs a bucket from the tap, and the sap drips into it. That sap is collected and boiled until a sweet syrup remains — forty gallons of sugar maple tree "water" make one gallon of syrup. That's a lot of buckets, a lot of steam, and a lot of work. Even so, most of maple syrup producers are family farmers who collect the buckets by hand and boil the sap into syrup themselves.

① 사탕단풍나무에서는 매년 봄에 수액이 생긴다.
② 사탕단풍나무의 수액을 얻기 위해 나무껍질에 틈새를 만든다.
③ 단풍나무시럽 1갤론을 만들려면 수액 40갤론이 필요하다.
④ 단풍나무시럽을 만들기 위해 기계로 수액 통을 수거한다.

003

다음 글의 내용과 일치하지 않는 것은?

Umberto Eco was an Italian novelist, cultural critic and philosopher. He is widely known for his 1980 novel *The Name of the Rose*, a historical mystery combining semiotics in fiction with biblical analysis, medieval studies and literary theory. He later wrote other novels, including *Foucault's Pendulum* and *The Island of the Day Before*. Eco was also a translator: he translated Raymond Queneau's book *Exercices de style* into Italian. He was the founder of the Department of Media Studies at the University of the Republic of San Marino. He died at his Milanese home of pancreatic cancer, from which he had been suffering for two years, on the night of February 19, 2016.

① The Name of the Rose is a historical novel.
② Eco translated a book into Italian.
③ Eco founded a university department.
④ Eco died in a hospital of cancer.

004

다음 글의 내용과 일치하지 않는 것을 고르시오.

In many Catholic countries, children are often named after saints; in fact, some priests will not allow parents to name their children after soap opera stars or football players. Protestant countries tend to be more free about this; however, in Norway, certain names such as Adolf are banned completely. In countries where infant mortality is very high, such as in Africa, tribes only name their children when they reach five years old, the age in which their chances of survival begin to increase. Until that time, they are referred to by the number of years they are. Many nations in the Far East give their children a unique name which in some way describes the circumstances of the child's birth or the parents' expectations and hopes for the child. Some Australian aborigines can keep changing their name throughout their life as the result of some important experience which has in some way proved their wisdom, creativity or determination. For example, if one day, one of them dances extremely well, he or she may decide to re-name him/herself 'supreme dancer' or 'light feet'.

① Children are frequently named after saints in many Catholic countries.
② Some African children are not named until they turn five years old.
③ Changing one's name is totally unacceptable in the culture of Australian aborigines.
④ Various cultures name their children in different ways.

005

다음 글의 내용과 일치하지 않는 것을 고르시오.

Christopher Nolan is an Irish writer of some renown in the English language. Brain damaged since birth, Nolan has had little control over the muscles of his body, even to the extent of having difficulty in swallowing food. He must be strapped to his wheelchair because he cannot sit up by himself. Nolan cannot utter recognizable speech sounds. Fortunately, though, his brain damage was such that Nolan's intelligence was undamaged and his hearing was normal; as a result, he learned to understand speech as a young child. It was only many years later, though, after he had reached 10 years, and after he had learned to read, that he was given a means to express his first words. He did this by using a stick which was attached to his head to point to letters. It was in this 'unicorn' manner, letter-by-letter, that he produced an entire book of poems and short stories, *Dam-Burst of Dreams*, while still a teenager.

① Christopher Nolan은 뇌 손상을 갖고 태어났다.
② Christopher Nolan은 음식을 삼키는 것도 어려웠다.
③ Christopher Nolan은 청각 장애로 인해 들을 수 없었다.
④ Christopher Nolan은 10대일 때 책을 썼다.

006

다음 글의 내용과 일치하지 않는 것은?

Deserts cover more than one-fifth of the Earth's land area, and they are found on every continent. A place that receives less than 25 centimeters (10 inches) of rain per year is considered a desert. Deserts are part of a wider class of regions called drylands. These areas exist under a "moisture deficit," which means they can frequently lose more moisture through evaporation than they receive from annual precipitation. Despite the common conceptions of deserts as hot, there are cold deserts as well. The largest hot desert in the world, northern Africa's Sahara, reaches temperatures of up to 50 degrees Celsius (122 degrees Fahrenheit) during the day. But some deserts are always cold, like the Gobi Desert in Asia and the polar deserts of the Antarctic and Arctic, which are the world's largest. Others are mountainous. Only about 20 percent of deserts are covered by sand. The driest deserts, such as Chile's Atacama Desert, have parts that receive less than two millimeters (0.08 inches) of precipitation a year. Such environments are so harsh and otherworldly that scientists have even studied them for clues about life on Mars. On the other hand, every few years, an unusually rainy period can produce "super blooms," where even the Atacama becomes blanketed in wildflowers.

① There is at least one desert on each continent.
② The Sahara is the world's largest hot desert.
③ The Gobi Desert is categorized as a cold desert.
④ The Atacama Desert is one of the rainiest deserts.

007

다음 글의 내용과 일치하는 것은?

The most notorious case of imported labor is of course the Atlantic slave trade, which brought as many as ten million enslaved Africans to the New World to work the plantations. But although the Europeans may have practiced slavery on the largest scale, they were by no means the only people to bring slaves into their communities: earlier, the ancient Egyptians used slave labor to build their pyramids, early Arab explorers were often also slave traders, and Arabic slavery continued into the twentieth century and indeed still continues in a few places. In the Americas some native tribes enslaved members of other tribes, and slavery was also an institution in many African nations, especially before the colonial period.

① African laborers voluntarily moved to the New World.
② Europeans were the first people to use slave labor.
③ Arabic slavery no longer exists in any form.
④ Slavery existed even in African countries.

008

다음 글의 내용과 일치하지 않는 것은?

Women are experts at gossiping, and they always talk about trivial things, or at least that's what men have always thought. However, some new research suggests that when women talk to women, their conversations are far from frivolous, and cover many more topics (up to 40 subjects) than when men talk to other men. Women's conversations range from health to their houses, from politics to fashion, from movies to family, from education to relationship problems, but sports are notably absent. Men tend to have a more limited range of subjects, the most popular being work, sports, jokes, cars, and women. According to Professor Petra Boynton, a psychologist who interviewed over 1,000 women, women also tend to move quickly from one subject to another in conversation, while men usually stick to one subject for longer periods of time. At work, this difference can be an advantage for men, as they can put other matters aside and concentrate fully on the topic being discussed. On the other hand, it also means that they sometimes find it hard to concentrate when several things have to be discussed at the same time in a meeting.

① 남성들은 여성들의 대화 주제가 항상 사소한 것들이라고 생각해왔다.
② 여성들의 대화 주제는 건강에서 스포츠에 이르기까지 매우 다양하다.
③ 여성들은 대화하는 중에 주제의 변환을 빨리한다.
④ 남성들은 회의 중 여러 주제가 논의될 때 집중하기 어렵다.

009

다음 글의 내용과 일치하지 않는 것은?

The Second Amendment of the U.S. Constitution states : "A well-regulated Militia, being necessary to the security of a free State, the right of the people to keep and bear Arms, shall not be infringed." Supreme Court rulings, citing this amendment, have upheld the right of states to regulate firearms. However, in a 2008 decision confirming an individual right to keep and bear arms, the court struck down Washington, D.C. laws that banned handguns and required those in the home to be locked or disassembled. A number of gun advocates consider ownership a birthright and an essential part of the nation's heritage. The United States, with less than 5 percent of the world's population, has about 35~50 percent of the world's civilian-owned guns, according to a 2007 report by the Switzerland-based Small Arms Survey. It ranks number one in firearms per capita. The United States also has the highest homicide-by-firearm rate among the world's most developed nations. But many gun-rights proponents say these statistics do not indicate a cause-and-effect relationship and note that the rates of gun homicide and other gun crimes in the United States have dropped since highs in the early 1990's.

① In 2008, the U.S. Supreme Court overturned Washington, D.C. laws banning handguns.
② Many gun advocates claim that owning guns is a natural-born right.
③ Among the most developed nations, the U.S. has the highest rate of gun homicides.
④ Gun crimes in the U.S. have steadily increased over the last three decades.

010

다음 글의 내용과 일치하지 않는 것은?

Dubrovnik, Croatia, is a mess. Because its main attraction is its seaside Old Town surrounded by 80-foot medieval walls, this Dalmatian Coast town does not absorb visitors very well. And when cruise ships are docked here, a legion of tourists turn Old Town into a miasma of tank-top-clad tourists marching down the town's limestone-blanketed streets. Yes, the city of Dubrovnik has been proactive in trying to curb cruise ship tourism, but nothing will save Old Town from the perpetual swarm of tourists. To make matters worse, the lure of making extra money has inspired many homeowners in Old Town to turn over their places to Airbnb, making the walled portion of town one giant hotel. You want an "authentic" Dubrovnik experience in Old Town, just like a local? You're not going to find it here. Ever.

① Old Town은 80피트 중세 시대 벽으로 둘러싸여 있다.
② 크루즈 배가 정박할 때면 많은 여행객이 Old Town 거리를 활보한다.
③ Dubrovnik 시는 크루즈 여행을 확대하려고 노력해 왔다.
④ Old Town에서는 많은 집이 여행객 숙소로 바뀌었다.

011

2020. 지방직 9급

다음 글의 내용과 일치하지 않는 것은?

Carbonate sands, which accumulate over thousands of years from the breakdown of coral and other reef organism, are the building material for the frameworks of coral reefs. But these sands are sensitive to the chemical make-up of sea water. As oceans absorb carbon dioxide, they acidify — and at a certain point, carbonate sands simply start to dissolve. The world's oceans have absorbed around one-third of human-emitted carbon dioxide. The rate at which the sands dissolve was strongly related to the acidity of the overlying seawater, and was ten times more sensitive than coral growth to ocean acidification. In other words, ocean acidification will impact the dissolution of coral reef sands more than the growth of corals. This probably reflects the coral's ability to modify their environment and partially adjust to ocean acidification, whereas the dissolution of sands is a geochemical process that cannot adapt.

① The frameworks of coral reefs are made of carbonate sands.
② Corals are capable of partially adjusting to ocean acidification.
③ Human-emitted carbon dioxide has contributed to the worlds' ocean acidification.
④ Ocean acidification affects the growth of corals more than the dissolution of coral reef sands.

012

2019. 국가직 9급

다음 글의 내용과 일치하지 않는 것은?

Langston Hughes was born in Joplin, Missouri, and graduated from Lincoln University, in which many African-American students have pursued their academic disciplines. At the age of eighteen, Hughes published one of his most will-known poems, "Negro Speaks of Rivers." Creative and experimental, Hughes incorporated authentic dialect in his work, adapted traditional poetic forms to embrace the cadences and moods of blues and jazz, and created characters and themes that reflected elements of lower-class black culture. With his ability to fuse serious content with humorous style, Hughes attacked racial prejudice in a way that was natural and witty.

① Hughes는 많은 미국 흑인들이 다녔던 대학교를 졸업하였다.
② Hughes는 실제 사투리를 그의 작품에 반영하였다.
③ Hughes는 하층 계급 흑인들의 문화적 요소를 반영한 인물을 만들었다.
④ Hughes는 인종편견을 엄숙한 문체로 공격하였다.

013

다음 글의 내용과 일치하지 않는 것은?

The earliest government food service programs began around 1900 in Europe. Programs in the United States date from the Great Depression, when the need to use surplus agricultural commodities was joined to concern for feeding the children of poor families. During and after World War II, the explosion in the number of working women fueled the need for a broader program. What was once a function of the family — providing lunch — was shifted to the school food service system. The National School Lunch Program is the result of these efforts. The program is designed to provide federally assisted meals to children of school age. From the end of World War II to the early 1980s, funding for school food service expanded steadily. Today it helps to feed children in almost 100,000 schools across the United States. Its first function is to provide a nutritious lunch to all students; the second is to provide nutritious food at both breakfast and lunch to underprivileged children. If anything, the role of school food service as a replacement for what was once a family function has been expanded.

① The increase in the number of working women boosted the expansion of food service programs.
② The US government began to feed poor children during the Great Depression despite the food shortage.
③ The US school food service system presently helps to feed children of poor families.
④ The function of providing lunch has been shifted from the family to schools.

014

다음 글의 내용과 일치하는 것은?

Prehistoric societies some half a million years ago did not distinguish sharply between mental and physical disorders. Abnormal behaviors, from simple headaches to convulsive attacks, were attributed to evil spirits that inhabited or controlled the afflicted person's body. According to historians, these ancient peoples attributed many forms of illness to demonic possession, sorcery, or the behest of an offended ancestral spirit. Within this system of belief, called demonology, the victim was usually held at least partly responsible for the misfortune. It has been suggested that Stone Age cave dwellers may have treated behavior disorders with a surgical method called trephining, in which part of the skull was chipped away to provide an opening through which the evil spirit could escape. People may have believed that when the evil spirit left, the person would return to his or her normal state. Surprisingly, trephined skulls have been found to have healed over, indicating that some patients survived this extremely crude operation.

* convulsive : 경련
* behest : 명령

① Mental disorders were clearly differentiated from physical disorders.
② Abnormal behaviors were believed to result from evil spirits affecting a person.
③ An opening was made in the skull for an evil spirit to enter a person's body.
④ No cave dwellers survived trephining.

015

2019. 지방직 9급

다음 글의 내용과 일치하지 않는 것을 고르시오.

In the nineteenth century, the most respected health and medical experts all insisted that diseases were caused by "miasma," a fancy term for bad air. Western society's system of health was based on this assumption: to prevent diseases, windows were kept open or closed, depending on whether there was more miasma inside or outside the room; it was believed that doctors could not pass along disease because gentlemen did not inhabit quarters with bad air. Then the idea of germs came along. One day, everyone believed that bad air makes you sick. Then, almost overnight, people started realizing there were invisible things called microbes and bacteria that were the real cause of diseases. This new view of disease brought sweeping changes to medicine, as surgeons adopted antiseptics and scientists invented vaccines and antibiotics. But, just as momentously, the idea of germs gave ordinary people the power to influence their own lives. Now, if you wanted to stay healthy, you could wash your hands, boil your water, cook your food thoroughly, and clean cuts and scrapes with iodine.

① In the nineteenth century, opening windows was irrelevant to the density of miasma.

② In the nineteenth century, it was believed that gentlemen did not live in places with bad air.

③ Vaccines were invented after people realized that microbes and bacteria were the real cause of diseases.

④ Cleaning cuts and scrapes could help people to stay healthy.

016

2019. 지방직 9급

다음 글의 내용과 일치하지 않는 것을 고르시오.

Followers are a critical part of the leadership equation, but their role has not always been appreciated. For a long time, in fact, "the common view of leadership was that leaders actively led and subordinates, later called followers, passively and obediently followed." Over time, especially in the last century, social change shaped people's views of followers, and leadership theories gradually recognized the active and important role that followers play in the leadership process. Today it seems natural to accept the important role followers play. One aspect of leadership is particularly worth noting in this regard: Leadership is a social influence process shared among all members of a group. Leadership is not restricted to the influence exerted by someone in a particular position or role; followers are part of the leadership process, too.

① For a length of time, it was understood that leaders actively led and followers passively followed.

② People's views of subordinates were influenced by social change.

③ The important role of followers is still denied today.

④ Both leaders and followers participate in the leadership process.

017

2018. 국가직 9급

다음 글의 내용과 일치하는 것은?

Sharks are covered in scales made from the same material as teeth. These flexible scales protect the shark and help it swim quickly in water. A shark can move the scales as it swims. This movement helps reduce the water's drag. Amy Lang, an aerospace engineer at the University of Alabama, studies the scales on the short fin mako, a relative of the great white shark. Lang and her team discovered that the mako shark's scales differ in size and in flexibility in different parts of its body. For instance, the scales on the sides of the body are tapered — wide at one end and narrow at the other end. Because they are tapered, these scales move very easily. They can turn up or flatten to adjust to the flow of water around the shark and to reduce drag. Lang feels that shark scales can inspire designs for machines that experience drag, such as airplanes.

① A shark has scales that always remain immobile to protect itself as it swims.
② Lang revealed that the scales of a mako shark are utilized to lessen drag in water.
③ A mako shark has scales of identical size all over its body.
④ The scientific designs of airplanes were inspired by shark scales.

CHAPTER 07 기타 유형

001

2021. 국가직 9급

다음 글에 나타난 Johnbull의 심경으로 가장 적절한 것은?

In the blazing midday sun, the yellow egg-shaped rock stood out from a pile of recently unearthed gravel. Out of curiosity, sixteen-year-old miner Komba Johnbull picked it up and fingered its flat, pyramidal planes. Johnbull had never seen a diamond before, but he knew enough to understand that even a big find would be no larger than his thumbnail. Still, the rock was unusual enough to merit a second opinion. Sheepishly, he brought it over to one of the more experienced miners working the muddy gash deep in the jungle. The pit boss's eyes widened when he saw the stone. "Put it in your pocket," he whispered. "Keep digging." The older miner warned that it could be dangerous if anyone thought they had found something big. So Johnbull kept shoveling gravel until nightfall, pausing occasionally to grip the heavy stone in his fist. Could it be?

① thrilled and excited
② painful and distressed
③ arrogant and convinced
④ detached and indifferent

002

2019. 서울시 9급

밑줄 친 부분이 지칭하는 대상이 다른 것은?

Dracula ants get their name for the way they sometimes drink the blood of their own young. But this week, ① the insects have earned a new claim to fame. Dracula ants of the species *Mystrium camillae* can snap their jaws together so fast, you could fit 5,000 strikes into the time it takes us to blink an eye. This means ② the blood-suckers wield the fastest known movement in nature, according to a study published this week in the journal *Royal Society Open Science*. Interestingly, the ants produce their record-breaking snaps simply by pressing their jaws together so hard that ③ they bend. This stores energy in one of the jaws, like a spring, until it slides past the other and lashes out with extraordinary speed and force — reaching a maximum velocity of over 200 miles per hour. It's kind of like what happens when you snap your fingers, only 1,000 times faster. Dracula ants are secretive predators as ④ they prefer to hunt under the leaf litter or in subterranean tunnels.

003

2018. 국가직 9급

밑줄 친 부분 중 글의 흐름상 가장 어색한 것은?

Most people like to talk, but few people like to listen, yet listening well is a ① rare talent that everyone should treasure. Because they hear more, good listeners tend to know more and to be more sensitive to what is going on around them than most people. In addition, good listeners are inclined to accept or tolerate rather than to judge and criticize. Therefore, they have ② fewer enemies than most people. In fact, they are probably the most beloved of people. However, there are ③ exceptions to that generality. For example, John Steinbeck is said to have been an excellent listener, yet he was hated by some of the people he wrote about. No doubt his ability to listen contributed to his capacity to write. Nevertheless, the result of his listening didn't make him ④ unpopular.

004

2018. 지방직 9급

다음 글에 나타난 화자의 심경으로 가장 적절한 것은?

My face turned white as a sheet. I looked at my watch. The tests would be almost over by now. I arrived at the testing center in an absolute panic. I tried to tell my story, but my sentences and descriptive gestures got so confused that I communicated nothing more than a very convincing version of a human tornado. In an effort to curb my distracting explanation, the proctor led me to an empty seat and put a test booklet in front of me. He looked doubtfully from me to the clock, and then he walked away. I tried desperately to make up for lost time, scrambling madly through analogies and sentence completions. "Fifteen minutes remain," the voice of doom declared from the front of the classroom. Algebraic equations, arithmetic calculations, geometric diagrams swam before my eyes. "Time! Pencils down, please."

① nervous and worried
② excited and cheerful
③ calm and determined
④ safe and relaxed

김세현 영어
단원별 기출문제

기출로 합격까지!

PART

03

어휘

001

2023. 국가직 9급

밑줄 친 부분의 의미와 가장 가까운 것을 고르시오.

Jane wanted to have a small wedding rather than a fancy one. Thus, she planned to invite her family and a few of her <u>intimate</u> friends to eat delicious food and have some pleasant moments.

① nosy
② close
③ outgoing
④ considerate

002

2023. 국가직 9급

밑줄 친 부분의 의미와 가장 가까운 것을 고르시오.

The <u>incessant</u> public curiosity and consumer demand due to the health benefits with lesser cost has increased the interest in functional foods.

① rapid
② constant
③ significant
④ intermittent

003

2023. 국가직 9급

밑줄 친 부분의 의미와 가장 가까운 것을 고르시오.

Because of the pandemic, the company had to <u>hold off</u> the plan to provide the workers with various training programs.

① elaborate
② release
③ modify
④ suspend

004

2023. 국가직 9급

밑줄 친 부분의 의미와 가장 가까운 것을 고르시오.

The new Regional Governor said he would <u>abide by</u> the decision of the High Court to release the prisoner.

① accept
② report
③ postpone
④ announce

005

밑줄 친 부분의 의미와 가장 가까운 것을 고르시오.

Further explanations on our project will be given in subsequent presentations.

① required
② following
③ advanced
④ supplementary

007

밑줄 친 부분의 의미와 가장 가까운 것을 고르시오.

These children have been brought up on a diet of healthy food.

① raised
② advised
③ observed
④ controlled

006

밑줄 친 부분의 의미와 가장 가까운 것을 고르시오.

Folkways are customs that members of a group are expected to follow to show courtesy to others. For example, saying "excuse me" when you sneeze is an American folkway.

① charity
② humility
③ boldness
④ politeness

008

밑줄 친 부분의 의미와 가장 가까운 것을 고르시오.

Slavery was not done away with until the nineteenth century in the U.S.

① abolished
② consented
③ criticized
④ justified

009

2022. 국가직 9급

밑줄 친 부분의 의미와 가장 가까운 것을 고르시오.

> For years, detectives have been trying to unravel the mystery of the sudden disappearance of the twin brothers.

① solve
② create
③ imitate
④ publicize

010

2022. 국가직 9급

밑줄 친 부분의 의미와 가장 가까운 것을 고르시오.

> Before the couple experienced parenthood, their four-bedroom house seemed unnecessarily opulent.

① hidden
② luxurious
③ empty
④ solid

011

2022. 국가직 9급

밑줄 친 부분의 의미와 가장 가까운 것을 고르시오.

> The boss hit the roof when he saw that we had already spent the entire budget in such a short period of time.

① was very satisfied
② was very surprised
③ became extremely calm
④ became extremely angry

012

2022. 국가직 9급

밑줄 친 부분의 의미와 가장 가까운 것을 고르시오.

> School teachers have to be flexible to cope with different ability levels of the students.

① strong
② adaptable
③ honest
④ passionate

013

2022. 국가직 9급

밑줄 친 부분의 의미와 가장 가까운 것을 고르시오.

Crop yields <u>vary</u>, improving in some areas and falling in others.

① change　　　　② decline
③ expand　　　　④ include

014

2022. 국가직 9급

밑줄 친 부분의 의미와 가장 가까운 것을 고르시오.

I don't feel inferior to anyone <u>with respect to</u> my education.

① in danger of　　② in spite of
③ in favor of　　④ in terms of

015

2021. 국가직 9급

밑줄 친 부분의 의미와 가장 가까운 것을 고르시오.

Privacy as a social practice shapes individual behavior <u>in conjunction with</u> other social practices and is therefore central to social life.

① in combination with　② in comparison with
③ in place of　　④ in case of

016

2021. 국가직 9급

밑줄 친 부분의 의미와 가장 가까운 것을 고르시오.

The influence of Jazz has been so <u>pervasive</u> that most popular music owes its stylistic roots to jazz.

① deceptive　　② ubiquitous
③ persuasive　　④ disastrous

PART 03

017
2021. 국가직 9급

밑줄 친 부분의 의미와 가장 가까운 것을 고르시오.

This novel is about the <u>vexed</u> parents of an unruly teenager who quits school to start a business.

① callous
② annoyed
③ reputable
④ confident

019
2021. 지방직 9급

밑줄 친 부분의 의미와 가장 가까운 것은?

In studying Chinese calligraphy, one must learn something of the origins of Chinese language and of how they were originally written. However, except for those brought up in the artistic traditions of the country, its aesthetic significance seems to be very difficult to <u>apprehend</u>.

① encompass
② intrude
③ inspect
④ grasp

018
2021. 지방직 9급

밑줄 친 부분의 의미와 가장 가까운 것은?

For many compulsive buyers, the act of purchasing, rather than what they buy, is what leads to <u>gratification</u>.

① liveliness
② confidence
③ tranquility
④ satisfaction

020
2020. 국가직 9급

밑줄 친 부분의 의미와 가장 가까운 것을 고르시오.

Extensive lists of microwave oven models and styles along with <u>candid</u> customer reviews and price ranges are available at appliance comparison websites.

① frank
② logical
③ implicit
④ passionate

021

2020. 국가직 9급

밑줄 친 부분의 의미와 가장 가까운 것을 고르시오.

It had been known for a long time that Yellowstone was volcanic in nature and the one thing about volcanoes is that they are generally <u>conspicuous</u>.

① passive   ② vaporous
③ dangerous   ④ noticeable

022

2020. 국가직 9급

밑줄 친 부분의 의미와 가장 가까운 것을 고르시오.

He's the best person to tell you how to get there because he knows the city <u>inside out</u>.

① eventually   ② culturally
③ thoroughly   ④ tentatively

023

2020. 국가직 9급

밑줄 친 부분의 의미와 가장 가까운 것을 고르시오.

All along the route were thousands of homespun attempts to <u>pay tribute to</u> the team, including messages etched in cardboard, snow and construction paper.

① honor   ② compose
③ publicize   ④ join

024

2020. 지방직 9급

밑줄 친 부분의 의미와 가장 가까운 것을 고르시오.

Strategies that a writer adopts during the writing process may <u>alleviate</u> the difficulty of attentional overload.

① complement   ② accelerate
③ calculate   ④ relieve

025

밑줄 친 부분의 의미와 가장 가까운 것을 고르시오.

> The cruel sights <u>touched off</u> thoughts that otherwise wouldn't have entered her mind.

① looked after   ② gave rise to

③ made up for   ④ kept in contact with

026

밑줄 친 부분의 의미와 가장 가까운 것을 고르시오.

> The school bully did not know what it was like to be <u>shunned</u> by the other students in the class.

① avoided   ② warned

③ punished   ④ imitated

027

밑줄 친 부분의 의미와 가장 가까운 것은?

> After Francesca <u>made a case for</u> staying at home during the summer holidays, an uncomfortable silence fell on the dinner table. Robert was not sure if it was the right time for him to tell her about his grandiose plan.

① objected to

② dreamed about

③ completely excluded

④ strongly suggested

028

밑줄 친 부분의 의미와 가장 가까운 것을 고르시오.

> *Natural Gas World* subscribers will receive accurate and reliable key facts and figures about what is going on in your industry, so they are fully able to <u>discern</u> what concerns their business.

① distinguish   ② strengthen

③ undermine   ④ abandon

029

밑줄 친 부분의 의미와 가장 가까운 것을 고르시오.

Ms. West, the winner of the silver in the women's 1,500m event, <u>stood out</u> through the race.

① was overwhelmed
② was impressive
③ was depressed
④ was optimistic

031

밑줄 친 부분의 의미와 가장 가까운 것을 고르시오.

Although the actress experienced much turmoil in her career, she never <u>disclosed</u> to anyone that she was unhappy.

① let on
② let off
③ let up
④ let down

030

밑줄 친 부분의 의미와 가장 가까운 것을 고르시오.

Schooling is <u>compulsory</u> for all children in the United States, but the age range for which school attendance is required varies from state to state.

① complementary
② systematic
③ mandatory
④ innovative

032

밑줄 친 부분의 의미와 가장 가까운 것을 고르시오.

I came to see these documents as relics of a sensibility now dead and buried, which needed to be <u>excavated</u>.

① exhumed
② packed
③ erased
④ celebrated

033

밑줄 친 부분의 의미와 가장 가까운 것을 고르시오.

Riding a roller coaster can be a joy ride of emotions: the nervous anticipation as you're strapped into your seat, the questioning and regret that comes as you go up, up, up, and the sheer adrenaline rush as the car takes that first dive.

① utter   ② scary
③ occasional ④ manageable

034

밑줄 친 부분의 의미와 가장 가까운 것을 고르시오.

Time does seem to slow to a trickle during a boring afternoon lecture and race when the brain is engrossed in something highly entertaining.

① enhanced by   ② apathetic to
③ stabilized by   ④ preoccupied with

035

밑줄 친 부분의 의미와 가장 가까운 것을 고르시오.

These daily updates were designed to help readers keep abreast of the markets as the government attempted to keep them under control.

① be acquainted with
② get inspired by
③ have faith in
④ keep away from

036

밑줄 친 부분의 의미와 가장 가까운 것을 고르시오.

At least in high school she made one decision where she finally saw eye to eye with her parents.

① quarreled   ② disputed
③ parted   ④ agreed

037

2018. 국가직 9급

밑줄 친 부분의 의미와 가장 가까운 것은?

Robert J. Flaherty, a legendary documentary filmmaker, tried to show how <u>indigenous</u> people gathered food.

① native　　　　② ravenous

③ impoverished　④ itinerant

039

2018. 국가직 9급

밑줄 친 부분의 의미와 가장 가까운 것을 고르시오.

While at first glance it seems that his friends are just leeches, they prove to be the ones he can depend on <u>through thick and thin</u>.

① in no time
② from time to time
③ in pleasant times
④ in good times and bad times

038

2018. 국가직 9급

밑줄 친 부분의 의미와 가장 가까운 것을 고르시오.

The police spent seven months working on the crime case but were never able to determine the identity of the <u>malefactor</u>.

① culprit　　　② dilettante

③ pariah　　　④ demagogue

040

2018. 지방직 9급

밑줄 친 부분의 의미와 가장 가까운 것을 고르시오.

The <u>paramount</u> duty of the physician is to do no harm. Everything else — even healing — must take second place.

① chief　　　② sworn

③ successful　④ mysterious

041

2018. 지방직 9급

밑줄 친 부분의 의미와 가장 가까운 것을 고르시오.

It is not unusual that people get cold feet about taking a trip to the North Pole.

① become ambitious ② become afraid
③ feel exhausted ④ feel saddened

042

2018. 지방직 9급

밑줄 친 부분의 의미와 가장 가까운 것은?

The student who finds the state-of-the-art approach intimidating learns less than he or she might have learned by the old methods.

① humorous ② friendly
③ convenient ④ frightening

043

2018. 서울시 9급

밑줄 친 부분과 의미가 가장 가까운 것은?

Surgeons were forced to call it a day because they couldn't find the right tools for the job.

① initiate ② finish
③ wait ④ cancel

044

2018. 서울시 9급

밑줄 친 부분과 의미가 가장 먼 것은?

As a prerequisite for fertilization, pollination is essential to the production of fruit and seed crops and plays an important part in programs designed to improve plants by breeding.

① crucial ② indispensable
③ requisite ④ omnipresent

045

2018. 서울시 9급 (추가채용)

밑줄 친 부분과 의미가 가장 가까운 것은?

Ethical considerations can be an integral element of biotechnology regulation.

① key ② incidental
③ interactive ④ popular

빈칸 어휘

PART 03

001

2023. 지방직 9급

밑줄 친 부분에 들어갈 말로 가장 적절한 것은?

Voters demanded that there should be greater _____ in the election process so that they could see and understand it clearly.

① deception ② flexibility
③ competition ④ transparency

002

2022. 국가직 9급

밑줄 친 부분에 들어갈 말로 가장 적절한 것을 고르시오.

A mouse potato is the computer _____ of television's couch potato: someone who tends to spend a great deal of leisure time in front of the computer in much the same way the couch potato does in front of the television.

① technician ② equivalent
③ network ④ simulation

003

2022. 국가직 9급

밑줄 친 부분에 들어갈 말로 가장 적절한 것을 고르시오.

Mary decided to _____ her Spanish before going to South America.

① brush up on ② hear out
③ stick up for ④ lay off

004

2022. 국가직 9급

밑줄 친 부분에 들어갈 말로 가장 적절한 것은?

Sometimes we _____ money long before the next payday.

① turn into ② start over
③ put up with ④ run out of

005

밑줄 친 부분에 들어갈 말로 가장 적절한 것은?

> A group of young demonstrators attempted to _____ the police station.

① line up
② give out
③ carry on
④ break into

007

밑줄 친 부분에 들어갈 말로 가장 적절한 것을 고르시오.

> We're familiar with the costs of burnout: Energy, motivation, productivity, engagement, and commitment can all take a hit, at work and at home. And many of the _____ are fairly intuitive: Regularly unplug. Reduce unnecessary meetings. Exercise. Schedule small breaks during the day. Take vacations even if you think you can't afford to be away from work, because you can't afford not to be away now and then.

① fixes
② damages
③ prizes
④ complications

006

밑줄 친 부분에 들어갈 말로 가장 적절한 것을 고르시오.

> Globalization leads more countries to open their markets, allowing them to trade goods and services freely at a lower cost with greater _____.

① extinction
② depression
③ efficiency
④ caution

008

밑줄 친 부분에 들어갈 말로 가장 적절한 것을 고르시오.

> The government is seeking ways to soothe salaried workers over their increased tax burdens arising from a new tax settlement system. During his meeting with the presidential aides last Monday, the President _____ those present to open up more communication channels with the public.

① fell on
② called for
③ picked up
④ turned down

008

2020. 지방직 9급

밑줄 친 부분에 들어갈 말로 가장 적절한 것은?

> The issue with plastic bottles is that they're not _____, so when the temperatures begin to rise, your water will also heat up.

① sanitary
② insulated
③ recyclable
④ waterproof

010

2019. 서울시 9급

밑줄 친 부분에 들어갈 말로 가장 적절한 것은?

> Tests ruled out dirt and poor sanitation as causes of yellow fever, and a mosquito was the _____ carrier.

① suspected
② uncivilized
③ cheerful
④ volunteered

011

2019. 서울시 9급

밑줄 친 부분에 들어갈 말로 가장 적절한 것은?

> Generally speaking, people living in 2018 are pretty fortunate when you compare modern times to the full scale of human history. Life expectancy _____ at around 72 years, and diseases like smallpox and diphtheria, which were widespread and deadly only a century ago, are preventable, curable, or altogether eradicated.

① curtails
② hovers
③ initiates
④ aggravates

012

2018. 국가직 9급

밑줄 친 부분에 들어갈 말로 가장 적절한 것은?

> Listening to music is _____ being a rock star. Anyone can listen to music, but it takes talent to become a musician.

① on a par with
② a far cry from
③ contingent upon
④ a prelude to

013

2018. 지방직 9급

다음 밑줄 친 부분에 들어갈 말로 가장 적절한 것은?

Since the air-conditioners are being repaired now, the office workers have to _____ electric fans for the day.

① get rid of
② let go of
③ make do with
④ break up with

014

2018. 서울시 9급

글의 흐름상 빈칸에 들어갈 단어로 가장 옳은 것은?

Social learning theorists offer a different explanation for the counter-aggression exhibited by children who experience aggression in the home. An extensive research on aggressive behavior and the coercive family concludes that an aversive consequence may also elicit an aggressive reaction and accelerate ongoing coercive behavior. These victims of aggressive acts eventually learn via modeling to _____ aggressive interchanges. These events perpetuate the use of aggressive acts and train children how to behave as adults.

① stop
② attenuate
③ abhor
④ initiate

015

2018. 서울시 9급

글의 흐름상 빈칸에 들어갈 단어로 가장 옳지 않은 것은?

Following his father's imprisonment, Charles Dickens was forced to leave school to work at a boot-blacking factory alongside the River Thames. At the run-down, rodent-ridden factory, Dickens earned six shillings a week labeling pots of "blacking," a substance used to clean fireplaces. It was the best he could do to help support his family. Looking back on the experience, Dickens saw it as the moment he said goodbye to his youthful innocence, stating that he wondered "how he could be so easily cast away at such a young age." He felt _____ by the adults who were supposed to take care of him.

① abandoned
② betrayed
③ buttressed
④ disregarded

016

2018. 서울시 9급

글의 흐름상 빈칸에 들어갈 단어로 가장 옳은 것은?

Mr. Johnson objected to the proposal because it was founded on a _____ principle and also was _____ at times.

① faulty — desirable
② imperative — reasonable
③ conforming — deplorable
④ wrong — inconvenient

017

2018. 서울시 9급 (추가채용)

빈칸에 들어갈 단어로 가장 적절한 것은?

> Mephisto demands a signature and contract. No mere _____ contract will do. As Faust remarks, the devil wants everything in writing.

① genuine   ② essential

③ reciprocal   ④ verbal

018

2017. 하반기 국가직 9급 (추가채용)

밑줄 친 부분에 들어갈 말로 가장 적절한 것을 고르시오.

> As a middle class Jew growing up in an ethnically mixed Chicago neighborhood, I was already in danger of being beaten up daily by rougher working-class boys. Becoming a bookworm would only have given them a decisive reason for beating me up. Reading and studying were more permissible for girls, but they, too, had to be careful not to get too _____, lest they acquire the stigma of being 'stuck up.'

① athletic   ② intellectual

③ hospitable   ④ inexperienced

019

2017. 하반기 국가직 9급 (추가채용)

밑줄 친 부분에 공통으로 들어갈 말로 가장 적절한 것은?

> • She's disappointed about their final decision, but she'll _____ it eventually.
> • It took me a very long time to _____ the shock of her death.

① get away   ② get down

③ get ahead   ④ get over

020

2017. 지방직 9급

다음 밑줄 친 부분에 들어갈 말로 가장 적절한 것을 고르시오.

> Our main dish did not have much flavor, but I made it more _____ by adding condiments.

① palatable   ② dissolvable

③ potable   ④ susceptible

021

2017. 하반기 지방직 9급 (추가채용)

밑줄 친 부분에 들어갈 말로 가장 적절한 것은?

A police sergeant with 15 years of experience was dismayed after being _____ for promotion in favor of a young officer.

① run over
② asked out
③ carried out
④ passed over

022

2017. 지방직 7급

다음 밑줄 친 부분에 들어갈 말로 가장 적절한 것은?

Many species of insects, like katydids and walking sticks, resemble leaves. This form of mimicry, in which animals _____ themselves as uninteresting and inedible objects to evade predators, is known as masquerade.

* katydid : 미국산 여칫과(科)의 곤충

* walking stick : 대벌레

① clone
② detain
③ camouflage
④ domesticate

023

2017. 서울시 9급

다음 빈칸에 들어갈 가장 적절한 단어는?

A faint odor of ammonia or vinegar makes one week old infants grimace and _____ their heads.

① harness
② avert
③ muffle
④ evoke

024

2017. 서울시 7급

빈칸에 들어갈 가장 적절한 것은?

Culture is defined as material, and even nonmaterial, objects that are passed from one generation to the next. Cultures often vary across space and time. While cultures may be diverse, they also share some similarities. Academic research has identified several cultural _____, that is, cultural attributes that may be found wherever people occupy a territory.

① universals
② discriminations
③ renaissances
④ prejudices

025

2017. 사복직 9급

다음 밑줄 친 부분에 들어갈 표현으로 가장 적절한 것은?

Research shows you'll eat less food and take in fewer calories if you eat slowly, so _____ yourself at holiday meals.

① hide
② express
③ pace
④ betray

026

2017. 사복직 9급

다음 밑줄 친 부분에 들어갈 표현으로 가장 적절한 것은?

The government is currently trying to find an alternative to garbage disposal to _____ environmental pollution.

① slope off
② head off
③ set off
④ run off with

김세현 영어
단원별 기출문제

기출로 합격까지!

PART

04

생활영어

대화 완성

001

2023. 국가직 9급

밑줄 친 부분에 들어갈 말로 알맞은 것을 고르시오.

A : I got this new skin cream from a drugstore yesterday. It is supposed to remove all wrinkles and make your skin look much younger.

B : _____

A : Why don't you believe it? I've read in a few blogs that the cream really works.

B : I assume that the cream is good for your skin, but I don't think that it is possible to get rid of wrinkles or magically look younger by using a cream.

A : You are so pessimistic.

B : No, I'm just being realistic. I think you are being gullible.

① I don't buy it.
② It's too pricey.
③ I can't help you out.
④ Believe it or not, it's true.

002

2023. 국가직 9급

밑줄 친 부분에 들어갈 말로 알맞은 것을 고르시오.

A : I'd like to go sightseeing downtown. Where do you think I should go?

B : I strongly suggest you visit the national art gallery.

A : Oh, that's a great idea. What else should I check out?

B : _____

A : I don't have time for that. I need to meet a client at three.

B : Oh, I see. Why don't you visit the national park, then?

A : That sounds good. Thank you!

① This is the map that your client needs. Here you go.
② A guided tour to the river park. It takes all afternoon.
③ You should check it out as soon as possible.
④ The checkout time is three o'clock.

003

2023. 지방직 9급

밑줄 친 부분에 들어갈 말로 가장 적절한 것을 고르시오.

> A : Pardon me, but could you give me a hand, please?
> B : _____
> A : I'm trying to find the Personnel Department. I have an appointment at 10.
> B : It's on the third floor.
> A : How can I get up there?
> B : Take the elevator around the corner.

① We have no idea how to handle this situation.
② Would you mind telling us who is in charge?
③ Yes. I could use some help around here.
④ Sure. Can I help you with anything?

004

2023. 지방직 9급

밑줄 친 부분에 들어갈 말로 가장 적절한 것을 고르시오.

> A : You were the last one who left the office, weren't you?
> B : Yes. Is there any problem?
> A : I found the office lights and air conditioners on this morning.
> B : Really? Oh, no. Maybe I forgot to turn them off last night.
> A : Probably they were on all night.
> B : _____

① Don't worry. This machine is working fine.
② That's right. Everyone likes to work with you.
③ I'm sorry. I promise I'll be more careful from now on.
④ Too bad. You must be tired because you get off work too late.

005

2022. 국가직 9급

밑줄 친 부분에 들어갈 말로 가장 적절한 것을 고르시오.

> A : I heard that the university cafeteria changed their menu.
> B : Yeah, I just checked it out.
> A : And they got a new caterer.
> B : Yes. Sam's Catering.
> A : _____?
> B : There are more dessert choices. Also, some sandwich choices were removed.

① What is your favorite dessert
② Do you know where their office is
③ Do you need my help with the menu
④ What's the difference from the last menu

006

2022. 국가직 9급

밑줄 친 부분에 들어갈 말로 가장 적절한 것을 고르시오.

> A : Hi there. May I help you?
> B : Yes, I'm looking for a sweater.
> A : Well, this one is the latest style from the fall collection. What do you think?
> B : It's gorgeous. How much is it?
> A : Let me check the price for you. It's $120.
> B : _____.
> A : Then how about this sweater? It's from the last season, but it's on sale for $50.
> B : Perfect! Let me try it on.

① I also need a pair of pants to go with it
② That jacket is the perfect gift for me
③ It's a little out of my price range
④ We are open until 7 p.m. on Saturdays

PART 04

007

2022. 국가직 9급

밑줄 친 부분에 들어갈 말로 가장 적절한 것은?

> A : Hey! How did your geography test go?
> B : Not bad, thanks. I'm just glad that it's over! How about you? How did your science exam go?
> A : Oh, it went really well. _____. I owe you a treat for that.
> B : It's my pleasure. So, do you feel like preparing for the math exam scheduled for next week?
> A : Sure. Let's study together.
> B : It sounds good. See you later.

① There's no sense in beating yourself up over this
② I never thought I would see you here
③ Actually, we were very disappointed
④ I can't thank you enough for helping me with it

008

2021. 국가직 9급

밑줄 친 부분에 들어갈 말로 가장 적절한 것을 고르시오.

> A : Were you here last night?
> B : Yes. I worked the closing shift. Why?
> A : The kitchen was a mess this morning. There was food spattered on the stove, and the ice trays were not in the freezer.
> B : I guess I forgot to go over the cleaning checklist.
> A : You know how important a clean kitchen is.
> B : I'm sorry. _____

① I won't let it happen again.
② Would you like your bill now?
③ That's why I forgot it yesterday.
④ I'll make sure you get the right order.

009

2021. 국가직 9급

밑줄 친 부분에 들어갈 말로 가장 적절한 것을 고르시오.

> A : Have you taken anything for your cold?
> B : No, I just blow my nose a lot.
> A : Have you tried nose spray?
> B : _____
> A : It works great.
> B : No, thanks. I don't like to put anything in my nose, so I've never used it.

① Yes, but it didn't help.
② No, I don't like nose spray.
③ No, the pharmacy was closed.
④ Yeah, how much should I use?

010

2021. 지방직 9급

밑줄 친 부분에 들어갈 말로 가장 적절한 것은?

> A : Did you have a nice weekend?
> B : Yes, it was pretty good. We went to the movies.
> A : Oh! What did you see?
> B : Interstellar. It was really good.
> A : Really? _____
> B : The special effects. They were fantastic. I wouldn't mind seeing it again.

① What did you like the most about it?
② What's your favorite movie genre?
③ Was the film promoted internationally?
④ Was the movie very costly?

011

밑줄 친 부분에 들어갈 말로 가장 적절한 것은?

> A : Thank you for calling the Royal Point Hotel Reservations Department. My name is Sam. How may I help you?
> B : Hello, I'd like to book a room.
> A : We offer two room types : the deluxe room and the luxury suite.
> B : _____?
> A : For one, the suite is very large. In addition to a bedroom, it has a kitchen, living room and dining room.
> B : It sounds expensive.
> A : Well, it's $ 200 more per night.
> B : In that case, I'll go with the deluxe room.

① Do you need anything else
② May I have the room number
③ What's the difference between them
④ Are pets allowed in the rooms

012

밑줄 친 부분에 들어갈 말로 가장 적절한 것은?

> A : Oh, another one! So many junk emails!
> B : I know. I receive more than ten junk emails a day.
> A : Can we stop them from coming in?
> B : I don't think it's possible to block them completely.
> A : _____?
> B : Well, you can set up a filter on the settings.
> A : A filter?
> B : Yeah. The filter can weed out some of the spam emails.

① Do you write emails often
② Isn't there anything we can do
③ How did you make this great filter
④ Can you help me set up an email account

013

밑줄 친 부분에 들어갈 말로 가장 적절한 것은?

> A : Would you like to try some dim sum?
> B : Yes, thank you. They look delicious. What's inside?
> A : These have pork and chopped vegetables, and those have shrimps.
> B : And, um, _____?
> A : You pick one up with your chopsticks like this and dip it into the sauce. It's easy.
> B : Okay. I'll give it a try.

① how much are they
② how do I eat them
③ how spicy are they
④ how do you cook them

014

밑줄 친 부분에 들어갈 말로 가장 적절한 것은?

> A : Hello. I need to exchange some money.
> B : Okay. What currency do you need?
> A : I need to convert dollars into pounds. What's the exchange rate?
> B : The exchange rate is 0.73 pounds for every dollar.
> A : Fine. Do you take a commission?
> B : Yes, we take a small commission of 4 dollars.
> A: _____?
> B : We convert your currency back for free. Just bring your receipt with you.

① How much does this cost
② How should I pay for that
③ What's your buy-back policy
④ Do you take credit cards

015

2018. 국가직 9급

밑줄 친 부분에 들어갈 말로 가장 적절한 것을 고르시오.

> A : Can I ask you for a favor?
> B : Yes, what is it?
> A : I need to get to the airport for my business trip, but my car won't start. Can you give me a lift?
> B : Sure. When do you need to be there by?
> A : I have to be there no later than 6 : 00.
> B : It's 4 : 30 now. _____.
>   We'll have to leave right away.

① That's cutting it close
② I took my eye off the ball
③ All that glitters is not gold
④ It's water under the bridge

016

2018. 국가직 9급

다음 빈칸에 들어갈 내용으로 가장 적절한 것은?

> A : Do you know how to drive?
> B : Of course. I'm a great driver.
> A : Could you teach me how to drive?
> B : Do you have a learner's permit?
> A : Yes, I got it just last week.
> B : Have you been behind the steering wheel yet?
> A : No, but I can't wait to _____.

① take a rain check   ② get my feet wet
③ get an oil change   ④ change a flat tire

017

2018. 지방직 9급

밑줄 친 부분에 들어갈 말로 가장 적절한 것은?

> A : My computer just shut down for no reason. I can't even turn it back on again.
> B : Did you try charging it? It might just be out of battery.
> A : Of course, I tried charging it.
> B : _____
> A : I should do that, but I'm so lazy.

① I don't know how to fix your computer.
② Try visiting the nearest service center then.
③ Well, stop thinking about your problems and go to sleep.
④ My brother will try to fix your computer because he's a technician.

018

2018. 지방직 9급

밑줄 친 부분에 들어갈 말로 가장 적절한 것을 고르시오.

> A : Where do you want to go for our honeymoon?
> B : Let's go to a place that neither of us has been to.
> A : Then, why don't we go to Hawaii?
> B : _____

① I've always wanted to go there.
② Isn't Korea a great place to live?
③ Great! My last trip there was amazing!
④ Oh, you must've been to Hawaii already.

CHAPTER

02 **짧은 대화**

001

2023. 국가직 9급

두 사람의 대화 중 자연스럽지 않은 것은?

① A : He's finally in a hit movie!
  B : Well, he's got it made.
② A : I'm getting a little tired now.
  B : Let's call it a day.
③ A : The kids are going to a birthday party.
  B : So, it was a piece of cake.
④ A : I wonder why he went home early yesterday.
  B : I think he was under the weather.

002

2023. 지방직 9급

두 사람의 대화 중 자연스럽지 않은 것은?

① A : How would you like your hair done?
  B : I'm a little tired of my hair color. I'd like to dye it.
② A : What can we do to slow down global warming?
  B : First of all, we can use more public transportation.
③ A : Anna, is that you? Long time no see! How long has it been?
  B : It took me about an hour and a half by car.
④ A : I'm worried about Paul. He looks unhappy. What should I do?
  B : If I were you, I'd wait until he talks about his troubles.

003

2022. 지방직 9급

두 사람의 대화 중 가장 어색한 것은?

① A : I like this newspaper because it's not opinionated.
  B : That's why it has the largest circulation.
② A : Do you have a good reason for being all dressed up?
  B : Yeah, I have an important job interview today.
③ A : I can hit the ball straight during the practice but not during the game.
  B : That happens to me all the time, too.
④ A : Is there any particular subject you want to paint on canvas?
  B : I didn't do good in history when I was in high school.

004

2021. 지방직 9급

두 사람의 대화 중 가장 어색한 것은?

① A : I'm so nervous about this speech that I must give today.

　B : The most important thing is to stay cool.

② A : You know what? Minsu and Yujin are tying the knot!

　B : Good for them! When are they getting married?

③ A : A two-month vacation just passed like one week. A new semester is around the corner.

　B : That's the word. Vacation has dragged on for weeks.

④ A : How do you say 'water' in French?

　B : It is right on the tip of my tongue, but I can't remember it.

005

2020. 국가직 9급

두 사람의 대화 중 가장 어색한 것은?

① A : When is the payment due?

　B : You have to pay by next week.

② A : Should I check this baggage in?

　B : No, it's small enough to take on the plane.

③ A : When and where shall we meet?

　B : I'll pick you up at your office at 8 : 30.

④ A : I won the prize in a cooking contest.

　B : I couldn't have done it without you.

006

2020. 지방직 9급

두 사람의 대화 중 가장 자연스러운 것은?

① A : Do you know what time it is?

　B : Sorry, I'm busy these days.

② A : Hey, where are you headed?

　B : We are off to the grocery store.

③ A : Can you give me a hand with this?

　B : OK. I'll clap for you.

④ A : Has anybody seen my purse?

　B : Long time no see.

007

2019. 국가직 9급

두 사람의 대화 중 가장 어색한 것은?

① A : I'm traveling abroad, but I'm not used to staying in another country.

　B : Don't worry. You'll get accustomed to it in no time.

② A : I want to get a prize in the photo contest.

　B : I'm sure you will. I'll keep my fingers crossed.

③ A : My best friend moved to Sejong City. I miss her so much.

　B : Yeah. I know how you feel.

④ A : Do you mind if I talk to you for a moment?

　B : Never mind. I'm very busy right now.

008

2019. 지방직 9급

두 사람의 대화 중 가장 어색한 것은?

① A : What time are we having lunch?
   B : It'll be ready before noon.
② A : I called you several times. Why didn't you answer?
   B : Oh, I think my cell phone was turned off.
③ A : Are you going to take a vacation this winter?
   B : I might. I haven't decided yet.
④ A : Hello. Sorry I missed your call.
   B : Would you like to leave a message?

010

2018. 서울시 9급

대화 중 가장 어색한 것은?

① A : I'd like to make a reservation for tomorrow, please.
   B : Certainly. For what time?
② A : Are you ready to order?
   B : Yes, I'd like the soup, please.
③ A : How's your risotto?
   B : Yes, we have risotto with mushroom and cheese.
④ A : Would you like a dessert?
   B : Not for me, thanks.

009

2019. 서울시 9급

대화 중 가장 어색한 것은?

① A : What was the movie like on Saturday?
   B : Great. I really enjoyed it.
② A : Hello. I'd like to have some shirts pressed.
   B : Yes, how soon will you need them?
③ A : Would you like a single or a double room?
   B : Oh, it's just for me, so a single is fine.
④ A : What time is the next flight to Boston?
   B : It will take about 45 minutes to get to Boston.

011

2018. 서울시 7급

A와 B의 대화 중 가장 어색한 것은?

① A : Did you hear the exam results?
   B : They really cut corners when they built an extension.
② A : Tomorrow is the D-day. I am really nervous.
   B : Break a leg, Sam. I'm sure your performance will be great.
③ A : Why don't we get this purse? It looks great.
   B : We can't afford this purse! It costs an arm and a leg.
④ A : How often do you go to a cinema?
   B : I only go to the cinema once in a blue moon.

김세현 영어
단원별 기출문제

기출로 합격까지!

정답 및 해설

문법

PART 01

Chapter 01 동사

001 | ②

어법상 옳지 않은 것을 고르시오. 2022. 지방직 9급

① He asked me why I kept coming back day after day.
② Toys children wanted all year long has recently discarded.
③ She is someone who is always ready to lend a helping hand.
④ Insects are often attracted by scents that aren't obvious to us.

해설 ② 주어가 복수명사(Toys)이므로 단수동사 has는 복수동사 have로 고쳐 써야 하고 또한 동사 뒤에 목적어가 없으므로 능동의 형태 has recently discarded도 역시 have been recently discarded로 고쳐 써야 한다.
① 4형식 동사 ask의 사용과 명사절을 유도하는 why 다음 주어 + 동사의 어순 그리고 keep ~ing의 사용 모두 어법상 적절하다.
③ 주어동사의 수일치, 관계대명사 who, 그리고 be ready to ⓥ의 사용 모두 어법상 적절하다.
④ are attracted 다음 목적어가 없으므로 수동태의 사용은 어법상 옳고 관계대명사 that과 that 앞의 선행사가 scents (복수)이므로 복수동사 are의 사용 역시 어법상 적절하다.

해석 ① 그는 내게 왜 매일 계속해서 다시 왔는지 물었다.
② 아이들이 일 년 내내 원했던 장난감들이 최근에 버려졌다.
③ 그녀는 늘 도움의 손길을 줄 준비가 되어 있는 사람이다.
④ 곤충들은 우리에게 명확하지 않은 냄새에 종종 매료된다.

어휘 keep ~ing 계속해서 ~하다 / discard 버리다 / attract 매혹시키다 / obvious 분명한, 명백한

002 | ②

우리말을 영어로 잘못 옮긴 것을 고르시오. 2021. 지방직 9급

① 경찰 당국은 자신의 이웃을 공격했기 때문에 그 여성을 체포하도록 했다.
→ The police authorities had the woman arrested for attacking her neighbor.
② 네가 내는 소음 때문에 내 집중력을 잃게 하지 말아라.
→ Don't let me distracted by the noise you make.
③ 가능한 한 빨리 제가 결과를 알도록 해 주세요.
→ Please let me know the result as soon as possible.
④ 그는 학생들에게 모르는 사람에게 전화를 걸어 성금을 기부할 것을 부탁하도록 시켰다.
→ He had the students phone strangers and ask them to donate money.

해설 ② 부정명령문의 수동태 구문을 묻고 있다. 이 문장을 능동으로 바꾸면 'Don't distract me by the noise (that) you make.'가 되고 다시 이 문장을 수동으로 바꾸면 'Don't let me be distracted by the noise you make.'여야 하므로 distracted 앞에 be가 있어야 한다.
① 사역동사 had의 목적격 보어 역할을 하는 과거분사 (arrested) 뒤에 목적어가 없으므로 수동의 형태는 어법상 적절하고 '전치사(for) + 동명사(attacking) + 의미상 목적어(her neighbor)' 구문 역시 어법상 적절하다.
③ 사역동사 let의 목적격 보어 역할을 하는 원형부정사 (know) 뒤에 목적어(the result)가 있으므로 능동의 형태는 어법상 적절하다.
④ 사역동사 had의 목적격 보어 역할을 하는 원형부정사 (phone) 뒤에 목적어(strangers)가 있으므로 능동의 형태는 어법상 적절하고 접속사 and를 기준으로 phone과 병렬을 이루는 ask의 사용 역시 어법상 적절하다. 또한 ask 다음 목적어 자리에 strangers를 대신하는 복수대명사 them의 사용과 목적격 보어 역할을 하는 to부정사(to donate)의 사용 모두 어법상 적절하다.

어휘 authority ① 권위 ② 당국 / arrest 체포하다 / attack 공격하다 / distract (마음이나 정신을) 산만하게 하다, 흩어지게 하다 / as soon as possible 가능한 한 빨리 / phone 전화(하다) / donate 기부하다

003 | ②

밑줄 친 부분 중 어법상 옳지 않은 것은? 2022. 국가직 9급

> To find a good starting point, one must return to the year 1800 during ① which the first modern electric battery was developed. Italian Alessandro Volta found that a combination of silver, copper, and zinc ② were ideal for producing an electrical current. The enhanced design, ③ called a Voltaic pile, was made by stacking some discs made from these metals between discs made of cardboard soaked in sea water. There was ④ such talk about Volta's work that he was requested to conduct a demonstration before the Emperor Napoleon himself.

해설 ② 주어가 단수명사(combination)이므로 복수동사 were는 단수동사 was로 고쳐 써야 한다.
① 앞에 사물명사 the year 1800이 있고 전치사 during which 다음 문장구조가 완전하므로 관계대명사 which의 사용은 어법상 적절하다.
③ 자릿값에 의해 준동사 자리이고 뒤에 목적어가 없으므로 수동의 형태 called는 어법상 적절하다. 참고로 a Voltaic pile은 called의 목적격 보어로 사용되었다.
④ such ~ that 구문의 사용은 어법상 적절하고 또한 such 다음 명사(talk)의 사용 역시 어법상 적절하다.

! 해석 좋은 출발점을 찾기 위해 우리는 최초의 현대식 전기 배터리가 개발된 1800년으로 돌아가야 한다. 이탈리아의 Alessandro Volta는 은, 구리 그리고 아연의 결합이 전류를 만들어내는 데 이상적이라는 것을 알아냈다. 볼타 파일이라 불리어지는 그 강화된 디자인은 바닷물에 적셔진 골판지로 만든 디스크 사이에 이러한 금속으로 만들어진 몇몇 디스크를 쌓아올려 만들어졌다. Volta의 작업에 대한 이야기가 있어서 그는 Napoleon 황제 앞에서 직접 시연을 수행하라는 요청을 받았다.

⊕ 어휘 copper 구리, 동 / zinc 아연 / ideal 이상적인 / electrical current 전류 *current 흐름 / enhance 강화시키다 / stack 쌓아 올리다, 쌓다 / cardboard 골판지 / soak 적시다, 담그다 / conduct 수행하다 / demonstration 시연

004 | ②

어법상 옳은 것은? 2021. 국가직 9급

① This guide book tells you where should you visit in Hong Kong.
② I was born in Taiwan, but I have lived in Korea since I started work.
③ The novel was so excited that I lost track of time and missed the bus.
④ It's not surprising that book stores don't carry newspapers any more, doesn't it?

··· 해설 ② 'have + p.p. ~ since + 과거시제'의 사용은 어법상 적절하고 태어난 시점은 과거이고 지금 현재 한국에 살고 있으므로 문맥상 시제일치 역시 어법상 적절하다.

① 간접의문문의 어순을 묻고 있다. 직접의문문은 의문사 다음 '동사 + 주어'의 구조이지만 동사 뒤에 의문문이 올 때에는 '의문사 + 주어 + 동사'의 어순이므로 should you visit는 you should visit로 고쳐 써야 한다.

③ 감정 표현 동사 exite의 주체가 사물(novel)이므로 exited는 exiting으로 고쳐 써야 한다.

④ 부가의문문은 앞에 부정문이 있을 때 뒤에 긍정이 와야 하고 앞에 동사가 be동사일 때에는 be동사를 사용해야 하므로 doesn't는 is로 고쳐 써야 한다.

! 해석 ① 이 안내서는 당신이 홍콩에서 어디를 방문해야 할지 알려준다.
② 나는 대만에서 태어났지만, 일을 시작한 후 한국에서 살고 있다.
③ 그 소설이 너무 재미있어서 나는 시간가는 줄 몰랐고 그래서 버스를 놓쳤다.
④ 서점에 신문을 더 이상 두지 않는 것은 놀랄 일이 아니야, 그렇지?

⊕ 어휘 novel 소설 / lose track of time 시간 가는 줄 모르다 / miss ① 그리워하다 ② 놓치다 ③ 실종되다, 사라지다

005 | ④

우리말을 영어로 잘못 옮긴 것을 고르시오. 2021. 지방직 9급

① 그의 소설들은 읽기가 어렵다.
→ His novels are hard to read.
② 학생들을 설득하려고 해 봐야 소용없다.
→ It is no use trying to persuade the students.
③ 나의 집은 5년마다 페인트칠된다.
→ My house is painted every five years.
④ 내가 출근할 때 한 가족이 위층에 이사 오는 것을 보았다.
→ As I went out for work, I saw a family moved in upstairs.

··· 해설 ④ 지각동사 saw의 목적격 보어 자리에 과거분사의 사용은 어법상 적절하지만 move는 1형식 자동사이므로 수동(과거분사)의 형태를 취할 수 없다. 따라서 moved는 move 혹은 moving으로 고쳐 써야 한다.

① 주어와 동사의 수일치는 어법상 적절하고 난이형용사 hard의 주어가 사물(novels)이므로 이 역시 어법상 옳다. 'S + be동사 + 형용사보어 + to부정사' 구문에서 to부정사의 의미상 목적어가 문법상의 주어와 일치할 때에는 to부정사의 의미상 목적어는 생략이 되므로 이 또한 적절한 영작이다.

② 동명사의 관용적 용법 'it is no use ~ing(~ 해도 소용없다)' 구문의 사용은 어법상 적절하다.

③ 주어와 동사의 수일치와 태일치 모두 어법상 적절하고 'every + 2 이상의 기수 + 복수명사'의 사용 역시 어법상 적절하다.

⊕ 어휘 persuade 설득하다 / upstairs 위층

006 | ③

밑줄 친 부분 중 어법상 옳지 않은 것은? 2020. 지방직 9급

Elizabeth Taylor had an eye for beautiful jewels and over the years amassed some amazing pieces, once ① declaring "a girl can always have more diamonds." In 2011, her finest jewels were sold by Christie's at an evening auction ② that brought in $115.9 million. Among her most prized possessions sold during the evening sale ③ were a 1961 bejeweled time piece by Bulgari. Designed as a serpent to coil around the wrist, with its head and tail ④ covered with diamonds and having two hypnotic emerald eyes, a discreet mechanism opens its fierce jaws to reveal a tiny quartz watch.

··· 해설 ③ 장소의 전치사 Among이 문두에 위치해서 주어와 동사가 도치된 구조로 주어가 단수(time piece)이므로 동사는 단수동사가 필요하다. 따라서 복수동사 were는 단수동사 was로 고쳐 써야 한다.

① 자릿값에 의해 준동사 자리(접속사 once 다음 주어 + be동사가 생략된 구조)이고 뒤에 목적어(직접인용문)가 있으므로 능동의 형태 declaring은 어법상 적절하다.

② 선행사 auction이 있고 뒤에 문장구조가 불완전(주어가 없다)하므로 관계대명사 that의 사용은 어법상 적절하다.

④ 자릿값에 의해 준동사 자리이고 뒤에 목적어가 없으므로 수동의 형태 covered는 어법상 적절하다.

!해석 Elizabeth Taylor는 아름다운 보석에 대한 안목이 있었고 수년 동안 몇몇 놀라운 보석들을 수집했다. 그리고 그녀는 한때 "여성은 늘 더 많은 다이아몬드를 가질 수 있다"고 선언했다. 2011년에 그녀의 가장 좋은 보석들이 Christie의 경매장에서 팔렸는데 그 가격이 1억 1590만 달러였다. 그날 저녁 경매에서 팔린 그녀의 가장 값비싼 소유물들 중에는 1961년 Bulgari의 보석이 박힌 시계가 있었다. 손목을 뱀이 휘감는 모양으로 디자인된 그 시계는 머리와 꼬리가 다이아몬드로 덮여 있고 최면을 거는 듯한 두 개의 에메랄드 눈을 갖고 있는데 이 작은 쿼츠시계(수정발진식 시계)를 드러내기 위해 정교한 기계장치가 사나운 입을 벌린다.

＋어휘 jewel 보석 / amass 모으다, 수집하다 / declare 선언하다, 말하다 / fine 좋은, 멋진 / auction 경매 / prized 소중한 / possession 소유(물) / bejeweled 보석이 박힌 / time piece 시계 / serpent 뱀 / coil 휘감다 / wrist 손목 / hypnotic 최면을 거는 / discreet 신중한, 정교한 / mechanism 기계장치 / fierce 사나운 / jaw 턱 / reveal 드러내다 / tiny 아주 작은 / quartz watch 쿼츠 시계(수정발진식 시계)

007 | ③

어법상 옳은 것은? 2020. 지방직 9급

① Of the billions of stars in the galaxy, how much are able to hatch life?
② The Christmas party was really excited and I totally lost track of time.
③ I must leave right now because I am starting work at noon today.
④ They used to loving books much more when they were younger.

…해설 ③ '왕래 발착 시종 동사'가 미래 표시 부사구와 결합하면 진행시제를 사용해서 가까운 미래를 나타낼 수 있으므로 am starting의 사용은 어법상 적절하다.
① much는 단수형이므로 복수동사 are와 같이 쓸 수 없다. 따라서 문맥상 much는 many로 고쳐 써야 한다.
② 감정 표현 동사 excite의 주체가 사물(party)이므로 과거분사 excited는 현재분사 exciting으로 고쳐 써야 한다.
④ 'used to 동사원형' 구문을 묻고 있다. 따라서 loving은 love로 고쳐 써야 한다.

!해석 ① 은하계에 있는 수십억 개의 별 중에서 얼마나 많은 것들이 생명을 부화시킬 수 있을까?
② 크리스마스 파티가 정말로 재미있어서 나는 전혀 시간 가는 줄 몰랐다.
③ 나는 오늘 정오에 시작해야 할 일이 있어서 지금 당장 떠나야 한다.
④ 그들은 젊었을 때 책을 아주 많이 사랑했었다.

＋어휘 galaxy 은하계, 은하수 / hatch 부화하다 / track 흔적, 자취 / used to ⓥ ① ⓥ 하곤 했다 ② ⓥ 였었다

008 | ④

밑줄 친 부분 중 어법상 옳지 않은 것을 고르시오. 2019. 국가직 9급

A myth is a narrative that embodies — and in some cases ① helps to explain — the religious, philosophical, moral and political values of a culture. Through tales of gods and supernatural beings, myths ② try to make sense of occurrences in the natural world. Contrary to popular usage, myth does not mean "falsehood." In the broadest sense, myths are stories — usually whole groups of stories — ③ that can be true or partly true as well as false; regardless of their degree of accuracy, however, myths frequently express the deepest beliefs of a culture. According to this definition, the *Iliad* and the *Odyssey*, the koran, and the Old and New Testaments can all ④ refer to as myths.

…해설 ④ refer to A as B 구문을 묻고 있다. refer to 다음 목적어가 없으므로 'refer to as'는 수동태 형식의 be referred to as'로 고쳐 써야 한다.
① 주어가 a narrative이므로 단수동사 helps는 어법상 적절하고 목적어 to explain의 사용 역시 어법상 적절하다.
② 문맥상 try 다음 to make는 '~하려고 애쓰다'로 사용되었으며 어법상 적절하다.
③ 선행사가 사물명사(stories)이고 관계대명사 that 다음 문장구조가 불완전(주어가 없다)하므로 관계대명사 that의 사용은 어법상 적절하다.

!해석 신화는 어떤 문화의 종교적, 철학적, 도덕적, 그리고 정치적 가치를 담은 어떤 경우들을 설명하는 데 도움을 주는 이야기이다. 신과 초자연적인 존재들의 이야기를 통해, 신화는 자연세계에서 일어나는 일들을 이해하려고 노력한다. 대중적 사용과는 반대로, 신화는 "거짓"을 의미하지 않는다. 가장 광범위한 의미에서, 신화는 대체로 사실인 이야기들의 전체적 모음일 수도 있고 또는 부분적으로만 사실일 수도 또는 거짓일 수도 있는 이야기이다. 그러나 정확성의 정도와 상관없이 신화는 주로 문화의 가장 깊은 믿음을 표현한다. 이러한 정의에 따르면, <일리아드>와 <오디세이>, 코란, 구약 및 신약 성경은 신화로 일컬을 수 있다.

＋어휘 myth 신화 / narrative 이야기, 담화 / embody 포함하다, 담다 / religious 종교적인 / philosophical 철학적인 / moral 도덕적인 / political 정치적인 / supernatural 초자연적인 / being 존재 / make sense 이해하다 / occurrence 발생, 일어나는 일 / contrary to ~와 반대로 / usage 사용, 이용 / falsehood 거짓 / broad 폭넓은 / regardless of ~와 관계[상관]없이 / degree 정도 / accuracy 정확성, 정확함 / frequently 주로, 빈번히 / belief 믿음 / definition 정의 / available 이용 가능한 / strain 긴장 / utilize 이용하다, 활용하다 / raise 올리다 / living standard 생활수준 / considerably 상당히, 아주, 매우 / supplementary 보조의 / foodstuff 식품 / protein 단백질 / burden 짐, 부담 / grind 갈다 / grain 곡식, 곡물 / obviously 분명히, 명백하게 / old(new) testament 구약(신약)성서

009 | ③

우리말을 영어로 잘못 옮긴 것은?　　　　　2019. 지방직 9급

① 혹시 내게 전화하고 싶은 경우에 이게 내 번호야.
　→ This is my number just in case you would like to call me.
② 나는 유럽 여행을 준비하느라 바쁘다.
　→ I am busy preparing for a trip to Europe.
③ 그녀는 남편과 결혼한 지 20년 이상 되었다.
　→ She has married to her husband for more than two decades.
④ 나는 내 아들이 읽을 책을 한 권 사야 한다.
　→ I should buy a book for my son to read.

해설 ③ marry는 3형식 타동사로서 전치사 없이 바로 뒤에 목적어를 취해야 하므로 전치사 to의 사용은 어법상 어색하다. 따라서 has married는 has been married로 고쳐 써야 한다.
① 접속사 in case 다음 S + V 구문을 묻고 있다. 따라서 in case you would like는 어법상 적절하다.
② be busy ⓥ-ing 구문을 묻고 있다. 따라서 preparing은 어법상 적절하고 또한 '~을 준비하다'라는 구동사 prepare for 역시 어법상 적절하다.
④ to read의 의미상 주어가 my son이고 to부정사의 의미상의 주어는 그 격을 목적격으로 사용해야 하므로 my son 앞에 전치사 for의 사용은 어법상 적절하다. 또한 to read가 수식하는 명사가 a book이므로 to read 다음 의미상 목적어 a book의 생략 역시 어법상 적절하다.

어휘 in case S + V ~의 경우에(대비하여) / decade 10년

007 | ①

밑줄 친 부분 중 어법상 가장 옳지 않은 것은?　　　　2019. 서울시 9급

By 1955 Nikita Khrushchev ① had been emerged as Stalin's successor in the USSR, and he ② embarked on a policy of "peaceful coexistence" ③ whereby East and West ④ were to continue their competition, but in a less confrontational manner.

해설 ① emerge는 1형식 자동사이므로 수동의 형태를 취할 수 없다. 따라서 had been emerged는 had emerged로 고쳐 써야 한다.
② 구동사 embark on을 묻고 있고 과거사실에 대한 진술이므로 과거시제 embarked는 어법상 적절하다.
③ whereby는 관계부사의 역할을 하는 부사로서 앞에 선행사 peaceful coexistence가 있고 whereby 다음 문장구조가 완전(주어 East와 West가 있고 동사 were to continue 뒤에 목적어가 있다)하므로 어법상 적절하다.
④ 주어가 East와 West로 복수이므로 복수동사 were는 어법상 적절하고 were 다음 to continue는 be to 용법으로서 '예정'을 나타내며 뒤에 목적어 their competition이 있으므로 능동의 형태 역시 어법상 적절하다.

해석 1955년까지 Nikita Khrushchev는 소련에서 스탈린의 후계자로 등장했고 그는 동서양이 그들의 경쟁을 계속하되 덜 대립적인 방식으로 하게 하는 '평화 공존'의 정책에 착수했다.

어휘 emerge 나오다, 나타나다 / successor 후계자, 계승자 / embark on ~을 시작하다, 착수하다 / policy 정책 / coexistence 공존 / whereby ~에 의한 / competition 경쟁 / confrontational 대립적인, 대항하는 / manner 방식

011 | ③

밑줄 친 부분 중 어법상 가장 옳지 않은 것은?　　　　2019. 서울시 9급

Squid, octopuses, and cuttlefish are all ① types of cephalopods. ② Each of these animals has special cells under its skin that ③ contains pigment, a colored liquid. A cephalopod can move these cells toward or away from its skin. This allows it ④ to change the pattern and color of its appearance

해설 ③ 문맥상 색소를 가지고 있는 것은 피부(skin)가 아니라 특별한 세포들(special cells)이기 때문에 관계대명사 that 다음 단수동사 contains는 복수동사 contain으로 고쳐야 한다.
① all 다음에는 가산명사, 불가산명사 둘 다 올 수 있고 type는 가산명사이므로 복수형 types는 어법상 적절하다.
② Each +of+복수명사 구조를 묻고 있다. 두족류(頭足類) 각각에 대한 설명이 이어지므로 each는 어법상 적절하다.
④ allow+목적어+to부정사 구문을 묻고 있다. 따라서 to change는 어법상 적절하다.

해석 오징어, 문어, 그리고 갑오징어는 모두 두족류(頭足類) 종이다. 이 동물들 각각은 피부 밑에 색소, 즉 색이 있는 액체를 포함한 특별한 세포들을 가지고 있다. 두족류는 피부 쪽으로 혹은 피부에서 멀리 이 세포들을 이동시킬 수 있다. 이것이 그 모습의 무늬나 색을 바꿀 수 있게 한다.

어휘 squid 오징어 / octopus 문어 / cuttlefish 갑오징어 / cephalopod 두족류(頭足類) 동물 *cephalopods 두족류(頭足類) / pigment 색소 / liquid 액체 / appearance 외모, 모습

012 | ③

밑줄 친 부분 중 어법상 적절하지 않은 것은?　　　　2018. 국가직 9급

It would be difficult ① to imagine life without the beauty and richness of forests. But scientists warn we cannot take our forest for ② granted. By some estimates, deforestation ③ has been resulted in the loss of as much as eighty percent of the natural forests of the world. Currently, deforestation is a global problem, ④ affecting wilderness regions such as the temperate rainforests of the Pacific.

해설 ③ 능동과 수동의 의미구조를 묻고 있다. 의미상 삼림벌채가 손실에 야기되는 것이 아니라 삼림벌채가 손실을 야기하는 것이므로 수동인 has been resulted in은 능동인 has resulted in으로 고쳐 써야 한다.
① 가주어, 진주어 구문을 묻고 있다. 진주어 자리에 to imagine은 어법상 적절하고 뒤에 의미상 목적어 life가 있으므로 능동의 형태 역시 어법상 적절하다.

② take A for granted 구문을 묻고 있다. 어법상 적절하다.
④ 자릿값에 의해 준동사 자리는 적절하고 뒤에 의미상 목적어가 있으므로 능동의 형태 역시 어법상 적절하다.

!해석 숲의 아름다움과 풍요로움이 없는 삶을 떠올리기란 어려울 것이다. 하지만 과학자들은 우리가 우리의 숲을 당연시 여겨서는 안 된다고 경고한다. 몇몇 추정치에 따르면 삼림벌채는 세계 자연 삼림의 80%의 손실을 야기했다. 현재, 삼림벌채는 국제적인 문제가 되었으며, 태평양의 온대 강우림과 같은 황무지 지역들에 영향을 주고 있다.

+어휘 **warn** 경고하다 / **take A for granted** A를 당연시 여기다 / **estimate** 추정(치) / **deforestation** 삼림벌채 / **result in** ~을 야기하다, 초래하다 / **wilderness** 황무지 / **region** 지역 / **affect** ~에 영향을 주다 / **currently** 현재 / **wilderness** 황야, 황무지 / **temperate rainforest** 온대 강우림 / **the Pacific** 태평양

013 | ④

밑줄 친 부분 중 어법상 가장 옳지 않은 것은? 2018. 서울시 9급

Blue Planet II, a nature documentary ① <u>produced</u> by the BBC, left viewers ② <u>heartbroken</u> after showing the extent ③ <u>to which</u> plastic ④ <u>affects on</u> the ocean.

…해설 ④ affect는 타동사로서 전치사 없이 바로 목적어가 필요하므로 전치사 on을 없애야 한다.
① 자릿값에 의해 준동사 자리가 맞고 목적어가 없으므로 과거분사 produced는 어법상 적절하다.
② 5형식 동사 left 뒤에 목적격 보어 자리에 있는 과거분사 heartbroken(뒤에 목적어가 없다)은 어법상 적절하다.
③ 선행사 extent 앞에 전치사 to와 함께 사용된 which는 부사 역할을 하므로 어법상 적절하다.

!해석 BBC에 의해 제작된 자연 다큐멘터리 <Blue Planet II>는 플라스틱이 바다에 영향을 미치는 정도를 방영한 뒤 시청자들을 마음 아프게 했다.

+어휘 **heartbroken** 마음 아프게 하는, 비통해 하는 / **extent** 정도, 범위 / **affect** ~에 영향을 주다

014 | ①

다음 밑줄 친 부분 중 어법 상 적절하지 않은 것은? 2018. 서울시 9급 (추가채용)

I ① <u>convinced</u> that making pumpkin cake ② <u>from</u> scratch would be ③ <u>even</u> easier than ④ <u>making</u> cake from a box.

…해설 ① convince A that S+V 구조를 묻고 있다. convince 다음 바로 that절(직접목적어)이 나올 때에는 수동의 형태로 사용되어야 하므로 convinced는 was convinced로 고쳐 써야 한다.
② 전치사 from 다음 명사구조는 어법상 적절하다.
③ 비교급 easier를 강조해 주는 부사 even은 어법상 적절하다.
④ 비교급 병렬구조를 묻고 있다. than 앞의 making과 병렬을 이루므로 making은 어법상 적절하다.

!해석 아무 준비 없이 호박 케이크를 만드는 것이 박스로 케이크를 만드는 것보다 훨씬 쉬울 거라고 나는 확신했다.

+어휘 **convince** 확신시키다 / **from scratch** 아무 준비 없이

015 | ④

어법상 가장 옳지 않은 것은? 2018. 서울시 7급

① Culture shock is the mental shock of adjusting to a new country and a new culture which may be dramatically different from your own.
② A recent study finds that listening to music before and after surgery helps patients cope with related stress.
③ By brushing at least twice a day and flossing daily, you will help minimize the plaque buildup.
④ The existence of consistent rules are important if a teacher wants to run a classroom efficiently.

…해설 ④ 주어가 단수명사(existence)이므로 단수동사가 필요하다. 따라서 복수동사 are를 단수동사 is로 고쳐 써야 한다.
① adjust는 자동사로서 전치사 to와 사용해서 '~에 적응하다'의 의미를 갖고, 관계대명사 which의 사용 역시 어법상 적절하다.
② 동명사 주어(listening)는 단수 취급해야 하므로 helps는 어법상 적절하고 help+O+원형부정사(cope with) 역시 어법상 옳다.
③ and를 기준으로 병렬구조(brushing / flossing)는 어법상 적절하고 help+원형부정사(minimize) 구조 역시 어법상 적절하다.

!해석 ① 문화 충격은 자기 자신의 문화와 상당히 다를 수 있는 새로운 국가의 새로운 문화에 적응하는 데 대한 정신적 충격이다.
② 최근 연구는 수술 전후에 음악을 듣는 것이 관련된 스트레스에 대처하는 것에 도움이 되고 있음을 보여준다.
③ 하루에 적어도 두 번 이를 닦고 매일 치실질을 하면 플라그가 쌓이는 것을 최소화시켜 줄 것이다.
④ 교사가 학급을 효율적으로 운영하기를 원한다면, 일관된 규칙들의 존재가 중요하다.

+어휘 **adjust to** ~에 적응하다 / **dramatically** 상당히, 매우, 극적으로 / **surgery** 수술 / **cope with** ~에 대처하다 / **related** 관련된 / **floss** 치실질하다 / **minimize** 최소화하다 / **buildup** 축적 / **existence** 존재 / **consistent** 일관된 / **run** 운영하다, 경영하다 / **efficiently** 효율적으로

Chapter 02 준동사

001 | ④

우리말을 영어로 잘못 옮긴 것을 고르시오.　　　2022. 국가직 9급

① 커피 세 잔을 마셨기 때문에, 그녀는 잠을 이룰 수 없다.
→ Having drunk three cups of coffee, she can't fall asleep.

② 친절한 사람이어서, 그녀는 모든 이에게 사랑받는다.
→ Being a kind person, she is loved by everyone.

③ 모든 점이 고려된다면, 그녀가 그 직위에 가장 적임인 사람이다.
→ All things considered, she is the best-qualified person for the position.

④ 다리를 꼰 채로 오랫동안 앉아 있는 것은 혈압을 상승시킬 수 있다.
→ Sitting with the legs crossing for a long period can raise blood pressure.

💬 해설 ④ with A B 구문을 묻고 있다. 현재분사 crossing 다음 목적어가 없으므로 crossing은 crossed로 고쳐 써야 한다.
① 분사구문 Having drunk 다음 목적어가 있으므로 능동의 형태는 어법상 적절하고 커피를 마신 시점이 지금 현재 잠을 잘 수 없다는 시점보다 한 시제 앞서기 때문에 having p.p(having drunk)의 사용 역시 어법상 적절하다.
② 분사구문의 의미상 주어와 문법상의 주어가 서로 같으므로 Being의 사용은 어법상 적절하고 is loved 다음 목적어가 없으므로 수동의 형태 역시 어법상 적절하다.
③ 분사구문 considered 다음 목적어가 없으므로 과거분사 considered의 사용은 어법상 적절하고 분사구문의 의미상 주어와 문법상의 주어가 서로 다르기 때문에 All things의 사용 역시 어법상 적절하다.

➕ 어휘 raise 올리다 / blood pressure 혈압

002 | ①

우리말을 영어로 잘못 옮긴 것을 고르시오.　　　2022. 국가직 9급

① 나는 단 한 푼의 돈도 낭비할 수 없다.
→ I can afford to waste even one cent.

② 그녀의 얼굴에서 미소가 곧 사라졌다.
→ The smile soon faded from her face.

③ 그녀는 사임하는 것 외에는 대안이 없었다.
→ She had no alternative but to resign.

④ 나는 5년 후에 내 사업을 시작할 작정이다.
→ I'm aiming to start my own business in five years.

💬 해설 ① 말장난 (긍정/부정) 문제이다. 우리말은 부정이지만 영어 문장은 긍정이다. 따라서 can 다음 not이 필요하다.
② 1형식 동사 fade의 능동의 형태는 어법상 적절하다.
③ have no alternative but to ⓥ의 사용은 어법상 옳다.
④ 현재진행시제(am aiming)가 미래표시부사(in five years)와 결합하면 가까운 미래를 나타내므로 적절한 영작이다. 참고로 미래시제에서 전치사 in 다음에 시간이 나오면 in은 '~쯤 후'의 의미를 갖는다.

➕ 어휘 can (not) afford to ⓥ ⓥ 할 여유가 있다 (없다) / fade 사라지다 / have no choice[alternative] but to ⓥ ⓥ할 수밖에 없다 / resign 사임하다 / aim 목표(하다) / keep ~ing 계속해서 ~하다 / discard 버리다 / attract 매혹시키다 / obvious 분명한, 명백한

003 | ①

우리말을 영어로 잘못 옮긴 것은?　　　2020. 지방직 9급

① 나는 네 열쇠를 잃어버렸다고 네게 말한 것을 후회한다.
→ I regret to tell you that I lost your key.

② 그 병원에서의 그의 경험은 그녀의 경험보다 더 나빴다.
→ His experience at the hospital was worse than hers.

③ 그것은 내게 지난 24년의 기억을 상기시켜준다.
→ It reminds me of the memories of the past 24 years.

④ 나는 대화할 때 내 눈을 보는 사람들을 좋아한다.
→ I like people who look me in the eye when I have a conversation.

💬 해설 ① regret 다음 to부정사는 '앞으로 할 일에 대한 유감'을 나타내므로 '과거사실에 대한 후회'를 나타내는 우리말은 적절한 영작이 될 수 없다. 따라서 주어진 우리말을 영어로 적절하게 옮기려면 to tell을 telling으로 고쳐 써야 한다.
② 비교대상의 명사(experience)를 반복해서 사용하지 않으므로 소유대명사 hers의 사용은 어법상 적절하다.
③ remind A of B 구문을 묻고 있다. 따라서 reminds me of의 사용은 어법상 적절하고 지난 24년간의 기억을 지금 현재 상기시켜주는 것이기 때문에 현재시제의 사용 역시 어법상 적절하다.
④ '보다/접촉동사 + 목적어 + 전치사 + the + 신체일부' 구문을 묻고 있다. 따라서 look me in the eye의 사용은 어법상 적절하다.

004 | ④

밑줄 친 부분 중 어법상 옳지 않은 것은?　　　2019. 지방직 9급

Each year, more than 270,000 pedestrians ① lose their lives on the world's roads. Many leave their homes as they would on any given day never ② to return. Globally, pedestrians constitute 22 % of all road traffic fatalities, and in some countries this proportion is ③ as high as two thirds of all road traffic deaths. Millions of pedestrians are non-fatally ④ injuring — some of whom are left with permanent disabilities. These incidents cause much suffering and grief as well as economic hardship.

💬 해설 ④ 자릿값에 의해 준동사 자리이고 뒤에 목적어가 없으므로 injuring은 과거분사 injured로 고쳐 써야 한다.
① 주어가 복수(more than 270,000 pedestrians)이므로 복수동사 lose는 어법상 적절하고 뒤에 목적어가 있으므로 이 역시 어법상 적절하다.
② 자릿값에 의해 준동사 자리이고 완성된 문장 다음 부사 역할을 하는 to부정사의 사용은 어법상 적절하다. 또한 return은 자동사이므로 능동의 형태 역시 어법상 적절하다.

③ as ~ as의 원급 비교구문을 묻고 있다. as ~ as 사이에는 형용사나 부사의 원급이 필요하므로 be동사의 보어 역할을 하는 형용사의 원급 형태인 high의 사용은 어법상 적절하다.

해석 매년, 27만 명 이상의 보행자가 세계의 도로 위에서 목숨을 잃는다. 많은 사람들이 어느 주어진 날 집을 나서는 것처럼 집을 떠나서는 결코 다시는 돌아오지 못한다. 전 세계적으로, 보행자는 전체 도로 교통사고 사망자 수의 22%를 차지하며, 일부 국가에서 이 비율은 전체 도로 교통사고 사망자 수의 3분의 2를 차지할 만큼 높다. 수백만 명의 보행자가 치명적이지 않은 부상을 입지만, 그들 중 일부는 영구적인 장애를 지닌 채로 남겨진다. 이러한 사고들은 경제적인 어려움뿐만 아니라 많은 고통과 슬픔을 초래한다.

어휘 pedestrian 보행자 / constitute 구성하다, 차지하다 / fatality 사망자, 치사율 *fatalities 사망자 수 / non-fatal 치명적이지 않은 / injure 부상시키다 / permanent 영원한, 영구적인 / disability 장애 / incident 사고 / suffering 고통 / grief 슬픔 / hardship 어려움, 고난, 역경

005 | ③

밑줄 친 부분 중 어법상 옳지 않은 것은? 2018. 국가직 9급

Focus means ① getting stuff done. A lot of people have great ideas but don't act on them. For me, the definition of an entrepreneur, for instance, is someone who can combine innovation and ingenuity with the ability to execute that new idea. Some people think that the central dichotomy in life is whether you're positive or negative about the issues ② that interest or concern you. There's a lot of attention ③ paying to this question of whether it's better to have an optimistic or pessimistic lens. I think the better question to ask is whether you are going to do something about it or just ④ let life pass you by.

해설 ③ 자릿값에 의해 준동사 자리는 적절하지만 paying 뒤에 목적어가 없으므로 paying은 paid로 고쳐 써야 한다.
① mean+ⓥ-ing 구문(ⓥ하는 것을 의미하다)과 수동의 형태 done 뒤에 목적어가 없으므로 어법상 적절하다.
② 관계대명사 that 뒤에 주어가 없고 선행사가 복수명사(issues)이므로 복수동사 interest or concern은 어법상 적절하고 또한 동사 뒤에 목적어 you가 있으므로 능동의 형태 역시 어법상 적절하다.
④ do와 let은 접속사 or를 기준으로 병렬을 이루고 있고 사역동사 let 다음 원형부정사 pass와 pass by 사이에 대명사 you의 위치 모두 어법상 적절하다.

해석 집중이란 어떤 일을 완성하는 것을 의미한다. 많은 사람들은 훌륭한 생각들을 가지고 있지만, 그것들을 실행에 옮기지는 않는다. 예를 들어, 나에게 기업가의 정의는 새로운 생각을 실행할 수 있는 능력과 혁신 그리고 독창성을 함께 갖추고 있는 사람이다. 몇몇 사람들은 인생의 중심적인 이분법적 생각은 '당신을 흥미 있게 하거나 걱정시키는 문제들에 대해서 당신이 긍정적이냐, 부정적이냐'에 관한 것이라고 생각한다. 낙관적인 관점을 갖는 것이 낫냐 아니면 회의적인 것이 낫냐에 대한 질문에 많은 관심이 쏠려있다. 나는

우리가 무언가에 대해 어떤 것을 할 것이냐 혹은 인생이 그냥 당신을 지나치게 할 것이냐를 질문하는 것이 더 낫다고 생각한다.

어휘 entrepreneur 사업가, 기업가 / definition 정의 / combine 합치다 / innovation 혁신 / ingenuity 기발함, 독창성 / dichotomy 이분법 / optimistic 낙천적인, 낙관적인 / pessimistic 회의적인 / pass by 통과하다, 지나치다

006 | ④

우리말을 영어로 잘못 옮긴 것은? 2018. 지방직 9급

① 모든 정보는 거짓이었다.
→ All of the information was false.
② 토마스는 더 일찍 사과했어야 했다.
→ Thomas should have apologized earlier.
③ 우리가 도착했을 때 영화는 이미 시작했었다.
→ The movie had already started when we arrived.
④ 바깥 날씨가 추웠기 때문에 나는 차를 마시려 물을 끓였다.
→ Being cold outside, I boiled some water to have tea.

해설 ④ 주절의 주어와 분사구문의 의미상 주어가 서로 다르기 때문에 분사구문의 주어를 생략할 수 없다. 따라서 Being cold outside는 It being cold outside로 고쳐써야 한다.
① All of 다음 정관사 the의 사용과 information은 불가산명사이므로 단수 형태 모두 어법상 적절하고 All이 사물을 지칭하므로 단수동사 was 역시 어법상 적절하다.
② should have p.p.는 '~했어야 했는데 그렇지 못했다'의 뜻으로 should have apologized는 어법상 적절하다.
③ 우리가 도착한 시점(arrived: 과거)보다 영화가 시작한 것이 먼저이므로 과거완료시제 had started는 어법상 적절하다.

어휘 false 거짓의, 잘못된 / apologize 사과하다 / boil 끓다, 끓이다

007 | ①

우리말을 영어로 옳게 옮긴 것은? 2018. 지방직 9급

① 그는 며칠 전에 친구를 배웅하기 위해 역으로 갔다.
→ He went to the station a few days ago to see off his friend.
② 버릇없는 그 소년은 아버지가 부르는 것을 못 들은 체했다.
→ The spoiled boy made it believe he didn't hear his father calling.
③ 나는 버팔로로 가본 적이 없어서 그곳에 가기를 고대하고 있다.
→ I have never been to Buffalo, so I am looking forward to go there.
④ 나는 아직 오늘 신문을 못 읽었어. 뭐 재미있는 것 있니?
→ I have not read today's newspaper yet. Is there anything interested in it?

해설 ① 과거 표시 부사 ago가 있으므로 과거시제 went는 어법상 적절하고 완성된 문장 다음 부사 역할을 하는 to ⓥ인 to see off(배웅하다) 역시 어법상 적절하다.
② 지각동사 hear 다음 calling 뒤에 목적어가 없으므로 목적격 보어 역할을 하는 calling은 어법상 적절하지 않다. 문맥상 calling 뒤에 목적어 him이 필요하다.

③ look forward to 다음에는 동명사나 명사가 위치해야 하므로 go는 going으로 고쳐 써야 한다.

④ interest는 감정 표현 동사이므로 사물이 주체일 때에는 ⓥ-ing가 필요하다. interest의 주체가 사물(anything)이므로 interested는 interesting으로 고쳐 써야 한다.

➕ 어휘 **see off** 배웅하다 / **spoiled** ① 버릇없는 ② 망친 / **make believe (that)** ~인 체하다 / **look forward to** ⓥ-ing/ⓝ ~를 학수고대하다

008 | ④

다음 밑줄 친 부분 중 어법상 적절하지 않은 것은? 2018. 서울시 9급 (추가채용)

When you find your tongue ① <u>twisted</u> as you seek to explain to your ② <u>six-year-old</u> daughter why she can't go to the amusement park ③ <u>that</u> has been advertised on television, then you will understand why we find it difficult ④ <u>wait</u>.

💬 해설 ④ 가목적어 it과 진목적어 to ⓥ 구문을 묻고 있다. 따라서 진목적어인 wait는 to wait로 고쳐 써야 한다.

① 자릿값에 의해 준동사 자리이고 뒤에 목적어가 없으므로 twisted는 어법상 적절하다.

② '2 이상의 기수+수 단위 명사+명사' 구조를 묻고 있다. 뒤에 명사 daughter가 있으므로 수 단위 명사 year(단수)는 어법상 적절하다.

③ 선행사 사물(park)과 that 다음 문장구조가 불완전(주어가 없다)하므로 관계대명사 that은 어법상 적절하다.

❗해석 당신이 TV에서 광고된 놀이공원에 그녀가 왜 갈 수 없는지를 당신의 여섯 살 된 딸에게 설명하려고 시도하면서 당신의 혀가 꼬이는 것을 발견하면, 그렇다면 당신은 왜 우리가 기다리는 것을 힘들다고 느끼는지 이해하게 될 것이다.

➕ 어휘 **twist** 비틀다, 비틀리다 / **seek to** ⓥ ⓥ하려고 애쓰다[노력하다] / **amusement park** 놀이공원

009 | ②

다음 밑줄 친 부분 중 어법상 적절하지 않은 것은? 2018. 서울시 9급 (추가채용)

Lewis Alfred Ellison, a small-business owner and a construction foreman, ① <u>died</u> in 1916 after an operation to cure internal wounds ② <u>suffering</u> after shards from a 100-lb ice block ③ <u>penetrated</u> his abdomen when it was dropped while ④ <u>being loaded</u> into a hopper.

💬 해설 ② 자릿값에 의해 준동사 자리는 적절하나 뒤에 목적어가 없으므로 수동의 형태가 필요하다. 따라서 suffering을 suffered로 고쳐 써야 한다.

① die는 1형식 동사이므로 뒤에 전치사구의 쓰임은 적절하고 과거 연도(1916)가 있으므로 과거시제 역시 어법상 옳다.

③ 자릿값에 의해 동사 자리이고 뒤에 목적어(his abdomen)가 있으므로 능동의 형태 penetrated(과거동사)는 어법상 적절하다.

④ 접속사 다음 S+be동사가 생략된 구조로 뒤에 목적어가 없으므로 수동의 형태인 being loaded는 어법상 적절하다.

❗해석 소규모 사업가이자 건설공사의 현장 감독이었던 Lewis Alfred Ellison은 100파운드 크기의 얼음 덩어리를 호퍼에 싣는 과정에서 그것이 떨어졌을 때 그 얼음 덩어리로부터 나온 파편들이 그의 복부를 관통한 이후에 생긴 내상을 치료하기 위한 수술을 받은 후, 1916년에 사망하였다.

➕ 어휘 **construction** 건설 / **foreman** (건설현장의) 감독 / **operation** 수술 / **internal** 내부의 / **wound** 부상, 상처 / **shard** (유리, 금속 등의) 조각 / **penetrate** 관통하다, 꿰뚫다 / **abdomen** 배, 복부 / **load** 싣다

010 | ④

다음 중 우리말을 영어로 잘못 옮긴 것을 고르시오. 2017. 국가직 9급

① 그 회의 후에야 그는 금융 위기의 심각성을 알아차렸다.
→ Only after the meeting did he recognize the seriousness of the financial crisis.

② 장관은 교통문제를 해결하기 위해 강 위에 다리를 건설해야 한다고 주장했다.
→ The minister insisted that a bridge be constructed over the river to solve the traffic problem.

③ 비록 그 일이 어려운 것이었지만, Linda는 그것을 끝내기 위해 최선을 다했다.
→ As difficult a task as it was, Linda did her best to complete it.

④ 그는 문자 메시지에 너무 정신이 팔려서 제한속도보다 빠르게 달리고 있다는 것을 몰랐다.
→ He was so distracted by a text message to know that he was going over the speed limit.

💬 해설 ④ 준동사의 부정은 준동사 바로 앞에 not을 사용해야 하는데 to know 앞에 부정어가 존재하지 않는다. 따라서 so를 too로 고쳐 써야(too ~ to ⓥ: 너무 ~해서 ⓥ할 수 없다) 어법상 적절하다.

① Only+시간·장소 개념이 문두에 위치하므로 뒤에 주어 동사는 도치되어야 한다. 따라서 어법상 옳다.

② 주요명제동사 다음 that절에는 (should)+동사원형이 와야 하므로 should가 생략된 동사원형 be는 어법상 적절하다.

③ '애형아' 구문(as+형용사+a+명사)을 묻고 있다. 또한 뒤에 이어지는 as는 '비록 ~일지라도'의 의미를 지닌 양보 접속사이고 as가 양보 접속사로 사용될 때 반드시 동사 다음 보어로 사용되는 명사나 형용사가 접속사 as 앞에 위치(양보절 도치구문)해야 하므로 적절한 영작이 된다.

➕ 어휘 **recognize** 인식하다 / **seriousness** ① 심각성 ② 진지함 / **financial** 재정적인 / **crisis** 위기 / **construct** 건설하다 / **complete** 끝내다, 완성하다 / **distract** 산만하게[흩어지게] 하다 / **speed limit** 제한 속도

011 | ③

우리말을 영어로 잘못 옮긴 것을 고르시오. 2017. 하반기 국가직 9급 (추가채용)

① 그 클럽은 입소문을 통해서 인기를 얻었다.
→ The club became popular by word of mouth.
② 무서운 영화를 좋아한다면 이것은 꼭 봐야 할 영화이다.
→ If you like scary movies, this is a must see movie.
③ 뒤쪽은 너무 멀어요. 중간에 앉는 걸로 타협합시다.
→ The back is too far away. Let's promise and sit in the middle.
④ 제 예산이 빠듯합니다. 제가 쓸 수 있는 돈은 15달러뿐입니다.
→ I am on a tight budget. I only have fifteen dollars to spend.

해설 ③ promise는 '약속하다'를 의미하기 때문에 주어진 우리말의 영작이 자연스럽지 못하다. 따라서 promise를 compromise (타협하다)로 고쳐 써야 한다.
① become은 2형식 동사로 뒤에 보어가 와야 한다. 따라서 형용사 보어 popular는 어법상 적절하고 참고로 word of mouth는 '입소문'을 의미하는 표현이다.
② must-see는 '반드시 보아야 할'의 의미의 형용사로서 뒤에 있는 명사 movie를 수식하므로 어법상 적절하다.
④ to ⓥ가 수식하는 명사가 to ⓥ의 의미상 목적어와 일치할 때에는 그 의미상 목적어는 생략되어야 하므로 어법상 적절하다.

어휘 **popular** 인기 있는 / **word of mouth** 입소문 / **scary** 무서운 / **must-see** 반드시 보아야 할 / **budget** 예산

012 | ④

다음 중 우리말을 영어로 잘못 옮긴 것을 고르시오. 2017. 지방직 9급

① 나는 매달 두세 번 그에게 전화하기로 규칙을 세웠다.
→ I made it a rule to call him two or three times a month.
② 그는 나의 팔을 붙잡고 도움을 요청했다.
→ He grabbed me by the arm and asked for help.
③ 폭우로 인해 그 강은 120cm 상승했다.
→ Owing to the heavy rain, the river has risen by 120cm.
④ 나는 눈 오는 날 밖에 나가는 것보다 집에 있는 것을 더 좋아한다.
→ I prefer to staying home than to going out on a snowy day.

해설 ④ prefer A(명사 또는 동명사) to B(명사 또는 동명사) 구문을 묻고 있다. 따라서 than을 to로 고쳐 써야 하고 또한 staying과 going 앞에 전치사 to를 없애야 한다. 그리고 A와 B에 to ⓥ를 사용하려면 prefer to ⓥ rather than to ⓥ 구문을 사용해야 하므로 than 앞에 rather를 사용해서 staying과 going을 각각 stay와 go로 바꿔 써야 한다.
① make it(가목적어) a rule(O.C) to call(진목적어) 구문을 묻고 있다. 따라서 적절한 영작이 된다.
② grab my arm을 grab me by the arm으로 바꾼 문장이다. 따라서 어법상 적절하고 and를 기준으로 grabbed와 asked가 병렬을 이루므로 역시 어법상 적절하다.
③ 전치사 owing to 다음 명사 heavy rain의 사용은 어법상 적절하고 rise는 자동사이므로 능동의 형태 역시 어법상 옳다.

어휘 **grab** 잡다, 쥐다 / **ask for** 요청하다 / **owing to** ~때문에 / **prefer A to B** B보다 A를 더 선호하다

013 | ①

우리말을 영어로 옳게 옮긴 것은? 2017. 하반기 지방직 9급 (추가채용)

① 내 컴퓨터가 작동을 멈췄을 때, 나는 그것을 고치기 위해 컴퓨터 가게로 가져갔어.
→ When my computer stopped working, I took it to the computer store to get it fixed.
② 내가 산책에 같이 갈 수 있는지 네게 알려줄게.
→ I will let you know if I can accompany with you on your walk.
③ 그 영화가 너무 지루해서 나는 삼십 분 후에 잠이 들었어.
→ The movie was so bored that I fell asleep after half an hour.
④ 내가 열쇠를 잃어버리지 않았더라면 모든 것이 괜찮았을 텐데.
→ Everything would have been OK if I haven't lost my keys.

해설 ① stop ⓥ-ing 구문과 get+O+O.C(과거분사) 구문 모두 어법상 적절하다.
② accompany는 타동사로서 바로 뒤에 목적어가 와야 한다. 따라서 with를 없애야 한다.
③ bored는 '지루해 하는'의 뜻으로 사물 주어와는 함께 사용할 수 없다. 따라서 bored는 boring으로 고쳐 써야 한다.
④ 가정법 과거완료시제(S+would have+p.p. ~ , if+s+had+p.p. ~)를 묻고 있다. 따라서 haven't는 hadn't로 고쳐 써야 한다.

어휘 **accompany** ① ~와 동행하다 ② ~을 동반하다 / **bored** 지루해하는

014 | ①

우리말을 영어로 잘못 옮긴 것은? 2017. 하반기 지방직 9급 (추가채용)

① 예산은 처음 기대했던 것보다 약 25퍼센트 더 높다.
→ The budget is about 25% higher than originally expecting.
② 시스템 업그레이드를 위해 해야 될 많은 일이 있다.
→ There is a lot of work to be done for the system upgrade.
③ 그 프로젝트를 완성하는 데 최소 한 달, 어쩌면 더 긴 시간이 걸릴 것이다.
→ It will take at least a month, maybe longer to complete the project.
④ 월급을 두 배 받는 그 부서장이 책임을 져야 한다.
→ The head of the department, who receives twice the salary, has to take responsibility.

해설 ① expecting은 능동의 형태이므로 뒤에 목적어가 있어야 한다. 목적어가 없기 때문에 expecting은 expected로 고쳐 써야 한다.
② 부분주어 a lot of 다음 단수명사가 있으므로 단수동사 is는 어법상 적절하고 to be done 다음 목적어가 없으므로 수동의 형태 역시 어법상 적절하다.
③ 가주어/진주어(to ⓥ)구문과 at least(적어도, 최소한)의 사용 모두 어법상 적절하다.
④ head(우두머리)가 사람이므로 관계대명사 who와 동사 receives 수일치 모두 어법상 적절하고 한정사 double(=twice) 다음 the+명사의 어순 또한 어법상 적절하다.

어휘 **budget** 예산 / **about** 대략, 약 / **expect** 기대하다 / **at least** 적어도, 최소한 / **complete** 완성하다 / **head** 우두머리, 장(長) / **salary** 월급, 봉급 / **take responsibility** 책임지다

015 | ④

다음 밑줄 친 부분 중 어법상 가장 옳지 않은 것은? 2017. 서울시 9급

> The first coffeehouse in western Europe ① opened not in ② a center of trade or commerce but in the university city of Oxford, ③ in which a Lebanese man ④ naming Jacob set up shop in 1650.

해설 ④ naming 뒤에 Jacob은 목적어가 아니라 목적격 보어이므로 naming은 수동의 형태인 named로 고쳐 써야 한다.

① open은 자동사와 타동사 둘 다로 사용될 수 있고 not은 뒤에 but과 상관접속사를 이루므로 어법상 적절하다.

② 전치사 in 다음 명사 a center와 전치사 of 다음 명사 trade의 사용은 모두 어법상 옳다.

③ 관계대명사 which의 선행사는 사물명사(university city)이고 in which 다음 문장구조가 완전한 문장이므로 어법상 적절하다.

해석 Jacob이라는 레바논 사람이 1650년 창업했던 서구 유럽 최초의 커피숍은 무역이나 상업의 중심지가 아닌 옥스퍼드의 대학 도시에서 문을 열었다.

어휘 trade 무역 / commerce 상업 / Lebanese 레바논 사람의, 레바논의 / set up ① 세우다, 설치하다 ② 시작하다, 창업하다

016 | ③

다음 밑줄 친 부분 중 어법상 가장 옳지 않은 것은? 2017. 서울시 9급

> Strange as ① it may seem, ② the Sahara was once an expanse of grassland ③ supported the kind of animal life ④ associated with the African plains.

해설 ③ 과거분사 supported 뒤에 목적어 the kind가 있으므로 supported는 supporting으로 고쳐 써야 한다.

① 단수 대명사 it은 Sahara를 대신하므로 어법상 적절하다.

② 유일무이한 명사 앞에 정관사 the의 사용은 어법상 적절하다.

④ 과거분사 associated 뒤에 목적어가 없기 때문에 그 쓰임은 어법상 적절하다.

해석 이상하게 보일지 모르지만, 사하라 사막은 한때 아프리카 평원과 관계가 있는 이런 동물의 생태를 지탱하는 넓은 초원지였다.

어휘 expanse 넓은 지역 / grassland 초원 / associate ① 관계[관련]시키다 ② 연상시키다 / plain 평원, 평지

Chapter 03 연결사(관계사 / 접속사 / 병렬구조)

001 | ③

밑줄 친 부분 중 어법상 옳지 않은 것은? 2021. 국가직 9급

> Urban agriculture (UA) has long been dismissed as a fringe activity that has no place in cities; however, its potential is beginning to ① be realized. In fact, UA is about food self-reliance: it involves ② creating work and is a reaction to food insecurity, particularly for the poor. Contrary to ③ which many believe, UA is found in every city, where it is sometimes hidden, sometimes obvious. If one looks carefully, few spaces in a major city are unused. Valuable vacant land rarely sits idle and is often taken over — either formally, or informally — and made ④ productive.

해설 ③ which 다음 문장 구조는 불완전하지만(believe 뒤에 목적어가 없다) which 앞에 선행사가 없으므로 관계대명사 which는 what으로 고쳐 써야 한다.

① be realized 뒤에 목적어가 없으므로 수동의 형태는 어법상 적절하다.

② 자릿값에 의해 준동사 자리이고 involve는 동명사를 목적어로 취하는 동사이므로 creating의 사용은 어법상 적절하다.

④ 접속사 and를 기준으로 taken과 made가 병렬을 이루고 있고 make는 5형식 동사이므로 목적격 보어 자리에 형용사가 위치해야 하므로 is made 다음에도 형용사가 필요하다. 따라서 productive의 사용은 어법상 적절하다.

해석 도시농업(UA)은 오랫동안 도시와 어울리지 않는 주변 활동으로 무시되어 왔지만 그것의 잠재력을 깨닫기 시작하고 있다. 사실, UA는 식량의 자급자족에 관한 것인데, 그것은 일자리를 만들어내는 것을 포함하며, 특히 가난한 사람들을 위한 식량 불안정에 대한 반응이다. 많은 사람들이 믿는 것과는 반대로, UA는 모든 도시에서 발견되는데, 그곳에서 때로는 눈에 띄지 않고 때로는 분명하다. 만약 우리가 주의 깊게 살펴보면, 대도시에는 사용되지 않는 공간은 거의 없다. 가치 있는 빈 땅은 거의 방치되지 않으며 종종 공식적으로나 비공식적으로 양도되어 생산적이기도 하다.

어휘 urban 도시의 / dismiss ① 해고하다 ② 무시하다 / fringe ① (실을 꼬아 장식으로 만든) 술 ② 주변부, 변두리 ③ 비주류 / potential ① 잠재력 ② 잠재적인 / self-reliance 자기의존, 자급자족 / involve 포함하다 / insecurity 불안정 / contrary to ~와는 반대로 / obvious 분명한 / vacant 텅 빈 / rarely 거의 ~않는 / idle ① 게으른, 나태한 ② 방치된, 놀고 있는 / take over 인수하다, 양도하다 / formally 공식적으로 ↔ informally 비공식적으로 / productive 생산적인

002 | ②

우리말을 영어로 잘못 옮긴 것은?   2020. 지방직 9급

① 보증이 만료되어서 수리는 무료가 아니었다.
→ Since the warranty had expired, the repairs were not free of charge.

② 설문지를 완성하는 누구에게나 선물카드가 주어질 예정이다.
→ A gift card will be given to whomever completes the questionnaire.

③ 지난달 내가 휴가를 요청했더라면 지금 하와이에 있을 텐데.
→ If I had asked for a vacation last month, I would be in Hawaii now.

④ 그의 아버지가 갑자기 작년에 돌아가셨고, 설상가상으로 그의 어머니도 병에 걸리셨다.
→ His father suddenly passed away last year and what was worse, his mother became sick.

〔해설〕 ② 복합관계대명사는 뒤의 문장구조가 불완전해야 하는데 whomever 다음에는 주어가 없고 동사가 바로 위치해 있기 때문에 주어가 없는 불완전한 문장이다. 따라서 목적격 whomever는 주격 whoever로 고쳐 써야 한다. 참고로 whoever절은 전치사 to의 목적어 역할을 하는 명사절로 사용되었다.
① expire는 자동사이므로 능동의 형태는 어법상 적절하고 보증이 만료된 것(had expired)이 수리되는 것(were)보다 먼저 일어난 일이므로 시제관계 역시 어법상 적절하다. 또한 '무료로'라는 영어표현인 free of charge의 사용도 어법상 적절하다.
③ 혼합가정법(if절에 had + p.p. ~ / 주절에 과거시제 + now)의 사용은 어법상 적절하다.
④ 과거 표시 부사구 last month가 있으므로 과거시제 passed의 사용은 어법상 적절하고 '돌아가셨다'의 영어표현인 pass away와 '설상가상으로'의 영어표현인 what was worse의 사용 모두 어법상 적절하다.

〔어휘〕 **expire** 만료되다 / **free of charge** 무료로 / **complete** 완성하다 / **questionnaire** 설문지 / **ask for** 요청하다 / **pass away** 죽다 / **what was worse** 설상가상으로

003 | ④

밑줄 친 부분 중 어법상 옳지 않은 것은?   2018. 지방직 9급

I am writing in response to your request for a reference for Mrs. Ferrer. She has worked as my secretary ① for the last three years and has been an excellent employee. I believe that she meets all the requirements ② mentioned in your job description and indeed exceeds them in many ways. I have never had reason ③ to doubt her complete integrity. I would, therefore, recommend Mrs. Ferrer for the post ④ what you advertise.

〔해설〕 ④ 관계대명사 what 앞에 선행사 post가 있으므로 what은 어법상 적절하지 않다. 따라서 관계대명사 what은 which나 that으로 고쳐 써야 한다.

① '현재완료시제＋for the last(past)＋시간' 구조를 묻고 있다. 따라서 has worked 다음 for the last three years는 어법상 적절하다.
② mentioned는 자릿값에 의해 준동사 자리(앞에 동사 meets가 있다)이고 뒤에 목적어가 없으므로 과거분사(수동)의 형태는 어법상 적절하다.
③ to doubt은 자릿값에 의해 준동사 자리(앞에 동사 had가 있다)이고 이때 have 동사는 '가지다'의 의미로 사역동사가 아니므로 뒤에 to ⓥ(to doubt)는 어법상 적절하다.

〔해석〕 저는 당신의 요청에 따라 Mrs. Ferrer에 대한 추천서를 쓰고 있습니다. 그녀는 지난 3년 동안 저의 비서로서 일해오고 있으며 뛰어난 근로자입니다. 저는 그녀가 당신의 직무분석표에 언급된 모든 요구사항들을 충족시키고 실제로 여러 면에서 그것들을 초월한다고 믿습니다. 저는 결코 그녀의 완전한 진실성을 의심해 본 적이 없습니다. 그러므로 저는 Mrs. Ferrer를 당신이 광고한 자리에 추천합니다.

〔어휘〕 **in response to** ~에 대한 응답으로 *response ① 응답, 대답 ② 반응 / **request** 요구, 요청 / **secretary** 비서 / **employee** 근로자, 피고용인 / **mention** 언급하다 / **job description** 직무분석표 / **indeed** 실제로 / **exceed** 능가하다, 초월하다 / **doubt** 의심(하다) / **integrity** 진실성 / **recommend** 추천하다, 권하다

004 | ③

밑줄 친 부분 중 어법상 가장 옳지 않은 것은?   2018. 서울시 9급

I'm ① pleased that I have enough clothes with me. American men are generally bigger than Japanese men so ② it's very difficult to find clothes in Chicago that ③ fits me. ④ What is a medium size in Japan is a small size here.

〔해설〕 ③ 주격 관계대명사 다음 동사는 선행사와 수일치시켜야 한다. 문맥상 선행사는 Chicago가 아니라 clothes(복수명사)이므로 단수동사 fits는 복수동사 fit으로 고쳐 써야 한다.
① 감정 표현 동사 please는 사람이 주체이면 과거분사를 사용해야 하므로 pleased는 어법상 적절하다.
② 가주어 it은 뒤에 진주어 to find clothes~를 대신하므로 어법상 적절하다.
④ 관계대명사 what 앞에 선행사가 없고 what 다음 문장구조가 불완전(주어가 없다)하므로 what의 사용은 어법상 적절하다.

〔해석〕 나에게 충분한 옷이 있어서 나는 기쁘다. 미국 사람들은 일반적으로 일본사람들보다 커서 내게 맞는 옷을 시카고에서 찾는 것은 어렵다. 일본에서 미디엄은 여기에선 스몰 사이즈이다.

〔어휘〕 **please** 기쁘게 하다 / **clothes** 옷 / **fit** ① 맞다 ② 맞추다

005 | ①

빈칸에 들어갈 단어로 가장 옳은 것은?   2018. 서울시 7급

> The term 'subject' refers to something quite different from the more familiar term 'individual'. The latter term dates from the Renaissance and presupposes that man is a free, intellectual agent and _____ thinking processes are not coerced by historical or cultural circumstances.

① that
② what
③ which
④ whose

해설 ① and를 기준으로 병렬구조를 묻고 있다. and 앞에 presuppose의 목적어 역할을 하는 that절과 병렬을 이루어야 하므로 and 다음에도 that절이 필요하다.

해석 '국민'이라는 용어는 좀 더 익숙한 용어인 '개인'과는 아주 다른 무언가를 가리킨다. 후자의 용어는 르네상스 시대에서 시작되었고, 사람은 자유롭고 지적인 행위자이며, 생각을 처리하는 과정이 역사적 또는 문화적 상황에 강제되지 않는다는 것을 전제로 한다.

어휘 **refer to** ① ~을 가리키다 ② ~을 언급하다 / **familiar** 친숙한 / **term** ① 용어 ② 기간 ③ 학기 / **subject** 국민 / **latter** 후자의 / **date from** ~에서 시작되다 / **presuppose** 전제하다 / **intellectual** 지적인 / **agent** ① 대리인 ② 행위자 / **coerce** 강제하다 / **circumstance** 상황

006 | ④

우리말을 영어로 잘못 옮긴 것을 고르시오.   2017. 하반기 국가직 9급 (추가채용)

① 식사가 준비됐을 때, 우리는 식당으로 이동했다.
→ The dinner being ready, we moved to the dining hall.
② 저쪽에 있는 사람이 누구인지 알겠니?
→ Can you tell who that is over there?
③ 이 질병이 목숨을 앗아가는 일은 좀처럼 없다.
→ It rarely happens that this disease proves fatal.
④ 과정을 관리하면서 발전시키는 것이 나의 목표였다.
→ To control the process and making improvement was my objectives.

해설 ④ 병렬구조를 묻고 있다. 대등접속사 and를 기준으로 to ⓥ와 ⓥ-ing는 서로 병렬을 이룰 수 없으므로 To control을 동명사(controling)로 바꾸거나 making을 to ⓥ(to make 또는 make)로 고쳐 써야 한다.
① 분사구문으로의 전환 시 종속절의 주어와 주절의 주어가 서로 다른 경우 종속절의 주어를 그대로 써야 한다(독립분사구문). 원래 이 문장은 When the dinner was ready~의 부사절을 분사구문으로 전환한 형태이다. 접속사인 When을 생략하고 주어인 the dinner가 주절의 주어와 일치하지 않으므로 남겨둔 후 being을 사용해서 분사 구문으로 전환했기 때문에 어법상 적절하다.
② 의문사 who가 tell의 목적어이자 관계대명사 that절의 선행사로 사용된 문장이다. 선행사가 who일 경우에는 반드시 관계대명사는 that을 사용해야 하므로 어법상 적절하다.

③ 빈도 부사 rarely의 위치는 '조 be뒤 일반동사 happen 앞에 위치하는 것은 어법상 적절하고 또한 2형식 동사 prove 뒤에 형용사 보어(fatal) 역시 어법상 적절하다.

어휘 **fatal** 치명적인 / **process** 과정 / **improvement** 발전 / **objective** ① 목표 ② 객관적인

007 | ②

다음 중 어법상 옳지 않은 것은?   2017. 지방직 9급

① You might think that just eating a lot of vegetables will keep you perfectly healthy.
② Academic knowledge isn't always that leads you to make right decisions.
③ The fear of getting hurt didn't prevent him from engaging in reckless behaviors.
④ Julie's doctor told her to stop eating so many processed foods.

해설 ② 주격 관계대명사 that(뒤에 주어가 없는 불완전한 문장)은 선행사가 있어야 하는데 선행사가 없으므로 that을 관계대명사 what으로 고쳐 써야 한다.
① 동명사 주어 eating과 5형식 동사 keep 다음 목적격 보어 자리에 형용사 healthy는 모두 어법상 적절하다.
③ prevent A from ⓥ-ing 구문과 구동사 engage in의 사용 모두 어법상 적절하다.
④ tell(지시하다)+목적어+to ⓥ 구문과 문맥상 stop ⓥ-ing(ⓥ하는 것을 그만두다)의 사용 역시 모두 어법상 적절하다.

해석 ① 당신은 많은 채소를 먹는 것이 당신을 완벽히 건강하게 할 거라고 생각할 수 있다.
② 학문적 지식이 항상 당신으로 하여금 옳은 결정을 할 수 있게 해주는 것은 아니다.
③ 상처 받는 것에 대한 두려움이 그로 하여금 무모한 행동을 하는 것을 막지는 못했다.
④ Julie의 의사선생님은 그녀에게 많은 가공식품을 먹지 말 것을 지시했다.

어휘 **decision** 결정, 결심 / **engage in** ~에 참여하다 / **reckless** 무모한 / **processed foods** 가공식품

008 | ④

다음 중 우리말을 영어로 가장 잘 옮긴 것은?   2017. 사복직 9급

① 나는 이 집으로 이사 온 지 3년이 되었다.
→ It was three years since I moved to this house.
② 우리는 해가 지기 전에 그 도시에 도착해야 한다.
→ We must arrive in the city before the sun will set.
③ 나는 그녀가 오늘 밤까지 그 일을 끝마칠지 궁금하다.
→ I wonder if she finishes the work by tonight.
④ 그는 실수하기는 했지만, 좋은 선생님으로 존경받을 수 있었다.
→ Although making a mistake, he could be respected as a good teacher.

해설 ④ Although 다음 주어+be동사가 생략된 구조로 making 다음 목적어(mistake)가 있으므로 능동의 형태는 적절하고 또한 be respected 다음 목적어가 없으므로 수동의 형태 또한 어법상 적절하다.

① since가 '~이래로'의 의미로 사용될 때에는 since 다음 과거시제 그리고 주절에는 현재완료시제가 필요하므로 was 는 has been으로 고쳐 써야 한다.

② 시조부는 현미(시간이나 조건의 부사절에서는 현재시제가 미래시제를 대신해야 한다)에 의해서 will set은 sets로 고쳐 써야 한다.

③ wonder 다음 if절은 명사절로서 시조부는 현미(시간이나 조건의 부사절에서는 현재시제가 미래시제를 대신해야 한다)가 적용되지 않으므로 미래시제를 사용해야 한다. 따라서 finishes를 will finish로 고쳐 써야 한다.

어휘 wonder 궁금해하다 / respect 존경하다

Chapter 04 조동사, 가정법

001 | ②

다음 밑줄 친 부분 중 어법상 가장 적절한 것은? 2019. 지방직 9급

① The paper charged her with use the company's money for her own purposes.
② The investigation had to be handled with the utmost care lest suspicion be aroused.
③ Another way to speed up the process would be made the shift to a new system.
④ Burning fossil fuels is one of the lead cause of climate change.

해설 ② lest (that) + S + (should) + 동사원형 구문을 묻고 있다. 따라서 suspicion 다음 동사원형 be는 어법상 적절하고 또한 handled와 aroused 뒤에 목적어가 없으므로 수동의 형태 역시 어법상 적절하다.

① 전치사 with 다음 명사 use가 있고 뒤에 명사 money가 있으므로 명사 use는 동명사 using으로 고쳐 써야 한다.

③ 수동의 형태 be made 뒤에 목적어 the shift가 있으므로 어법상 적절하지 않다. be동사의 보어가 필요한 자리이므로 made는 making이나 to make로 고쳐 써야 한다.

④ one of the + 복수명사 구문을 묻고 있다. 따라서 단수명사 cause는 복수명사 causes로 고쳐 써야 하고 명사 lead 뒤에 또 다른 명사 cause가 있으므로 lead도 형용사 leading으로 바꿔 써야 한다.

해석 ① 그 신문은 자신의 목적을 위해 회삿돈을 사용한 혐의로 그녀를 고발했다.

② 그 조사는 의심을 불러일으키지 않도록 최대한 주의 깊게 다루어야 했다.

③ 공정속도를 높이는 또 다른 방법은 새로운 시스템으로 전환하는 것이다.

④ 화석 연료를 태우는 것은 기후 변화의 주요 원인들 중 하나이다.

어휘 charge A with B A를 B 때문에 고발하다 / purpose 목적 / investigation 조사 / handle 다루다 / utmost 극도의, 최대한 / suspicion 의심 / arouse 불러일으키다, 발생시키다 / process 과정, 공정 / shift 이동, 전환 / fossil 화석 / fuel 연료

---

002 | ①

어법상 가장 옳은 것은? 2018. 서울시 9급 (추가채용)

① If the item should not be delivered tomorrow, they would complain about it.
② He was more skillful than any other baseball players in his class.
③ Hardly has the violinist finished his performance before the audience stood up and applauded.
④ Bakers have been made come out, asking for promoting wheat consumption.

해설 ① 가정법 미래시제를 묻고 있다. If절에 should는 적절하고 주절에는 모든 조동사가 올 수 있으므로 가정법 조동사 would 역시 어법상 적절하다.

② 비교급 than any other 단수명사 구조를 묻고 있다. 따라서 players는 player로 고쳐 써야 한다.

③ Hardly ~ before 구문을 묻고 있다. Hardly 다음에는 과거완료시제가 있어야 하므로 has는 had로 고쳐 써야 한다.

④ 사역동사의 수동태 구문을 묻고 있다. 따라서 made 다음 동사원형 come은 to come으로 고쳐 써야 한다.

해석 ① 만일 그 물품이 내일까지 배달되지 않으면 그들은 그것에 대해 불평을 할 것이다.

② 그는 그의 학급의 어떤 다른 야구선수보다 기술이 뛰어나다.

③ 바이올리니스트가 공연을 끝내자마자 관객들은 일어나서 환호했다.

④ 제과업자들은 밀의 소비 장려를 요구하며 거리로 나오도록 요구되어 왔다.

어휘 applaud 환호하다, 박수갈채를 보내다 / wheat 밀 / consumption 소비

---

003 | ④

다음 우리말을 영어로 잘못 옮긴 것을 고르시오. 2017. 국가직 9급

① 이 편지를 받는 대로 곧 본사로 와 주십시오.
→ Please come to the headquarters as soon as you receive this letter.
② 나는 소년 시절에 독서하는 버릇을 길러 놓았어야만 했다.
→ I ought to have formed a habit of reading in my boyhood.
③ 그는 10년 동안 외국에 있었기 때문에 영어를 매우 유창하게 말할 수 있다.
→ Having been abroad for ten years, he can speak English very fluently.
④ 내가 그때 그 계획을 포기했었다면 이렇게 훌륭한 성과를 얻지 못했을 것이다.
→ Had I given up the project at that time, I should have achieved such a splendid result.

해설 ④ If가 생략된 가정법 과거완료 구문으로 가정법 과거완료시제 패턴은 어법상 적절하지만 주어진 우리말에 대한 영작(훌륭한 성과를 얻지 못했을 것이다 : 부정 → should have achieved : 긍정)이 잘못되었다. 따라서 should have achieved를 would(could) not have achieved로 고쳐 써야 한다.

① 시조부는 현미(시간이나 조건의 부사절에서는 현재 시제가 미래 시제를 대신한다)이므로 어법상 적절하다.

② ought to(= should) have+p.p.(~했어야 했는데 그렇지 못해 유감이다) 구문을 묻고 있다. 적절한 영작이다.

③ 외국에 있었기(과거사실) 때문에 영어를 유창하게 말할 수 있다(현재)이므로 완료분사 구문 Having been은 어법상 적절하다.

어휘 **headquarter** 본사 / **form** 형성하다 / **boyhood** 소년시절 / **abroad** 해외에 / **fluently** 유창하게 / **give up** 포기하다 / **achieve** 성취하다 / **splendid** 훌륭한

004 | ③

어법상 옳은 것을 고르시오. 2017. 하반기 국가직 9급 (추가채용)

① Undergraduates are not allowed to using equipments in the laboratory.
② The extent of Mary's knowledge on various subjects astound me.
③ If she had been at home yesterday, I would have visited her.
④ I regret to inform you that your loan application has not approved.

해설 ③ 가정법 과거완료시제(If had+p.p. ~, would have+p.p.) 패턴을 묻고 있다. 따라서 어법상 적절하다.

① be allowed to ⓥ 구문을 묻고 있다. 따라서 using을 to use로 고쳐 써야 한다.

② 주어가 3인칭 단수(extent)이므로 복수동사 astound는 단수동사 astounds로 고쳐 써야 한다.

④ has not approved 다음 목적어가 없으므로 능동의 형태 has not approved는 수동의 형태 has not been approved로 고쳐 써야 한다.

해석 ① 학부생들은 실험실 장비를 사용하도록 허락되지 않는다.
② 다양한 주제들에 대한 Mary의 지식의 범주가 나를 놀라게 한다.
③ 그녀가 어제 집에 있었다면, 나는 그녀를 방문했을 텐데.
④ 당신의 대출 신청서가 승인되지 않았음을 알려드리게 되어 유감입니다.

어휘 **undergraduate** 학부생 / **equipment** ① 장비 ② 준비 / **laboratory** 실험실 / **extent** 범위, 범주 / **astound** 놀라게 하다 / **inform** 알리다 / **loan application** 대출 신청 / **approve** 승인하다

005 | ③

다음 중 어법상 옳은 것은? 2016. 국가직 9급

① Jessica is a much careless person who makes little effort to improve her knowledge.
② But he will come or not is not certain.
③ The police demanded that she not leave the country for the time being.
④ The more a hotel is expensiver, the better its service is.

해설 ③ 주요명제동사 demand 다음 that절에는 should를 사용해야 한다. 단, should는 언제든지 생략할 수 있으므로 어법상 적절하다.

① much는 비교급 강조부사로서 원급을 강조할 때에는 much 대신 very를 사용해야 한다.

② 연결사 없이 동사 2개는 존재할 수 없다. 따라서 he 앞에 접속사가 필요한데 뒤에 or not이 있으므로 접속사 whether를 he 앞에 붙여야 한다.

④ The+비교급 ~, the+비교급 구문을 묻고 있다. expensive의 비교급은 more expensive이지 expensiver는 아니므로 우선 이 부분이 잘못되었고 expensive의 비교급 의미를 전달해야 하므로 more expensive가 분리되어서는 안 된다. 따라서 이 문장은 The more expensive a hotel is로 바꿔야 한다.

해석 ① Jessica는 자신의 지식을 향상시키는 데 거의 노력을 하지 않는 경솔한 사람이다.
② 그가 올지 안 올지는 확실하지 않다.
③ 경찰은 그녀가 당분간 고국을 떠나지 않아야 한다고 요구했다.
④ 호텔이 비싸면 비쌀수록 서비스는 더 좋다.

어휘 **careless** 부주의한, 경솔한 / **make an effort** 노력하다 / **improve** 향상시키다 / **certain** 분명한, 확실한 / **knowledge** 지식 / **for the time being** 당분간

006 | ①

다음 중 어법상 옳은 것을 고르시오. 2016. 지방직 9급

① The poor woman couldn't afford to get a smartphone.
② I am used to get up early everyday.
③ The number of fires that occur in the city are growing every year.
④ Bill supposes that Mary is married, isn't he?

해설 ① can(not) afford to ⓥ 구문을 묻고 있다. 어법상 적절하다.

② be used to ⓥ/ⓥ-ing 구문을 묻고 있다. 내가 일찍 일어나는 데 사용된다는 것은 의미상 옳지 않다. 따라서 get을 getting으로 바꿔야 한다.

③ The number of 다음 복수명사 fires는 적절하지만 복수동사 are는 옳지 않다. the number of가 주어일 때에는 동사는 단수동사로 받아야 한다. 따라서 are는 is로 고쳐 써야 한다.

④ 부가의문문을 묻고 있다. 내용상 Mary의 결혼 여부를 묻는 것이 아니라 Bill의 생각을 묻고 있다. 따라서 suppose(일반동사)에 대한 부가의문문이 필요하므로 isn't를 doesn't로 고쳐 써야 한다.

해석 ① 그 가난한 여성은 스마트폰을 살 여유가 없었다.
② 나는 매일 일찍 일어나는 데 익숙하다.
③ 그 도시에 일어난 화재의 수가 매년 증가하고 있다.
④ Bill은 Mary가 결혼했다고 생각하고 있지, 그렇지 않니?

어휘 can[not] afford to ⓥ ⓥ할 여유가 있다[없다] / be used to ⓥ ⓥ하는 데 사용되다 *be used to ⓥ-ing ⓥ하는 데 익숙하다 / suppose ① 생각하다, 추정하다 ② 가정하다

Chapter 05 기타 품사 (형용사, 부사 / 비교구문 / 명사 / 대명사)

001 | ③

밑줄 친 부분이 어법상 옳지 않은 것은? 2023. 지방직 9급
① I should have gone this morning, but I was feeling a bit ill.
② These days we do not save as much money as we used to.
③ The rescue squad was happy to discover an alive man.
④ The picture was looked at carefully by the art critic.

해설 ③ alive는 명사를 수식할 수 없고 서술적 용법(보어로만 사용)으로만 사용되는 형용사이므로 alive는 living이나 live로 고쳐 써야 한다.
① 'should have p.p.'는 '~했어야 했는데'의 의미로 문맥상 그 쓰임은 어법상 적절하다.
② 전치사 to 다음 save가 생략된 구조로 'used to ⓥ'는 과거의 습관이나 상태를 나타내는 표현으로 문맥상 그 사용은 어법상 적절하다.
④ 구동사(look at)의 수동태 구문을 묻고 있다. 따라서 어법상 적절하다. 참고로 이 문장의 능동의 형태는 다음과 같다. → The art critic looked at the picture carefully.

해석 ① 나는 오늘 아침에 갔어야 했지만 몸이 좀 안 좋았다.
② 요즘 우리는 예전에 했던 것만큼 많은 돈을 저축하지 않는다.
③ 구조대는 살아 있는 남자를 발견하고 기뻐했다.
④ 그 그림은 미술 비평가에 의해 주의 깊게 관찰되었다.

어휘 these days 요즘 / rescue squad 구조대 / critic 비평가

002 | ②

우리말을 영어로 잘못 옮긴 것은? 2023. 국가직 9급
① 내 고양이 나이는 그의 고양이 나이의 세 배이다.
→My cat is three times as old as his.
② 우리는 그 일을 이번 달 말까지 끝내야 한다.
→We have to finish the work until the end of this month.
③ 그녀는 이틀에 한 번 머리를 감는다.
→She washes her hair every other day.
④ 너는 비가 올 경우에 대비하여 우산을 갖고 가는 게 낫겠다.
→You had better take an umbrella in case it rains.

해설 ② until과 by의 차이를 묻는 문제이다 우리말을 둘 다 '~까지'의 뜻이지만 by는 'deadline'의 느낌이 있는 경우 사용되고 until은 그렇지 않다. 또한 by는 'deadline'의 느낌이 있으므로 must 계열의 동사와 흔히 사용된다. 위의 예문에서는 이번 달까지 끝내야 한다는 'deadline'의 느낌이 있으므로 until은 by로 고쳐 써야 한다. 참고로 다음 예문에서 until의 사용을 확인해 보자. I will be at my office until 7. (나는 7시까지 사무실에 있을 거야.) → 이 문장에서는 deadline의 느낌이 없으므로 by 대신 until을 사용한다.
① '배수사 + as + 형용사/부사의 원급 + as' 구문을 묻고 있으므로 'three times as old as'의 사용은 어법상 적절하고 비교되는 대상은 반복해서 사용하지 않으므로 '그의 고양이 (his cat)'를 대신하는 소유대명사 his의 사용 역시 어법상 적절하다.
③ 현재의 습관을 나타내는 현재시제 washes의 사용은 어법상 적절하고 또한 '이틀에 한 번'의 영어표현인 'every other day'의 사용 모두 어법상 옳다.
④ 조동사의 관용적 용법인 'had better + 동사원형'은 어법상 옳고 또한 접속사 in case 다음 주어동사가 이어지므로 이 역시 어법상 적절하다.

어휘 every other day 이틀에 한 번, 하루걸러 한 번 / had better ~ 하는 게 낫다 / in case + S + V ~의 경우에 대비해서, 만약 ~라면

003 | ④

어법상 옳은 것은? 2020. 국가직 9급
① The traffic of a big city_is busier than those of a small city.
② I'll think of you when I'll be lying on the beach next week.
③ Raisins were once an expensive food, and only the wealth ate them.
④ The intensity of a color is related to how much gray the color contains.

해설 ④ 주어와 동사의 수일치 그리고 be related to의 사용 모두 어법상 적절하고 간접의문문의 어순 [의문사 how much gray(여기서 how much gray는 의문사인 동시에 contain의 목적어 역할을 한다) + 주어 the color + 동사 contains] 역시 어법상 적절하다.
① 비교대상의 명사 반복을 피하기 위해 지시대명사를 사용한 것은 어법상 적절하지만 문맥상 traffic(단수명사)를 비교하는 것이므로 복수대명사 those는 단수대명사 that으로 고쳐 써야 한다.
② 시조부는 현미(시간이나 조건의 부사절에서는 현재가 미래를 대신한다)를 묻고 있다. 따라서 when절의 미래시제 will be는 am으로 고쳐 써야 한다.
③ '정관사 the + 형용사'는 복수명사(주로 사람들)를 나타내는데 이 문장에서는 정관사 the 다음에 명사가 위치하므로 어법상 적절하지 않다. 따라서 문맥상 명사 wealth는 형용사 wealthy로 고쳐 써야 한다.

해석 ① 대도시의 교통은 작은 도시의 그것보다 더 혼잡하다.
② 다음주 해변에 누워 있으면 당신이 생각날 것이다.
③ 건포도는 한때 비싼 음식이었고 오직 부자들만 그것을 먹었다.

④ 색의 강도는 얼마나 많은 회색이 그 색에 포함되었는가
와 관계가 있다.

어휘 traffic 교통(량) / raisin 건포도 / wealth 부 *wealthy 부유한
/ intensity 강도 / be related to ~와 관계가 있다 /
contain 포함하다

004 | ①

우리말을 영어로 잘못 옮긴 것을 고르시오. 2019. 국가직 9급

① 개인용 컴퓨터를 가장 많이 가지고 있는 나라는 종종 바뀐다.
→ The country with the most computers per person changes from
time to time.
② 지난여름 나의 사랑스러운 손자에게 일어난 일은 놀라웠다.
→ What happened to my lovely grandson last summer was
amazing.
③ 나무 숟가락은 아이들에게 매우 좋은 장난감이고 플라스틱 병 또한 그
렇다.
→ Wooden spoons are excellent toys for children, and so are
plastic bottles.
④ 나는 은퇴 후부터 내내 이 일을 해 오고 있다.
→ I have been doing this work ever since I retired.

해설 ① '개인용 컴퓨터'라는 영어 표현은 the most personal
computers가 더 적절하다. per person은 '개인당'의 의미로
주어진 우리말과 영어문장은 서로 일치하지 않는다.
② 관계대명사 what 뒤에 불완전한 문장(happened의 주어
가 없다)이 이어지므로 어법상 적절하고 또한 단수동사로
받는 수일치 역시 어법상 적절하다. 그리고 사물명사가 주
어이므로 감정을 전달하는 동사 amaze는 현재분사 형태인
amazing으로 사용하는 것이 어법상 적절하다.
③ '~도 또한 마찬가지'의 영어표현은 so+V+S의 형태이
므로 어법상 적절하다. 또한 주어가 복수명사 bottles이므로
복수동사 are 역시 어법상 적절하다.
④ 현재완료시제+since+과거동사 구문을 묻고 있으므로
have been과 retired의 사용은 어법상 옳다.

어휘 per 마다, 당 / from time to time 종종, 가끔 / retire 은퇴
하다, 퇴직하다

005 | ④

밑줄 친 부분 중 어법상 가장 옳지 않은 것은? 2019. 서울시 9급

There is a more serious problem than ① underline:maintaining the cities.
As people become more comfortable working alone, they may
become ② less social. It's ③ easier to stay home in comfortable
exercise clothes or a bathrobe than ④ getting dressed for yet
another business meeting!

해설 ④ 비교대상의 품사 일치를 묻고 있다. getting과 to stay는
서로 다른 품사이므로 getting은 to get으로 고쳐 써야 한
다. 참고로 명사와 동명사는 같은 품사로 규정하지만 to부
정사와 동명사는 같은 품사로 규정하지 않는다.
① 비교대상의 품사 일치를 묻고 있다. 동명사(명사 기능)
maintaining과 명사 problem은 서로 그 품사가 일치하므로
maintaining은 어법상 적절하다.
② more comfortable과 대비를 이루는 less social은 어법상
적절하다. 참고로 social의 비교급은 형용사 뒤에 -er을 붙
이지 않고 more나 less를 사용해야 한다.
③ than 앞에 비교급 easier는 어법상 적절하다.

해석 그 도시들을 유지하는 것보다 더 심각한 문제가 있다. 사람
들이 혼자 일하는 것이 더 편해지면서, 그들은 덜 사교적이
게 될 수도 있다. 또 다른 업무 회의를 위해 정장을 차려 입
는 것보다 편한 운동복이나 목욕가운을 입고 집에 있는 것
이 더 쉽다!

어휘 serious 심각한 / maintain 유지하다 / comfortable 편안한
/ bathrobe 목욕가운

006 | ④

우리말을 영어로 잘못 옮긴 것은? 2018. 국가직 9급

① 그 연사는 자기 생각을 청중에게 전달하는 데 능숙하지 않았다.
→ The speaker was not good at getting his ideas across to the
audience.
② 서울의 교통 체증은 세계 어느 도시보다 심각하다.
→ The traffic jams in Seoul are more serious than those in any
other city in the world.
③ 네가 말하고 있는 사람과 시선을 마주치는 것은 서양 국가에서 중요하다.
→ Making eye contact with the person you are speaking to is
important in western countries.
④ 그는 사람들이 생각했던 만큼 인색하지 않았다는 것이 드러났다.
→ It turns out that he was not so stingier as he was thought to
be.

해설 ④ as[so]+원급+as의 동등비교 구문을 묻고 있다. 따라
서 비교급 stingier는 원급 stingy로 고쳐 써야 한다.
① be good at+명사/ⓥ-ing 구문과 구동사 get across의
사용을 묻고 있다. 어법상 적절하다.
② 비교대상의 명사는 반복해서 사용하지 않으므로 traffic
jams를 대신하는 those의 사용은 어법상 적절하고 또한
비교급+than any other+단수명사 역시 어법상 적절하다.
③ 동명사 주어 making(단수 취급)의 동사 is는 어법상 적
절하고 person 다음 목적격 관계대명사 who(m)이 생략된
구조 역시 어법상 옳고 또한 speak는 1형식 동사이므로 전
치사 to의 사용 역시 어법상 적절하다.

어휘 get across 전달되다, 이해되다 / be good at ~에 능숙하
다 / traffic jam 교통체증 / turnout 밝혀지다, 판명되다 /
stingy 인색한

007 | ③

다음 우리말을 영어로 잘못 옮긴 것을 고르시오. 2017. 지방직 9급

① 그를 당황하게 한 것은 그녀의 거절이 아니라 그녀의 무례함이었다.
→ It was not her refusal but her rudeness that perplexed him.

② 부모는 아이들 앞에서 그들의 말과 행동에 대해 아무리 신중해도 지나치지 않다.
→ Parents cannot be too careful about their words and actions before their children.

③ 환자들과 부상자들을 돌보기 위해 더 많은 의사가 필요했다.
→ More doctors were required to tend sick and wounded.

④ 설상가상으로, 또 다른 태풍이 곧 올 것이라는 보도가 있다.
→ To make matters worse, there is a report that another typhoon will arrive soon.

해설 ③ '정관사 the＋형용사→복수명사(주로 사람들)' 구문을 묻고 있다. 따라서 형용사 sick and wounded 앞에 정관사 the가 있어야 적절한 영작이 된다.
① It is ~ that 강조 구문과 not A(명사) but B(명사) 구문을 동시에 묻고 있다. 또한 타동사 perplex 다음 목적어 him의 사용 역시 어법상 적절하다.
② 조동사 cannot ~ too 구문(아무리 ~해도 지나치지 않다)을 묻고 있다. 따라서 적절한 영작이다.
④ to make matters worse '설상가상으로'의 쓰임과 there가 문두에 위치하므로 주어와 동사의 도치나 수일치 모두 어법상 적절하다. 또한 동격의 접속사 that 역시 어법상 적절하다.

어휘 **rudeness** 무례함 / **perplex** 당황하게 하다 / **wounded** 부상당한 / **typhoon** 태풍

008 | ③

어법상 옳은 것은? 2017. 지방직 7급

① She was noticeably upset by how indignant he responded to her final question.

② Obviously, this state of affairs is known to the ambassadors, who reacts unfavorably to it.

③ I walked on as briskly as the heat would let me until I reached the road which led to the village.

④ Although there are some similarities in the platforms of both candidates, the differences among them are wide.

해설 ③ as~as 동등비교 구문에서 자동사 walk 다음 부사 briskly(활기차게)의 사용은 어법상 적절하고 as 다음 let me 다음 walk가 생략(앞에 walk가 있으므로)된 구조로 역시 어법상 적절하다. 또한 3형식 동사 reach 다음 목적어 the road의 사용 역시 어법상 적절하다.
① 접속사 how 다음 뒤에 문장구조가 완전하므로 형용사 indignant는 부사 indignantly로 고쳐 써야 한다.
② 관계대명사 who 앞에 복수명사 ambassadors가 있으므로 단수동사 reacts는 복수동사 react로 고쳐 써야 한다.
④ among은 셋 이상에서 between은 둘 사이에서 사용되는 전치사이다. them은 두 후보자의 연단(platforms)을 대신하므로 among은 between으로 고쳐 써야 한다.

해석 ① 그녀는 그녀의 마지막 질문에 그가 너무 격하게 반응한 것에 몹시 속상해 했다.
② 분명히 이 상황은 그 상황에 우호적이지 않게 반응하는 대사들에게 알려진다.
③ 나는 마을로 향한 길에 도착할 때까지 열기에 들떠 기운차게 계속 걸었다.
④ 비록 두 후보자들의 연단이 약간의 유사점이 있다하더라도 둘 사이에 차이점은 크다.

어휘 **noticeably** 현저하게, 몹시 / **upset** 마음이 상한, 속상한 / **respond[react] to** ~에 대답[반응]하다 / **obviously** 분명하게 / **state of affairs** 상황, 정세 / **ambassador** 대사 / **unfavorably** 호의적[우호적]이지 않은 / **briskly** 기운[활기]차게 / **reach** ~에 이르다[다다르다, 도착하다] / **platform** (무대의) 연단 / **candidate** 입후보자

PART 02 독해

Chapter 01 주제, 제목, 요지

001 | ①

다음 글의 주제로 알맞은 것은?

2023. 국가직 9급

There are times, like holidays and birthdays, when toys and gifts accumulate in a child's life. You can use these times to teach a healthy nondependency on things. Don't surround your child with toys. Instead, arrange them in baskets, have one basket out at a time, and rotate baskets occasionally. If a cherished object is put away for a time, bringing it out creates a delightful remembering and freshness of outlook. Suppose your child asks for a toy that has been put away for a while. You can direct attention toward an object or experience that is already in the environment. If you lose or break a possession, try to model a good attitude ("I appreciated it while I had it!") so that your child can begin to develop an attitude of nonattachment. If a toy of hers is broken or lost, help her to say, "I had fun with that."

① building a healthy attitude toward possessions
② learning the value of sharing toys with others
③ teaching how to arrange toys in an orderly manner
④ accepting responsibility for behaving in undesirable ways

해설 주어진 지문은 자녀에게 물건에 대한 건강한 비의존성을 가르치는 방법에 관한 내용의 글이므로 이 글의 주제로 가장 적절한 것은 ① '소유물에 대한 건강한 태도 구축하기'이다.

해석 명절과 생일처럼 아이들의 삶에 장난감과 선물이 쌓이는 때가 있다. 당신은 이러한 시기를 이용해 물건에 대한 건강한 비의존성을 가르칠 수 있다. 당신의 아이를 장난감들로 둘러싸지 마라. 대신에 그것들을 바구니에 정리해 두고 한 번에 한 바구니씩 꺼내놓고 가끔 바구니들을 순환시켜라. 소중한 물건이 잠시 치워지면, 그것을 꺼내오는 것은 즐거운 기억과 새로운 시야를 만들어 낸다. 당신의 아이가 잠깐 동안 치워둔 장난감을 요구한다고 가정해 보자. 당신은 이미 주변에 있는 물체나 경험으로 (아이의) 주의를 끌 수 있다. 만약 당신이 소유물을 잃어버리거나 망가뜨린다면 아이가 집착하지 않는 태도를 기르기 시작할 수 있도록 긍정적 태도("이 걸 갖고 있는 동안 난 너무 좋았어!")를 모범으로 보여라. 아이의 장난감이 망가지거나 없어지는 경우, 아이가 "그거 재미있었어요."라고 말할 수 있도록 도와라.
① 소유물에 대한 건강한 태도 구축하기
② 다른 사람들과 장난감을 공유하는 것의 가치 배우기
③ 장난감을 질서정연하게 정리하는 방법 가르치기
④ 바람직하지 않은 방식으로 행동하는 것에 대한 책임 받아들이기

어휘 **accumulate** 쌓다, 축적하다 / **nondependency** 비의존성 / **surround** 둘러싸다, 에워싸다 / **arrange** 정리하다 / **rotate** 순환시키다 / **occasionally** 가끔, 이따금 / **cherish** 소중히 여기다 / **put away** 치우다, 없애다 / **bring out** ~을 꺼내다 /

delightful 즐거운 / **remembering** 기억 / **freshness of outlook** 새로운 시각 * **outlook** 시각, 견해 / **ask for** 요청하다 / **for a while** 잠시, 잠깐 동안 / **direct attention** 주의를 끌다 / **possession** 소유물 / **attitude** 태도 / **nonattachment** 애착을 갖지 않음 / **orderly** 질서정연한 / **undesirable** 바람직하지 않은

002 | ②

다음 글의 요지로 알맞은 것은?

2023. 국가직 9급

Many parents have been misguided by the "self-esteem movement," which has told them that the way to build their children's self-esteem is to tell them how good they are at things. Unfortunately, trying to convince your children of their competence will likely fail because life has a way of telling them unequivocally how capable or incapable they really are through success and failure. Research has shown that how you praise your children has a powerful influence on their development. Some researchers found that children who were praised for their intelligence, as compared to their effort, became overly focused on results. Following a failure, these same children persisted less, showed less enjoyment, attributed their failure to a lack of ability, and performed poorly in future achievement efforts. Praising children for intelligence made them fear difficulty because they began to equate failure with stupidity.

① Frequent praises increase self-esteem of children.
② Compliments on intelligence bring about negative effect.
③ A child should overcome fear of failure through success.
④ Parents should focus on the outcome rather than the process.

해설 주어진 지문은 아이들이 노력보다 지능으로 칭찬받으면 아이들이 실패를 경험할 때 부정적 결과를 경험한다는 내용의 글이므로 이 글의 요지로 가장 적절한 것은 ② '지능에 대한 칭찬은 부정적인 효과를 야기한다.'이다.

해석 많은 부모가 자녀의 자존감을 형성하는 방법이 자녀에게 그들이 얼마나 일을 잘하는지 알려주는 것이라고 말해온 '자존감 운동'에 잘못된 길로 들어서고 있다. 불행하게도, 삶이란 아이들에게 성공과 실패를 통해 그들이 실제로 얼마나 유능하거나 무능한지를 명백히 알려주는 것이기에, 아이들에게 그들의 능력을 납득시키려는 것은 실패할 가능성이 크다. 연구는 자녀를 칭찬하는 방식이 자녀의 발달에 강력한 영향을 미친다는 것을 보여준다. 몇몇 연구자들은 노력보다는 지능으로 칭찬받은 아이들이 결과에 지나치게 집중하게 된다는 것을 발견했다. 이 같은 아이들은 실패 이후 덜 끈기 있고, 덜 즐거워하고, 실패를 능력이 부족한 탓으로 돌리고, 향후 성취를 위한 노력에서 저조한 성과를 보였다. 아이들을 지능으로 칭찬하는 것은 그들이 실패를 명청함과 동일시하기 시작하기에 그들로 하여금 어려움을 두려워하게 만들었다.

① 빈번한 칭찬이 아이들의 자존감을 증가시킨다.
② 지능에 대한 칭찬은 부정적인 효과를 야기한다.
③ 아이는 성공을 통해 실패에 대한 두려움을 극복해야 한다.
④ 부모들은 과정보다는 결과에 집중해야 한다.

+ 어휘 **misguide** 잘못 인도하다, 잘못 이끌다 / **self-esteem** 자존감 / **movement** 운동 / **convince A of B** A에게 B를 확신시키다 / **competence** 능력, 유능함 / **unequivocally** 확실하게, 명백하게 / **capable** 할 수 있는, 능력이 있는 / **failure** 실패 / **praise** 칭찬(하다) / **intelligence** 지능 / **as compared to** ~와 비교해서 / **overly** 지나치게, 과도하게 / **persist** 지속하다 / **enjoyment** 즐거움, 기쁨 / **attribute A to B** A를 B탓으로 돌리다, A는 B때문이다 / **equate A with B** A와 B를 동일시하다, A와 B를 같은 것으로 여기다 / **stupidity** 어리석음, 바보짓 / **frequent** 잦은, 빈번한 / **compliment** 칭찬(하다) / **overcome** 극복하다

003 | ②

다음 글의 제목으로 가장 적절한 것은?   2023. 지방직 9급

Well-known author Daniel Goleman has dedicated his life to the science of human relationships. In his book Social Intelligence he discusses results from neuro-sociology to explain how sociable our brains are. According to Goleman, we are drawn to other people's brains whenever we engage with another person. The human need for meaningful connectivity with others, in order to deepen our relationships, is what we all crave, and yet there are countless articles and studies suggesting that we are lonelier than we ever have been and loneliness is now a world health epidemic. Specifically, in Australia, according to a national Lifeline survey, more than 80 % of those surveyed believe our society is becoming a lonelier place. Yet, our brains crave human interaction.

① Lonely People
② Sociable Brains
③ Need for Mental Health Survey
④ Dangers of Human Connectivity

●●● 해설 주어진 지문은 전 세계적으로 인간의 외로움이 만연해 있지만 인간의 뇌가 사교적인 특성을 가지고 있고 이로 인해 인간과의 상호작용을 갈망한다는 내용의 글이므로 이 글의 제목으로 가장 적절한 것은 ② '사교적인 두뇌'이다.

❗해석 잘 알려진 작가 Daniel Goleman은 인간관계의 과학에 자신의 인생을 바쳤다. 그의 책 <사교적 지능>에서 그는 인간의 뇌가 얼마나 사교적인지를 설명하기 위해 신경 사회학에서 나온 결과물들을 이야기 한다. Goleman에 따르면, 우리가 다른 사람과 관계를 맺을 때마다 우리는 다른 사람의 뇌에 이끌린다. 관계를 깊게 하기 위하여 다른 사람들과 의미 있게 연결되려는 인간의 욕구는 우리 모두가 갈망하는 것이지만, 우리는 과거 어느 때보다 더 외로우며 그 외로움은 지금 전 세계의 건강 유행병임을 보여주는 수많은 기사와 연구들이 있다. 특히 호주에는, 전국적인 라이프라인 설문 조사에 따르면 조사 대상자의 80% 이상이 우리 사회가 더 외로운 장소가 되어가고 있다고 믿는다. 하지만 우리의 뇌는 인간의 상호작용을 갈망한다.

① 외로운 사람들
② 사교적인 두뇌
③ 정신 건강 조사의 필요성
④ 인간의 연결됨의 위험

+ 어휘 **dedicate A to B** A를 B에 바치다, 헌신하다, 몰두하다 / **relationship** 관계 / **neuro-sociology** 신경 사회학 / **sociable** 사교적인 / **draw** ① 그리다 ② 잡아당기다, 끌어내다 / **engage with** ~와 관계를 맺다 / **meaningful** 의미 있는 / **connectivity** 연결 / **in order to** ⓥ ⓥ하려고, 하기 위하여 / **deepen** 깊게 하다 / **crave** 열망하다, 갈망하다 / **countless** 무수히 많은 / **article** 기사 / **lonely** 외로운, 고독한 / **loneliness** 외로움, 고독 / **epidemic** 유행병, 유행성 전염병 / **specifically** 특히 / **survey** 조사(하다) / **interaction** 상호작용

004 | ④

다음 글의 요지로 가장 적절한 것은?   2023. 지방직 9급

Dr. Roossinck and her colleagues found by chance that a virus increased resistance to drought on a plant that is widely used in botanical experiments. Their further experiments with a related virus showed that was true of 15 other plant species, too. Dr. Roossinck is now doing experiments to study another type of virus that increases heat tolerance in a range of plants. She hopes to extend her research to have a deeper understanding of the advantages that different sorts of viruses give to their hosts. That would help to support a view which is held by an increasing number of biologists, that many creatures rely on symbiosis, rather than being self-sufficient.

① Viruses demonstrate self-sufficiency of biological beings.
② Biologists should do everything to keep plants virus-free.
③ The principle of symbiosis cannot be applied to infected plants.
④ Viruses sometimes do their hosts good, rather than harming them.

●●● 해설 주어진 지문은 식물의 가뭄에 대한 저항력을 향상시키는 바이러스가 식물의 저항력을 증가시키고 숙주에 도움이 된다는 내용의 글이므로 이 글의 요지로 가장 적절한 것은 ④ '바이러스는 때때로 숙주에게 해가 되기보다는 도움이 된다.'이다.

❗해석 Roossinck 박사와 그녀의 동료들은 우연히 어떤 바이러스가 식물 실험에 널리 사용되는 식물의 가뭄에 대한 저항력을 증가시켰다는 사실을 발견했다. 관련된 바이러스를 가지고 이루어진 더 많은 실험은 15종의 다른 식물 종에서도 사실이라는 것을 보여주었다. Roossinck 박사는 지금 다양한 식물의 내열성을 증가시키는 또 다른 유형의 바이러스를 연구하기 위한 실험을 하고 있다. 그녀는 다양한 다른 종류의 바이러스가 그들 숙주에게 주는 이점에 대해 더 깊은 이해를 하기 위해 그녀의 연구를 확장하고 싶어 한다. 이 연구가 점점 더 많은 생물학자들이 많은 생물들이 자급자족보다는 공생에 의존한다는 주장에 대한 견해를 뒷받침하는 데 도움이 될 것이다.

① 바이러스는 생물학적 존재들의 자급자족을 보여준다.
② 생물학자들은 바이러스 없는 식물을 유지하려고 모든 것을 해야 한다.
③ 공생의 원리는 감염된 식물에는 적용될 수 없다.
④ 바이러스는 때때로 숙주에게 해가 되기보다는 도움이 된다.

➕ 어휘 colleague 동료 / by chance 우연히 / resistance 저항 / drought 가뭄 / botanical 식물의 / experiment 실험 / further ① 더 멀리에 ② 더 많은, 더 이상의 / heat tolerance 내열성 / a range of 다양한 / extend 확장하다, 늘이다 / sort 종류 / host 주인, 숙주 / rely on ~에 의존하다 / symbiosis 공생 / self-sufficient 자급자족하는 * self-sufficiency 자급자족 / demonstrate 보여주다, 입증하다, 설명하다 / virus-free 바이러스가 없는 / principle 원리 / infected 감염된 / do A good A에게 도움이 되다

④ 1970년대 초반의 몇몇 대학생들은 독특한 패션으로 감탄을 받았다.

➕ 어휘 tend to ⓥ ⓥ하는 경향이 있다 / experimenter 실험자 / don (옷을) 입다 / attire 복장, 의복 / dime 10센트짜리 동전 / grant ① 주다, 수여하다 ② 허락하다, 인정하다 / instance 요구, 요청 / dissimilarly 다르게 / marcher 시위자, 행진하는 사람 / antiwar demonstration 반전 시위 / petition 청원서, 탄원서 / bother to ⓥ ⓥ하려고 애쓰다, 노력하다 / dress up formally 정장을 하다 / efficient 효율적인, 능률적인 / socialize with ~와 교제하다, 사귀다 / admire 감탄하다, 존경하다 / unique 독특한

005 | ①

다음 글의 요지로 가장 적절한 것은?

2022. 지방직 9급

In one study, done in the early 1970s when young people tended to dress in either "hippie" or "straight" fashion, experimenters donned hippie or straight attire and asked college students on campus for a dime to make a phone call. When the experimenter was dressed in the same way as the student, the request was granted in more than two-thirds of the instances; when the student and requester were dissimilarly dressed, the dime was provided less than half the time. Another experiment showed how automatic our positive response to similar others can be. Marchers in an antiwar demonstration were found to be more likely to sign the petition of a similarly dressed requester and to do so without bothering to read it first.

① People are more likely to help those who dress like themselves.
② Dressing up formally increases the chance of signing the petition.
③ Making a phone call is an efficient way to socialize with other students.
④ Some college students in the early 1970s were admired for their unique fashion.

💬 해설 주어진 지문은 자신과 비슷한 복장을 한 사람이 무언가를 부탁하면 사람들은 긍정적인 반응을 보인다는 내용의 글이므로 이 글의 요지로 가장 적절한 것은 ① '사람들은 자신들과 같은 옷을 입은 사람들을 더 많이 돕는 것 같다.'이다.

❗ 해석 젊은이들이 "히피"나 "스트레이트" 패션으로 옷을 입는 경향이 있던 1970년대 초에 행해진 한 연구에서, 실험자들은 히피나 스트레이트 복장을 하고 대학생들에게 전화를 걸기 위한 10센트짜리 동전을 달라고 요청했다. 실험자가 학생과 같은 방식으로 옷을 입었을 때, 그 요청은 3분의 2 이상 받아들여졌고, 학생과 요청자가 서로 다르게 옷을 입었을 때, 10센트짜리 동전은 절반 미만으로 제공되었다. 또 다른 실험은 비슷한 타인에 대한 우리의 긍정적인 반응이 얼마나 자동적일 수 있는지를 보여주었다. 반전 시위에 참여한 시위자들은 비슷하게 옷을 입은 한 요청자의 탄원서에 그것을 읽어 보지도 않고 바로 서명할 가능성이 더 크다는 것으로 밝혀졌다.
① 사람들은 자신들과 같은 옷을 입은 사람들을 더 많이 돕는 것 같다.
② 정장을 입는 것이 탄원서 서명의 가능성을 증가시킨다.
③ 전화를 거는 것이 다른 학생들과 교제하는 효율적인 방법이다.

006 | ④

다음 글의 제목으로 가장 적절한 것은?

2022. 지방직 9급

One of the areas where efficiency can be optimized is the work force, through increasing individual productivity — defined as the amount of work (products produced, customers served) an employee handles in a given time. In addition to making sure you have invested in the right equipment, environment, and training to ensure optimal performance, you can increase productivity by encouraging staffers to put an end to a modern-day energy drain : multitasking. Studies show it takes 25 to 40 percent longer to get a job done when you're simultaneously trying to work on other projects. To be more productive, says Andrew Deutscher, vice president of business development at consulting firm The Energy Project, "do one thing, uninterrupted, for a sustained period of time."

① How to Create More Options in Life
② How to Enhance Daily Physical Performance
③ Multitasking is the Answer for Better Efficiency
④ Do One Thing at a Time for Greater Efficiency

💬 해설 주어진 지문은 다중작업을 멈추고 한 가지 일만 하라는 내용의 글이므로 글의 제목으로 가장 적절한 것은 ④ '더 큰 효율성을 위해서는 한 번에 한 가지 일을 하라'이다.

❗ 해석 효율성을 최적화할 수 있는 분야 중 하나는 노동력인데 이 노동력은 개인의 생산성 향상을 만들어낼 수 있고 주어진 시간 내에 한 근로자가 처리하는 작업량(제품생산이나 고객 서비스)으로 정의된다. 이는 주어진 시간 내에 한 근로자가 처리하는 작업량(제품생산이나 고객 서비스)으로 정의된다. 최적의 성능을 보장하기 위해 올바른 장비, 환경 및 교육에 투자했는지 확인하는 것 이외에도, 당신은 직원들이 현대의 에너지 낭비인 다중작업을 그만두게 함으로써 생산성을 높일 수 있다. 연구들은 당신이 동시에 다른 프로젝트들을 수행하려고 할 때 한 작업을 완료하는 데 25~40% 더 오래 걸린다는 연구가 있다. 컨설팅 회사인 The Energy Project의 사업개발 부사장인 Andrew Deutscher는 생산성을 높이기 위해서는, "지속적인 기간 동안 중단 없이 한 가지 일을 하라."고 말한다.
① 인생에서 더 많은 선택지를 만드는 방법
② 일상의 신체 기능을 강화하는 방법
③ 다중작업은 더 나은 효율성을 위한 답이다
④ 더 큰 효율성을 위해서는 한 번에 한 가지 일을 하라

+ 어휘 **area** 영역, 분야 / **efficiency** 효율성, 능률 / **optimize** 최적화하다 / **work force** 노동력 / **handle** 처리하다, 다루다 / **invest in** ~에 투자하다 / **equipment** 장비 / **put an end** 그만두다, 중단하다 / **drain** ① 배수, 배출 ② 낭비 / **simultaneously** 동시에 / **vice president** 부사장, 부회장, 부통령 / **uninterrupted** 중단 없이 / **sustain** 지속하다 / **enhance** 강화하다, 향상시키다

③ 인식의 문화적 차이
④ 세부지향적인 사람들의 우월성

+ 어휘 **present** 보여주다, 제공하다 / **realistic** 사실적인 / **animated** ① 생생한, 살아있는 ② 만화영화로 된 / **scene** 장면 / **reference** ① 언급 ② 참고 / **focal** 중심의, 초점의 / **inert** 무기력한, 비활성의 / **participant** 참가자 / **tellingly** 확실하게, 강력하게 / **barrier** 장벽, 장애물 / **association** 연관성, 관련 / **perception** 인식 / **superiority** 우월성 / **A-oriented** A 지향적인

007 | ③

다음 글의 제목으로 가장 적절한 것은? 2022. 국가직 9급

Do people from different cultures view the world differently? A psychologist presented realistic animated scenes of fish and other underwater objects to Japanese and American students and asked them to report what they had seen. Americans and Japanese made about an equal number of references to the focal fish, but the Japanese made more than 60 percent more references to background elements, including the water, rocks, bubbles, and inert plants and animals. In addition, whereas Japanese and American participants made about equal numbers of references to movement involving active animals, the Japanese participants made almost twice as many references to relationships involving inert, background objects. Perhaps most tellingly, the very first sentence from the Japanese participants was likely to be one referring to the environment, whereas the first sentence from Americans was three times as likely to be one referring to the focal fish.

① Language Barrier Between Japanese and Americans
② Associations of Objects and Backgrounds in the Brain
③ Cultural Differences in Perception
④ Superiority of Detail-oriented People

해설 단락의 도입부에 반대/대조를 나타내는 시그널 different (서로 다른 소재에 대한 차이점)를 이용해야 한다. 주어진 지문은 똑같은 사물을 보는 두 문화 사람들(미국인 vs. 일본인)의 차이점을 소개하는 내용의 글이므로 이 글의 제목으로 가장 적절한 것은 ③ '인식의 문화적 차이'이다.

해석 다른 문화의 사람들은 세상을 달리 볼까? 한 심리학자는 일본과 미국 학생들에게 물고기와 다른 수중 물체의 사실적인 애니메이션 장면을 보여주었고 그들이 본 것을 보고하도록 요청했다. 미국인들과 일본인들은 이 초점 대상인 물고기를 거의 같은 수로 언급했지만, 일본인들은 물, 바위, 거품, 그리고 비활성 식물과 동물들을 포함한 배경 요소들에 대해 60% 이상 더 언급했다. 게다가, 일본과 미국의 참가자가 대략 같은 수의 활동적인 동물을 포함한 움직임을 언급했던 반면, 일본 참가자는 비활성 배경물체와 관련된 관계에 대해서는 거의 두 배 가까이 더 언급을 했다. 아마도 가장 확실한 것은 일본인 참가자의 첫 번째 문장은 환경을 언급하는 문장이었을 것이고 반면에, 미국인의 첫 번째 문장은 초점 대상인 물고기를 언급하는 문장이었을 것인데 그 가능성은 3배 더 높았다.
① 일본인과 미국인사이의 언어장벽
② 뇌 안의 물체와 배경의 연관성

008 | ①

다음 글의 요지로 가장 적절한 것은? 2022. 국가직 9급

If someone makes you an offer and you're legitimately concerned about parts of it, you're usually better off proposing all your changes at once. Don't say, "The salary is a bit low. Could you do something about it?" and then, once she's worked on it, come back with "Thanks. Now here are two other things I'd like..." If you ask for only one thing initially, she may assume that getting it will make you ready to accept the offer (or at least to make a decision). If you keep saying "and one more thing...," she is unlikely to remain in a generous or understanding mood. Furthermore, if you have more than one request, don't simply mention all the things you want—A, B, C, and D; also signal the relative importance of each to you. Otherwise, she may pick the two things you value least, because they're pretty easy to give you, and feel she's met you halfway.

① Negotiate multiple issues simultaneously, not serially.
② Avoid sensitive topics for a successful negotiation.
③ Choose the right time for your negotiation.
④ Don't be too direct when negotiating salary.

해설 주어진 지문은 제안을 받고 그 제안에 수정사항이 있을 때 그 수정사항을 한꺼번에 제안해야지 하나씩 따로따로 연속해서 제안해서는 안 된다는 내용의 글이므로 이 글의 요지로 가장 적절한 것은 ① '여러 사안을 연속적으로가 아니라 동시에 협상하라.'이다.

해석 만약 누군가가 당신에게 제안을 하고 당신이 합리적으로 그 제안의 일부에 대해 걱정이 있다면, 당신은 보통 당신의 모든 수정사항을 한꺼번에 제안하는 것이 좋다. "월급이 좀 적어요. 어떻게 좀 해주시겠어요?" 라고는 말해서는 안 된다. 그렇게 하면 그녀가 그 제안을 들어주고 "고맙습니다. 여기 제가 원하는 다른 두 가지가 있는데..."하며 또 다른 제안을 하게 된다. 만약 당신이 처음에 단지 한 가지만 요구한다면, 그녀는 당신이 그 한 가지가 해결된다면 그 제안을 받아들일 준비가 되어 있거나 (적어도 결정을 내릴 준비가 되어 있을 것이라고) 생각할 수 있다. 만약 당신이 계속해서 "그리고 한 가지 더..." 라고 말한다면, 그녀는 관대하거나 이해심 많은 기분을 유지할 수 없을 것 같다. 게다가, 하나보다 많은 요구사항이 있다면, 그 모든 것들을 A, B, C, D라고 단순하게 언급하지 말고 당신에게 있어 그것들 각각의 상대적 중요성을 나타내 보여라. 그렇지 않으면, 그녀는 당신이 가장 중요하게 여기지 않는 두 가지를 고를 수 있고

그 두 가지는 당신에게 주기 꽤 쉬운 것이라 생각하기 때문에 당신을 어느 정도 만족시켰다고 느낄 수 있다.
① 여러 사안을 연속적으로가 아니라 동시에 협상하라.
② 성공적인 협상을 위해 민감한 주제를 피하라.
③ 당신의 협상을 위해 알맞은 시간을 선택하라.
④ 임금 협상을 할 때 너무 직접적으로 하지 마라.

➕ 어휘 legitimately ① 합법적으로 ② 합리적인, 이치에 맞는 / be concerned about ~에 대해 걱정하다 / better off ~ ing ~하는 것이 좋다 / change 수정사항 / at once 즉시 / once S + V 일단 ~하면 / ask for 요청하다, 요구하다 / initially 처음에(는) / assume 추정하다, 생각하다 / at least 적어도 / generous 관대한 / mood 분위기 / not simply A also B A뿐만 아니라 B도 역시 / signal 신호를 보내다, 표현하다 / relative 상대적인 / otherwise 그렇지 않으면 / halfway 중간쯤, 어느 정도 / negotiate 협상하다 *negotiation 협상 / multiple 다수의 / simultaneously 동시에 / serially 연속적으로, 연속해서 / sensitive 민감한 / right 적당한, 적절한, 알맞은

009 | ④

다음 글의 주제로 가장 적절한 것은?　　　2021. 국가직 9급

During the late twentieth century socialism was on the retreat both in the West and in large areas of the developing world. During this new phase in the evolution of market capitalism, global trading patterns became increasingly interlinked, and advances in information technology meant that deregulated financial markets could shift massive flows of capital across national boundaries within seconds. 'Globalization' boosted trade, encouraged productivity gains and lowered prices, but critics alleged that it exploited the low-paid, was indifferent to environmental concerns and subjected the Third World to a monopolistic form of capitalism. Many radicals within Western societies who wished to protest against this process joined voluntary bodies, charities and other non-governmental organizations, rather than the marginalized political parties of the left. The environmental movement itself grew out of the recognition that the world was interconnected, and an angry, if diffuse, international coalition of interests emerged.

① The affirmative phenomena of globalization in the developing world in the past
② The decline of socialism and the emergence of capitalism in the twentieth century
③ The conflict between the global capital market and the political organizations of the left
④ The exploitative characteristics of global capitalism and diverse social reactions against it

➕ 해설 주어진 지문은 사회주의가 쇠퇴하고 시장 자본주의가 발전하였으나 그 발전이 오히려 저임금 노동자와 환경을 착취하게 되었고 제3세계 국가들을 독점적 자본주의에 종속시켜 이를 반대하는 사람들이 여러 가지 사회조직에 합류하게 되었다는 내용의 글이므로 이 글의 주제로 가장 적절한 것은 ④ '세계 자본주의의 착취적 성격과 그에 따른 다양한 사회적 반응'이다.

➕ 해설 20세기 후반 내내 사회주의는 서구와 개발도상국의 많은 지역에서 퇴보하고 있었다. 시장 자본주의 진화라는 이 새로운 국면에서, 세계의 무역 형태는 점점 더 서로 연결되어 갔고, 정보기술의 발전은 규제가 사라진 금융 시장이 단 몇 초 만에 국경을 넘어 거대한 자본의 흐름을 바꿀 수 있다는 것을 의미했다. '세계화'는 무역을 활성화시키고, 생산성 증가를 독려하고, 가격을 낮췄지만, 비판자들은 그것이 저임금 노동자들을 착취하고, 환경 문제에 무관심하며 제3세계 국가들을 독점적인 형태의 자본주의에 종속시켰다고 주장했다. 이 과정을 반대하고 싶었던 서구의 많은 급진주의자들은 미미한 좌파정당들보다는 자발적인 단체, 자선단체, 그리고 다른 비정부조직들에 합류했다. 환경 운동 자체는 세계가 서로 연결되어 있다는 인식에서 성장했으며, 운동이 확산되면서 분노한 국제적 이익 연합이 나타났다.
① 과거 개발도상국에서의 세계화의 긍정적 현상
② 20세기 사회주의의 쇠퇴와 자본주의의 출현
③ 세계 자본시장과 좌파 정치조직 사이에서의 갈등
④ 세계 자본주의의 착취적 성격과 그에 따른 다양한 사회적 반응

➕ 어휘 socialism 사회주의 / retreat 후퇴 / phase 단계, 국면 / evolution 진화, 발전 / capitalism 자본주의 *capital 자본 / increasingly 지속적으로, 끊임없이, 점점 더 / interlink 상호(서로) 연결시키다(= interconnect) / advance 발전 / deregulate 규제를 철폐하다 / shift 옮기다, 바꾸다 / financial market 금융시장 / massive 거대한 / boundary 경계 / within seconds 몇 초 만에, 순식간에 / boost 북돋우다 / gain 개선, 증가 / critic 비평가, 비판자 / allege 주장하다 / exploit 착취하다, (부당하게) 이용하다 / indifferent 무관심한 / concern ① 걱정, 근심 ② 관심 / subject 종속시키다 / monopolistic 독점적인 / radical ① 급진주의자 ② 급진적인 / protest 항의(반대)하다 / body 단체 / charity 자비, 자선(단체) / marginalized 미미한, 빈약한 *marginalize 소외시키다, 처지게 하다 / party 정당 / recognition 인식 / diffuse 퍼뜨리다, 퍼지다 / coalition 연합 / emerge 나타나다 / emergence 출현 / affirmative 긍정적인 / phenomena phenomenon(현상)의 복수형 / decline 쇠퇴 / conflict 갈등 / exploitative 착취적인 / diverse 다양한

010 | ③

다음 글의 제목으로 가장 적절한 것은?　　2021. 국가직 9급

Warming temperatures and loss of oxygen in the sea will shrink hundreds of fish species — from tunas and groupers to salmon, thresher sharks, haddock and cod — even more than previously thought, a new study concludes. Because warmer seas speed up their metabolisms, fish, squid and other water-breathing creatures will need to draw more oxygen from the ocean. At the same time, warming seas are already reducing the availability of oxygen in many parts of the sea. A pair of University of British Columbia scientists argue that since the bodies of fish grow faster than their gills, these animals eventually will reach a point where they can't get enough oxygen to sustain normal growth. "What we found was that the body size of fish decreases by 20 to 30 percent for every 1 degree Celsius increase in water temperature," says author William Cheung.

① Fish Now Grow Faster than Ever
② Oxygen's Impact on Ocean Temperatures
③ Climate Change May Shrink the World's Fish
④ How Sea Creatures Survive with Low Metabolism

해설 주어진 지문은 따뜻한 기온으로 인해 바다 속 산소가 부족해지고 그로 인해 물고기종의 감소와 물고기의 크기 감소를 설명하고 있으므로 이 글의 제목으로 가장 적절한 것은 ③ '기후변화가 세상의 물고기를 감소시킬 수 있다'이다.

해석 새로운 연구는 따뜻한 기온과 바다 속 산소의 상실이 예전에 생각했던 것보다 훨씬 더 많이 참치와 농어에서부터 연어, 환도상어, 해덕 그리고 대구까지 수백 종의 물고기종이 감소할 것이라고 결론짓는다. 따뜻한 바다가 신진대사를 가속화시키기 때문에 물고기, 오징어 그리고 다른 수중호흡생물들이 바다에서 더 많은 산소를 필요로 할 것이다. 동시에 따뜻한 바다는 이미 곳곳에서 산소의 이용가능성을 감소시키고 있다. British Columbia 대학의 몇몇 과학자들은 물고기의 몸이 그들의 아가미보다 빠르게 성장하기 때문에 결국, 이 동물들은 정상적인 성장을 유지하기 위한 충분한 산소가 없는 지점까지 다다를 것이라고 주장한다. 우리가 발견한 것은 물의 온도가 매 섭씨 1도 증가할 때마다 물고기의 몸의 크기는 감소한다고 작가 William Cheung은 말한다.
① 지금 물고기는 이전보다 더 빠르게 성장한다
② 대양의 온도에 의한 산소의 영향력
③ 기후변화가 세상의 물고기를 감소시킬 수 있다
④ 어떻게 바다생물이 낮은 신진대사로 생존하는가

어휘 grouper 농어 / thresher shark 환도상어 * thresher 탈곡기 / haddock 해덕; 대구와 비슷하나 그보다 작은 바다고기 / cod 대구 / previously 이전에 / metabolism 신진대사 / squid 오징어 / water-breathing 수중호흡 / at the same time 동시에 / reduce 감소하다 / availability 이용가능성 / gill 아가미 / eventually 결국, 마침내, 궁극적으로 / Celsius 섭씨

011 | ④

다음 글의 제목으로 가장 적절한 것은?　　2021. 지방직 9급

The definition of 'turn' casts the digital turn as an analytical strategy which enables us to focus on the role of digitalization within social reality. As an analytical perspective, the digital turn makes it possible to analyze and discuss the societal meaning of digitalization. The term 'digital turn' thus signifies an analytical approach which centers on the role of digitalization within a society. If the linguistic turn is defined by the epistemological assumption that reality is constructed through language, the digital turn is based on the assumption that social reality is increasingly defined by digitalization. Social media symbolize the digitalization of social relations. Individuals increasingly engage in identity management on social networking sites(SNS). SNS are polydirectional, meaning that users can connect to each other and share information.　　* epistemological : 인식론의

① Remaking Identities on SNS
② Linguistic Turn Versus Digital Turn
③ How to Share Information in the Digital Age
④ Digitalization Within the Context of Social Reality

해설 주어진 지문은 디지털 전환의 영향으로 우리 사회가 점점 더 디지털화되어간다는 내용의 글이므로 ④ '사회현실의 맥락에서의 디지털화'가 이 글의 제목으로 가장 적절하다.

해석 '전환'의 정의는 디지털 전환을 우리가 사회적 현실 내에서 디지털화의 역할에 집중할 수 있게 하는 분석 전략으로 여긴다. 분석적 관점으로 보면, 디지털 전환은 디지털화의 사회적 의미를 분석하고 토론을 가능하게 한다. 따라서 '디지털 전환'이라는 용어는 한 사회 내에서 디지털화의 역할에 초점을 맞춘 분석적 접근 방식을 의미한다. 만약 언어학적 전환이 언어를 통해 현실이 구성된다는 인식론적 추정에 의해 정의된다면, 디지털 전환은 사회적 현실이 점점 디지털화에 의해 정의된다는 생각에 기반을 두게 된다. 소셜 미디어는 사회적 관계의 디지털화를 상징한다. 개개인들이 소셜 네트워킹 사이트(SNS)에서 점점 더 정체성 관리에 참여하고 있다. SNS는 다방향적인데, 그것은 사용자가 서로 연결되어 정보를 공유할 수 있는 것을 의미한다.
① SNS에서의 정체성 재정립
② 언어적 전환 대(對) 디지털 전환
③ 어떻게 디지털 시대에서 정보를 공유하는가
④ 사회현실의 맥락에서의 디지털화

어휘 definition 정의 / cast A as B A를 B로 여기다, 간주하다 / analytical 분석적인 / strategy 전략 / digitalization 디지털화 / perspective ① 관점, 인식 ② 원근법 / analyze 분석하다 / societal 사회의 / term 용어 / signify 의미하다 / center on ~에 초점을 맞추다 / role 역할 / linguistic 언어(학)적인 / define 정의를 내리다 / assumption 추정, 생각 / construct 구성하다, 건설하다 / increasingly 점점 더, 끊임없이 / symbolize 상징하다 / engage in ~에 참여하다, 종사하다 / identity 정체성 / polydirectional 다방향적인 / context 맥락, 문맥

012 | ②

다음 글의 요지로 가장 적절한 것은? 2020. 국가직 9급

Listening to somebody else's ideas is the one way to know whether the story you believe about the world — as well as about yourself and your place in it — remains intact. We all need to examine our beliefs, air them out and let them breathe. Hearing what other people have to say, especially about concepts we regard as foundational, is like opening a window in our minds and in our hearts. Speaking up is important. Yet to speak up without listening is like banging pots and pans together : even if it gets you attention, it's not going to get you respect. There are three prerequisites for conversation to be meaningful : 1. You have to know what you're talking about, meaning that you have an original point and are not echoing a worn-out, hand-me-down or pre-fab argument; 2. You respect the people with whom you're speaking and are authentically willing to treat them courteously even if you disagree with their positions; 3. You have to be both smart and informed enough to listen to what the opposition says while handling your own perspective on the topic with uninterrupted good humor and discernment.

① We should be more determined to persuade others.
② We need to listen and speak up in order to communicate well.
③ We are reluctant to change our beliefs about the world we see.
④ We hear only what we choose and attempt to ignore different opinions.

해설 주어진 지문은 의사소통을 잘하기 위해서는 남의 말을 잘 듣고 자신의 목소리를 적절하게 낼 수 있어야 한다는 내용의 글이므로 이글의 요지로 가장 적절한 것은 ② '우리는 의사소통을 잘하기 위해서 듣고 목소리를 낼 필요가 있다'이다.

해석 다른 누군가의 생각을 듣는다는 것은 당신 자신과 그 안에 있는 당신의 위치뿐만 아니라 세상에 대해 당신이 믿는 이야기가 온전한 것인지를 알 수 있는 한 가지 방법이다. 우리 모두는 우리의 신념을 조사하고 그것들을 밖으로 내보내고 호흡할 수 있게 할 필요가 있다. 다른 사람들이, 특히 우리가 기초라고 여기는 개념에 대해 말해야 하는 것을 듣는 것은 우리 마음과 영혼의 창문을 여는 것과 같다. 목소리를 내는 것은 중요하다. 그러나 듣지 않고 목소리를 내는 것은 냄비와 팬을 동시에 세차게 부딪치는 것과 같고 비록 그것이 당신의 관심을 끌지는 몰라도 당신을 존경하게 하지는 못할 것이다. 대화를 의미 있게 하는 데에는 세 가지 전제조건이 있다 1. 당신이 무엇을 말하고 있는지 알고 있어야 하는데 이는 당신이 독창적인 요점을 가지며 낡고 창의력이 없는 미리 만들어진 주장을 그대로 따라하지 않는다는 것을 의미한다. 2. 당신은 당신과 이야기 하고 있는 사람들을 존중하고 비록 당신이 그들의 입장에 동의하지 않더라도 진정으로 그들에게 기꺼이 예의를 갖추려고 한다. 3. 당신은 연속된 좋은 유머와 분별력을 가지고 주제에 대한 자신의 관점을 다루면서 상대방의 말에 귀 기울일 만큼 똑똑하고 충분한 정보가 있어야 한다.
① 우리는 다른 사람들을 설득하기 위해 보다 더 단호해야 한다.
② 우리는 의사소통을 잘하기 위해 듣고 목소리를 낼 필요가 있다.
③ 우리는 우리가 보는 세상에 대한 우리의 믿음을 바꾸는 것을 꺼린다.
④ 우리는 우리가 선택한 것만 듣고 다른 의견들은 무시하려고 한다.

어휘 intact 온전한, 손상되지 않은 / examine 조사하다 / air A out A를 밖으로 내보내다 / breathe 숨 쉬다, 호흡하다 / especially 특히 / concept 개념 / foundational 기초적인 / bang 쾅[탕] 하고 치다[때리다], 세차게 내리치다 / prerequisite 전제조건 / original ① 기원의, 근원의 ② 독창적인 / echo ① 울림, 메아리 ②(메아리처럼 남의 말을) 따라하다 / worn-out 낡은, 닳아빠진 / hand-me-down 독창적이지 않은, 창의력이 없는 / pre-fab 기성(복)의, 미리 만들어진 / authentically 진정으로, 진실로 / willing to 기꺼이 ~하는 / treat ① 다루다, 취급하다 ② 치료하다 / courteously 예의바르게 / opposition 상대(방) / perspective 관점 / uninterrupted 중단되지 않는, 연속된 / discernment 안목 / persuade 설득하다 / reluctant 꺼리는, 마지못한

013 | ①

다음 글의 제목으로 가장 적절한 것은? 2020. 국가직 9급

The future may be uncertain, but some things are undeniable : climate change, shifting demographics, geopolitics. The only guarantee is that there will be changes, both wonderful and terrible. It's worth considering how artists will respond to these changes, as well as what purpose art serves, now and in the future. Reports suggest that by 2040 the impacts of human-caused climate change will be inescapable, making it the big issue at the centre of art and life in 20 years' time. Artists in the future will wrestle with the possibilities of the post-human and post-Anthropocene — artificial intelligence, human colonies in outer space and potential doom. The identity politics seen in art around the #MeToo and Black Lives Matter movements will grow as environmentalism, border politics and migration come even more sharply into focus. Art will become increasingly diverse and might not 'look like art' as we expect. In the future, once we've become weary of our lives being visible online for all to see and our privacy has been all but lost, anonymity may be more desirable than fame. Instead of thousands, or millions, of likes and followers, we will be starved for authenticity and connection. Art could, in turn, become more collective and experiential, rather than individual.

① What will art look like in the future?
② How will global warming affect our lives?
③ How will artificial intelligence influence the environment?
④ What changes will be made because of political movements?

해설 주어진 지문은 미래의 변화에 예술이 어떻게 작용할까에 관한 글이므로 이 글의 제목으로 가장 적절한 것은 ① '미래에 예술은 어떨까?'이다.

해석 미래는 불확실하지만 기후변화, 인구통계의 이동, 그리고 지정학 같은 어떤 것들은 (미래의 변화가) 분명하다. 유일한 보장은 변화는 있을 것이고 그 변화는 훌륭할 수도 있고 끔찍할 수도 있다. 현재와 미래에 예술이 어떤 역할을 할지

뿐 아니라 어떻게 예술가들이 이러한 변화에 반응할지 고려해 볼 가치가 있다. 보고서는 2040년까지 인간이 만든 기후 변화의 영향력은 피할 수 없을 것이고, 20년쯤이 지나면 예술과 삶의 중심에 큰 이슈가 될 것이라고 제시하고 있다. 미래의 예술가들은 인간과 인류세(人類世) 이후의 인공지능, 우주에 있는 인간의 식민지, 그리고 잠재적 파멸과 씨름할 것이다. 미투(MeToo) 운동과 흑인 인권 운동(흑인의 생명도 중요하다)을 둘러싼 예술에서 보인 정체성의 정치학은 환경주의, 국경정치, 이주가 훨씬 더 뚜렷하게 집중되고 있다. 예술은 점점 더 다양해질 것이고 우리가 기대하는 것만큼 '예술처럼 보이지' 않을 수도 있다. 미래에, 일단 우리 모두가 보는 온라인에서의 가시적인 우리의 삶에 우리가 싫증나게 되고 우리의 사생활이 거의 없어지면, 익명성이 명성보다 더 바람직할 수도 있다. 수천, 아니 수백만의 좋아요와 팔로워들 대신에, 우리는 진실성과 연계에 굶주리게 될 것이다. 결국 예술은 개인보다는 좀 더 집단적이고 경험적인 것이 될 수 있다.

① 미래에 예술은 어떨까?
② 어떻게 지구온난화가 우리의 삶에 영향을 미칠까?
③ 어떻게 인공지능이 환경에 영향을 미칠까?
④ 정치운동 때문에 어떤 변화가 일어날까?

어휘 uncertain 불확실한 / undeniable 분명한, 부인할 수 없는 / shift 이동(하다) / demographics 인구통계 / geopolitics 지정학 / guarantee 보장 / respond to ~에 반응하다 / as well as ~뿐 아니라 / purpose 목적 / impact 영향(력) / inescapable 피할 수 없는, 불가피한 / wrestle 씨름하다 / possibility 가능성 / Anthropocene 인류세(人類世)[인류로 인한 지구온난화 및 생태계 침범을 특징으로 하는 현재의 지질학적 시기] / artificial intelligence 인공지능 / colony 식민지 / doom 파멸, 죽음 / identity 정체성 / politics 정치학 / movement 운동 / environmentalism 환경주의 / border 국경 / migration 이주 / sharply ① 선명하게, 뚜렷이 ② 날카롭게 / increasingly 점점 더, 끊임없이 / diverse 다양한 / visible 눈에 보이는 / privacy 사생활 / all but 거의 / anonymity 익명성 / desirable 바람직한 / fame 명성 / starved 굶주린 / authenticity 진실성 / collective 집단적인 / experiential 경험적인

014 | ③

다음 글의 주제로 가장 적절한 것은? 2020. 국가직 9급

For many people, work has become an obsession. It has caused burnout, unhappiness and gender inequity, as people struggle to find time for children or passions or pets or any sort of life besides what they do for a paycheck. But increasingly, younger workers are pushing back. More of them expect and demand flexibility — paid leave for a new baby, say, and generous vacation time, along with daily things, like the ability to work remotely, come in late or leave early, or make time for exercise or meditation. The rest of their lives happens on their phones, not tied to a certain place or time — why should work be any different?

① ways to increase your paycheck
② obsession for reducing inequity
③ increasing call for flexibility at work
④ advantages of a life with long vacations

해설 주어진 지문은 강박이 되어버린 직장에 대해 젊은 근로자들이 일에 대한 유연성을 요구한다는 내용의 글이므로 이 글의 주제로 가장 적절한 것은 ③ '일의 유연성에 대한 늘어나는 요구'이다.

해석 많은 사람들에게 일은 강박이 되었다. 강박은 사람들이 봉급을 위해 하는 일 외에 아이들, 열정, 애완동물, 또는 그들이 어떤 종류의 삶을 위해 시간을 내기 위해 애쓰면서 탈진, 불행, 성 불평등을 초래했다. 그러나 점차로 젊은 근로자들이 반발하고 있다. 그들 중 더 많은 사람들은 유연함을 기대하며 요구한다. 원격근무, 늦은 출근이나 이른 퇴근, 또한 운동이나 명상을 위해 시간을 낼 수 있는 것과 같은 일상과 함께, 신생아를 위한 유급 휴가, 그리고 넉넉한 휴가 기간 등이 그 예이다. 그들 삶의 나머지 부분은 특정한 장소나 시간에 얽매이지 않고 휴대폰 상에서 일어나는데, 일이라고 해서 다를 것이 있을까?

① 당신의 급여를 올리는 방법들
② 불평등을 줄이기 위한 강박
③ 일의 유연성에 대한 늘어나는 요구
④ 긴 휴가가 있는 삶의 장점

어휘 obsession 강박 / burnout 탈진, 쇠진 / inequity 불평등 / struggle 애쓰다, 분투하다 / passion 열정 / besides ~이외에 / paycheck 급여, 봉급 / flexibility 유연성 / generous 관대한, 넉넉한 / remotely 멀리서 / meditation 명상 / tied to ~와 얽힌, ~에 얽매인 / certain ① 특정한 ② 어떤

015 | ①

다음 글의 요지로 가장 적절한 것은?　　　　2020. 지방직 9급

> Evolutionarily, any species that hopes to stay alive has to manage its resources carefully. That means that first call on food and other goodies goes to the breeders and warriors and hunters and planters and builders and, certainly, the children, with not much left over for the seniors, who may be seen as consuming more than they're contributing. But even before modern medicine extended life expectancies, ordinary families were including grandparents and even great-grandparents. That's because what old folk consume materially, they give back behaviorally — providing a leveling, reasoning center to the tumult that often swirls around them.

① Seniors have been making contributions to the family.
② Modern medicine has brought focus to the role of old folk.
③ Allocating resources well in a family determines its prosperity.
④ The extended family comes at a cost of limited resources.

🔹 **해설** 주어진 지문은 기여보다는 소비만 하는 노인들이 실제로는 가정에서 자신들의 역할을 하고 있다는 내용의 글이므로 이 글의 요지로 가장 적절한 것은 ① '연장자들은 가족에 기여를 해왔다.'이다.

🔹 **해석** 진화론적으로, 살아있기를 희망하는 어떤 종이든 자신의 자원을 주의 깊게 운영해야 한다. 그것은 음식이나 다른 먹기 좋은 것들의 첫 번째 차지는 양육자들과 전사들 그리고 사냥꾼들, 농부들, 건설자들, 그리고 특히 아이들에게 가야 하며, 기여보다는 소비가 더 많아 보이는 노인들에게는 남아있는 음식이 그다지 많지 않다는 것을 의미한다. 그러나 심지어 현대 의학이 기대 수명을 늘리기 이전에도 보통의 가정들은 조부모들, 심지어는 증조부모들과 함께 살고 있었다. 그 이유는 노인들이 물질적 소비를 행동으로 되돌려주기 때문이다. 즉, 노인들은 종종 그들 주변을 휘몰아치는 혼란에 공평하며 합리적인 중심을 잡아준다.
① 연장자들은 가족에 기여를 해왔다.
② 현대 의학은 노인들의 역할에 초점을 맞추고 있다.
③ 한 가정에서 자원을 잘 할당하는 것이 그 가정의 번영을 결정한다.
④ 확대된 가족은 제한된 자원의 대가를 지불한다.

➕ **어휘** **evolutionarily** 진화론적으로 / **resource** 자원 / **goody** 먹기 좋은[맛있는] 것 / **breeder** 양육자 / **warrior** 전사 / **planter** 농부 / **senior** 연장자, 노인 / **consume** 소비하다 / **contribute** 기여하다 / **extend** 연장하다, 늘리다, 확대하다 / **life expectancy** 기대 수명 / **ordinary** 보통의, 평범한 / **folk** ① (일반적인) 사람들 ② 민속의, 전통적인 / **materially** 물질적으로 / **level** ① 수준, 정도 ② 평평한, 공평한 ③ 평평[공평]하게 하다 / **reasoning** 합리적인 / **tumult** 혼란 / **swirl** 휘몰아치다, 소용돌이치다 / **allocate** 할당하다, 분배하다 / **determine** 결정하다

016 | ③

다음 글의 주제로 가장 적절한 것은?　　　　2020. 지방직 9급

> The e-book applications available on tablet computers employ touchscreen technology. Some touchscreens feature a glass panel covering two electronically-charged metallic surfaces lying face-to-face. When the screen is touched, the two metallic surfaces feel the pressure and make contact. This pressure sends an electrical signal to the computer, which translates the touch into a command. This version of the touchscreen is known as a resistive screen because the screen reacts to pressure from the finger. Other tablet computers feature a single electrified metallic layer under the glass panel. When the user touches the screen, some of the current passes through the glass into the user's finger. When the charge is transferred, the computer interprets the loss in power as a command and carries out the function the user desires. This type of screen is known as a capacitive screen.

① how users learn new technology
② how e-book work on tablet computers
③ how touchscreen technology works
④ how touchscreens have evolved

🔹 **해설** 주어진 지문은 터치스크린의 두 가지 작동방식에 관한 내용을 설명하고 있으므로 이 글의 주제로 가장 적절한 것은 ③ '터치스크린 기술이 어떻게 작동하는가'이다.

🔹 **해석** 태블릿 컴퓨터에서 이용 가능한 전자책 앱은 터치스크린 기술을 이용한다. 일부 터치스크린은 마주보고 놓여있는 두 개의 전자로 충전이 되는 금속 막을 덮는 유리판을 특징으로 한다. 스크린에 접촉했을 때, 두 개의 금속 막은 압력을 느끼고 연결되게 한다. 이 압력은 컴퓨터에 전자신호를 보내고 이 신호는 접촉을 명령으로 전환한다. 이러한 버전의 터치스크린은 전기 저항식 스크린으로 알려져 있는데, 왜냐하면 스크린이 손가락의 압력에 반응하기 때문이다. 다른 태블릿 컴퓨터는 유리 패널 아래에 하나의 전기가 통하는 금속 층을 특징으로 한다. 사용자가 스크린을 터치할 때, 전류 일부가 유리를 통해 사용자의 손가락으로 전해진다. 전하가 옮겨질 때, 컴퓨터는 전력의 손실을 명령으로 해석하고 사용자가 바라는 기능을 수행한다. 이런 유형의 스크린은 전기용량 방식의 스크린으로 알려져 있다.
① 사용자들이 어떻게 새로운 기술을 배우는가
② 전자책들이 태블릿 컴퓨터에서 어떻게 작동하는가
③ 터치스크린 기술이 어떻게 작동하는가
④ 터치스크린이 어떻게 진화해 왔는가

➕ **어휘** **application** 적용, 애플리케이션 / **employ** 고용하다, 이용하다 / **feature** 특징으로 하다, 특징짓다 / **electronically-charged** 전자로 충전이 되는 / **metallic** 금속의 / **surface** 표면 / **face-to-face** 마주보는 / **pressure** 압력, 압박 / **command** 명령 / **resistive** 전기 저항의, 저항성의 / **react to** ~에 반응하다 / **electrified** 전기가 통하는 / **current** 전류, 흐름 / **charge** (물리학) 전하 / **transfer** 옮기다, 전송하다 / **interpret** 해석하다 / **carry out** 수행하다, 이행하다 / **function** 기능 / **capacitive** 전기용량 방식의 / **evolve** 진화하다, 발전하다

017 | ④

다음 글의 제목으로 가장 적절한 것은?　　2020. 지방직 9급

> Louis XIV needed a palace worthy of his greatness, so he decided to build a huge new house at Versailles, where a tiny hunting lodge stood. After almost fifty years of labor, this tiny hunting lodge had been transformed into an enormous palace, a quarter of a mile long. Canals were dug to bring water from the river and to drain the marshland. Versailles was full of elaborate rooms like the famous Hall of Mirrors, where seventeen huge mirrors stood across from seventeen large windows, and the Salon of Apollo, where a solid silver throne stood. Hundreds of statues of Greek gods such as Apollo, Jupiter, and Neptune stood in the gardens; each god had Louis's face!

① True Face of Greek Gods
② The Hall of Mirrors vs. the Salon of Apollo
③ Did the Canal Bring More Than Just Water to Versailles?
④ Versailles : From a Humble Lodge to a Great Palace

해설 주어진 지문은 루이 14세가 자신의 위엄을 보여주기 위해 베르사유를 거대한 궁전으로 만드는 과정을 묘사하는 내용의 글이므로 이 글의 제목으로 가장 적절한 것은 ④ '베르사유: 볼품없는 거처에서 대궁전으로'이다.

해석 루이 14세는 자신의 위엄을 보여줄 궁전이 필요했고, 그래서 베르사유에 거대한 새로운 집을 짓기로 결정했는데, 그 베르사유에는 아주 작은 사냥꾼 거처가 있었다. 거의 50년간의 노동 후에 이 작은 사냥꾼 거처는 4분의 1마일 길이의 거대한 궁전으로 변신했다. 강으로부터 물을 가져와 습지로 배수하기 위해 운하를 건설했다. 베르사유는 유명한 '거울의 방'과 같은 공들인 방들로 가득 차 있었는데, 그곳에는 17개의 거대한 거울이 17개의 큰 창문 맞은편에 있었고 '아폴로의 방'에는 순은으로 만든 왕좌가 있다. Apollo와 Jupiter, Neptune과 같은 수백여 점의 그리스 신들의 조각상들이 정원에 있는데, 각각의 신은 루이 14세의 얼굴을 하고 있다!
① 그리스 신들의 진짜 얼굴
② 거울의 방 대(對) 아폴로의 방
③ 운하가 베르사유에 단지 물보다 더 많은 것을 가져다주었을까?
④ 베르사유: 볼품없는 거처에서 대궁전으로

어휘 **palace** 궁전 / **worthy of** ~할 만한 가치가 있는 / **huge** 거대한 / **tiny** 아주 작은 / **lodge** 거처, 오두막 / **transform** 바꾸다, 변신시키다 / **enormous** 거대한 / **canal** 운하 / **drain** 배수하다 / **marshland** 습지 / **elaborate** 공들인, 정교한 / **across from** ~의 맞은편에 / **solid** ① 고체의 ② (명사 앞에서) 순, 순수한 / **humble** 비천한, 볼품없는

018 | ④

다음 글의 제목으로 가장 적절한 것은?　　2019. 국가직 9급

> Mapping technologies are being used in many new applications. Biological researchers are exploring the molecular structure of DNA ("mapping the genome"), geophysicists are mapping the structure of the Earth's core, and oceanographers are mapping the ocean floor. Computer games have various imaginary "lands" or levels where rules, hazards, and rewards change. Computerization now challenges reality with "virtual reality", artificial environments that stimulate special situations, which may be useful in training and entertainment. Mapping techniques are being used also in the realm of ideas. For example, relationships between ideas can be shown using what are called concept maps. Starting from a general of "central" idea, related ideas can be connected, building a web around the main concept. This is not a map by any traditional definition, but the tools and techniques of cartography are employed to produce it, and in some ways it resembles a map.

① Computerized Maps vs. Traditional Maps
② Where Does Cartography Begin?
③ Finding Ways to DNA Secrets
④ Mapping New Frontiers

해설 주어진 지문은 지도제작 기술이 여러 새로운 응용 분야에 적용되고 있다는 내용의 글이므로 이 글의 제목으로 가장 적절한 것은 ④ '지도제작의 새로운 영역'이다.

해석 지도제작 기술은 많은 새로운 응용 분야에 사용되고 있다. 생물학자들은 DNA의 분자구조("게놈 지도")를 분석하고, 지구물리학자들은 지구 중심핵의 구조를 그리고 해양학자들은 해저를 지도화하고 있다. 컴퓨터 게임은 규칙, 위험 그리고 보상이 바뀌는 다양한 상상 속의 "땅"이나 수준을 가지고 있다. 컴퓨터화는 특별한 상황을 자극하는 인위적인 환경인 "가상현실"로 현실에 도전하는데 이는 훈련과 오락에 유용할 것이다. 지도제작 기술은 아이디어 영역에서도 사용될 수 있다. 예를 들어, 아이디어 간의 관계는 소위 개념지도라 불리는 것에 의해 보여질 수 있다. 일반화된 "중심" 생각으로부터 출발하여, 주요 개념 주위에 웹을 구축하게 되면, 관련된 생각들이 연결될 수 있다. 이것은 어떠한 전통적인 정의에 의한 지도가 아니라, 지도제작의 도구와 기법이 그것을 생산하기 위해 사용되고 있으며, 어떤 면에서는 그것은 지도를 닮았다.
① 컴퓨터화된 지도 대 전통적인 지도
② 지도제작법은 어디에서 시작되었는가?
③ DNA의 비밀에 대한 방법 찾기
④ 지도제작의 새로운 영역

어휘 **application** 적용, 응용(분야) / **biological** 생물학적인 / **explore** 탐험하다, 탐구하다 / **molecular** 분자의 / **structure** 구조 / **geophysicist** 지구물리학자 / **core** 중심부, 핵심 / **oceanographer** 해양학자 / **ocean floor** 해저 / **imaginary** 가상의 / **hazard** 위험 / **virtual** 가상의 / **artificial** 인공적인, 인위적인 / **stimulate** 자극하다 / **realm** 영역, 범위 / **concept** 개념 / **definition** 정의 / **cartography** 지도제작 / **employ** 고용하다, 이용하다

019 | ③

다음 글의 요지로 가장 적절한 것은?　　　　2019. 국가직 9급

When giving performance feedback, you should consider the recipient's past performance and your estimate of his of her future potential in designing its frequency, amount, and content. For high performers with potential for growth, feedback should be frequent enough to prod them into taking corrective action, but not so frequent that it is experienced as controlling and saps their initiative. For adequate performers who have settled into their jobs and have limited potential for advancement, very little feedback is needed because they have displayed reliable and steady behavior in the past, knowing their tasks and realizing what needs to be done. For poor performers — that is, people who will need to be removed from their jobs if their performance doesn't improve — feedback should be frequent and very specific, and the connection between acting on the feedback and negative sanctions such as being laid off or fired should be made explicit.

① Time your feedback well.
② Customize negative feedback.
③ Tailor feedback to the person.
④ Avoid goal-oriented feedback.

해설 주어진 지문은 피드백을 줄 때 사람마다 다르게 주어야 한다는 내용의 글이므로 이 글의 요지로 가장 적절한 것은 ③ '피드백은 사람에게 맞춰야 한다'이다.

해석 성과에 대한 피드백을 제공할 때, 당신이 피드백을 받는 사람의 과거 성과와 빈도, 양 및 내용을 설계하는 데 있어서 그 또는 그녀의 미래 잠재가능성에 대한 당신의 추정치를 고려해야 한다. 성장가능성이 있는 높은 성과자의 경우 그들을 자극하기 위해서 틀린 것을 그들 스스로 바로잡을 수 있을 정도로 피드백을 자주 주어야 한다. 그러나 너무 피드백을 자주 주어서 그들의 주도권을 장악하거나 약화시켜서는 안 된다. 자신의 일에 정착하여 승진 가능성이 제한적인 그저 그런 성과자들에게는 피드백이 거의 필요하지 않은데 그 이유는 과거에 그들은 믿을 만하고 일관된 행동을 보여주었고 또한 자신의 일을 알고 있었고 무엇을 해야 하는지 깨닫고 있었기 때문이다. 업무성과가 개선되지 않으면 직장에서 퇴출되어야 할 형편없는 성과자들에게는 피드백은 빈번하고 매우 구체적이어야 하며, 피드백에 대한 행동과 일시 해고 또는 영구적 해고와 같은 부정적인 제재 사이의 연관성을 분명하게 알려주어야 한다.
① 피드백은 아주 시의적절해야 한다.
② 부정적인 피드백은 주문제작해야 한다.
③ 피드백은 사람에게 맞춰야 한다.
④ 목표 지향적인 피드백은 피해야 한다.

어휘 **performance** 수행, 실행 / **recipient** 수혜자 / **estimate** 추정치 / **potential** 잠재가능성 / **frequency** 빈도 / **amount** 양 / **content** 내용 / **prod** ① 찌르다 ② 재촉[촉구]하다 / **corrective** (틀린 것을) 바로잡는 / **sap** 약화시키다 / **initiative** 주도권 / **advancement** 진보, 발전 / **reliable** 신뢰할 만한, 믿을 만한 / **steady** 꾸준한, 일관된, 안정된 / **specific** 구체적인 / **sanction** 제재 / **laid off** 일시해고하다 / **explicit** 명료한 / **customize** 주문제작하다 / **tailor** 제단하다 / **goal-oriented** 목표 지향적인

020 | ③

다음 글의 주제로 가장 적절한 것은?　　　　2019. 국가직 9급

Imagine that two people are starting work at a law firm on the same day. One person has a very simple name. The other person has a very complex name. We've got pretty good evidence that over the course of their next 16 plus years of their career, the person with the simpler name will rise up the legal hierarchy more quickly. They will attain partnership more quickly in the middle parts of their career. And by about the eighth or ninth year after graduating from law school the people with simpler names are about seven to ten percent more likely to be partners — which is a striking effect. We try to eliminate all sorts of other alternative explanations. For example, we try to show that it's not about foreignness because foreign names tend to be harder to pronounce. But even if you look at just white males with Anglo-American names — so really the true in-group, you find that among those white males with Anglo names they are more likely to rise up if their names happen to be simper. So simplicity is one key feature in names that determines various outcomes.

① the development of legal names
② the concept of attractive names
③ the benefit of simple names
④ the roots of foreign names

해설 주어진 지문은 단순한 이름을 가지고 있는 사람이 복잡한 이름을 가지고 있는 사람보다 더 빨리 성공할 수 있다는 내용의 글이므로 이 글의 주제로 가장 적절한 것은 ③ '단순한 이름의 이점'이다.

해석 두 사람이 같은 날 법률 사무소에서 일을 시작한다고 상상해 보자. 한 사람은 아주 단순한 이름을 가지고 있다. 또 다른 사람은 아주 복잡한 이름을 가지고 있다. 우리는 그들의 다음 16년 또는 그 이상의 경력 동안 더 단순한 이름을 가진 사람이 법조계 서열이 더 빨리 오를 것이라는 꽤 좋은 증거를 가지고 있다. 그들은 경력 중간에 더 빨리 파트너쉽을 획득할 것이다. 그리고 로스쿨을 졸업한 지 8년 내지 9년쯤 되면 더 단순한 이름을 가진 사람들은 파트너 변호사가 될 가능성이 대략 7%에서 10% 정도 더 높은데, 이는 굉장한 효과이다. 우리는 모든 종류의 다른 대안적인 설명들을 제거하려 한다. 가령 예를 들어서, 우리는 그것이 외래성이 아님을 보여주려 한다. 그 이유는 외국 이름이 발음하기 더 어려운 경향이 있기 때문이다. 그러나 진정한 내집단에서는 정말 그러한데 당신이 영미 이름을 가진 백인을 보더라도 영미 이름을 가진 백인들 중에서도 그들의 이름이 우연히 더 단순하다면 그들의 승진 가능성이 더 높다는 것을 당신은 알 수 있다. 따라서 단순성은 이름에 있어 다양한 결과들을 결정하는 하나의 핵심 요소이다.
① 법적 이름의 발달
② 매력적인 이름의 개념
③ 단순한 이름의 이점
④ 외국 이름의 뿌리

어휘 **complex** 복잡한 / **legal** 법적인, 법률의 / **hierarchy** 위계, 계급 / **attain** 획득하다 / **partnership** 로펌의 계급체계 중 하나 / **striking** 놀라운, 굉장한 / **eliminate** 없애다, 제거하다 /

alternative 대안의 / explanation 설명 / foreignness 외래성 / pronounce 발음하다 / simplicity 단순성 / feature 특징, 특색, 요소 / determine 결정하다, 결심하다 / outcome 결과

021 | ②

다음 글의 주제로 가장 적절한 것은? 2019. 지방직 9급

As the digital revolution upends newsrooms across the country, here's my advice for all the reporters. I've been a reporter for more than 25 years, so I have lived through a half dozen technological life cycles. The most dramatic transformations have come in the last half dozen years. That means I am, with increasing frequency, making stuff up as I go along. Much of the time in the news business, we have no idea what we are doing. We show up in the morning and someone says, "Can you write a story about (pick one) tax policy/immigration/climate change?" When newspapers had once-a-day deadlines, we said a reporter would learn in the morning and teach at night — write a story that could inform tomorrow's readers on a topic the reporter knew nothing about 24 hours earlier. Now it is more like learning at the top of the hour and teaching at the bottom of the same hour. I'm also running a political podcast, for example, and during the presidential conventions, we should be able to use it to do real-time interviews anywhere. I am just increasingly working without a script.

① a reporter as a teacher
② a reporter and improvisation
③ technology in politics
④ fields of journalism and technology

해설 주어진 지문은 옛날에는 마감시한이란 것이 있어서 기사를 쓸 시간이 충분했지만 지금은 기술의 발전으로 실시간 기사를 전송해야 하므로 대본 없이 즉석에서 기사를 써야 한다는 내용의 글이므로 이 글의 주제로 가장 적절한 것은 ② '기자와 즉흥성'이다.

해석 디지털 혁명이 나라 전역의 뉴스룸을 뒤집어 놓았기 때문에 여기에서 나는 모든 기자들에게 충고 한 마디를 하겠다. 나는 25년 동안 기자생활을 했기 때문에, 여섯 번 정도의 기술적인 생애 주기를 겪었다. 가장 극적인 변화들이 지난 6년간 있었는데 이는 내가 더욱 잦은 빈도로 계속해서 물건을(기사를) 만들고 있음을 의미한다. 뉴스 업무의 많은 시간 동안 우리는 우리가 무엇을 하고 있는지 모른다. 우리는 아침에 출근을 하면, 누군가가 "세금 정책/이민/기후변화에 대해 (하나를 골라) 기사를 써주실래요?"라고 말한다. 기자들이 하루에 한 번씩 마감시한이 있었을 때, 우리는 기자들이 아침에 배워서 밤에 가르친다는 말을 했는데 즉, 기자도 24시간 전에는 몰랐던 주제를 내일의 구독자들에게 알릴 수 있도록 기사를 쓰는 것이었다. 이제 이것은 마치 정각에 배우고 30분 만에 가르치는 것과 같다. 예를 들면 나는 또한 정치 팟캐스트를 운영 중인데 대통령 전당대회 도중 우리는 실시간 인터뷰를 하기 위해서 어디에서든 그것을 이용할 수 있어야만 한다. 나는 점점 더 대본 없이 그냥 일하고 있다.
① 교사로서의 기자

② 기자와 즉흥성
③ 정치에서의 기술
④ 저널리즘의 분야와 기술

어휘 upend 뒤집다, 거꾸로 하다 / dozen 한 다스(12개) / dramatic 극적인 / transformation 변화, 변형 / frequency 빈도 / stuff 물건 / go along 계속하다, 진행하다 / policy 정책 / immigration 이민, 이주 / deadline 마감(시한) / run 운영하다 / presidential convention 대통령 전당대회 / real-time 실시간 / improvisation 즉흥, 즉흥성 / field 분야

022 | ②

다음 글의 요지로 가장 적절한 것은? 2018. 지방직 9급

My students often believe that if they simply meet more important people, their work will improve. But it's remarkably hard to engage with those people unless you've already put something valuable out into the world. That's what piques the curiosity of advisers and sponsors. Achievements show you have something to give, not just something to take. In life, it certainly helps to know the right people. But how hard they go to bat for you, how far they stick their necks out for you, depends on what you have to offer. Building a powerful network doesn't require you to be an expert at networking. It just requires you to be an expert at something. If you make great connections, they might advance your career. If you do great work, those connections will be easier to make. Let your insights and your outputs — not your business cards — do the talking.

① Sponsorship is necessary for a successful career.
② Building a good network starts from your accomplishments.
③ A powerful network is a prerequisite for your achievement.
④ Your insights and outputs grow as you become an expert at networking.

해설 이 글은 성공을 위해 네트워크 구축이 필요한 것이 아니라 성공을 해야 네트워크 구축이 만들어지게 된다는 내용의 글이므로 이 글의 요지로 가장 적절한 것은 ② '좋은 네트워크의 구축은 당신의 성공에서부터 시작된다'이다.

해석 나의 학생들은 종종 중요한 사람들을 만나면 그들의 업적이 향상될 것이라고 믿는다. 하지만 본인이 먼저 이 세상에 무언가 가치 있는 일을 하지 않으면 이러한 중요한 사람들과 관계를 맺는 것은 상당히 어렵다. 바로 이것(가치 있는 일을 하지 않는 것)이 조언자나 후원자들을 언짢게 하는 것이다. 당신이 이룬 성취는 여러분이 그저 받기만 하는 것이 아니라 주기도 하는 사람이라는 것을 보여준다. 우리가 살아가면서 물론 꼭 필요한 사람들을 만나는 것도 도움이 된다. 하지만, 이들이 얼마나 여러분을 도와줄지 또는 얼마나 큰 위험을 감수할지는 당신이 그들에게 무엇을 제공할 수 있느냐에 따라 달려 있다. 탄탄한 네트워크를 구축하는 것은 네트워크 구축에 전문가가 되어야 한다는 것을 의미하는 것은 아니다. 그것은 어떤 분야에 전문가가 되기를 요구하는 것이다. 좋은 사람들을 알고 있다면 그들이 당신의 커리어를 발전시키는 데 도움을 줄 수도 있을 것이다. 만약 당신이 대단한 성과를 낼 수 있다면 이러한 좋은 관계들을

더욱 쉽게 만들 것이다. 당신의 명함이 아닌 통찰력과 결과물이 당신의 실력을 대변할 수 있게 해야 한다.

① 후원은 성공적인 커리어에 필수적이다.
② 좋은 네트워크 구축은 당신의 성공에서부터 시작된다.
③ 영향력 있는 인맥은 당신의 성공을 위한 전제조건이다.
④ 당신의 통찰력과 결과물들은 당신이 네트워크 구축의 전문가가 되면서 성장한다.

➕ 어휘 **remarkably** 상당히, 현저하게 / **pique** 언짢게 하다, 불쾌하게 하다 / **curiosity** 호기심 / **go to bat for** ~를 도와주다 / **stick one's neck out of** ~를 위해 위험을 감수하다[무릅쓰다] / **insight** 통찰력 / **output** 결과물 / **business card** 명함 / **do the talking** 대변하다 / **prerequisite** 전제조건

023 | ③

다음 글의 제목으로 가장 적절한 것은?　　　　2018. 지방직 9급

With the help of the scientist, the commercial fishing industry has found out that its fishing must be done scientifically if it is to be continued. With no fishing pressure on a fish population, the number of fish will reach a predictable level of abundance and stay there. The only fluctuation would be due to natural environmental factors, such as availability of food, proper temperature, and the like. If a fishery is developed to take these fish, their population can be maintained if the fishing harvest is small. The mackerel of the North Sea is a good example. If we increase the fishery and take more fish each year, we must be careful not to reduce the population below the ideal point where it can replace all of the fish we take out each year. If we fish at this level, called the maximum sustainable yield, we can maintain the greatest possible yield, year after year. If we catch too many, the number of fish will decrease each year until we fish ourselves out of a job. Examples of severely overfished animals are the blue whale of the Antarctic and the halibut of the North Atlantic. Fishing just the correct amount to maintain a maximum annual yield is both a science and an art. Research is constantly being done to help us better understand the fish population and how to utilize it to the maximum without depleting the population.

① Say No to Commercial Fishing
② Sea Farming Seen As a Fishy Business
③ Why Does the Fishing Industry Need Science?
④ Overfished Animals : Cases of Illegal Fishing

💬 해설 이 글은 과학의 도움으로 물고기 개체수에 대한 우려 없이 어업을 지속할 수 있다는 내용의 글이므로 이 글의 제목으로 가장 적절한 것은 ③ '왜 어업에 과학이 필요한가?'이다.

❗ 해석 과학자들의 도움으로 상업적 어업이 계속되려면 그 어업은 과학적으로 이뤄져야 한다는 것을 알아냈다. 물고기 개체수에 대한 조업 압박이 없다면 물고기의 수는 예상 가능한 풍부한 수준에 도달하여 그곳에 머무를 것이다. 유일한 변동은 음식의 이용 가능성, 적절한 온도 등과 같은 자연 환경 때문일 것이다. 만일 어업이 이러한 물고기를 잡도록 발전되고, 어획량이 적다면, 그것의 개체수는 유지될 수 있다. 북해의 고등어가 좋은 예이다. 만약 우리가 어장을 늘리고 매년 더 많은 물고기를 잡는다면, 우리는 우리가 매년 잡는 모든 물고기를 대체할 수 있는 이상적인 수준 아래로 개체수를 줄이지 않도록 주의해야 한다. 만약 우리가 '최대 지속 가능한 생산량'이라고 불리우는 이러한 수준으로 물고기를 잡는다면, 우리는 매년 가능한 한 가장 많은 어획량을 유지할 수 있다. 우리가 너무 많이 물고기를 잡는다면 우리는 어업을 할 수 없을 때까지 물고기의 수는 매년 줄어들 것이다. 심각하게 남획된 동물의 사례로는 대서양의 흰 긴 수염고래와 북대서양의 넙치가 있다. 연간 최대 어획량을 유지하기 위해 꼭 정확한 양의 물고기를 잡는 것은 과학이자 동시에 기술이다. 물고기 개체수를 더 잘 이해하고, 개체수를 고갈시키지 않으면서 최대한 활용하는 방법에 대한 연구가 끊임없이 진행되고 있다.

① 상업적 어업에 대해 NO라고 말하라
② 수산업으로 여겨지는 양식 어업
③ 왜 어업에 과학이 필요한가?
④ 남획된 동물들 : 불법 어업의 사례

➕ 어휘 **commercial** 상업적인 / **fishing** 어업 / **scientifically** 과학적으로 / **reach** ~에 이르다, 다다르다 / **predicable** 예측 가능한 / **abundance** 풍요로움 / **fluctuation** 오르내림, 변동 / **due to** ~때문에 / **availability** 이용가능성[함] / **proper** 적당한, 적절한 / **fishery** 어장 / **maintain** 유지하다 / **harvest** 수확, 추수 / **mackerel** 고등어 / **replace** 대체하다 / **yield** 생산(량) / **severly** ① 심각하게 ② 진지하게 / **overfish** 남획하다 / **constantly** 지속적으로 / **utilize** 활용하다, 이해하다 / **deplete** 고갈시키다 / **illegal** 불법적인

Chapter 02 빈칸 완성

001 | ②

밑줄 친 부분에 들어갈 말로 알맞은 것은?　　　　2023. 국가직 9급

In recent years, the increased popularity of online marketing and social media sharing has boosted the need for advertising standardization for global brands. Most big marketing and advertising campaigns include a large online presence. Connected consumers can now zip easily across borders via the internet and social media, making it difficult for advertisers to roll out adapted campaigns in a controlled, orderly fashion. As a result, most global consumer brands coordinate their digital sites internationally. For example, Coca-Cola web and social media sites around the world, from Australia and Argentina to France, Romania, and Russia, are surprisingly _____. All feature splashes of familiar Coke red, iconic Coke bottle shapes, and Coca-Cola's music and "Taste the Feeling" themes.

① experimental　　　　② uniform
③ localized　　　　　　④ diverse

💬 해설 빈칸완성은 이 글이 무엇에 관한 글인가를 묻는다. 주어진 지문은 소비자들의 온라인 활동이 활발해짐에 따라 기업광고 표준화의 필요성을 설명하는 내용의 글이므로 빈칸에 들어갈 말로 가장 적절한 것은 ② '획일적인'이다.

해석 최근에, 온라인 마케팅과 소셜미디어 공유의 인기가 높아지면서 글로벌 브랜드의 광고 표준화에 대한 필요성을 증진시키고 있다. 대부분의 대형 마케팅 및 광고 캠페인은 대규모 온라인 참여를 포함한다. 지금은 연결된 소비자들이 인터넷과 소셜미디어를 통해 국경을 쉽게 넘나들 수 있게 되어, 광고주들이 통제되고 질서정연한 방식으로, 맞춤화된 캠페인을 내보내는 것이 어렵게 되었다. 그 결과, 대부분의 글로벌 소비자 브랜드는 전 세계적으로 그들의 디지털 사이트를 조정한다. 예를 들어, 호주와 아르헨티나에서 프랑스, 루마니아, 러시아에 이르기까지 전 세계적으로 코카콜라의 웹 사이트와 소셜미디어 사이트들은 놀라울 정도로 <u>획일적이다</u>. 모두가 친숙한 코카콜라의 붉은색 얼룩, 상징적인 코카콜라의 병 모양 그리고 코카콜라의 음악과 'Taste the Feeling' 주제 등을 특징으로 한다.

① 실험적인
② 획일적인
③ 국지적인
④ 다양한

어휘 **recent** 최근의 / **popularity** 인기 / **boost** 증진시키다, 북돋우다 / **standardization** 표준화 / **presence** 존재, 참여 / **zip across** 넘나들다 / **border** 국경 / **roll out** 출시하다, 내보내다 / **adapted campaigns** 맞춤형 캠페인 / **controlled** 통제된 / **orderly** 질서정연한 / **fashion** 방식 / **coordinate** 조종하다, 조화시키다 / **internationally** 국제적으로, 세계적으로 / **feature** 특징으로 하다 / **splash** ① (물 등이) 튀기다 ② 얼룩 / **iconic** 상징이 되는 / **theme** 주제, 테마 / **experimental** 실험적인, 실험하는 / **uniform** 획일적인 / **localized** 국지적인 / **diverse** 다양한

002 | ①

밑줄 친 부분에 들어갈 말로 알맞은 것은?

2023. 국가직 9급

Over the last fifty years, all major subdisciplines in psychology have become more and more isolated from each other as training becomes increasingly specialized and narrow in focus. As some psychologists have long argued, if the field of psychology is to mature and advance scientifically, its disparate parts (for example, neuroscience, developmental, cognitive, personality, and social) must become whole and integrated again. Science advances when distinct topics become theoretically and empirically integrated under simplifying theoretical frameworks. Psychology of science will encourage collaboration among psychologists from various sub-areas, helping the field achieve coherence rather than continued fragmentation. In this way, psychology of science might act as a template for psychology as a whole by integrating under one discipline all of the major fractions/factions within the field. It would be no small feat and of no small import if the psychology of science could become a model for the parent discipline on how to combine resources and study science _____.

① from a unified perspective
② in dynamic aspects
③ throughout history
④ with accurate evidence

해설 빈칸완성은 이 글이 무엇에 관한 글인가를 묻는다. 주어진 지문은 심리학의 하위 분야들 간 통합의 필요성과 이 과정에 있어서 과학 심리학이 통합의 중추적 역할을 해야 한다는 내용의 글이므로 빈칸에 들어갈 말로 가장 적절한 것은 ① '통합된 관점에서'이다.

해설 지난 50년 동안 심리학의 모든 주요한 하위 분야는 교육이 점점 더 특화되고 그 초점이 좁혀짐에 따라 서로 점점 더 고립되어 왔다. 일부 심리학자들이 오랫동안 주장해 온 것처럼, 만약 심리학 분야가 과학적으로 성숙해지고 발전하려면 그것의 이질적인 부분들(예를 들어, 신경과학, 발달, 인지, 성격, 사회 등)이 하나가 되고 다시 통합되어야 한다. 과학은 단순화라는 이론적 틀 아래에서 서로 다른 주제들이 이론적으로 그리고 경험적으로 통합될 때 발전한다. 과학 심리학은 다양한 하위영역의 심리학자 간의 협업을 장려하여 이 분야가 계속적인 분열보다는 일관성을 이룰 수 있도록 도울 것이다. 이러한 방식으로 과학 심리학은 심리학 분야의 모든 주요 부분/파벌을 하나의 학문으로 통합함으로써 전체 심리학에 대한 본보기가 될 수 있다. 만약 과학 심리학이 자원을 결합하는 방식 및 과학을 <u>통합된 관점에서</u> 연구하는 방법에 대한 모(母)학문의 모델이 될 수 있다면, 이는 결코 적지 않은 위업이며 그 중요도 또한 적지 않을 것이다.

① 통합된 관점에서
② 역동적인 측면에서
③ 역사를 통틀어
④ 정확한 증거를 가지고

어휘 **major** 주된, 주요한 / **subdiscipline** 학문분야의 하위 부분 / **psychology** 심리학 / **isolated** 고립된, 격리된 / **increasingly** 점점 더 / **specialized** 전문화된 / **narrow** 좁은 / **mature** 성숙해지다 / **advance** 진보 (발전) 하다 / **disparate** 이질적인, 다른 / **neuroscience** 신경과학 / **cognitive** 인지의, 인식의 / **distinct** 다른, (뚜렷이) 구별되는 / **integrated** 통합된 / **theoretically** 이론적으로 / **empirically** 경험적으로 / **simplify** 단순화하다 / **framework** 틀 / **collaboration** 협력, 협업 / **sub-area** 하위영역 / **field** 분야 / **achieve** 이루다, 성취하다 / **coherence** 일관성 / **fragmentation** 분열 / **template** 본보기 / **fraction** 부분, 분수 / **faction** 파벌, 분파 / **feat** 위업 / **import** ① 수입 (하다) ② 중요성, 중요도 / **parent discipline** 모 (母) 학문 * **discipline** ① 규율, 훈육 (하다) ② 지식분야, 학문, 학과목 / **unified** 통합된 / **perspective** 관점 / **dynamic** 역동적인 / **aspects** 측면 / **throughout** ~의 전역에 걸쳐 / **accurate** 정확한 / **evidence** 증거

003 | ①

밑줄 친 부분에 들어갈 말로 가장 적절한 것을 고르시오. 2023. 지방직 9급

We live in the age of anxiety. Because being anxious can be an uncomfortable and scary experience, we resort to conscious or unconscious strategies that help reduce anxiety in the moment— watching a movie or TV show, eating, video-game playing, and overworking. In addition, smartphones also provide a distraction any time of the day or night. Psychological research has shown that distractions serve as a common anxiety avoidance strategy. _____, however, these avoidance strategies make anxiety worse in the long run. Being anxious is like getting into quicksand—the more you fight it, the deeper you sink. Indeed, research strongly supports a well-known phrase that "What you resist, persists."

① Paradoxically
② Fortunately
③ Neutrally
④ Creative

해설 불안과 그 회피 전략에 관한 글이다. 빈칸 앞에는 스마트폰과 같은 주의를 산만하게 하는 것들이 흔히 불안 회피 전략 역할을 한다는 내용이 있는데, 빈칸 뒤에는 역접 접속사 however와 더불어 그 회피 전략이 장기적으로는 불안을 악화시킨다는 상반되는 내용이 나오고 있다. 따라서 빈칸에 들어갈 말로 가장 적절한 것은 ① '역설적으로'이다.

해석 우리는 불안의 시대에 살고 있다. 불안해하는 것은 불편하고 무서운 경험일 수 있기 때문에 우리는 영화나 TV프로그램을 보고, 먹거나, 비디오 게임을 하고, 과로를 하는 등 순간의 불안을 줄이는 데 도움이 되는 의식 또는 무의식적인 전략들에 의존한다. 게다가, 스마트폰은 또한 하루 중 언제든지 주의를 산만하게 만들기도 한다. 심리학 연구는 주의를 산만하게 하는 것들이 일반적인 불안 회피 전략의 역할을 한다는 것을 보여주었다. 그러나 역설적으로, 이러한 회피 전략은 결국 불안을 악화시킨다. 불안해하는 것은 유사(流砂)에 빠지는 것과 같다. 즉, 그것과 싸우면 싸울수록 당신은 더 깊이 가라앉는다. 실제로, 연구는 "당신이 저항하는 것은 지속된다"라는 잘 알려진 문구를 강력하게 지지한다.
① 역설적으로
② 운 좋게도
③ 중립적으로
④ 창의적으로

어휘 **anxiety** 불안, 걱정 / **scary** 무서운 / **resort to** ~에 의존하다 / **conscious** 의식적인 / **overwork** 과로하다 / **distraction** 주의를 산만하게 하는 것 / **serve** 역할을 하다 / **avoidance** 회피 / **in the long run** 결국 / **quicksand** 유사(流沙: 바람이나 물에 의해 아래로 흘러내리는 모래. 사람이 들어가면 늪에 빠진 것처럼 헤어 나오지 못함) / **sink** 가라앉다 / **phrase** 문구 / **resist** 저항하다 / **persist** 지속되다 / **paradoxically** 역설적으로 / **fortunately** 운 좋게도 / **neutrally** 중립적으로 / **creatively** 창의적으로

004 | ④

밑줄 친 부분에 들어갈 말로 가장 적절한 것은? 2022. 국가직 9급

Scientists have long known that higher air temperatures are contributing to the surface melting on Greenland's ice sheet. But a new study has found another threat that has begun attacking the ice from below : Warm ocean water moving underneath the vast glaciers is causing them to melt even more quickly. The findings were published in the journal Nature Geoscience by researchers who studied one of the many "ice tongues" of the Nioghalvfjerdsfjorden Glacier in northeast Greenland. An ice tongue is a strip of ice that floats on the water without breaking off from the ice on land. The massive one these scientists studied is nearly 50 miles long. The survey revealed an underwater current more than a mile wide where warm water from the Atlantic Ocean is able to flow directly towards the glacier, bringing large amounts of heat into contact with the ice and _____ the glacier's melting.

① separating
② delaying
③ preventing
④ accelerating

해설 주어진 지문은 빙하가 녹는 이유가 지구온난화가 아니라 대서양으로부터 흘러들어오는 따뜻한 수중해류 때문임을 밝히는 내용의 글이므로 빈칸에 들어가기에 가장 적절한 것은 ④ '가속화하는'이다.

해석 과학자들은 높은 기온이 그린란드 빙상의 표면이 녹는 것에 기여하고 있다는 사실을 오래 전부터 알고 있었다. 하지만 새로운 연구가 아래쪽에서부터 얼음을 공격하기 시작한 또 다른 위협을 발견했는데 이는 거대한 빙하 아래에서 이동하는 따뜻한 바닷물이 빙하를 훨씬 더 빨리 녹게 하고 있다는 것이다. 그 연구결과는 그린란드 북동부에 있는 빙하 79N(Nioghalvfjerdsfjorden Glacier)의 많은 "빙설" 중 하나를 연구한 연구자들에 의해 Nature Geoscience지에 실렸다. 빙설은 육지의 얼음에서 분리되지 않은 물 위를 떠다니는 얼음 조각이다. 이 과학자들이 연구한 그 어마어마한 빙설의 길이는 거의 50마일 정도이다. 그 조사는 대서양에서 나온 따뜻한 물이 빙하를 향해 직접 흐를 수 있어서 많은 양의 열기가 얼음과 접촉해서 빙하가 녹는 것을 가속화하는 폭이 1마일 이상 되는 수중 해류를 발견하였다.
① 분리하는
② 연기하는
③ 예방하는
④ 가속화하는

어휘 **air temperature** 기온 / **contribute to** ~에 기여하다 / **surface** 표면 / **melt** ① 녹다 ② 녹이다 / **ice sheet** 빙상 / **threat** 위협 / **attack** 공격하다 / **underneath** ~의 밑에, ~의 아래에 / **vast** 거대한 / **glacier** 빙하 / **finding** 연구결과 / **ice tongue** 빙설 / **strip** 조각 / **float** (물에) 뜨다. 떠가다, 흘러가다 / **break off** 분리되다, 갈라지다 / **massive** 거대한, 어마어마한 / **reveal** 드러내다 / **current** 흐름 / **separate** 분리시키다, 나누다 / **accelerate** 가속화하다

005 | ②

밑줄 친 부분에 들어갈 말로 가장 적절한 것을 고르시오. 2023. 지방직 9급

One of the most frequently used propaganda techniques is to convince the public that the propagandist's views reflect those of the common person and that he or she is working in their best interests. A politician speaking to a blue-collar audience may roll up his sleeves, undo his tie, and attempt to use the specific idioms of the crowd. He may even use language incorrectly on purpose to give the impression that he is "just one of the folks." This technique usually also employs the use of glittering generalities to give the impression that the politician's views are the same as those of the crowd being addressed. Labor leaders, businesspeople, ministers, educators, and advertisers have used this technique to win our confidence by appearing to be _____ _____.

① beyond glittering generalities
② just plain folks like ourselves
③ something different from others
④ better educated than the crowd

해설 빈칸 완성 문제는 항상 이 글이 무엇에 관한 글인가를 떠올리는 것이다. 주어진 지문은 사람들의 신뢰를 얻을 수 있는 가장 좋은 방법은 그들과 같은 행동방식을 취하라는 내용의 글이므로 빈칸에 가장 적절한 것은 ②'단지 우리와 같이 평범한 사람들인' 이다.

해석 가장 자주 사용되는 선전 기법 중 하나는 대중들에게 선전자의 견해가 보통사람들의 견해를 반영하고 있으며 자신이 최선의 이익을 위해 일하고 있다는 것을 확인시켜 주는 것이다. 블루칼라(육체노동자) 청중에게 연설하는 정치인은 소매를 걷어 올리고 넥타이를 풀고 육체노동자들의 특정한 관용구를 사용하려고 시도할 수 있다. 그는 심지어 자신이 "그 사람들 중 한 명일뿐" 이라는 인상을 주기 위해 일부러 언어를 잘못 사용할 수도 있다. 이 기법은 대개 정치가의 견해가 연설을 듣는 군중의 견해와 같다는 인상을 주기 위해 화려한 추상어를 또한 사용한다. 노동 지도자들, 사업가들, 장관들, 교육자들, 그리고 광고주들은 <u>단지 우리와 같이 평범한 사람들인</u> 것처럼 보임으로써 우리의 신뢰를 얻기 위해 이 기술을 사용해왔다.
① 화려한 추상어들을 뛰어넘는
② 단지 우리와 같이 평범한 사람들인
③ 타인과 다른 것
④ 군중보다 더 잘 교육받은

어휘 propaganda 선전, 홍보 / convince 확인시켜주다, 확신시키다 / reflect 반영하다 / politician 정치가 / sleeve 소매 / undo 풀다 / specific ① 특정한 ② 구체적인 / idiom 관용구, 숙어 / incorrectly 틀리게, 올바르지 않게 / on purpose 일부러, 고의로 / folk ① 민속의 ② 사람들 / employ ① 이용하다 ② 고용하다 / glitter 빛나다 *glittering generalities 화려한 추상어 (어떤 인물, 제품, 또는 주장을 돋보이도록 하기 위해 호의적인 반응을 얻어낼 수 있는 단어들을 사용하는 프로파간다 기법) / address 연설하다 / minister 장관 / confidence 확신, 신뢰

006 | ②

밑줄 친 부분에 들어갈 말로 가장 적절한 것을 고르시오. 2022. 지방직 9급

As a roller coaster climbs the first lift hill of its track, it is building potential energy—the higher it gets above the earth, the stronger the pull of gravity will be. When the coaster crests the lift hill and begins its descent, its potential energy becomes kinetic energy, or the energy of movement. A common misperception is that a coaster loses energy along the track. An important law of physics, however, called the law of conservation of energy, is that energy can never be created nor destroyed. It simply changes from one form to another. Whenever a track rises back uphill, the cars' momentum — their kinetic energy — will carry them upward, which builds potential energy, and roller coasters repeatedly convert potential energy to kinetic energy and back again. At the end of a ride, coaster cars are slowed down by brake mechanisms that create _____ between two surfaces. This motion makes them hot, meaning kinetic energy is changed to heat energy during braking. Riders may mistakenly think coasters lose energy at the end of the track, but the energy just changes to and from different forms.

① gravity
② friction
③ vacuum
④ acceleration

해설 빈칸을 기준으로 전후관계논리가 필요하다. 빈칸 앞에 브레이크 장치에 대한 설명이 있고 빈칸 다음 This motion(이러한 움직임)으로 인해 그것들(two surfaces)이 뜨거워진다고 했으므로 빈칸에 들어가기에 가장 적절한 것은 ②'마찰'이다.

해석 롤러코스터가 트랙의 첫 번째 경사로를 올라갈 때, 롤러코스터는 잠재 에너지(위치 에너지)를 만드는데 그 잠재 에너지는 땅 위로 더 높이 올라갈수록 중력의 당김이 더 강해진다. 롤러코스터가 경사로의 정점에 이르고 하강을 시작할 때 잠재 에너지는 움직이는 에너지 즉, 운동 에너지가 된다. 일반적인 오해는 롤러코스터가 트랙을 따라 움직이면서 에너지를 잃는다는 것이다. 하지만, 에너지보존 법칙이라고 불리는 물리학의 중요한 원리는 에너지가 결코 만들어지지도 또는 파괴되지도 않는다는 것이다. 그것은 단순히 한 형태에서 다른 형태로 바뀔 뿐이다. 트랙이 오르막으로 다시 오를 때마다, 롤러코스터의 가속도 -그것의 운동 에너지-가 그것들을 위로 운반하여 잠재 에너지를 만들고 롤러코스터는 반복적으로 잠재 에너지를 운동 에너지로 변환하고 되돌아온다. 놀이기구가 끝날 때쯤, 롤러코스터 기구는 두 표면 사이에 <u>마찰</u>을 일으키는 브레이크 장치에 의해 속도가 줄어든다. 이 움직임이 그것들을 뜨겁게 만들며, 이는 제동 중에 운동 에너지가 열 에너지로 바뀐다는 것을 의미한다. 탑승자들은 롤러코스터가 트랙의 끝에서 에너지를 잃는다고 잘못 생각할 수도 있지만 그 에너지는 단지 다른 형태로 바뀔 뿐이다.
① 중력 ② 마찰 ③ 진공 ④ 가속

어휘 potential energy 잠재 에너지(운동 에너지) / gravity 중력 / descent 하강 / kinetic 운동의 / misperception 오해 / physics 물리학 / conservation 보존 / destroy 파괴하다 / momentum 가속도 / upward 위쪽으로 / repeatedly 반복적으로 / convert 바꾸다 / surface 표면 / vacuum 진공 / acceleration 가속

007 | ②

밑줄 친 부분에 들어갈 말로 가장 적절한 것을 고르시오. 2021. 국가직 9급

Excellence is the absolute prerequisite in fine dining because the prices charged are necessarily high. An operator may do everything possible to make the restaurant efficient, but the guests still expect careful, personal service: food prepared to order by highly skilled chefs and delivered by expert servers. Because this service is, quite literally, manual labor, only marginal improvements in productivity are possible. For example, a cook, server, or bartender can move only so much faster before she or he reaches the limits of human performance. Thus, only moderate savings are possible through improved efficiency, which makes an escalation of prices _____. (It is an axiom of economics that as prices rise, consumers become more discriminating.) Thus, the clientele of the fine-dining restaurant expects, demands, and is willing to pay for excellence.

① ludicrous ② inevitable
③ preposterous ④ inconceivable

해설 주어진 지문은 고급 식당에서는 주로 손으로 하는 일이 대부분이라 생산성 향상이 미미하고 따라서 가격상승이 불가피하다는 내용의 글이므로 빈칸에 들어가기에 가장 적절한 것은 ② inevitable(불가피한)이다.

해석 고급 식당에서는 우수성이 절대적인 전제 조건인데 그 이유는 청구된 요금이 상당히 높기 때문이다. 경영자는 식당을 효율적으로 운영하기 위해 가능한 한 모든 것을 할 수 있겠지만, 손님들은 여전히 정성들인 자신만을 위한 서비스, 즉 꽤 숙련된 요리사가 주문에 따라 준비하고 전문 웨이터가 전달하는 음식을 기대한다. 이 서비스는 문자 그대로 수작업이기 때문에 생산성 향상은 미미할 뿐이다. 예를 들어서, 웨이터 또는 바텐더가 인간이 할 수 있는 한계에 도달하기까지 고작 조금 더 빨리 움직일 수밖에 없다. 그러므로 단지 적당한 절약만이 효율성 향상을 이룰 수 있고 이런 점이 가격 상승을 불가피하게 만든다. (경제학의 공리는 가격이 오르면 소비자들은 더 안목이 높아진다는 것이다.) 그래서 고급식당의 고객들은 기대치가 높아지고 우수성을 위해서는 기꺼이 비용을 지불할 것이다.

① 어처구니없는
② 불가피한
③ 터무니없는
④ 상상할 수 없는

어휘 **absolute** 절대적인 / **prerequisite** 전제 조건 / **fine dining** 고급 식당 / **charge** 요금을 부과하다 / **operator** 운영자 / **efficient** 효율적인 / **to order** 주문에 따라 / **literally** 문자 그대로 / **manual** 손으로 하는 / **labor** 노동 / **marginal** ① 가장자리의 ② 미미한, 빈약한 / **escalation** 상승 / **axiom** 공리, 자명한 이치 / **discriminating** 안목 있는, 분별력이 있는 / **clientele** 고객들 / **be willing to** ⓥ 기꺼이 ⓥ 하다 / **ludicrous** 우스꽝스러운, 어처구니없는 / **inevitable** 불가피한 / **preposterous** 터무니없는, 어처구니없는 / **inconceivable** 상상할 수 없는

008 | ①

밑줄 친 부분에 들어갈 말로 가장 적절한 것을 고르시오 2021. 국가직 9급

Social media, magazines and shop windows bombard people daily with things to buy, and British consumers are buying more clothes and shoes than ever before. Online shopping means it is easy for customers to buy without thinking, while major brands offer such cheap clothes that they can be treated like disposable items — worn two or three times and then thrown away. In Britain, the average person spends more than £1,000 on new clothes a year, which is around four percent of their income. That might not sound like much, but that figure hides two far more worrying trends for society and for the environment. First, a lot of that consumer spending is via credit cards. British people currently owe approximately £670 per adult to credit card companies. That's 66 percent of the average wardrobe budget. Also, not only are people spending money they don't have, they're using it to buy things _____. Britain throws away 300,000 tons of clothing a year, most of which goes into landfill sites.

① they don't need
② that are daily necessities
③ that will be soon recycled
④ they can hand down to others

해설 빈칸 완성 문제의 처음 시작은 항상 이 글이 무엇에 관한 글인가를 떠올리는 것이다. 주어진 지문은 영국인들이 불필요한 것을 구매하는 데 돈을 낭비하고 있다는 내용의 글이므로 빈칸에 들어가기에 가장 적절한 것은 ① '그들이 불필요한'이다.

해석 소셜 미디어, 잡지 그리고 상품 진열장은 매일 사람들에게 사야 할 물건들을 쏟아 내고 있으며, 영국의 소비자들은 이전 어느 때보다도 더 많은 옷과 신발을 사고 있다. 온라인 쇼핑은 고객들이 아무생각 없이 쉽게 구매할 수 있다는 것을 의미하고 동시에 주요 브랜드들도 두세 번 입고 나서 버릴 수 있는 일회용품처럼 취급이 되는 값싼 옷을 제공한다. 영국에서, 보통 사람들은 일 년에 1천 파운드 이상을 새 옷을 사는 데 소비하는데, 이는 그들의 수입의 약 4%에 달한다. 4%가 많다고 여겨지진 않겠지만, 그 수치는 사회와 환경에 대한 훨씬 더 걱정스러운 두 가지 경향을 숨기고 있다. 첫째는, 많은 소비자 지출이 신용카드를 통해 이루어진다는 것이다. 영국인들은 현재 신용카드 회사에 성인 1인당 약 670파운드의 빚을 지고 있다. 이는 평균 옷 예산의 66%에 해당한다. 또한, 사람들은 가지고 있지 않은 돈을 쓸 뿐만 아니라, 그들이 불필요한 물건을 사기 위해 돈을 사용하고 있다. 영국은 1년에 30만 톤의 의류를 버리고, 그 대부분은 쓰레기 매립지로 들어간다.

① 그들이 불필요한
② 생필품인
③ 곧 재활용될
④ 그들이 타인에게 물려줄 수 있는

어휘 **bombard** 쏟아 붓다, 쏟아 내다 / **treat** 다루다, 취급하다 / **disposable** 일회용의 / **throw away** 내버리다 / **figure** ① 인물 ② 모습, 형상 ③ 숫자, 수치 / **via** ~을 경유하여, ~로 / **currently** 현재 / **approximately** 대략, 약 / **wardrobe** 의상, 옷 / **landfill** 쓰레기 매립지 / **daily necessities** 생필품 / **hand over** 물려주다

Part 2 독해 **163**

009 | ②

밑줄 친 부분에 들어갈 말로 가장 적절한 것을 고르시오. 2021. 지방직 9급

The slowing of China's economy from historically high rates of growth has long been expected to _____ growth elsewhere. "The China that had been growing at 10 percent for 30 years was a powerful source of fuel for much of what drove the global economy forward", said Stephen Roach at Yale. The growth rate has slowed to an official figure of around 7 percent. "That's a concrete deceleration", Mr. Roach added.

① speed up   ② weigh on
③ lead to   ④ result in

해설 주어진 지문은 높은 성장률에 있던 중국의 경제가 둔화되고 있고 그로 인해 다른 곳의 성장을 가로 막는다는 내용의 글이므로 빈칸에 들어가기에 가장 적절한 것은 ② '압박하다' 이다.

해석 역사적으로 높은 성장률에 있던 중국의 경제 둔화는 다른 곳의 성장을 오랫동안 압박할 것으로 예상되어 왔다. "30년 동안 10퍼센트 성장률을 지속해 온 중국은 세계 경제를 앞으로 나아가게 한 강력한 연료 공급원이었다,"라고 Yale대의 Stephen Roach는 말했다. 성장률은 공식적인 수치로 약 7% 정도 낮아졌다. "그것은 실제하는 감속이다."라고 Roach 씨는 덧붙였다.

어휘 historically 역사적으로 / rate ① 평가하다 ② 속도 ③ 비율 / source 원천, 근원 / forward 앞으로 / official 공식적인 / figure ① 인물 ② 숫자 ③ 모습, 형상 / concrete 실제의, 구체적인 / deceleration 감속 / speed up 속도를 더 내다, 가속하다 / weigh on (무거운 짐이 되어) 압박하다, 괴롭히다 / lead to 초래하다(= result in)

010 | ④

밑줄 친 부분에 들어갈 말로 가장 적절한 것을 고르시오. 2021. 지방직 9급

As more and more leaders work remotely or with teams scattered around the nation or the globe, as well as with consultants and freelancers, you'll have to give them more _____. The more trust you bestow, the more others trust you. I am convinced that there is a direct correlation between job satisfaction and how empowered people are to fully execute their job without someone shadowing them every step of the way. Giving away responsibility to those you trust can not only make your organization run more smoothly but also free up more of your time so you can focus on larger issues.

① work   ② rewards
③ restrictions   ④ autonomy

해설 주어진 지문은 같이 일하는 사람들을 신뢰하고 그들에게 책임을 맡기면 더 좋은 성과를 이루어낼 수 있다는 내용의 글이므로 빈칸에 들어가기에 가장 적절한 것은 ④ '자율성' 이다.

해석 점점 더 많은 리더들이 멀리 떨어져 일하거나, 또는 컨설턴트와 프리랜서뿐 아니라 전국 또는 전 세계에 흩어져 있는 팀과 함께 일하면서, 당신은 그들에게 더 많은 <u>자율성</u>을 주어야 할 것이다. 당신이 더 많은 신뢰를 주면 줄수록, 더 많은 다른 사람들이 당신을 더 신뢰하게 된다. 나는 직업 만족도와 그들이 가는 모든 길에 그들을 따라다니는 사람 없이 자신들의 일을 완벽히 수행할 수 있도록 그들에게 얼마나 권한을 부여해야 하는가 사이에 직접적인 상관관계가 있다고 확신한다. 당신이 신뢰하는 사람에게 책임을 맡기는 것은 조직을 보다 원활하게 운영할 수 있을 뿐만 아니라 당신에게 더 많은 시간이 주어져 더 큰 문제에 집중할 수 있게 한다.

어휘 remotely 멀리 떨어져, 원격으로 / scatter 흩뿌리다, 흩어지게 하다 / globe 세계 / bestow 수여하다, 부여하다 / trust 신뢰하다 / convince 확신시키다 / direct 직접적인 / correlation 상호관계 / empower 권한(자격)을 주다 / fully 완전하게, 완벽하게 / execute 실행하다, 실천하다 / shadow 그림자처럼 따라다니다, 미행하다 / responsibility 책임 / organization 조직 / smoothly 원활하게, 매끄럽게 / free up ～을 만들어내다, ～을 마련하다 / reward 보상 / restriction 제한 / autonomy 자율성, 자주성, 자치권

011 | ①

밑줄 친 (A), (B)에 들어갈 말로 가장 적절한 것은? 2020. 국가직 9급

When an organism is alive, it takes in carbon dioxide from the air around it. Most of that carbon dioxide is made of carbon-12, but a tiny portion consists of carbon-14. So the living organism always contains a very small amount of radioactive carbon, carbon-14. A detector next to the living organism would record radiation given off by the carbon-14 in the organism. When the organism dies, it no longer takes in carbon dioxide. No new carbon-14 is added, and the old carbon-14 slowly decays into nitrogen. The amount of carbon-14 slowly ___(A)___ as time goes on. Over time, less and less radiation from carbon-14 is produced. The amount of carbon-14 radiation detected for an organism is a measure, therefore, of how long the organism has been ___(B)___. This method of determining the age of an organism is called carbon-14 dating. The decay of carbon-14 allows archaeologists to find the age of once-living materials. Measuring the amount of radiation remaining indicates the approximate age.

	(A)	(B)
①	decreases	dead
②	increases	alive
③	decreases	productive
④	increases	inactive

해설 (A) 앞에 탄소-14가 썩는다고 했고 (A) 뒤에는 시간이 지나면서 생산이 안 된다고 했으므로 (A)에는 decreases가 있어야 한다. (B) 다음 이 방법으로 유기체의 나이를 측정할 수 있다고 했고 이 측정은 본문 5번째 문장(When the organism dies, ~)에서 유기체가 죽는다는 전제로 이루어지므로 (B)에는 dead가 필요하다. 따라서 정답은 ① 이다.

해석 유기체가 살아 있을 때, 그 유기체는 주변의 공기로부터 이산화탄소를 흡수한다. 이산화탄소의 대부분은 탄소-12로 만들어졌지만, 아주 소량은 탄소-14로 구성된다. 그래서 살아 있는 유기체는 항상 아주 적은 양의 방사성 탄소인 탄소-14를 가진다. 살아있는 유기체 옆에 있는 감지기는 유기체에서 탄소-14에 의해 방출된 방사선을 기록한다. 유기체가 죽으면 그 유기체는 더 이상 이산화탄소를 흡수하지 않는다. 어떠한 새로운 탄소-14도 더해지지 않고, 오래된 탄소-14는 천천히 썩어서 질소가 된다. 탄소-14의 양은 시간이 지나면서 서서히 <u>감소한다</u>. 시간이 흐르면서 탄소-14로부터 점점 더 적은 방사선이 만들어진다. 따라서 유기체에서 감지된 탄소-14의 방사선 양은 유기체가 <u>죽은 지</u> 얼마나 됐는지를 측정하는 척도다. 이 유기체의 나이를 결정하는 방법을 탄소-14 연대측정법이라 한다. 탄소-14의 붕괴는 고고학자들이 한때 살아 있던 물질의 나이를 측정할 수 있게 한다. 남은 방사선량을 측정하면 대략적인 나이를 알 수 있다.

어휘 **organism** 유기체 / **take in** 섭취하다, 흡수하다 / **carbon dioxide** 이산화탄소 / **tiny** 아주 작은 / **portion** 부분, 몫 / **consist of** ~로 구성되다 / **contain** 포함하다, 가지다 / **radioactive** 방사성의, 방사능의 ***radiation** 방사선 / **detector** 감지기 * **detect** 감지하다 / **next to** ~옆에 / **give off** 내뿜다, 방출하다 / **decay** 썩다, 붕괴하다 / **nitrogen** 질소 / **as time goes by (on)** 시간이 지나면서 / **measure** ① 재다, 측정(하다) ② 대책, 조치 / **determine** 결정하다 / **archaeologist** 고고학자 / **indicate** 암시하다, 보여주다 / **approximate** 대략의

012 | ②

밑줄 친 부분에 들어갈 말로 가장 적절한 것은?

2020. 국가직 9급

All creatures, past and present, either have gone or will go extinct. Yet, as each species vanished over the past 3.8-billion-year history of life on Earth, new ones inevitably appeared to replace them or to exploit newly emerging resources. From only a few very simple organisms, a great number of complex, multicellular forms evolved over this immense period. The origin of new species, which the nineteenth-century English naturalist Charles Darwin once referred to as "the mystery of mysteries," is the natural process of speciation responsible for generating this remarkable ＿＿＿＿＿＿＿＿ with whom humans share the planet. Although taxonomists presently recognize some 1.5 million living species, the actual number is possibly closer to 10 million. Recognizing the biological status of this multitude requires a clear understanding of what constitutes a species, which is no easy task given that evolutionary biologists have yet to agree on a universally acceptable definition.

① technique of biologists
② diversity of living creatures
③ inventory of extinct organisms
④ collection of endangered species

해설 주어진 지문은 종들은 사라지고 있지만 이를 대체하는 새로운 종들이 계속해서 나오고 있다는 내용의 글이므로 빈칸에 들어가기에 가장 적절한 것은 ② '생명체들의 다양성'이다.

해석 과거와 현재의 모든 생물들은 이미 사라졌거나 혹은 멸종하게 될 것이다. 하지만, 각각의 종들이 지구생명의 역사인 지난 38억년 동안 사라져 감에 따라, 불가피하게 새로운 종들이 이들을 대신하기 위해, 또는 새로이 생겨난 자원을 이용하기 위해 나타났다. 몇몇 아주 단순한 유기체로부터, 아주 많은 수의 복잡하고 다세포적인 형태들이 이 오랜 시간 동안 진화해 왔다. 19세기 영국의 자연학자인 찰스 다윈이 '신비스러운 것들 중 가장 신비로운 것'이라고 언급했던 새로운 종의 기원은 인간과 지구가 함께 공유하고 있는 이 놀라운 생명체들의 다양성을 만드는 데 책임을 지고 있는 종분화(種分化)의 자연스러운 과정이다. 비록 분류학자들이 현재 150만의 종들이 생존하고 있다고 인정한다 하더라도 실질적 숫자는 아마도 1,000만 종에 가까울 것이다. 이러한 다수 종들의 생물학적 상태를 인식하는 것은 무엇이 하나의 종을 구성하고 있는지에 관한 명확한 이해를 필요로 하는데, 이는 진화생물학자들이 보편적으로 수용할 수 있는 정의에 아직도 합의를 이루지 못하고 있다는 것을 고려해 보면 쉬운 일이 아니다.

① 생물학자들의 기술
② 생명체들의 다양성
③ 멸종한 유기체들의 목록
④ 멸종한 종들의 채집

어휘 **creature** 생물, 생명체 / **extinct** 멸종한 / **vanish** 사라지다, 소멸하다 / **inevitably** 불가피하게 / **replace** 대체하다 / **exploit** 사용[이용]하다 / **emerging** 생겨난, 떠오르는 / **resource** 자원 / **organism** 유기체 / **a great number of** 아주 많은 / **complex** 복잡한 / **multicellular** 다세포적인 / **evolve** 진화하다 / **immense** 거대한, 어마어마한 / **refer to A as B** A를 B로 언급하다 / **speciation** 종분화(種分化) / **responsible** 책임 있는 / **generate** 만들어내다, 생성하다 / **remarkable** 놀라운, 놀랄 만한, 주목할 만한 / **taxonomist** 분류학자 / **presently** 현재 / **recognize** 인정하다 / **actual** 실질적인 / **possibly** 아마, 아마도 / **close** 가까운 / **biological** 생물학적인 ***biologist** 생물학자 / **status** ① 지위, 신분 ② 상태, 상황 / **multitude** 다수 / **constitute** 구성하다 / **given that** ~을 고려해보면 / **agree on** ~에 합의하다 / **universally** 보편적으로 / **acceptable** 수용할 수 있는, 받아들일 수 있는 / **definition** 정의 / **diversity** 다양성 / **inventory** 목록 / **collection** 채집, 모음 / **endangered** 멸종위기에 있는

013 | ③

밑줄 친 부분에 들어갈 말로 가장 적절한 것은?
2020. 지방직 9급

All of us inherit something : in some cases, it may be money, property or some object—a family heirloom such as a grandmother's wedding dress or a father's set of tools. But beyond that, all of us inherit something else, something _____, something we may not even be fully aware of. It may be a way of doing a daily task, or the way we solve a particular problem or decide a moral issue for ourselves. It may be a special way of keeping a holiday or a tradition to have a picnic on a certain date. It may be something important or central to our thinking, or something minor that we have long accepted quite casually.

① quite unrelated to our everyday life
② against our moral standards
③ much less concrete and tangible
④ of great monetary value

[해설] 빈칸을 기준으로 전후관계논리(likeness — 논리의 방향이 같다)를 이용해야 한다. 빈칸 다음 '완전히 인식할 수도 없는 것'이라는 내용이 있으므로 이와 논리의 방향이 같은 내용이 빈칸에 있어야 한다. 따라서 빈칸에 들어가기에 가능성이 있는 것은 ①과 ③이다. 하지만 빈칸 다음 문장들에서 문제해결방식이나 전통을 지키는 내용들이 있으므로 ① 보다는 ③ '훨씬 덜 구체적이고 덜 실재하는'이 빈칸에 들어가기에 더 적절하다. 따라서 ③이 정답이 된다.

[해석] 우리 모두는 어떤 것을 물려받는데 어떤 경우에 그것은 돈이나 재산이 될 수도 있고 또는 할머니의 웨딩드레스나 아버지의 공구 세트와 같은 가보가 될 만한 물건일 수도 있다. 하지만, 그 외에도 우리는 다른 어떤 것, 즉 <u>훨씬 덜 구체적이고 덜 실재하는</u> 심지어 완전히 인식할 수도 없는 것도 물려받는다. 그것은 일상적인 일을 하는 방식일 수도 있고 또는 우리가 특정 문제들을 해결하거나 우리 스스로 도덕적인 문제를 결정하는 방식일 수도 있다. 그것은 휴일을 간직하고 특정한 날짜에 소풍을 가는 전통을 지키는 특별한 방식일 수도 있다. 그것은 우리 사고에 중요하거나 중심이 될 수도 있고 우리가 오랫동안 아주 무심코 받아들인 사소한 것일 수도 있다.
① 우리 일상생활과는 아주 무관한
② 우리의 도덕적 기준에 반하는
③ 훨씬 덜 구체적이고 덜 실재하는
④ 커다란 금전적 가치가 있는

[어휘] inherit 물려받다, 상속하다 / property 재산, 소유물 / heirloom 가보 / beyond that 그 이외에도 / be aware of ~을 인식하다, ~을 알다 / daily 일상의, 매일의 / moral 도덕적인 / certain 특정한, ① (명사 앞에서) 어떤 ② 확실한, 분명한 / minor 사소한 / casually 무심코, 아무 생각 없이 / concrete 구체적인 / tangible 만질 수 있는, 실재하는 / monetary 금전적인

014 | ③

밑줄 친 부분에 들어갈 말로 가장 적절한 것은?
2019. 국가직 9급

Why bother with the history of everything? _____.
In literature classes you don't learn about genes; in physics classes you don't learn about human evolution. So you get a partial view of the world. That makes it hard to find meaning in education. The French sociologist Emile Durkheim called this sense of disorientation and meaninglessness anomie, and he argued that it could lead to despair and even suicide. The German sociologist Max Weber talked of the "disenchantment" of the world. In the past, people had a unified vision of their world, a vision usually provided by the origin stories of their own religious traditions. That unified vision gave a sense of purpose, of meaning, even of enchantment to the world and to life. Today, though, many writers have argued that a sense of meaninglessness is inevitable in a world of science and rationality. Modernity, it seems, means meaninglessness.

① In the past, the study of history required disenchantment from science
② Recently, science has given us lots of clever tricks and meanings
③ Today, we teach and learn about our world in fragments
④ Lately, history has been divided into several categories

[해설] 주어진 지문은 과거에는 통합된 교육관을 가지고 있었지만 오늘날에는 부분에 치우치는 교육을 하고 있어 제대로 된 교육적 의미를 찾기 어렵다는 내용의 글이므로 빈칸에 들어갈 말로 가장 적절한 것은 ③ '오늘날 우리는 우리 세상에 대해 단편적으로 가르치고 배운다'이다.

[해석] 왜 모든 것의 역사에 신경을 쓰나? <u>오늘날 우리는 우리 세상에 대해 단편적으로 가르치고 배운다</u>. 문학 수업에서 당신은 유전자에 관해 배우지 않고, 물리학 수업에서는 인간의 진화에 대해 배우지 않는다. 그래서 당신은 부분에 치우치는 세계관을 갖게 된다. 그것은 교육에서 의미를 찾기 어렵게 한다. 프랑스 사회학자인 Emile Durkheim은 이러한 방향 상실과 무의미함에 대한 감각을 '아노미'라고 불렀고, 그것이 절망감으로, 그래서 심지어 자살로 이어질 수 있음을 주장했다. 독일 사회학자인 Max Weber는 세계에 대한 '각성'에 관해 말했다. 과거에 사람들은 그들의 세계에 관한 통합된 시각, 즉 대체로 그들 자신만의 종교적 전통의 기원 설화에 의해 제공되는 시각을 지니고 있었다. 그러한 통합적인 시각은 목적에 대한 감각, 의미에 대한 감각, 심지어는 세상과 삶에 대한 황홀감의 감각을 제공한다. 그러나 오늘날에는 많은 작가들은 무의미함에 대한 감각이 과학과 이성의 세계에서 필연적이라고 주장한다. 현대적이라는 것은 무의미함을 의미하는 것 같다.
① 과거에 역사에 대한 연구가 과학으로부터의 각성을 요구했다.
② 최근에 과학은 우리에게 많은 기발한 묘책과 의미를 주었다.
③ 오늘날 우리는 세상에 대해 단편적으로 가르치고 배운다.
④ 최근에 역사는 몇 가지 범주로 쪼개졌다.

[어휘] bother 괴롭히다; 신경쓰다 / gene 유전자 / physics 물리학 / evolution 진화 / partial 부분에 치우치는, 편파적인 / sociologist 사회학자 / disorientation 방향감각상실, 혼미(함) / meaninglessness 무의미함 / anomie 사회적 무질서,

아노미 / **despair** 절망 / **suicide** 자살 / **disenchantment** 각성 / **unified** 통합된, 통합적인 / **purpose** 목적 / **enchantment** 황홀함 / **inevitable** 필연적인, 불가피한 / **though** 비록 ~일지라도; 그러나 / **rationality** 이성 / **modernity** 현대성, 현대적임

015 | ③

밑줄 친 (A), (B)에 들어갈 말로 가장 적절한 것은?　　　2019. 지방직 9급

In the 1840s, the island of Ireland suffered famine. Because Ireland could not produce enough food to feed its population, about a million people died of _____(A)_____ ; they simply didn't have enough to eat to stay alive. The famine caused another 1.25 million people to ____(B)____ ; many left their island home for the United States; the rest went to Canada, Australia, Chile, and other countries. Before the famine, the population of Ireland was approximately 6 million. After the great food shortage, it was about 4 million.

	(A)	(B)
①	dehydration	be deported
②	trauma	immigrate
③	starvation	emigrate
④	fatigue	be detained

···해설 (A) 앞에 먹을 만한 충분한 식량이 없다고 했고 (A) 뒤에 생존하기에는 먹을 것이 충분치 않았다는 내용이 있으므로 (A)에는 starvation(기아)이 들어가야 하고 (B) 뒤에 많은 사람들이 고향을 떠났다는 내용이 있으므로 (B)에는 emigrate (이민을 가다)가 들어가는 것이 적절하다.

❗해석 1840년대에 아일랜드 섬은 기근을 겪었다. 아일랜드는 그 나라의 모든 주민을 먹일 충분한 식량을 생산할 수 없었기 때문에, 약 백만 명의 사람들이 <u>기아</u>로 사망했다. 즉, 그들이 생존하기에는 먹을 것이 충분치 않았다. 그 기근은 또 다른 125만 명의 사람들을 <u>이민을 가게</u> 했다. 그래서 많은 사람들이 자신의 고향인 섬을 떠나 미국으로 갔고, 나머지는 캐나다, 호주, 칠레, 그리고 다른 나라들로 갔다. 기근 이전에 아일랜드의 인구는 대략 6백만 명이었다. 엄청난 식량 부족 이후에는 그 인구가 약 4백만 명이 되었다.

	(A)	(B)
①	탈수	추방되다
②	트라우마	이민을 오다
③	기아	이민을 가다
④	피로	억류되다

➕어휘 **suffer** 겪다, 경험하다 *suffer from 고통받다, 시달리다 / **famine** 기근 / **feed** 먹이다 / **rest** 나머지 / **approximately** 대략, 약 / **shortage** 부족, 결핍 / **dehydration** 탈수 / **deport** 추방하다, 내쫓다 / **immigrate** 이민을 오다 / **starvation** 기아, 배고픔 / **emigrate** 이민을 가다 / **fatigue** 피로, 피곤 / **detain** 억류하다, 붙잡아두다

016 | ①

밑줄 친 부분에 들어갈 말로 가장 적절한 것은?　　　2019. 지방직 9급

Language proper is itself double-layered. Single noises are only occasionally meaningful: mostly, the various speech sounds convey coherent messages only when combined into an overlapping chain, like different colors of ice-cream melting into one another. In birdsong also, _____: the sequence is what matters. In both humans and birds, control of this specialized sound-system is exercised by one half of the brain, normally the left half, and the system is learned relatively early in life. And just as many human languages have dialects, so do some bird species: in California, the white-crowned sparrow has songs so different from area to area that Californians can supposedly tell where they are in the state by listening to these sparrows.

① individual notes are often of little value
② rhythmic sounds are important
③ dialects play a critical role
④ no sound-system exists

···해설 빈칸 앞에 나열의 signal인 also(also는 앞에 내용과 논리의 방향이 같다)를 이용해서 빈칸을 추론할 수 있다. 본문 첫 번째 문장에서 단일한 소리는 의미가 거의 없고 다양한 언어음이 하나로 합쳐질 때만 메시지를 전달할 수 있다고 했으므로 이와 논리의 방향이 같은 ① '개별적 음조들은 종종 거의 의미가 없다'가 빈칸에 들어가기에 가장 적절하다.

❗해석 엄밀한 의미로서 언어는 그 자체가 이중적 층을 이루고 있다. 단일한 소리는 단지 가끔씩만 의미가 있다. 즉 대체로, 다양한 언어음은 마치 다양한 색깔의 아이스크림이 녹아 하나로 합쳐지는 것처럼 중복되는 연결고리로 결합되었을 때에만 일관된 메시지를 전달한다. 새들의 지저귐에서도 또한 <u>개별적 음조들은 종종 거의 의미가 없다</u>. 중요한 것은 연속성이다. 인간과 새 둘 다 이러한 특화된 음성 체계의 조절은 뇌의 절반, 주로 좌뇌에 의해 이루어지며 그 체계는 상대적으로 삶의 초반에 학습된다. 그리고 많은 인간의 언어에 방언이 있듯이 몇몇 종의 새들 역시 그러하다. 예를 들어서 캘리포니아에 있는 노랑턱멧새는 지역마다 노랫소리가 아주 달라서 캘리포니아 사람들은 아마도 이 새소리를 들음으로써 자신이 그 주의 어디에 있는지 식별할 수 있을 것이다.

① 개별적 음조들은 종종 거의 의미가 없다
② 리듬감 있는 소리가 중요하다
③ 방언이 중요한 역할을 한다
④ 어떤 음성 체계도 존재하지 않는다

➕어휘 **proper** ① (명사 앞에서) 적당한, 적절한 ② (명사 뒤에서) 엄밀한 의미의 / **layer** 층 / **occasionally** 가끔 / **mostly** 주로, 대체로 / **coherent** 일관된 / **combine** 합치다, 결합하다 / **overlap** 중복되다, 중첩되다 / **chain** 연결고리, 사슬 / **sequence** 연속성, 순서 / **matter** 중요하다 / **specialized** 특화된 / **normally** 보통 / **relatively** 상대적으로 / **dialect** 방언 사투리 / **white-crowned sparrow** 노랑턱멧새 *sparrow 참새 / **supposedly** 아마도 / **tell** 구별하다, 식별하다 *tell A from B A와 B를 구별[식별]하다 / **exist** 존재하다

017 | ②

밑줄 친 부분에 들어갈 말로 가장 적절한 것은? 2019. 지방직 9급

Nobel Prize-winning psychologist Daniel Kahneman changed the way the world thinks about economics, upending the notion that human beings are rational decision-makers. Along the way, his discipline-crossing influence has altered the way physicians make medical decisions and investors evaluate risk on Wall Street. In a paper, Kahneman and his colleagues outline a process for making big strategic decisions. Their suggested approach, labeled as "Mediating Assessments Protocol," or MAP, has a simple goal: To put off gut-based decision-making until a choice can be informed by a number of separate factors. "One of the essential purposes of MAP is basically to _____ intuition," Kahneman said in a recent interview with *The Post*. The structured process calls for analyzing a decision based on six to seven previously chosen attributes, discussing each of them separately and assigning them a relative percentile score, and finally, using those scores to make a holistic judgment.

① improve   ② delay   ③ possess   ④ facilitate

● **해설** Likeness(빈칸을 기준으로 비슷한 내용이 이어진다)를 이용해야 한다. 빈칸 앞의 문장에서 MAP의 목표가 gut(직관, 배짱)에 의거한 결정을 put off(미루는)시키는 것이라고 했으므로 이와 논리의 방향이 비슷한 내용이 빈칸에 들어가야 한다. 따라서 정답은 ② '유보하는'이다.

● **해석** 노벨상 수상자인 심리학자 Daniel Kahneman은 경제학에 관한 세상의 사고방식을 변화시켰고 인간이 합리적 의사결정자라는 개념을 뒤엎었다. 그 과정에서 학문을 넘나드는 그의 영향력이 의사들이 의학적 결정을 내리고 투자가들이 월 스트리트에 있는 위험요소를 평가하는 방식을 변화시켰다. 한 논문에서 Kahneman과 그의 동료들은 큰 전략적 결정을 내리기 위한 과정에 대한 개요를 설명했다. 그들의 권장 접근법은 '조정 평가 프로토콜', 또는 MAP이라고 이름을 붙였는데 한 가지 단순한 목표가 있다. 그 목표는 하나의 선택이 다수의 개별적 요소들에 의해 설명될 때까지 배짱에 근거한 의사결정은 미루는 것이다. "MAP의 가장 중요한 목표 중 하나는 기본적으로 직관을 <u>유보하는</u> 것이다"라고 Kahneman은 최근 <포스트>와의 인터뷰에서 말했다. 그 구조화된 과정은 이전에 선택된 예닐곱 개의 요소들에 기반해서 하나의 결정을 분석하고 각각을 개별적으로 논의한 후, 이들에게 상대적인 백분위 수를 부여한 후 마지막으로 전체론적인 판단을 위해 그 점수를 활용할 것을 요구한다.

① 개선하는 ② 유보하는 ③ 소유하는 ④ 용이하게 하는

⊕ **어휘** psychologist 심리학자 / upend 뒤집다, 거꾸로 하다 / notion 개념 / rational 이성적인, 합리적인 / decision-maker 의사결정자 / along the way 그 과정에서 / discipline-crossing 학문을 넘나드는 *discipline ① 규율, 훈육 ② 학문 / alter 바꾸다, 변화시키다 / physician 내과의사 / nvestor 투자자 / evaluate 평가하다 / colleague 동료 / outline 개요를 서술하다, 윤곽을 보여주다 / strategic 전략적인 / suggested 제안된, 권장된 / label ① 라벨(을 붙이다) ② 음반사, 음반제작사 / gut ①(소화기관) 대장 ② 배짱, 직관 / essential 필수적인 / structured 구조화된 / call for 요구하다, 요청하다 / assign 할당하다, 부여하다 / percentile 백분위 수 / holistic 전체론적인 / possess 소유하다 / facilitate 용이하게 하다

018 | ①

밑줄 친 부분에 들어갈 말로 가장 적절한 것을 고르시오. 2018. 국가직 9급

Fear of loss is a basic part of being human. To the brain, loss is a threat and we naturally take measures to avoid it. We cannot, however, avoid it indefinitely. One way to face loss is with the perspective of a stock trader. Traders accept the possibility of loss as part of the game, not the end of the game. What guides this thinking is a portfolio approach; wins and losses will both happen, but it's the overall portfolio of outcomes that matters most. When you embrace a portfolio approach, you will be _____ because you know that they are small parts of a much bigger picture.

① less inclined to dwell on individual losses
② less interested in your investments
③ more averse to the losses
④ more sensitive to fluctuations in the stock market

● **해설** 빈칸 완성은 이 글이 무엇에 관한 글인가 즉, Main Idea를 찾는 것이다. 이 글은 사람들이 손실에 대해 두려움을 갖지만 그 두려움을 이겨낼 수 있는 방법을 소개하고 있다. 작가는 주식거래자의 관점(주식은 이득을 취할 수도 있고 손해를 볼 수도 있다)에서 사고하는 것이 손실에 대한 두려움을 이겨낼 수 있다고 했으므로 빈칸에 가장 적절한 것은 ① '개별적인 손실에 대해 덜 심사숙고하게 될'이다. ②와 ④는 Main Idea에서 완전히 벗어나 있고, ③은 작가의 견해에 정반대이므로 정답이 될 수 없다.

● **해석** 손실에 대한 두려움은 인간으로서의 기본적인 부분이다. 뇌에 있어 손실은 위협이며 우리는 당연히 그 손실을 피할 대책을 세운다. 하지만 우리는 손실을 언제까지나 피할 수는 없다. 손실에 맞설 한 가지 방법은 주식거래자의 관점으로 바라보는 것이다. (주식)거래자는 게임이 끝이 아닌 게임의 일부로 손실의 가능성을 받아들인다. 이러한 생각을 이끄는 것이 포트폴리오 접근법이다, 그리고 손실은 늘 일어나지만, 가장 중요한 것은 결과의 전체적인 포트폴리오라는 것이다. 당신이 포트폴리오 접근 방식을 수용할 때 개별적인 손실은 훨씬 더 큰 그림의 작은 부분이라는 것을 알게 되기 때문에 <u>개별적인 손실에 대해 덜 심사숙고하게</u> 될 것이다.

① 개별적인 손실에 대해 덜 심사숙고하게 될
② 당신의 투자에 덜 관심을 갖게 될
③ 손실을 더 싫어하게 될
④ 주식 시장의 변동에 더 민감하게 될

⊕ **어휘** loss 손실, 상실 / threat 위협 / measure ① 재다, 측정하다 ② 대책, 조치 / indefinitely 무기한으로, 무한정 / face 직면하다, 맞서다 / perspective 관점 / stock 주식 / matter 중요하다 / embrace 끌어안다, 수용하다 / be inclined to ⓥ ⓥ하는 경향이 있다 / dwell on ~를 심사숙고하다, 곰곰이 생각하다 / individual 개별적인 / averse 싫어하는, 반대하는 / sensitive 예민한, 민감한 / fluctuation 변동, 급락

019 | ②

다음 빈칸에 들어갈 내용으로 가장 적절한 것은?　　2018. 국가직 9급

Kisha Padbhan, founder of Everonn Education, in Mumbai, looks at his business as nation-building. India's student age population of 230 million (kindergarten to college) is one of the largest in the world. The government spends $83 billion on instruction, but there are serious gaps. "There aren't enough teachers and enough teacher training institutes," says Kisha. "What children in remote parts of India lack is access to good teachers and exposure to good quality content." Everonn's solution? The company uses a satellite network, with two way video and audio _____. It reaches 1,800 colleges and 7,800 schools across 24 of India's 28 states. It offers everything from digitized school lessons to entrance exam prep for aspiring engineers and has training for job seekers, too.

① to improve the quality of teacher training facilities
② to bridge the gap through virtual classrooms
③ to get students familiarized with digital technology
④ to locate qualified instructors across the nation

해설 빈칸 완성 문제는 항상 '이 글이 무엇에 관한 글인가?(Main Idea)'를 떠올리는 것이다. 이 글은 인도의 교육 문제(학생들은 많지만 교사나 교육기관이 부족하고 특히 외딴 지역 학생들은 그 격차가 크다)에 관한 것이고 이 문제를 해결하고자 위성 네트워크를 이용해 그 간극을 줄이자는 내용의 글이므로 빈칸에 들어가기에 가장 적절한 것은 ② '가상 교실을 통해 간극을 메우기 위해'이다.

해석 뭄바이에 있는 Everonn Education의 설립자인 Kisha Padbhan는 그의 사업을 국가 건설로 보았다. 인도의 유치원부터 대학까지의 학생 연령대 인구는 2억 3천만으로 세계에서 가장 큰 규모 중 하나이다. 정부는 830억 달러를 교육에 쓰지만, 심각한 격차가 존재한다. "교사와 교사 양성기관이 충분하지 않고 인도의 외딴지역에 있는 아이들에게 부족한 것은 좋은 교사와 양질의 교육 내용에 대한 노출이다."라고 Kisha는 말한다. Everonn의 해결책은 무엇인가? 이 회사는 가상 교실을 통해 간극을 메우기 위해 양방향 비디오와 오디오를 활용한 위성네트워크를 사용한다. 이것은 인도 28개 주 중 24개 주의 1800개 대학과 7800개 학교에 연결된다. 또한 이것은 디지털화된 수업부터 미래 엔지니어를 위한 입학시험 준비과정에 이르기까지 모든 것을 제공하고 구직자를 위한 훈련과정도 갖추고 있다.

① 교사 교육시설의 질을 향상시키기 위해
② 가상 교실을 통해 간극을 메우기 위해
③ 학생들을 디지털 기술에 익숙하게 만들기 위해
④ 자질을 갖춘 교육자를 전국에 배치하기 위해

어휘 **founder** 설립자 / **instruction** 교육 / **gap** 격차, 차이 / **institute** 기관 / **remote** 거리가 먼 / **access** 접근 / **exposure** 노출 / **satellite** 위성 / **aspiring** 미래의, 장차 ~가 되려는 / **facility** 편의시설 / **virtual** ① 가상의 ② 사실상의 / **familiarize** 친숙하게 하다 / **locate** 위치시키다

020 | ④

밑줄 친 부분에 들어갈 말로 가장 적절한 것을 고르시오.　　2018. 지방직 9급

The secret of successful people is usually that they are able to concentrate totally on one thing. Even if they have a lot in their head, they have found a method that the many commitments don't impede each other, but instead they are brought into a good inner order. And this order is quite simple : _____. In theory, it seems to be quite clear, but in everyday life it seems rather different. You might have tried to decide on priorities, but you have failed because of everyday trivial matters and all the unforeseen distractions. Separate off disturbances, for example, by escaping into another office, and not allowing any distractions to get in the way. When you concentrate on the one task of your priorities, you will find you have energy that you didn't even know you had.

① the sooner, the better
② better late than never
③ out of sight, out of mind
④ the most important thing first

해설 이 글은 성공하기 위해서는 다른 방해요소들을 없애고 우선순위에 따라 오직 한 가지 일에만 집중해야 한다는 내용의 글이므로 빈칸에 들어가기에 가장 적절한 것은 ④ '가장 중요한 것을 먼저 하라'이다.

해석 성공한 사람들의 비결은 대체로 그들이 한 가지에 완전히 집중할 수 있다는 것이다. 비록 그들의 머릿속에는 많은 것이 들어있지만, 성공한 사람들은 많은 책무들이 서로 방해하기보다는 오히려 훌륭한 내적 질서를 가져오는 방법을 찾아냈다. 그리고 이러한 질서는 매우 단순하다 즉, 가장 중요한 것을 먼저 하라. 이론상으로 이것은 꽤 명확한 것 같지만 일상생활에서 이것은 차이가 있다. 당신은 우선순위에 따라 결정하려 노력했을지도 모른다. 하지만 당신은 매일 사소한 일들과 예측하지 못한 부주의로 인해 실패할 수도 있다. 예를 들어, 어떤 다른 일을 시작할 때 또 다른 업무로 탈출함으로써 그리고 그 일을 하는 데 어떤 방해물도 허락하지 않음으로써 방해가 되는 것을 없애라. 당신이 당신의 우선순위에 있는 한 가지 과제에 집중할 때 당신은 심지어 당신이 가지고 있으면서도 알지도 못했던 당신의 에너지를 발견할 것이다.

① 빠르면 빠를수록 좋다
② 하지 않는 것보다는 늦더라도 하는 것이 낫다
③ 눈에서 멀어지면 마음에서도 멀어진다
④ 가장 중요한 것을 먼저 하라

어휘 **concentrate on** ~에 집중하다 / **commitment** ① 약속, 다짐 ② 헌신, 전념 ③ 일, 책무 / **impede** 방해하다, 가로막다 / **order** 순서, 질서 / **priority** 우선순위 / **trivial** 사소한 / **distraction** ① 산만함 ② 부주의 / **separate** 분리시키다, 떼어내다 / **disturbance** 방해(물), 방해요소

021 | ①

밑줄 친 부분에 들어갈 말로 가장 적절한 것은? 2018. 지방직 9급

In our time it is not only the law of the market which has its own life and rules over man, but also the development of science and technique. For a number of reasons, the problems and organization of science today are such that a scientist does not choose his problems; the problems force themselves upon the scientist. He solves one problem, and the result is not that he is more secure or certain, but that ten other new problems open up in place of the single solved one. They force him to solve them; he has to go ahead at an ever-quickening pace. The same holds true for industrial techniques. The pace of science forces the pace of technique. Theoretical physics forces atomic energy on us; the successful production of the fission bomb forces upon us the manufacture of the hydrogen bomb. We do not choose our problems, we do not choose our products; we are pushed, we are forced — by what? By a system which has no purpose and goal transcending it, and which _____.

① makes man its appendix
② creates a false sense of security
③ inspires man with creative challenges
④ empowers scientists to control the market laws

해설 이 글은 인간을 지배하는 것이 과학과 기술의 발전이므로 우리 인간이 주체가 되어 문제를 해결하는 것이 아니라 문제 해결을 하도록 강요받는 것이라는 내용의 글이므로 빈칸에 가장 적절한 것은 ① '인간을 그것의 부록으로 만드는'이다.

해석 우리 시대에, 자신만의 생명력을 갖고 인간을 지배하는 것은 단지 시장의 법칙뿐만이 아니라 과학과 기술의 발전이기도 하다. 많은 이유들 때문에 과학의 문제들과 조직은 과학자가 그의 문제점들을 선택하는 것이 아니라는 것이다. 즉, 그 문제들이 과학자들에게 그들 스스로를 강요한다는 것이다. 그는 한 가지 문제를 해결한다, 그런데 그 결과는 그가 좀 더 안전하거나 확신을 갖게 되는 것이 아니라, 열 가지 다른 새로운 문제들이 하나의 해결된 문제가 있던 곳에 나타나게 된다. 그들은 그 과학자에게 자신들을 해결할 것을 강요한다, 그래서 그는 전례 없이 빠른 속도로 계속해야 한다. 이것은 산업적 기술에도 동일하게 적용된다. 과학의 속도는 기술의 속도를 강요한다. 이론 물리학은 우리에게 원자력 에너지를 강요한다, 그리고 원자 폭탄의 성공적인 생산은 우리에게 수소 폭탄을 강요한다. 우리는 우리의 문제를 선택하지 않으며, 우리는 우리의 생산품을 선택하지 않는다. 우리는 떠밀려지고, 강요받는다. 왜 그럴까? 그것을 초월하는 목표와 목적이 없는, 그리고 인간을 그것의 부록으로 만드는 시스템 때문이다.

① 인간을 그것의 부록으로 만드는
② 보안에 대한 거짓된 관념을 창조하는
③ 창조적인 도전과제들로 인간에게 영감을 주는
④ 과학자들에게 시장 규칙을 통제할 권한을 주는

어휘 rule over 지배하다 / secure 안전한 / certain 확실한, 분명한 / ever-quickening 전례없이 빠른 / theoretical 이론적인 / physics 물리학 / fission bomb 원자 폭탄 / manufacture 제조 / hydrogen bomb 수소 폭탄 / transcend 초월하다 / appendix 부록 / inspire 영감을 주다 / empower 권한을 주다

022 | ④

다음 밑줄 친 부분에 들어갈 말로 가장 적절한 것을 고르시오 2017. 국가직 9급

The Soleil department store outlet in Shanghai would seem to have all the amenities necessary to succeed in modern Chinese retail : luxury brands and an exclusive location. Despite these advantages, however, the store's management thought it was still missing something to attract customers. So next week they're unveiling a gigantic, twisting, dragon-shaped slide that shoppers can use to drop from fifth-floor luxury boutiques to first-floor luxury boutiques in death-defying seconds. Social media users are wondering, half-jokingly, whether the slide will kill anyone. But Soleil has a different concern that Chinese shopping malls will go away completely. Chinese shoppers, once seemingly in endless supply, are no longer turning up at brick-and-mortar outlets because of the growing online shopping, and they still go abroad to buy luxury goods. So, repurposing these massive spaces for consumers who have other ways to spend their time and money is likely to require a lot of creativity. _____.

① Luxury brands are thriving at Soleil
② Soleil has decided against making bold moves
③ Increasing the online customer base may be the last hope
④ A five-story dragon slide may not be a bad place to start

해설 이 글은 온라인 쇼핑과 해외 쇼핑으로 인해 중국의 오프라인 매장이 어려움을 겪고 있고 그 어려움을 극복하고자 용 모양의 5층짜리 미끄럼틀을 만들어 고객을 유치하고자 한다는 내용의 글이므로 빈칸에 가장 적절한 것은 ④ '5층짜리 용 미끄럼틀이 시작하기에 나쁜 곳이 아닐지도 모른다'가 된다.

해석 상하이에 있는 Soleil 백화점 아웃렛은 고급 브랜드와 독점적인 위치 등 현대식 중국 소매업계에서 성공하기 위해 필요한 모든 편의 시설을 갖추고 있는 것 같다. 그러나 이러한 장점에도 불구하고 매장 관리자는 고객 유치를 위한 뭔가가 여전히 빠져 있다고 생각했다. 그래서 다음주에 그들은 쇼핑객들이 5층 럭셔리 부티크에서 1층 럭셔리 부티크까지 아슬아슬한 속도로 타고 내려올 수 있는 엄청나게 크고, 비틀린, 용 모양의 미끄럼틀을 공개할 것이다. 소셜 미디어 사용자들은 반농담조로 그 미끄럼틀이 누군가를 죽이지 않을지 궁금해 한다. 하지만 Soleil은 중국 쇼핑몰이 완전히 사라질 우려가 있다는 다른 걱정을 하고 있다. 한때 겉으로 보기에 끝없는 공급을 이루어 오던 중국 구매자는 온라인 쇼핑이 증가함에 따라 더 이상 오프라인 매장에 나타나고 있지 않으며, 여전히 고급 상품을 사러 해외로 나가고 있다. 따라서 그들의 시간과 돈을 쓰는 다른 방식을 가진 고객들을 위해 이 거대한 공간의 용도를 재설정 하는 것은 많은 창의성이 필요할 것이다. 5층짜리 용 미끄럼틀이 시작하기에 나쁜 곳이 아닐지도 모른다.

① 명품 브랜드가 Soleil에서 번성하고 있다
② Soleil는 대담한 조치에 반대하기로 결정했다
③ 온라인 고객 기반을 증가시키는 것이 마지막 희망일 수 있다
④ 5층짜리 용 미끄럼틀이 시작하기에 나쁜 곳이 아닐지도 모른다

어휘 amenity 편의시설 / retail 소매, 소매업계 / exclusive 독점적, 배타적 / advantage 이점, 이익 / attract 매혹시키다 / unveil ~의 베일을 벗기다, 밝히다 / gigantic 거대한 / twisting 꼬인, 비틀린 / dragon-shaped 용 모양의 / slide 미끄럼틀 / luxury 고급의, 사치스러운 / boutique (여성 유행복, 액세서리 등을 파는 작은) 양품점 · 백화점의 매장, 부티크 / death-defying 아슬아슬한, 용감무쌍한 / in seconds 아주 빠른 속도로 / half-jokingly 농담 반 진담 반으로 / concern 우려, 걱정 / go away 가버리다, 떠나다 / seemingly 겉보기에는, 언뜻 보기에 / turn up 나타나다 / brick-and-mortar 재래식의, 소매의, 오프라인 사업(체)의 / repurpose ~의 다른 목적을 갖게 하다 / massive 대규모의, 거대한 / consumer 소비자 / creativity 창의력 / thrive 번창하다, 성장하다 / bold 대담한 / move 조치, 수단

Chapter 03 통일성

001 | ④

다음 글의 흐름상 어색한 문장은?   2023. 지방직 9급

I once took a course in short-story writing and during that course a renowned editor of a leading magazine talked to our class. ① He said he could pick up any one of the dozens of stories that came to his desk every day and after reading a few paragraphs he could feel whether or not the author liked people. ② "If the author doesn't like people," he said, "people won't like his or her stories." ③ The editor kept stressing the importance of being interested in people during his talk on fiction writing. ④ Thurston, a great magician, said that every time he went on stage he said to himself, "I am grateful because I'm successful." At the end of the talk, he concluded, "Let me tell you again. You have to be interested in people if you want to be a successful writer of stories."

해설 주어진 지문은 좋은 소설가가 되려면 사람에게 관심을 가져야 한다는 내용의 글이므로 '어떤 마술사가 무대에 오를 때마다 스스로에게 하는 말을 언급하는' 내용의 ④는 전체 글의 흐름상 어색하다. 따라서 정답은 ④이다.

해석 나는 한때 단편 소설 쓰기 강좌를 들었는데, 그 강좌 중에 한 주도적인 잡지의 유명한 편집장이 우리 수업에서 이야기를 했다. 그는 매일 자신의 책상에 올라오는 수십 개의 이야기 중 어느 하나든 골라 몇 단락만 읽으면 그 소설을 쓴 작가가 사람들을 좋아하는지 아닌지를 느낄 수 있다고 말했다. "만약 그 작가가 사람들을 좋아하지 않는다면 사람들은 그 작가의 소설을 좋아하지 않을 것"이라고 그는 말했다. 그 편집장은 소설 쓰기에 대한 강연 내내 사람에게 관심을 갖는 것의 중요성을 계속해서 강조했다. (위대한 마술사 Thurston은 그가 무대에 올라갈 때마다 자기 자신에게 "나는 성공했기 때문에 감사하다"라고 말했다고 했다.) 강연이 끝날 때쯤, 그는 "다시 한 번 말씀드리지만 성공적인 소설 작가가 되고 싶다면 사람들에게 관심을 가져야 합니다."라며 끝맺었다.

어휘 once 한때, 한 번 / take a course in ~ 강의를 듣다 / short-story 단편소설 / renowned 유명한 / editor 편집장, 편집자 / dozens of 수십 개의 / paragraph 단락 / stress 강조하다 / magician 마법사 / every time S + V ~ ~할 때마다 / grateful 감사하는, 고마워하는

002 | ③

다음 글의 흐름상 가장 어색한 문장은?　　　　2022. 국가직 9급

Markets in water rights are likely to evolve as a rising population leads to shortages and climate change causes drought and famine. ① But they will be based on regional and ethical trading practices and will differ from the bulk of commodity trade. ② Detractors argue trading water is unethical or even a breach of human rights, but already water rights are bought and sold in arid areas of the globe from Oman to Australia. ③ Drinking distilled water can be beneficial, but may not be the best choice for everyone, especially if the minerals are not supplemented by another source. ④ "We strongly believe that water is in fact turning into the new gold for this decade and beyond," said Ziad Abdelnour. "No wonder smart money is aggressively moving in this direction."

해설 주어진 지문은 물의 권리에 대한 상품화의 현황과 미래예측에 관한 내용의 글이므로 증류수를 마시는 것에 관한 ③은 글의 전체적 흐름과 무관하다. 따라서 정답은 ③이다.

해석 물의 권리에 관한 상품화는 늘어나는 인구가 물 부족을 초래하고 기후변화가 가뭄과 기근을 야기하기 때문에 진화하는 것 같다. 하지만 상품화는 지역적이고 윤리적인 무역 관행에 기반할 것이고 대부분의 상품 거래와는 다를 것이다. 비판자들은 물을 거래하는 것이 비윤리적이거나 심지어 인권침해라고 주장하지만 이미 물의 권리는 오만에서 호주까지 세계의 건조지역에서 사고 팔리고 있다. (증류수를 마시는 것은 이롭지만 특히 광물질이 다른 공급원으로 보충되지 않는다면 모두에게 최선의 선택은 아닐 수 있다.) Ziad Abdelnour는 "우리는 물이 사실상 이 10년 아니 그 이상 동안 새로운 금으로 바뀔 것이라고 굳게 믿는다."라고 말했다. "투자금이 이 방향으로 공격적으로 움직이고 있다는 것은 놀랄 일도 아니다.

어휘 right 권리 / be likely to ⓥ ⓥ인 것 같다 / evolve 진화하다 / shortage 부족, 결핍 / drought 가뭄 / famine 기근 / regional 지역적인 / ethical 윤리적인 / trade 거래(하다), 무역(하다) / practice ① 관행 ② 훈련, 연습, 실천 / the bulk of 대부분의 / commodity 상품, 물품 / detractor 가치를 깎아내리는 사람, 비판자 / breach 침해 / arid (매우) 건조한 / globe 지구, 세계 / distilled 증류된 / supplement 보충하다 / aggressively 공격적으로 / direction 방향

003 | ③

글의 흐름상 가장 어색한 문장은?　　　　2022. 지방직 9급

The skill to have a good argument is critical in life. But it's one that few parents teach to their children. ① We want to give kids a stable home, so we stop siblings from quarreling and we have our own arguments behind closed doors. ② Yet if kids never get exposed to disagreement, we may eventually limit their creativity. ③ Children are most creative when they are free to brainstorm with lots of praise and encouragement in a peaceful environment. ④ It turns out that highly creative people often grow up in families full of tension. They are not surrounded by fistfights or personal insults, but real disagreements. When adults in their early 30s were asked to write imaginative stories, the most creative ones came from those whose parents had the most conflict a quarter-century earlier.

해설 주어진 지문은 좋은 논쟁을 하는 기술은 인생에서 중요하며 아이들이 논쟁에 노출되지 않으면 창의력을 제한할 수도 있다는 내용의 글이므로 ③ '어린이들은 평화로운 환경에서 많은 칭찬과 격려로 자유롭게 브레인스토밍을 할 때 가장 창의적이다.'는 전체 글의 흐름과 무관하다. 따라서 정답은 ③이 된다.

해석 좋은 논쟁을 하는 기술은 인생에서 중요하다. 하지만 이것을 아이들에게 가르치는 부모는 거의 없다. 우리는 아이들에게 안정적인 가정을 주고 싶어서 형제자매들의 싸움을 막고 우리만의 논쟁을 비공개로 한다. 그렇지만 만약 아이들이 의견 충돌에 노출되지 않는다면, 우리는 결국 그들의 창의력을 제한할지도 모른다. (아이들은 평화로운 환경에서 많은 칭찬과 격려로 자유롭게 브레인스토밍을 할 때 가장 창의적이다.) 창의력이 뛰어난 사람들은 긴장감이 넘치는 가정에서 자라는 경우가 많은 것으로 판명됐다. 그들은 주먹다짐이나 인신공격에 둘러싸여 있는 것이 아니라, 진정한 의견 충돌에 둘러싸여 있는 것이다. 30대 초반의 어른들에게 상상력이 풍부한 이야기를 쓰라고 요구했을 때, 가장 창의적인 이야기는 25년 전에 부모가 가장 많은 갈등을 겪었던 사람들로부터 나왔다.

어휘 argument 논쟁 / critical ① 비판적인 ② 중요한, 결정적인 / stable 안정적인 / sibling 형제자매 / quarrel 논쟁(하다) / behind closed doors 비공개로, 비밀리에 / expose 노출시키다 / eventually 결국, 궁극적으로 / praise 칭찬 / turn out ~라고 판명되다 / tension 긴장 / surround 에워싸다, 둘러싸다 / fistfight 주먹다짐 / insult 모욕 *personal insult 인신공격 / conflict 갈등 / quarter-century 25년

004 | ④

다음 글의 흐름상 가장 어색한 문장은? 2021. 국가직 9급

The term burnout refers to a "wearing out" from the pressures of work. Burnout is a chronic condition that results as daily work stressors take their toll on employees. ① <u>The most widely adopted conceptualization of burnout has been developed by Maslach and her colleagues in their studies of human service workers.</u> Maslach sees burnout as consisting of three interrelated dimensions. The first dimension — emotional exhaustion — is really the core of the burnout phenomenon. ② <u>Workers suffer from emotional exhaustion when they feel fatigued, frustrated, used up, or unable to face another day on the job.</u> The second dimension of burnout is a lack of personal accomplishment. ③ <u>This aspect of the burnout phenomenon refers to workers who see themselves as failures, incapable of effectively accomplishing job requirements.</u> ④ <u>Emotional labor workers enter their occupation highly motivated although they are physically exhausted.</u> The third dimension of burnout is depersonalization. This dimension is relevant only to workers who must communicate interpersonally with others (e.g. clients, patients, students) as part of the job.

🔴 **해설** 주어진 지문은 번아웃의 ⊖관점 세 가지를 나열하는 내용의 글이다. 따라서 ④ '비록 감정 노동자들이 육체적으로는 피곤하다 하더라도 상당히 동기 부여된 상태로 자신들의 일을 시작한다'는 내용의 ⊕관점은 글의 흐름상 어색하다. 따라서 정답은 ④이다.

🔵 **해석** 번아웃은 일의 압박으로부터 "기진맥진"을 일컫는 용어다. 번아웃은 일상적인 업무 스트레스 요인의 결과물이 직원들에게 큰 해를 입히는 만성질환이다. 가장 널리 채택된 번 아웃의 개념화는 Maslach와 그녀의 동료들이 사람을 대하는 근로자들에 대한 연구에서 개발되었다. Maslach는 번아웃을 세 가지 서로 관련된 관점으로 구성되어 있다고 여긴다. 첫 번째 관점인 감정적 피로감이 진정으로 번아웃 현상의 핵심이다. 근로자들이 피로감, 좌절감 그리고 몹시 지쳤다고 느끼거나 직장에서 또 다른 하루에 직면할 수 없을 때 감정적 피로로부터 고통을 받는다. 번아웃의 두 번째 관점은 개인적 성취의 부족이다. 번아웃 현상의 이러한 관점은 자기 스스로 업무 요구 사항을 효과적으로 달성할 수 없는 실패자로 여기는 근로자들을 일컫는다. (비록 감정 노동자들이 육체적으로는 피곤하다 하더라도 상당히 동기 부여된 상태로 자신들의 일을 시작한다.) 번아웃의 세 번째 관점은 비인격화이다. 이 관점은 단지 업무상 다른 사람들(예를 들어 고객, 환자, 학생)과 관계를 맺어야 하는 노동자들에 해당된다.

➕ **어휘** **refer to** ① ~을 참고하다 ② ~을 언급하다, ~라고 일컫다 / **wear out** 닳아빠지다, 기진맥진하다 / **stressor** 스트레스 요인 / **chronic condition** 만성질환 / **take a toll on** ~에게 해를 입히다, ~에게 피해를 주다 / **adopt** 채택하다 / **conceptualization** 개념화 / **colleague** 동료 / **see A as B** A를 B로 여기다, 간주하다 / **consist of** ~로 구성되다 / **interrelated** 상호 관련된 / **dimension** ① 차원 ② 관점 / **exhaustion** 피로, 탈진 / **fatigued** 피로한, 지친 / **frustrated** 좌절된 / **used up** 몹시 지친 / **phenomenon**

현상 / **failure** 실패 / **incapable** 할 수 없는 / **highly** 아주, 매우, 상당히 / **requirement** 요구 사항 / **motivated** 동기 부여된, 의욕을 가진 / **depersonalization** 비인격화 / **interpersonally** 대인 관계에서

005 | ②

다음 글의 흐름상 적절하지 않은 문장은? 2021. 지방직 9급

There was no divide between science, philosophy, and magic in the 15th century. All three came under the general heading of 'natural philosophy'. ① <u>Central to the development of natural philosophy was the recovery of classical authors, most importantly the work of Aristotle.</u> ② <u>Humanists quickly realized the power of the printing press for spreading their knowledge.</u> ③ <u>At the beginning of the 15th century Aristotle remained the basis for all scholastic speculation on philosophy and science.</u> ④ <u>Kept alive in the Arabic translations and commentaries of Averroes and Avicenna, Aristotle provided a systematic perspective on mankind's relationship with the natural world.</u> Surviving texts like his *Physics*, *Metaphysics*, and *Meteorology* provided scholars with the logical tools to understand the forces that created the natural world.

🔴 **해설** 주어진 지문은 15세기 자연철학 발전의 중심이 되었던 아리스토텔레스의 학문적 영향력에 관한 내용의 글이므로 ② '인문주의자들은 그들의 지식확산을 위한 인쇄기의 힘을 빠르게 깨달았다'는 전체 글의 흐름상 적절하지 않다.

🔵 **해석** 15세기에는 과학, 철학, 마술 사이에 구별이 없었다. 이 세 가지 모두는 '자연철학'의 일반적인 주제 아래에 있었다. 고전주의 작가들 특히 다른 무엇보다도 가장 중요한 아리스토텔레스의 작품의 복원은 자연철학 발전의 중심이 되었다. (인문주의자들은 그들의 지식확산을 위한 인쇄기의 힘을 빠르게 깨달았다.) 15세기 초에 아리스토텔레스는 철학과 과학의 모든 학문적 추측의 기초가 되었다. Averroes와 Avicenna의 아랍어 번역과 논평을 주도했던 아리스토텔레스는 자연세계와 인류의 관계에 대한 체계적인 관점을 제공했다. 그의 <물리학>, <형이상학>, <기상학> 같은 살아남은 원문들은 학자들에게 자연계를 창조한 힘을 이해할 수 있는 논리적인 도구들을 제공했다.

➕ **어휘** **divide** ① 나누다, 쪼개다 ② 구별, 차이(점) / **general** 일반적인 / **heading** 주제, 제목 / **recovery** 회복, 복원 / **humanist** 인문주의자 / **printing press** 인쇄기 / **scholastic** 학문적인, 학술적인 / **speculation** 추측 / **Arabic** 아랍의 / **translation** 번역 / **commentary** 논평 / **systematic** 체계적인 / **perspective** 관점, 시각 / **mankind** 인류 / **physics** 물리학 / **metaphysics** 형이상학 / **meteorology** 기상학 / **scholar** 학자 / **logical** 논리적인

006 | ④

다음 글의 흐름상 가장 어색한 문장은?　　　2020. 국가직 9급

When the brain perceives a threat in the immediate surroundings, it initiates a complex string of events in the body. It sends electrical messages to various glands, organs that release chemical hormones into the bloodstream. Blood quickly carries these hormones to other organs that are then prompted to do various things. ① The adrenal glands above the kidneys, for example, pump out adrenaline, the body's stress hormone. ② Adrenaline travels all over the body doing things such as widening the eyes to be on the lookout for signs of danger, pumping the heart faster to keep blood and extra hormones flowing, and tensing the skeletal muscles so they are ready to lash out at or run from the threat. ③ The whole process is called the fight-or-flight response, because it prepares the body to either battle or run for its life. ④ Humans consciously control their glands to regulate the release of various hormones. Once the response is initiated, ignoring it is impossible, because hormones cannot be reasoned with.

[해설] 주어진 지문은 뇌가 위협을 감지하면 신체의 여러 기관에 신호를 보내 위험에 대비하는 과정을 설명하는 글이므로 ④ '인간은 다양한 호르몬의 방출을 규제하기 위해서 의식적으로 분비샘을 조절한다.'는 전체 글의 흐름상 어색하다. 따라서 정답은 ④이다.

[해석] 뇌가 가까운 주변 환경에서 위협을 감지할 때, 뇌는 신체에 복잡한 일련의 사건들을 시작한다. 뇌는 화학 호르몬을 혈류로 방출하는 기관인 다양한 분비샘에 전기 메시지를 보낸다. 혈액은 이러한 호르몬을 빠르게 다른 기관들로 운반하고 그런 다음 이 기관들은 다양한 일을 하게 된다. 예를 들어, 신장 위에 있는 부신은 신체의 스트레스 호르몬인 아드레날린을 뿜어낸다. 아드레날린은 온 몸을 돌아다니면서 여러가지 일을 하는데 예를 들자면 위험 징후를 세심히 살피기 위해 눈을 크게 뜨게 하고, 혈액과 여분의 호르몬이 계속 흐르도록 심장을 더 빠르게 펌프질하게 하고, 골격근육을 긴장시켜 위협으로부터 벗어나거나 도망치도록 준비하게 하는 것과 같은 일들을 한다. 이 전체 과정은 신체가 생명을 구하기 위해 싸우거나 달아나도록 준비시키기 때문에 투쟁도주반응이라고 불리어진다. (인간은 다양한 호르몬의 방출을 규제하기 위해서 의식적으로 분비샘을 조절한다.) 일단 그 반응이 시작되면, 호르몬들은 논리적인 근거에 따라 판단할 수 없기 때문에, 그 과정을 무시하는 것은 불가능하다.

[어휘] perceive 감지하다 / threat 위협 / immediate ① 즉각적인 ② 근접한, 가까이에 있는 / surroundings 환경 / initiate 시작하다 / complex 복잡한 / a string of 일련의 / gland 분비샘, 분비선 / release 방출하다, 내보내다 / bloodstream 혈류 / prompt 유발하다, 초래하다 / adrenal gland (의학) 부신 / kidney 신장, 콩팥 / adrenaline 아드레날린 / travel 이동하다 / widen 넓게 하다, 크게 하다, 확대하다 / be on the lookout for ~을 세심히 살피다[지켜보다] / extra 여분의 / tense 긴장시키다 / skeletal 골격의, 뼈대의 / lash out at ~을 후려치다, ~에서 벗어나다 / consciously 의식적으로 / regulate 규제하다 / ignore 무시하다 / reason (논리적인 근거에 따라) 판단하다, 추론하다

007 | ③

글의 흐름상 가장 어색한 문장은?　　　2020. 지방직 9급

Philosophers have not been as concerned with anthropology as anthropologists have with philosophy. ① Few influential contemporary philosophers take anthropological studies into account in their work. ② Those who specialize in philosophy of social science may consider or analyze examples from anthropological research, but do this mostly to illustrate conceptual points or epistemological distinctions or to criticize epistemological or ethical implications. ③ In fact, the great philosophers of our time often drew inspiration from other fields such as anthropology and psychology. ④ Philosophy students seldom study or show serious interest in anthropology. They may learn about experimental methods in science, but rarely about anthropological fieldwork.

[해설] 주어진 지문은 철학자들이 인류학에 대해 별 관심이 없다는 내용의 글이므로 ③ '사실, 우리 시대의 위대한 철학자들은 흔히 인류학과 심리학 같은 다른 분야에서 영감을 얻는다'는 내용은 전체 글의 흐름과 무관하다. 따라서 정답은 ③이 된다.

[해석] 철학자들은 인류학자들이 철학에 대해 가지고 있는 것만큼 인류학에 관심을 갖고 있지는 않다. 영향력 있는 현대 철학자들은 그들의 연구에 인류학적 연구를 거의 고려하지 않는다. 사회과학 철학을 전문으로 하는 사람들은 인류학 연구의 사례들을 고려하고 분석할 수 있다. 하지만 대개 개념적 요점이나 인식론적 구별을 설명하기 위해서 또는 인식론적이거나 윤리적 암시를 비판하기 위해서 이것을 한다. (사실, 우리 시대의 위대한 철학자들은 흔히 인류학과 심리학 같은 다른 분야에서 영감을 얻는다.) 철학과 학생들은 인류학에 대한 연구나 진지한 관심을 거의 보이지 않는다. 그들은 과학에서 실험적인 방법들에 대해 배울 수도 있지만, 인류학 현장 조사에 대해서는 거의 배우지 않는다.

[어휘] philosopher 철학자 / be concerned with ~에 관심이 있다 / anthropology 인류학 *anthropologist 인류학자 *anthropological 인류학적인, 인류학의 / influential 영향력이 있는 / contemporary 현대의, 현대적인 / take A into account A를 고려하다 / specialize ~을 전문으로 하다, 전공하다 / analyze 분석하다 / illustrate 설명하다 / conceptual 개념적인 / epistemological 인식론적인 / distinction 구별, 식별 / criticize 비판하다 / ethical 윤리적인 / implication 암시 / inspiration 영감 / field 분야 / serious ① 진지한 ② 심각한 / rarely 거의 ~ 않는

008 | ②

밑줄 친 부분 중 글의 흐름상 가장 어색한 것은? 2019. 국가직 9급

In 2007, our biggest concern was "too big to fail." Wall Street banks had grown to such staggering sizes, and had become so central to the health of the financial system, that no rational government could ever let them fail. ① Aware of their protected status, banks made excessively risky bets on housing markets and invented ever more complicated derivatives. ② New virtual currencies such as bitcoin and ethereum have radically changed our understanding of how money can and should work. ③ The result was the worst financial crisis since the breakdown of our economy in 1929. ④ In the years since 2007, we have made great progress in addressing the too-big-to-fail dilemma. Our banks are better capitalized than ever. Our regulators conduct regular stress tests of large institutions.

해설 주어진 지문은 대기업은 너무 거대해서 결코 망하지 않는다는 내용의 글이므로 ② '가상화폐의 등장으로 인해 기존의 돈에 대한 우리의 인식이 변화된다'는 전체 글의 흐름과 무관하다. 따라서 ②가 정답이 된다.

해석 2007년, 우리의 가장 큰 걱정은 "너무 커서 파산할 수 없다(대마불사)"는 것이었다. Wall Street의 은행들은 엄청난 규모로 성장했고, 금융 체계의 번영에 있어 너무도 중요한 것이 되어, 어떠한 이성적인 정부라도 그들을 망하게 내버려둘 수가 없었다. 자신들이 보호받는 상태임을 인식한 은행들은 주택 시장에 과도하게 위험한 투자를 했고, 더욱 복잡한 금융파생상품들을 고안해 냈다. (비트코인과 이더리움과 같은 새로운 가상 통화들은 어떻게 돈이 작동할 수 있고 작동해야 하는가에 대한 우리의 이해를 급격히 변화시켰다.) 그 결과 1929년 우리 경제가 붕괴된 이후 최악의 금융 위기를 맞게 되었다. 2007년 이후 몇 년 동안 우리는 '대마불사'의 딜레마를 다루는 데 큰 진전을 이루었다. 우리 은행들은 그 어느 때보다도 자본화가 잘 되어 있다. 우리의 규제 당국은 대형 기관에 대한 정기적인 압박 실험을 시행한다.

어휘 **staggering** (너무 엄청나서) 충격적인, 엄청난 / **rational** 이성적인 / **aware of** ~을 알고 있는 / **status** 지위, 상태 / **excessively** 과도하게, 지나치게 / **complicated** 복잡한 / **derivative** 파생어, 파생물, 파생상품 / **crisis** 위기 / **breakdown** 붕괴 / **address** 다루다 / **capitalize** 자본화하다 / **regulator** 규제자, 규제당국 / **institution** 기관, 단체; 제도

009 | ④

글의 흐름상 가장 어색한 문장은? 2019. 지방직 9급

Children's playgrounds throughout history were the wilderness, fields, streams, and hills of the country and the roads, streets, and vacant places of villages, towns, and cities. ① The term playground refers to all those places where children gather to play their free, spontaneous games. ② Only during the past few decades have children vacated these natural playgrounds for their growing love affair with video games, texting, and social networking. ③ Even in rural America few children are still roaming in a free-ranging manner, unaccompanied by adults. ④ When out of school, they are commonly found in neighborhoods digging in sand, building forts, playing traditional games, climbing, or playing ball games. They are rapidly disappearing from the natural terrain of creeks, hills, and fields, and like their urban counterparts, are turning to their indoor, sedentary cyber toys for entertainment.

해설 주어진 지문은 요즘 아이들은 놀이터에서 더 이상 놀지 않고 실내에서 컴퓨터와 관련된 놀이에 의존하고 있다는 내용의 글이므로 ④ '여전히 아이들이 밖에서 각종 놀이를 하는 모습을 쉽게 볼 수 있다'의 내용은 글의 흐름과는 어색하다. 따라서 ④가 정답이 된다.

해석 역사를 통틀어 아이들의 놀이터는 시골의 황야, 들판, 개울, 그리고 언덕이었고 마을과 시내, 도시의 거리, 도로 그리고 공터였다. 놀이터라는 용어는 아이들이 모여서 자유롭고 자발적인 놀이를 하는 모든 장소들을 일컫는다. 아이들이 비디오 게임, 문자 메시지, 소셜 네트워킹에 대한 늘어나는 열광으로 자연의 놀이터를 비운 것은 고작 지난 몇 십 년에 불과했다. 심지어 미국 시골에서조차 어른의 동행 없이 여전히 자유분방한 방식으로 돌아다니는 아이들은 거의 없다. (학교를 마치고, 아이들이 동네 인근에서 모래를 파고, 요새를 짓고, 전통 게임을 하고, 산을 오르거나, 공놀이를 하는 모습은 흔히 발견된다.) 아이들이 계곡, 언덕, 그리고 들판의 자연 지형에서 빠르게 사라지고 있으며, 도시 아이들과 마찬가지로 방으로 실내에 앉아서 오락을 위해 사이버 장난감에 의존하고 있다.

어휘 **playground** 놀이터 / **throughout** 전역에 걸쳐 / **wilderness** 황무지, 황야 / **field** 들, 들판 / **stream** 개울 / **vacant** 비어있는 / **term** 용어 / **refer to** ~라고 일컫다 / **spontaneous** 자발적인 / **vacate** 비우다, 떠나다 / **love affair** 열광 / **text** 문자를 보내다 / **rural** 시골의 / **roam** 배회하다, 돌아다니다 / **free-ranging** 자유분방한 / **manner** 방식 / **accompany** 동반[동행]하다 / **commonly** 보통, 대개 / **neighborhood** 이웃 / **dig** 파다 / **fort** 요새 / **rapidly** 빠르게, 신속하게 / **terrain** 지형, 지역 / **counterpart** 상대방 / **turn to** ~에 의존하다 / **sedentary** 앉아서 하는, 앉아서 지내는

010 | ③

다음 글의 흐름상 가장 어색한 문장은?   2018. 지방직 9급

The Renaissance kitchen had a definite hierarchy of help who worked together to produce the elaborate banquets. ① At the top, as we have seen, was the scalco, or steward, who was in charge of not only the kitchen, but also the dining room. ② The dining room was supervised by the butler, who was in charge of the silverware and linen and also served the dishes that began and ended the banquet — the cold dishes, salads, cheeses, and fruit at the beginning and the sweets and confections at the end of the meal. ③ This elaborate decoration and serving was what in restaurants is called "the front of the house." ④ The kitchen was supervised by the head cook, who directed the undercooks, pastry cooks, and kitchen help.

해설 이 글은 르네상스 주방의 위계를 설명하는 내용의 글이므로 ③ '식당에는 "the front of house"라고 불리는 이러한 정교한 장식과 음식을 제공하는 곳이 있다'는 글의 전체 흐름과 무관하다. 따라서 정답은 ③이 된다.

해석 르네상스 주방에는 정교한 만찬을 만들어내기 위해서 (주방에서) 함께 일하는 조력자들 사이에 명확한 위계가 있었다. 가장 위의 (식당의) 주방에는 우리가 아는 것처럼 주방뿐 아니라 식당도 책임지는 scalco(식탁에서 고기를 잘라주는 사람) 또는 steward(매니저 역할을 하는)도 있었다. 식당은 집사에 의해서 감독되었는데 그 집사는 은식기와 식탁용 리넨제품을 책임지고 있었고 연회를 시작하고 마치는 요리, 즉 식사를 시작할 때의 차가운 요리, 샐러드, 치즈 그리고 과일과 식사의 마지막에는 단 음식들이나 보기 좋게 만들어 놓을 케이크 등을 제공했다. (식당에는 "the front of house"라고 불리는 이러한 정교한 장식과 음식을 제공하는 곳이 있다.) 그 주방은 수석 주방장에 의해서 감독되어졌으며, 그는 휘하 요리사들과 페이스트리 전문 요리사를 그리고 주방 보조들을 감독했다.

어휘 definite 명확한, 분명한 / hierarchy 위계, 계급 / help 보조, 도우미 / elaborate 정교한, 정성을 들인 / banquet 연회, 만찬 / scalco 식탁에서 고기를 잘라주는 사람 / steward ① (비행기의) 스튜어드, 남자승무원 ② 집사 / in charge of ~을 책임지는 / supervise 감독하다, 지휘하다 / butler 집사 / silverware 은제품, 은식기류 / linen 리넨, 리넨제품 / confection 보기 좋게 만들어 놓은 케이크류 / front of the house (식당의) 홀 *back of the house (식당의) 주방 / headcook 수석 요리사 / undercook 휘하 요리사 / pastry cook 페이스트리 전문 요리사 (파티시에)

Chapter 04 연결사

001 | ①

(A)와 (B)에 들어갈 말로 가장 적절한 것은?   2022. 지방직 9급

Duration shares an inverse relationship with frequency. If you see a friend frequently, then the duration of the encounter will be shorter. Conversely, if you don't see your friend very often, the duration of your visit will typically increase significantly. ___(A)___, if you see a friend every day, the duration of your visits can be low because you can keep up with what's going on as events unfold. If, however, you only see your friend twice a year, the duration of your visits will be greater. Think back to a time when you had dinner in a restaurant with a friend you hadn't seen for a long period of time. You probably spent several hours catching up on each other's lives. The duration of the same dinner would be considerably shorter if you saw the person on a regular basis. ___(B)___, in romantic relationships the frequency and duration are very high because couples, especially newly minted ones, want to spend as much time with each other as possible. The intensity of the relationship will also be very high.

	(A)	(B)
①	For example	Conversely
②	Nonetheless	Furthermore
③	Therefore	As a result
④	In the same way	Thus

해설 (A) 앞뒤의 논리는 순접기능(논리의 방향이 같다)이고 (A) 앞에 frequently, not very often이 있고 (A) 뒤에 every day, twice a year가 있으므로 '크다 > 작다'의 논리가 필요하다. 따라서 (A)에는 For example이 필요하다. (B) 앞에 지속 시간이 짧다(shorter)고 했고 (B) 뒤에는 지속 기간이 길다(high)고 했으므로 (B)에는 반대/대조의 연결어 Conversely가 있어야 한다.

해석 지속 기간은 빈도와 반대의 관계를 공유한다. 만약 당신이 친구를 자주 만난다면, 그렇다면 만남의 지속 기간은 더 짧아질 것이다. 반대로 만약 당신이 친구를 자주 만나지 않으면 만남의 지속 기간이 일반적으로 상당히 늘어난다. 예를 들어, 만약 당신이 매일 친구를 만난다면 만남의 지속 기간은 짧아질 수 있는데 그 이유는 당신이 사건이 펼쳐지면서 일어나는 일들에 대해 잘 알기 때문이다. 하지만, 만약 당신이 친구를 일 년에 두 번만 만난다면, 만남의 지속 기간은 더 길어질 것이다. 오랫동안 만나지 못한 친구와 식당에서 저녁을 먹었던 때를 생각해 보라. 당신은 아마도 서로의 삶을 아는 데 몇 시간을 보냈을 것이다. 만약 당신이 정기적으로 그 사람을 만난다면 같은 저녁 식사 시간은 상당히 짧을 것이다. 반대로, 연인 관계에서, 커플들, 특히 새로 만나는 커플들은 서로 가능한 한 많은 시간을 보내고 싶어 하기 때문에 빈도와 만남의 지속 기간이 매우 높다. 관계의 강도 또한 매우 높을 것이다.

어휘 duration 지속 기간 / inverse 반대의 / frequency 빈도 / encounter ① (우연히) 만나다, 마주치다 ② 만남 / conversely 반대로, 거꾸로 / typically 일반적으로, 전형적으로 / significantly 상당히, 꽤 많이 / keep up with ① 어깨를 나란히 하다, ~에 뒤지지 않다 ② ~에 정통하다, ~을 잘 알다 / unfold 펼치다, 전개하다 / catch up on ① ~을 알아내다 ② ~을 따라잡다 / considerably 상당히, 꽤 많이 / minted 최근에 만난 (생겨난) / intensity 강도, 세기

002 | ③

(A)와 (B)에 들어갈 말로 가장 적절한 것은? 2021. 지방직 9급

Ancient philosophers and spiritual teachers understood the need to balance the positive with the negative, optimism with pessimism, a striving for success and security with an openness to failure and uncertainty. The Stoics recommended "the premeditation of evils," or deliberately visualizing the worst-case scenario. This tends to reduce anxiety about the future: when you soberly picture how badly things could go in reality, you usually conclude that you could cope. ____(A)____, they noted, imagining that you might lose the relationships and possessions you currently enjoy increases your gratitude for having them now. Positive thinking, ____(B)____, always leans into the future, ignoring present pleasures.

	(A)	(B)
①	Nevertheless	in addition
②	Furthermore	for example
③	Besides	by contrast
④	However	in conclusion

해설 (A) 앞에 최악의 상황을 가정하는 경우 이것이 미래에 대한 불안감을 감소시키는 경향이 있다(⊕ 개념)고 했고 (A) 뒤에 지금 현재 가지고 있는 것에 대한 감사함이 늘어난다(⊕ 개념)고 했으므로 논리의 방향이 같다. 따라서 (A)에는 Besides(게다가)가 필요하고 (B) 뒤에 긍정적인 생각이 현재의 즐거움을 무시하고 미래에 기댄다(⊖)고 했으므로 (B) 앞에 나온 내용과는 반대/대조를 이룬다. 따라서 (B)에는 by contrast(이와는 대조적으로)가 필요하다.

해석 고대 철학자들과 영적 스승들은 긍정적인 것과 부정적인 것, 낙관주의와 비관주의, 성공과 안전을 위한 노력, 실패와 불확실성에 대한 개방의 균형을 맞출 필요성을 이해했다. 스토아학파는 "악을 미리 생각하기", 즉 최악의 시나리오를 의도적으로 시각화하는 것을 추천했다. 이것은 미래에 대한 걱정을 감소시키는 경향이 있다. 즉, 당신의 현실상황이 얼마나 악화될 수 있는지 냉정하게 생각해보면, 당신은 대체로 대처할 수 있다고 결론짓는다. <u>게다가</u>, 그들은 당신이 현재 누리고 있는 관계와 재산을 잃게 될 수도 있다고 상상하는 것은 지금 그것들을 가지고 있는 것에 대한 감사함을 증가시킨다고 언급했다. <u>이와는 대조적으로</u>, 긍정적 사고는 항상 현재의 즐거움을 무시한 채 미래에 기댄다.

어휘 **ancient** 고대의 / **spiritual** 영적인, 정신의 / **balance A with B** A와 B의 균형을 맞추다 / **optimism** 낙관주의 / **pessimism** 비관주의 / **striving** 노력 *strive 노력하다, 애쓰다 / **security** 안전, 안보 / **openness** 개방 / **failure** 실패 / **uncertainty** 불확실성 / **Stoics** 스토아학파 / **premeditation** 미리 생각(명상)하기 * meditation 명상, 묵상 / **evil** 악, 악마 / **deliberately** 의도적으로, 일부러 / **visualize** 시각화하다 / **worst-case** 최악의 / **scenario** 시나리오 / **reduce** 줄이다, 감소시키다 / **anxiety** 걱정, 불안 / **soberly** 진지하게, 냉정하게 / **cope** 대처하다 / **note** ① 주목하다 ② 언급하다 / **possession** 소유물, 재산 / **currently** 현재 / **gratitude** 감사(함) / **lean** 기대다 / **ignore** 무시하다 / **pleasure** 즐거움, 기쁨

003 | ②

밑줄 친 (A), (B)에 들어갈 말로 가장 적절한 것은? 2020. 국가직 9급

Advocates of homeschooling believe that children learn better when they are in a secure, loving environment. Many psychologists see the home as the most natural learning environment, and originally the home was the classroom, long before schools were established. Parents who homeschool argue that they can monitor their children's education and give them the attention that is lacking in a traditional school setting. Students can also pick and choose what to study and when to study, thus enabling them to learn at their own pace. ____(A)____, critics of homeschooling say that children who are not in the classroom miss out on learning important social skills because they have little interaction with their peers. Several studies, though, have shown that the home-educated children appear to do just as well in terms of social and emotional development as other students, having spent more time in the comfort and security of their home, with guidance from parents who care about their welfare. ____(B)____, many critics of homeschooling have raised concerns about the ability of parents to teach their kids effectively.

	(A)	(B)
①	Therefore	Nevertheless
②	In contrast	In spite of this
③	Therefore	Contrary to that
④	In contrast	Furthermore

해설 Two 개념(홈스쿨링 지지자 vs. 홈스쿨링 비판자)을 이용해야 한다. (A) 앞에는 홈스쿨링 지지자들의 ⊕ 개념이 있고 (A) 뒤에는 홈스쿨링을 비판하는 비평가들의 ⊖ 입장이 설명되고 있으므로 (A)에는 반대/대조의 연결사가 필요하고, (B) 앞에는 홈스쿨링의 ⊕ 개념이 있고 (B) 뒤에는 홈스쿨링의 ⊖ 개념이 있으므로 역시 반대/대조의 연결어가 필요하다. 따라서 정답은 ②가 된다.

해석 홈스쿨링 지지자들은 아이들이 안전하고 사랑스러운 환경에 있을 때 더 잘 배운다고 믿는다. 많은 심리학자들은 집을 가장 자연스러운 학습 환경으로 간주하고, 원래 집은 학교가 만들어지기 훨씬 전부터 교실이었다. 홈스쿨링을 하는 학부모들은 자녀의 교육을 관찰할 수 있고 전통적인 학교 환경에서는 부족한 관심을 (자녀들에게) 줄 수 있다고 주장한다. 학생들은 또한 무엇을 공부할지, 언제 공부할지를 선택할 수 있기 때문에 그들 자신만의 속도로 학습할 수 있다. <u>이와는 대조적으로</u> 홈스쿨링에 대한 비평가들은 학교에서 공부를 하지 않는 아이들은 또래와의 상호 작용이 거의 없기 때문에 중요한 사회적 기술을 배우지 못한다고 말한다. 하지만, 몇몇 연구들은 홈스쿨링을 하는 아이들도 다른 학생들만큼 사회적이고 정서적인 발달이 잘되는 것 같고, 그들의 복지에 신경을 쓰는 부모들의 지도와 함께 가정의 편안함과 안전 속에서 더 많은 시간을 보낸다는 것을 보여주었다. <u>그럼에도 불구하고</u>, 홈스쿨링에 대한 많은 비평가들이 아이들을 효과적으로 가르칠 수 있는 부모의 능력에 대한 우려를 제기해 왔다.

➕ 어휘) advocate 옹호자 / secure 안전한 *security 안전 / psychologist 심리학자 / establish 설립하다, 세우다 / critic 비평가 / interaction 상호작용 / peer 또래 / appear to ⓥ ⓥ인 것 같다 / in terms of ~ 의 관점에서 / comfort 편안함 / welfare 복지 / concern ① 걱정 ② 관심 / effectively 효과적으로 / therefore 그래서, 그러므로 / nevertheless 그럼에도 불구하고 / contrary to ~ 와는 반대로 / furthermore 더욱이, 게다가

express 나타내다, 표현하다 / appropriate 적절한, 적당한 / violate 침해하다, 위반하다 / view point 관점 / exhibit 전시하다, 보여주다 / handle 처리하다, 다루다 / conflict 갈등 / situation 상황 / with ease 쉽게 / assurance 확신, 분명함 / maintain 유지하다 / interpersonal relationship 대인관계 / aggressive 공격적인 / involve 포함하다 / openly 공공연히 / subservient 종속되는 / be likely to ⓥ ⓥ하기 쉽다, ⓥ할 가능성이 있다 / interrupt 방해하다, 가로막다 / sarcasm 비꼼, 빈정댐 / verbal 말로 하는, 구두의 / abuse ① 학대 ② 남용 *verbal abuse 폭언

004 | ①

밑줄 친 (A), (B)에 들어갈 말로 가장 적절한 것은?   2020. 지방직 9급

Assertive behavior involves standing up for your rights and expressing your thoughts and feelings in a direct, appropriate way that does not violate the rights of others. It is a matter of getting the other person to understand your view point. People who exhibit assertive behavior skills are able to handle conflict situations with ease and assurance while maintaining good interpersonal relations.   (A)   , aggressive behavior involves expressing your thoughts and feelings and defending your rights in a way that openly   violates the rights of others. Those exhibiting aggressive behavior seem to believe that the rights of others must be subservient to theirs.   (B)   , they have a difficult time maintaining good interpersonal relations. They are likely to interrupt, talk fast, ignore others, and use sarcasm or other forms of verbal abuse to maintain control.

	(A)	(B)
①	In contrast	Thus
②	Similarly	Moreover
③	However	On one hand
④	Accordingly	On the other hand

🔹 해설) 주어진 지문은 단호한 행동의 긍정적 측면(⊕)과 공격적 행동의 부정적 관점(⊖)을 비교(two 개념)하는 내용의 글이므로 (A)에는 반대/대조의 연결사가 있어야 하고 (B)의 앞뒤 내용은 인과관계(타인의 권리가 당신의 권리에 종속된다고 여기는 것 : 원인 → 좋은 대인관계를 유지하기 어렵다 : 결과)를 나타내므로 (B)에는 인과관계의 연결사 Thus가 필요하다. 따라서 정답은 ①이다.

🔹 해석) 단호한 행동은 타인의 권리를 침해하지 않는 직접적이고 적절한 방식으로 당신의 권리를 옹호하고 당신의 생각과 감정을 나타내는 것을 포함한다. 그것은 타인이 당신의 관점을 이해하도록 하는 문제이다. 단호한 행동기술을 보여주는 사람들은 좋은 대인관계를 유지하면서 갈등 상황을 쉽고 분명하게 처리할 수 있다. 이와는 대조적으로 공격적 행동은 타인의 권리를 공공연히 침해하는 방식으로 당신의 권리를 방어하고 생각과 감정을 표현하는 것을 포함한다. 공격적 행동을 보이는 사람들은 타인의 권리는 자신들의 권리에 종속되어야만 한다고 믿는 것처럼 보인다. 따라서 그들은 좋은 대인관계를 유지하는 데 어려움을 겪는다. 그들은 통제를 유지하기 위해 방해하고 빨리 말하며, 타인을 무시하고, 비꼬거나 다른 형태의 폭언을 사용하기 쉽다.

➕ 어휘) assertive 단호한 / stand up for 옹호하다 / right 권리 /

005 | ①

다음 빈칸 (A), (B)에 들어갈 말로 가장 적절한 것은?   2019. 국가직 9급

Visionaries are the first people in their industry segment to see the potential of new technologies. Fundamentally, they see themselves as smarter than their opposite numbers in competitive companies —and, quite often, they are. Indeed, it is their ability to see things first that they want to leverage into a competitive advantage. That advantage can only come about if no one else has discovered it. They do not expect,   (A)   , to be buying a well-tested product with an extensive list of industry references. Indeed, if such a reference base exists, it may actually turn them off, indicating that for this technology, at any rate, they are already too late. Pragmatists,   (B)   , deeply value the experience of their colleagues in other companies. When they buy, they expect extensive references, and they want a good number to come from companies in their own industry segment.

	(A)	(B)
①	therefore	on the other hand
②	however	in addition
③	nonetheless	at the same time
④	furthermore	in conclusion

🔹 해설) 빈칸 앞 문장에서 그러한 장점이란 그것을 아무도 발견한 사람이 없을 때에 발생하는 것이라고 하였고, (A) 뒤에서 그러한 이유로 선지자들은 광범위한 기업의 참조 자료가 있는 이미 잘 검증된 제품들은 구입하지 않는다고 하였으므로 (A)에는 인과관계의 연결사가 필요하다. (B)는 Two 개념을 이용해야 한다. (B) 앞에는 선지자들의 관점이고 (B) 뒤에는 실용주의자들의 관점으로 서로 상반된 개념이 설명되고 있으므로 (B)에는 반대/대조의 연결사가 필요하다. 따라서 정답은 ①이 된다.

해석 선지자들은 그들의 업종 부문에서 새로운 기술에 대한 가능성을 보는 최초의 사람들이다. 근본적으로 선지자들은 그들 자신을 경쟁 회사에 있는 경쟁자들보다 더 똑똑하다고 보고 그리고 꽤 자주 그들은 정말 똑똑하다. 실제로 그들의 능력은 경쟁 우위로 활용하고 싶은 것들을 처음으로 보는 것이다. 그러한 장점은 오직 아무도 그것을 발견하지 못했을 때만 발생할 수 있다. <u>그래서</u> 그들은 광범위한 업계의 참고 자료 목록을 가지고 있는 충분히 조사된 제품을 사기를 기대하지 않는다. 실제로 만약 그런 참고 자료가 존재한다면 이는 그들의 흥미를 잃게 만드는 것이고 그들이 이 기술에 관해 어쨌든 이미 너무 늦었다는 것을 시인하게 되는 것이다. 반면에 실용주의자들은 다른 회사들에 있는 그들 동료들의 경험을 매우 가치 있게 평가한다. 그들이 구매를 할 때 그들은 광범위한 참고 자료를 기대하고 그들 자신의 업종 부문에 있는 회사들로부터 더 많은 참고 자료가 나오기를 원한다.

어휘 visionary 선지자, 선각자 / segment 부분, 영역 / potential 잠재력 / opposite 반대의 / competitive 경쟁하는 / leverage into (지렛대로) 활용하다 *leverage 지렛대 / well-tested 잘 검증된 / extensive 광범위한 / reference 참고 자료 / exist 존재하다 / turn somebody off ~의 흥미를 잃게 하다 / indicate 나타내다, 보여주다 / at any rate 어쨌든 / pragmatist 실용주의자 / colleague 동료 / a good number 많이

텔레비전으로 경기를 보는 게 더 낫다고 했지만 (B) 뒤에는 그럴 수 없는 한계를 설명하고 있으므로 (B)에는 부정적인 내용을 이끄는 Unfortunately가 들어가야 한다. 따라서 정답은 ④가 된다.

해석 오늘날 가상현실(VR) 경험의 시각적 구성요소를 만드는 기술은 널리 접근 가능하고 저렴해지면서 순조롭게 진행되고 있다. 그러나 강력하게 작동하기 위해서는, 가상현실이 시각적인 것 이상이 될 필요가 있다. 당신이 듣고 있는 것이 시각적인 것과 설득력 있게 일치하지 <u>않는다면</u>, 가상경험은 분리된다. 농구 경기를 예로 들어 보자. 만약 선수들, 코치들, 아나운서들, 그리고 관중들 모두 농구코트 중앙에 앉아있는 것처럼 들린다면, 여러분은 그냥 텔레비전으로 경기를 보는 게 낫다, 즉, 여러분은 '그곳에' 있는 것과 똑같은 느낌을 (텔레비전에서도) 느낄 것이다. <u>유감스럽게도,</u> 오늘날의 오디오 장비와 널리 사용되는 녹음 및 재생 형식은 먼 거리에 있는 행성의 전쟁터나 농구장 옆에서 듣는 농구 경기 소리 또는 거대한 콘서트홀의 첫 번째 줄에서 들리는 교향곡의 소리를 설득력 있게 재창조하는 작업에는 그야말로 부적절하다.

어휘 component 구성요소 / virtual 가상의 / accessible 접근 가능한 / affordable 가격이 알맞은, 값이 저렴한 / convincingly 설득력 있게 / match 일치하다 / break apart 분리되다, 쪼개지다 / crowd 군중 / may as well ~하는 게 더 낫다 / equipment 장비 / reproduction 재생 / inadequate 부적절한 / battlefield 전쟁터, 전장(戰場) / planet 행성 / by contrast 반대로 / consequently 결과적으로 / similarly 마찬가지로

006 | ④

다음 빈칸 (A), (B)에 들어갈 말로 가장 적절한 것은? 2019. 지방직 9급

Today the technology to create the visual component of virtual-reality (VR) experiences is well on its way to becoming widely accessible and affordable. But to work powerfully, virtual reality needs to be about more than visuals. _____(A)_____ what you are hearing convincingly matches the visuals, the virtual experience breaks apart. Take a basketball game. If the players, the coaches, the announcers, and the crowd all sound like they're sitting midcourt, you may as well watch the game on television — you'll get just as much of a sense that you are "there." _____(B)_____, today's audio equipment and our widely used recording and reproduction formats are simply inadequate to the task of re-creating convincingly the sound of a battlefield on a distant planet, a basketball game at courtside, or a symphony as heard from the first row of a great concert hall.

	(A)	(B)
①	If	By contrast
②	Unless	Consequently
③	If	Similarly
④	Unless	Unfortunately

해설 (A)는 종속절의 접속사 if와 unless의 차이를 묻고 있다. 주절에는 break apart(분리된다)가 있고 종속절에는 match(일치하다)가 있다. 문맥상 '일치하지 않으니까 분리되는 것'이므로 (A)에 들어갈 접속사는 Unless이다. (B) 앞 문장에서 농구 경기장에 정말 앉아 있는 것처럼 소리가 들리면

007 | ①

다음 빈칸에 들어갈 말로 가장 적절한 것은? 2018. 지방직 9급

Does terrorism ever work? 9/11 was an enormous tactical success for al Qaeda, partly because it involved attacks that took place in the media capital of the world and the actual capital of the United States, _____(A)_____ ensuring the widest possible coverage of the event. If terrorism is a form of theater where you want a lot of people watching, no event in human history was likely ever seen by a larger global audience than the 9/11 attacks. At the time, there was much discussion about how 9/11 was like the attack on Pearl Harbor. They were indeed similar since they were both surprise attacks that drew America into significant wars. But they were also similar in another sense. Pearl Harbor was a great tactical success for Imperial Japan, but it led to a great strategic failure : Within four years of Pearl Harbor the Japanese empire lay in ruins, utterly defeated. _____(B)_____, 9/11 was a great tactical success for al Qaeda, but it also turned out to be a great strategic failure for Osama bin Laden.

	(A)	(B)
①	thereby	Similarly
②	while	Therefore
③	while	Fortunately
④	thereby	On the contrary

해설 (A) 앞부분은 원인에 해당하고 뒷부분은 결과에 해당한다. 따라서 인과관계의 signal인 thereby가 들어가는 것이 적절하고 (B) 앞에 진주만 공격에 대한 ⊕, ⊖ 개념과 (B) 뒤에

9/11 공격에 대한 ⊕, ⊖ 개념이 있으므로(서로 다른 소재에 대한 공통점) (B)에는 유사의 signal인 Similarly가 들어가야 한다. 따라서 정답은 ①이 된다.

> ❗해석 테러리즘은 효과가 있을까? 9/11공격은 알카에다에게는 거대한 전술적 성공을 거두었다. 부분적인 이유는 이것이 세계의 언론의 중심지이며 미국의 실질적인 수도에서 일어난 공격을 수반했고, <u>그로 인해서</u> 이 사건의 가능한 한 가장 폭넓은 보도를 확실하게 할 수 있었다. 테러리즘이 많은 사람들이 보고 싶어 하는 극장의 한 형태라면 인류의 역사에서 9/11공격보다 더 많은 전 세계 시청자들에 의해 시청된 사건은 없을 것이다. 그 당시 9/11공격이 진주만 공격과 어떻게 같은 것인지에 대해 많은 토론이 있었다. 그것들 모두 미국을 중요한 전쟁으로 끌어들인 기습공격이었기 때문에 그것들은 실제로 유사했다. 그러나 그것들은 또한 다른 의미에서 비슷했다. 진주만 공격은 제국주의 일본의 전술적인 성공이었다. 그러나 그 공격은 전략적인 실패로 이어졌다. 즉, 다시 말해서 진주만 공격 이후 4년 만에 일본 제국은 폐허가 되었으며, 완전히 패배했다. <u>마찬가지로</u> 9/11공격은 알카에다의 전술적인 성공이었다. 그러나 이 역시 오사마 빈 라덴에게 전략적인 큰 실패로 판명났다.

> ➕어휘 **enormous** 거대한 / **tactical** 전술적인 / **partly** 부분적으로 / **take place** 일어나다, 발생하다 / **capital** ① 수도 ② 자본 ③ 대문자 / **ensure** 확실하게[분명하게] 하다 / **coverage** 보도 / **Pearl Harbor** 진주만 / **attack** 공격 *surprise attack 기습공격 / **significant** 중요한 / **imperial** 제국의 / **strategic** 전략적인 *strategy 전략 / **empire** 제국 / **in ruins** 폐허[엉망]가 된 / **utterly** 완전히 / **defeat** 물리치다, 패배시키다 / **turn out to** ⓥ ⓥ라고 판명되다 / **thereby** 그로 인해서 / **on the contrary** 거꾸로, 반대로

008 | ④

2017. 하반기 지방직 9급 (추가채용)

밑줄 친 (A), (B)에 들어갈 내용으로 가장 적절한 것은?

> The decline in the number of domestic adoptions in developed countries is mainly the result of a falling supply of domestically adoptable children. In those countries, the widespread availability of safe and reliable contraception combined with the pervasive postponement of childbearing as well as with legal access to abortion in most of them has resulted in a sharp reduction of unwanted births and, consequently, in a reduction of the number of adoptable children. ___(A)___, single motherhood is no longer stigmatized as it once was and single mothers can count on State support to help them keep and raise their children. ___(B)___, there are not enough adoptable children in developed countries for the residents of those countries wishing to adopt, and prospective adoptive parents have increasingly resorted to adopting children abroad.

	(A)	(B)
①	However	Consequently
②	However	In summary
③	Furthermore	Nonetheless
④	Furthermore	As a consequence

> •••해설 이 글은 국내 입양아들의 감소 원인을 나열하고 있으므로 (A)에는 나열의 연결사 Furthermore가 필요하다. (A) 다음에는 미혼모가 자신들의 아이를 기를 수 있게 되었다는 내용이 나오고 (B) 다음에 그 이유로 인해 자국 내에 입양아들이 줄어들고 해외에서 입양아를 데리고 와야 한다고 했으므로 (B)는 (A)의 결과가 되어야 한다. 따라서 (B)에는 As a consequence가 필요하다.

> ❗해석 선진국의 국내 입양 수의 감소는 자국 내에서 입양 가능한 아이들의 공급 하락의 결과이다. 그런 나라들에서는, 낙태에 대한 합법적인 접근이 가능할 뿐만 아니라 널리 사용되고 있는 안전하고 믿을 만한 피임이 만연한 출산 연기와 함께, 출산의 급격한 감소를 초래했으며 그 결과 입양 가능한 아이들의 수가 줄어들었다. <u>게다가</u>, 미혼모는 이전처럼 더 이상 낙인찍히지 않으며 미혼모들은 그들이 아이들을 지키고 기르기 위한 정부의 보조에 의존할 수 있다. <u>그 결과</u>, 선진국에서는 입양을 원하는 사람들을 위한 충분한 입양아들이 없게 되었고, 아이를 입양 원하는 양부모들은 계속해서 해외에서 아이를 입양하는 데 의존하게 되었다.

> ➕어휘 **contraception** 피임 / **decline** 감소 / **domestic** 국내의, 자국의 / **pervasive** 만연하는 / **postponement** 연기 / **adoption** 입양 / **childbearing** 출산 / **legal** 합법적인 / **abortion** 낙태 / **reduction** 감소 / **single motherhood** 미혼모의 모성애 / **stigmatize** 오명을 씌우다, 낙인찍다 / **prospective** 장래의, 장차 ~이 될 / **resort to** ~에 의존하다 / **adoptive parents** 양부모

Chapter 05 일관성

001 | ②

주어진 글 다음에 이어질 글의 순서로 가장 적절한 것은? 2023. 지방직 9급

> Just a few years ago, every conversation about artificial intelligence (AI) seemed to end with an apocalyptic prediction.

> (A) More recently, however, things have begun to change. AI has gone from being a scary black box to something people can use for a variety of use cases.
> (B) In 2014, an expert in the field said that, with AI, we are summoning the demon, while a Nobel Prize winning physicist said that AI could spell the end of the human race.
> (C) This shift is because these technologies are finally being explored at scale in the industry, particularly for market opportunities.

① (A) − (B) − (C)	② (B) − (A) − (C)
③ (B) − (C) − (A)	④ (C) − (A) − (B)

> •••해설 Two 개념(반대/대조의 공간개념)을 이용해야 한다. 제시문과 (B)는 인공지능의 (⊖)개념을 설명하고 있고, (A)의 however를 기준으로 인공지능의 (⊕)개념이 이어져야 하므로 글의 순서로 가장 적절한 것은 ② '(B) − (A) − (C)'이다.

해설 몇 년 전만 해도 인공지능(AI)에 대한 모든 대화는 종말론적인 예측으로 끝나는 것 같았다.

(B) 2014년에 이 분야의 한 전문가는 AI를 통해 우리는 악마를 소환하고 있다고 말했고, 노벨상을 수상한 한 물리학자는 AI가 인류의 종말을 불러올 수 있다고 말했다.

(A) 하지만 최근에는 상황이 달라지기 시작했다. AI는 무서운 블랙박스에서 사람들이 다양한 활용 사례에 이용할 수 있는 무언가로 바뀌었다.

(C) 이러한 변화는 이 기술들이 마침내 업계에서 적정 규모로 특히 시장 기회를 위해 탐색되고 있기 때문이다.

어휘 artificial intelligence(AI) 인공지능 / apocalyptic 종말론적인 / prediction 예측, 예상 / scary 무서운 / a variety of 다양한 / use cases 활용 사례 / summon 소환하다 / demon 악마 / spell ① 철자(를 쓰다, 말하다) ② 가져오다, 의미하다 / human race 인류 / shift 변화 / explore 탐구하다, 탐험하다 / at scale 적정 규모로

002 | ②

주어진 문장이 들어갈 위치로 가장 적절한 것은? 2023. 지방직 9급

Yet, requests for such self-assessments are pervasive throughout one's career.

The fiscal quarter just ended. Your boss comes by to ask you how well you performed in terms of sales this quarter. How do you describe your performance? As excellent? Good? Terrible? (①) Unlike when someone asks you about an objective performance metric (e.g., how many dollars in sales you brought in this quarter), how to subjectively describe your performance is often unclear. There is no right answer. (②) You are asked to subjectively describe your own performance in school applications, in job applications, in interviews, in performance reviews, in meetings—the list goes on. (③) How you describe your performance is what we call your level of self-promotion. (④) Since self-promotion is a pervasive part of work, people who do more self-promotion may have better chances of being hired, being promoted, and getting a raise or a bonus.

해설 주어진 제시문의 such self-assessments(그러한 자기 평가)는 ①에 있는 to describe your own performance를 지칭하므로 주어진 제시문은 ②에 들어가는 것이 가장 적절하다.

해석 회계 분기가 방금 끝났다. 당신의 상사가 당신에게 이번 분기의 매출에 있어 당신이 얼마나 큰 역할을 했는지 물어보기 위해 잠깐 들른다. 당신은 당신의 성과를 어떻게 설명하는가? 훌륭하다고? 좋다고? 끔찍하다고? 누군가가 당신에게 객관적인 성과 측정(예를 들어, 이번 분기에 당신이 몇 달러의 매출을 냈는지)에 대해 물어볼 때와는 다르게 주관적으로 어떻게 당신의 성과를 설명하느냐는 종종 불분명하다. 올바른 답은 없다. 하지만 그러한 자기 평가에 대한 요청은 경력 전반에 걸쳐 널리 퍼져있다. 당신은 수없이 계속되는 입학 지원서, 입사 지원서, 면접, 성과 검토, 회의 등에서 자신의 성과를 주관적으로 설명하라는 요청을 받는다.

당신의 성과를 어떻게 설명하느냐가 바로 우리가 자기 홍보의 수준이라고 부르는 것이다. 자기홍보는 업무에 널리 퍼져있는 부분이기 때문에 자기홍보를 더 많이 하는 사람이 고용되고, 승진되며, 봉급인상 또는 보너스를 받을 확률이 더 높을 수 있다.

어휘 fiscal quarter 회계 분기 / come by 잠깐 들르다, 방문하다 / perform ① 수행하다, 역할을 하다 ② 공연하다 * performance ① 성과, 업적 ② 공연 / in terms of ~의 관점에서 / quarter 분기 / describe 묘사하다 / objective 객관적인 / subjectively 주관적으로 / application 지원(서) / self-promotion 자기홍보 / chance 기회, 가능성, 확률 / raise 봉급인상

003 | ③

주어진 글 다음에 이어질 글의 순서로 가장 적절한 것은? 2022. 국가직 9급

Today, Lamarck is unfairly remembered in large part for his mistaken explanation of how adaptations evolve. He proposed that by using or not using certain body parts, an organism develops certain characteristics.

(A) There is no evidence that this happens. Still, it is important to note that Lamarck proposed that evolution occurs when organisms adapt to their environments. This idea helped set the stage for Darwin.

(B) Lamarck thought that these characteristics would be passed on to the offspring. Lamarck called this idea inheritance of acquired characteristics.

(C) For example, Lamarck might explain that a kangaroo's powerful hind legs were the result of ancestors strengthening their legs by jumping and then passing that acquired leg strength on to the offspring. However, an acquired characteristic would have to somehow modify the DNA of specific genes in order to be inherited.

① (A) − (C) − (B)　　② (B) − (A) − (C)
③ (B) − (C) − (A)　　④ (C) − (A) − (B)

해설 (B)의 these characteristics는 제시문의 characteristics를 지칭하므로 주어진 지문 다음에는 (B)가 위치해야 하고 (C)의 캥거루 조상들이 강력한 뒷다리를 후손에게 물려줄 수 있었던 것은 획득 유전 형질의 구체적인 예가 되므로 (B) 뒤에는 (C)가 이어져야 한다. 그리고 (A)의 this는 (C)의 DNA의 변형을 지칭하므로 주어진 글 다음에 이어질 글의 순서로는 ③ (B) − (C) − (A) 이다.

해석 오늘날 Lamarck는 어떻게 적응이 진화로 이어지는지에 대한 잘못된 설명으로 아주 많이 부당하게 기억된다. 그는 생명체가 특정 신체 부위를 사용하거나 사용하지 않음으로써 특정 형질을 발달시킨다고 제안했다.

(B) Lamarck는 이러한 형질이 자손에게 전해질 것이라고 생각했다. Lamarck는 이 생각을 '획득 형질 유전'이라고 불렀다.

(C) 예를 들어, Lamarck는 캥거루의 강력한 뒷다리가 조상들이 뛰면서 그들의 다리를 강화시키고 그렇게 얻은 다리 힘을 자손들에게 전달한 결과라고 설명할지도 모른

다. 하지만, 획득 형질은 유전되기 위해서 특정 유전자의 DNA를 어떻게든 변형시켜야만 할 것이다.

(A) 이런 일이 일어난다는 증거는 없다. 그러나, Lamarck가 생명체가 자신의 환경에 적응할 때 진화가 발생한다는 것을 제시한 것에 주목하는 것은 중요하다. 이 생각은 Darwin을 위한 무대를 마련하는 데 도움이 되었다.

➕ 어휘 unfairly 부당하게 / explanation 설명 / adaptation 적응 *adapt 적응하다 / evolve 진화하다 / propose 제안하다 / certain 특정한 / organism 유기체, 생명체 / characteristics 특성, (유전학) 형질 / evidence 증거 / still ① 아직도, 여전히 ② 그러나 / note 주목하다 / evolution 진화 / pass on 전달하다 / offspring 자손, 후손 / inheritance 유산, 유전 *inherit 물려받다, 상속받다 / acquired 획득된, 습득된 / hind 뒤쪽의, 후방의 / ancestor 선조, 조상 / strengthen 강화시키다 *strength 힘 / modify 수정하다, 고치다, 변형시키다 / specific 특정한 / gene 유전자

004 | ③

주어진 문장이 들어갈 위치로 가장 적절한 곳은? 2022. 지방직 9급

> The comparison of the heart to a pump, however, is a genuine analogy.

> An analogy is a figure of speech in which two things are asserted to be alike in many respects that are quite fundamental. Their structure, the relationships of their parts, or the essential purposes they serve are similar, although the two things are also greatly dissimilar. Roses and carnations are not analogous. (①) They both have stems and leaves and may both be red in color. (②) But they exhibit these qualities in the same way; they are of the same genus. (③) These are disparate things, but they share important qualities: mechanical apparatus, possession of valves, ability to increase and decrease pressures, and capacity to move fluids. (④) And the heart and the pump exhibit these qualities in different ways and in different contexts.

💬 해설 two 개념(반대/대조의 공간개념)을 이용해야 한다. 주어진 지문은 장미와 카네이션 vs. 심장과 펌프의 서로 다른 점을 설명하고 있다. ①부터 ②까지는 장미와 카네이션의 공간이고 ③부터 ④까지는 심장과 펌프의 공간이므로 주어진 제시문은 ③에 들어가는 것이 가장 적절하다.

❗해석 유사란 기본적으로 두 가지가 매우 많은 면에서 비슷하다고 주장되는 비유적 표현이다. 비록 그 두 가지가 또한 크게 다를지라도 그것들의 구조나 부분적 관계, 그리고 그것들이 제공하는 궁극의 목적은 유사하다. 장미와 카네이션은 유사하지 않다. 그것들은 둘 다 줄기와 잎을 가지고 있으며 둘 다 빨간색일 수 있다. 그러나 그것들은 같은 방식으로 이러한 특성들을 보여준다. 그래서 그것들은 같은 속(屬)이다. 하지만 심장을 펌프에 비유하는 것은 진정한 비유이다. 이것들은 본질적으로 서로 다른 것들이지만, 그것들은 기계 장치, 밸브의 소유, 압력을 증가시키고 감소시키는 능력, 그리고 유체를 이동시킬 수 있는 능력 등 중요한 특성들을 공

유한다. 그리고 심장과 펌프는 다른 방식으로 다른 맥락에서 이러한 특성들을 보여준다.

➕ 어휘 comparison of A to B A를 B에 비유 / genuine 진정한 / analogy 유사, 비유 / figure of speech 비유적 표현 / respect 관점 / fundamental 기본적인, 근본적인 / structure 구도 / relationship 관계 / essential 궁극의, 필수적인 / serve 제공하다 / dissimilar 다른 / analogous 유사한, 비슷한 / stem 줄기 / exhibit 보여주다, 전시하다 / quality 특성, 특징 / genus (생물 분류상의) 속(屬) / disparate 다른 / apparatus 장치 / possession 소유, 보유 / capacity 능력 / fluid 유체 / context 맥락, 문맥

005 | ③

주어진 글 다음에 이어질 글의 순서로 가장 적절한 것은? 2022. 지방직 9급

> For people who are blind, everyday tasks such as sorting through the mail or doing a load of laundry present a challenge.

> (A) That's the thinking behind Aira, a new service that enables its thousands of users to stream live video of their surroundings to an on-demand agent, using either a smartphone or Aira's proprietary glasses.
> (B) But what if they could "borrow" the eyes of someone who could see?
> (C) The Aira agents, who are available 24/7, can then answer questions, describe objects or guide users through a location.

① (A) − (B) − (C) ② (A) − (C) − (B)
③ (B) − (A) − (C) ④ (C) − (A) − (B)

💬 해설 (B)에 they는 주어진 제시문의 시각장애인들을 지칭하므로 주어진 제시문 다음 (B)가 위치해야 하고 (A)의 That은 (B) 전체 내용을 대신하므로 (B) 다음에는 (A)가 위치해야 한다. 그 다음 (A)의 구체적인 서비스 내용인 (C)가 이어져야 한다. 따라서 글의 순서로 가장 적절한 것은 ③ (B) − (A) − (C) 이다.

❗해석 시각장애인들에게 우편물을 분류하거나 많은 빨래를 하는 것과 같은 일상적인 일은 어려움을 준다.

(B) 하지만 만약 그들이 볼 수 있는 누군가의 눈을 "빌릴" 수 있다면 어떨까?

(A) 그것은 Aira의 생각인데, 이는 수천 명의 사용자들이 스마트폰이나 Aira의 독점 안경을 사용하여 온−디맨드방식(이용자의 요구에 따라 네트워크를 통해 필요한 정보를 제공하는 방식)으로 대리인이 시각장애인들의 주변 환경을 실시간 영상으로 생중계할 수 있게 해주는 새로운 구독서비스이다.

(C) 연중무휴로 이용 가능한 Aira 대리인들은 질문에 답하거나, 사물을 설명하거나, 사용자에게 위치를 안내할 수 있다

➕ 어휘 sort 분류하다 / a load of 많은, 한 무더기의 / laundry 빨래 / present 주다, 제공하다 / challenge 도전, 난제 / stream 실시간으로 재생하다 / surroundings 환경, 주변 환경 / proprietary 독점의 / available 이용 가능한 / 24/7 하루 24시간 7일 동안, 연중무휴의 / describe 묘사하다

006 | ④

주어진 문장이 들어갈 위치로 가장 적절한 곳은? 2022. 국가직 9급

> Thus, blood, and life-giving oxygen, are easier for the heart to circulate to the brain.

People can be exposed to gravitational force, or g-force, in different ways. It can be localized, affecting only a portion of the body, as in getting slapped on the back. It can also be momentary, such as hard forces endured in a car crash. A third type of g-force is sustained, or lasting for at least several seconds. (①) Sustained, body-wide g-forces are the most dangerous to people. (②) The body usually withstands localized or momentary g-force better than sustained g-force, which can be deadly because blood is forced into the legs, depriving the rest of the body of oxygen. (③) Sustained g-force applied while the body is horizontal, or lying down, instead of sitting or standing tends to be more tolerable to people, because blood pools in the back and not the legs. (④) Some people, such as astronauts and fighter jet pilots, undergo special training exercises to increase their bodies' resistance to g-force.

해설 나열의 공간개념과 인과관계를 이용해야 한다. 주어진 지문은 중력의 3가지 유형에 대한 글이고 3번째 유형인 지속적인 중력에 대한 내용설명이 ① 다음 문장부터 ③ 다음 문장까지 이어지고 있고 또한 주어진 제시문의 인과관계의 시그널 thus는 원인(몸을 수평으로 둘 때 피가 다리가 아닌 등에 고이는 것)과 결과(피가 뇌로 더 쉽게 전달)를 이어주고 있으므로 주어진 문장은 ④에 들어가는 것이 가장 적절하다.

해석 사람들은 다른 방식으로 중력, 즉 g-force에 노출될 수 있다. 그것은 등을 찰싹 맞는 것처럼 신체의 한 부위에만 영향을 미치면서 국지적일 수 있다. 그것은 또한 자동차 충돌사고 시 겪는 강한 힘처럼 순간적일 수도 있다. 중력(g-force)의 세 번째 유형은 계속되거나 최소 몇 초 동안 지속되는 경우이다. 지속적이고 전신에 걸친 중력이 사람들에게 가장 위험하다. 신체는 보통 국지적이거나 순간적인 중력을 지속적인 중력보다 더 잘 견뎌내는데, 이것이 치명적일 수 있다. 그 이유는 피가 다리로 몰려 나머지 신체부위에서 산소를 빼앗기 때문이다. 앉거나 서 있는 대신 신체를 수평으로 하거나 누울 때 가해지는 지속적인 중력은 피가 다리가 아닌 등에 고이기 때문에 사람들이 더 잘 견디는 경향이 있다. 그래서 피와 생명을 주는 산소는 심장이(피나 산소를) 뇌로 보내기가 더 쉽다. 우주 비행사와 전투기 조종사와 같은 몇몇 사람들은 중력에 대한 몸의 저항을 증가시키기 위해 특별한 훈련 연습을 받는다.

어휘 circulate 순환하다 / expose 노출하다, 노출시키다 / gravitational 중력의 / localize 국한시키다, 국부적이 되게 하다 / portion 부분 / slap 찰싹 때리다 / momentary 순간적인 / endure 견디다 / crash 충돌 / sustain 지속시키다, 계속시키다 / last 지속되다 / at least 적어도 / withstand 견디다, 견뎌내다 / deadly ①치명적인 ②극도로, 완전히 / deprive A of B A에게서 B를 빼앗다 / horizontal 수평의 / tolerable 참을 수 있는, 견딜 만한 / astronaut 우주비행사 / undergo 경험하다, 겪다 / resistance 저항

007 | ③

주어진 글 다음에 이어질 글의 순서로 가장 적절한 것은? 2021. 국가직 9급

> To be sure, human language stands out from the decidedly restricted vocalizations of monkeys and apes. Moreover, it exhibits a degree of sophistication that far exceeds any other form of animal communication.

(A) That said, many species, while falling far short of human language, do nevertheless exhibit impressively complex communication systems in natural settings.
(B) And they can be taught far more complex systems in artificial contexts, as when raised alongside humans.
(C) Even our closest primate cousins seem incapable of acquiring anything more than a rudimentary communicative system, even after intensive training over several years. The complexity that is language is surely a species-specific trait.

① (A) − (C) − (B)   ② (B) − (C) − (A)
③ (C) − (A) − (B)   ④ (C) − (B) − (A)

해설 주어진 제시문은 인간의 언어가 다른 동물의 언어보다 정교하고 뛰어나다는 내용이므로 '영장류들도 인간의 언어를 습득할 수 없다'는 내용인 (C)가 이어지는 것이 가장 자연스럽고 (B)의 they는 문맥상 (A)의 many species를 대신하므로 글의 순서로 가장 적절한 것은 ③ (C) − (A) − (B) 이다.

해석 확실히, 인간의 언어는 원숭이나 유인원의 제한된 발성과는 분명한 차이가 있다. 게다가, 인간의 언어는 어떤 다른 형태의 동물들의 의사소통을 훨씬 뛰어넘는 정도의 정교함을 보여준다.

(C) 심지어 우리의 가장 가까운 영장류 사촌들조차도 몇 년 동안 집중적인 훈련을 받은 후 기본적인 의사소통 체계 그 이상은 습득할 수 없는 것처럼 보인다. 언어의 복잡성은 확실히 종의 고유 특성이다.
(A) 그렇긴 해도, 인간의 언어에는 크게 못 미치지만, 그럼에도 불구하고 많은 종들은 자연환경에서 인상적으로 복잡한 의사소통 체계를 보여준다.
(B) 그리고 그들은 인간과 함께 길러지는 경우와 인위적인 상황에서 훨씬 더 복잡한 체계들을 배울 수 있다.

어휘 to be sure 확실히 / stand out 두드러지다, 눈에 띄다 / decidedly 분명히, 확실히 / restricted 제한된 / vocalization 발성(법) / ape 유인원 / exhibit 드러내다, 보여주다 / sophistication 정교(함) / exceed 능가하다, 뛰어넘다 / That said 그렇긴 해도 / fall short of ~에 못 미치다, ~에 부족하다 / impressively 인상적으로 / complex 복잡한 / artificial 인위적인, 인공적인 / context 상황, 문맥, 맥락 / alongside ~와 함께 / primate 영장류 / incapable of ~할 수 없는 / acquire 습득하다, 얻다 / rudimentary 기본적인, 기초의 / intensive 집중적인 / species-specific 종 고유의 / trait 특성

008 | ④

주어진 문장이 들어갈 위치로 가장 적절한 것은? 2021. 국가직 9급

> For example, the state archives of New Jersey hold more than 30,000 cubic feet of paper and 25,000 reels of microfilm.

> Archives are a treasure trove of material: from audio to video to newspapers, magazines and printed material — which makes them indispensable to any History Detective investigation. While libraries and archives may appear the same, the differences are important. (①) An archive collection is almost always made up of primary sources, while a library contains secondary sources. (②) To learn more about the Korean War, you'd go to a library for a history book. If you wanted to read the government papers, or letters written by Korean War soldiers, you'd go to an archive. (③) If you're searching for information, chances are there's an archive out there for you. Many state and local archives store public records — which are an amazing, diverse resource. (④) An online search of your state's archives will quickly show you they contain much more than just the minutes of the legislature — there are detailed land grant information to be found, old town maps, criminal records and oddities such as peddler license applications.

> * treasure trove : 귀중한 발굴물(수집물)
> * land grant : (대학·철도 등을 위해) 정부가 주는 땅

해설 예시의 논리(A > B)가 필요하다. ④ 앞에 Many state and local archives가 있고 제시문에 state archives of New jersey가 있으므로 주어진 제시문은 ④에 들어가는 것이 가장 적절하다.

해석 기록 보관소는 오디오에서 비디오까지 그리고 신문, 잡지, 인쇄물에 이르기까지 모든 자료의 귀중한 수집물이며 기록 보관소는 역사 탐구 조사에도 없어서도 안 된다. 도서관과 기록 보관소가 똑같아 보이는 반면에 차이점도 아주 크다. 기록 보관소의 수집물들은 거의 항상 주 자료로 구성된다. 반면에 도서관은 부차적 자료로 구성된다. 한국 전쟁에 대해 더 많이 알고 싶으면 당신은 역사책을 찾기 위해 도서관에 가면 된다. 만약 정부 기록물이나 한국 전쟁 도중 군인들이 쓴 편지를 읽고 싶으면, 당신은 기록 보관소에 갈 수 있다. 만약 당신이 정보를 찾는 중이라면, 아마 당신에게 필요한 그 정보는 기록 보관소에 있을 것이다. 많은 주와 지역 기록 보관소에서는 놀랍고 다양한 공공 기록들이 보관되어있다. <u>예를 들어, 뉴저지의 주 기록 보관소에는 30,000 입방피트 이상의 기록물과 25,000개 이상의 릴 마이크로필름이 보관되어 있다.</u> 주 기록 보관소를 온라인으로 검색하면 입법부의 의사록보다 훨씬 더 많은 내용이 있다는 것을 당신에게 빠르게 보여줄 것이다. 자세한 정부가 주는 땅 정보, 구시가지 지도, 범죄 기록과 판매원 면허 신청서와 같은 특이 사항들까지 기록보관소에는 있다.

어휘 archive 기록 보관소 / material 자료 / indispensable 필수적인 / investigation 조사 / primary 주된, 주요한 / secondary 부차[부수]적인, 두 번째의 / amazing 놀라운 / diverse 다양한 / minute ① 분 ② 사소한 ③ (의회의) 의사록 / criminal ① 범죄의 ② 범인 / oddity ① 괴짜, 괴상한 사람 ② 특이한(괴상한) 것

009 | ①

주어진 글 다음에 이어질 글의 순서로 가장 적절한 것은? 2021. 지방직 9급

> Growing concern about global climate change has motivated activists to organize not only campaigns against fossil fuel extraction consumption, but also campaigns to support renewable energy.

> (A) This solar cooperative produces enough energy to power 1,400 homes, making it the first large-scale solar farm cooperative in the country and, in the words of its members, a visible reminder that solar power represents "a new era of sustainable and 'democratic' energy supply that enables ordinary people to produce clean power, not only on their rooftops, but also at utility scale."
> (B) Similarly, renewable energy enthusiasts from the United States have founded the Clean Energy Collective, a company that has pioneered "the model of delivering clean power-generation through medium- scale facilities that are collectively owned by participating utility customers."
> (C) Environmental activists frustrated with the UK government's inability to rapidly accelerate the growth of renewable energy industries have formed the Westmill Wind Farm Co-operative, a community-owned organization with more than 2,000 members who own an onshore wind farm estimated to produce as much electricity in a year as that used by 2,500 homes. The Westmill Wind Farm Co-operative has inspired local citizens to form the Westmill Solar Co-operative.

① (C) − (A) − (B) ② (A) − (C) − (B)
③ (B) − (C) − (A) ④ (C) − (B) − (A)

해설 (A)의 This solar cooperative는 (C)의 Westmill Solar Co-operative를 지칭하고 있고 (B)의 Similarly를 기준으로 미국의 재생 에너지 지지자들과 태양광 협동조합 구성원들(서로 다른 소재에 대한)이 직접 참여해 청정에너지를 공급한다는 것(공통점)을 설명하고 있으므로 주어진 글 다음에 이어질 글의 순서로 가장 적절한 것은 ① (C) − (A) − (B)이다.

해석 지구 기후 변화에 관한 늘어나는 걱정이 활동가들로 하여금 화석 연료 추출 소비를 반대하는 캠페인뿐만 아니라 재생 에너지 지원 캠페인까지 조직하도록 동기부여를 주었다.

(C) 영국 정부가 재생 에너지산업의 성장을 신속하게 가속화하지 못한 것에 실망한 환경운동가들은 2,500 가구가 사용하는 정도의 전기를 1년간 생산하는 것으로 추산되는 내륙의 풍력발전소를 소유한 2,000명 이상의 회원을 가진 지역사회의 소유 조직인 Westmill Wind Farm Co-operative를 만들었다. 그 Westmill Wind Farm Co-operative는 지역 주민들에게 Westmill Solar Co-operative를 만들 것을 독려했다.

(A) 이 태양광 협동조합은 1,400 가구에 전력을 공급하기 충분한 에너지를 생산하면서 그 나라 최초의 대규모 태양광 발전소 협동조합이 되었고, 이 회원들의 말에서 태양광 발전이 "일반인들이 자신들의 옥상에서뿐만 아니라 공익사업 규모로도 청정에너지를 생산할 수 있는 지속 가능하고 '민주적인' 에너지 공급의 새로운 시대"를 보여준다는 것을 분명하게 상기시켜준다.

(B) 마찬가지로, 미국의 재생 에너지 지지자들은 "전기 소비자들을 직접 참여시켜 공동으로 소유하는 중간규모의 시설을 통해 청정 전력 발전을 제공하는 모델"을 개척한 회사인 Clean Energy Collective를 설립했다.

+ 어휘 **concern** ① 걱정, 우려 ② 관심 / **motivate** 동기부여하다, 자극하다 / **organize** 조직하다, 구성하다 / **fossil fuel** 화석연료 / **extraction** 추출 / **consumption** 소비 / **renewable** 재생 가능한 / **cooperative** ① 협동하는 ② 협동조합 / **large-scale** 대규모의 / **solar(wind) farm** 태양광(풍력) 발전소 / **visible** ① 눈에 보이는, 가시적인 ② 분명한, 뚜렷한 / **reminder** 상기시키는[생각나게 하는] 것 / **represent** 보여주다, 나타내다 / **era** 시대 / **sustainable** 지속가능한 / **democratic** 민주적인 / **rooftop** 옥상 / **utility** (수도, 전기, 가스와 같은) 공익사업, 공공사업 / **enthusiast** (열렬한) 지지자 / **found** 세우다, 설립하다 / **pioneer** ① 선구자 ② 개척하다 / **facility** 시설, 기관 / **collectively** 집합적으로, 공동으로 / **own** 소유하다 / **participate** 참여하다 / **activist** 활동가 / **frustrated** 좌절한, 실망한 / **inability** 무능 / **rapidly** 신속하게, 빠르게 / **accelerate** 가속하다 / **onshore** 내륙[육지]의 / **estimate** 추정하다 / **inspire** 영감을 주다, 격려[고무]하다

010 | ②

주어진 문장이 들어갈 위치로 가장 적절한 것은? 2021. 지방직 9급

And working offers more than financial security.

Why do workaholics enjoy their jobs so much? Mostly because working offers some important advantages. (①) It provides people with paychecks — a way to earn a living. (②) It provides people with self-confidence; they have a feeling of satisfaction when they've produced a challenging piece of work and are able to say, "I made that". (③) Psychologists claim that work also gives people an identity; they work so that they can get a sense of self and individualism. (④) In addition, most jobs provide people with a socially acceptable way to meet others. It could be said that working is a positive addiction; maybe workaholics are compulsive about their work, but their addiction seems to be a safe — even an advantageous — one.

· 해설 이 글은 일이 주는 몇 가지 장점을 나열하고 있다. 따라서 나열의 공간개념을 이용해야 한다. ① 다음 문장에 일이 주는 첫 번째 장점인 봉급지급이 언급되어 있고 ② 다음 문장에 두 번째 장점인 자신감과 관련된 내용이 나열되므로 주어진 문장이 들어갈 위치로 가장 적절한 것은 ②이다.

! 해석 왜 일 중독자들은 그들의 일을 그렇게나 즐기는 것인가? 주로 일하는 것이 그들에게 몇 가지 중요한 이점들을 제공하기 때문이다. 그것은 사람들에게 생계를 유지할 수 있는 방법인 봉급을 지급한다. <u>그리고 일은 재정적인 안정 그 이상을 제공한다.</u> 그것은 사람들에게 자신감을 제공한다. 그래서 그들이 도전할 만한 한 가지 일을 끝내고 "내가 해냈어"라고 말할 때, 그들은 만족감을 느낀다. 심리학자들은 일은 또한 사람에게 정체성을 준다고 주장한다. 그래서 그들은 자아와 개성을 느낄 수 있도록 일을 한다. 게다가, 대부분의 직업은 사람들에게 사회적으로 용인된 타인을 만날 수 있는 방법을 제공한다. 사람들은 일이 긍정적인 중독이라고 말한다. 아마도 일 중독자들은 그들의 일에 대해 강박적일 수 있지만, 그 중독은 안전하고 심지어 이로워 보인다.

+ 어휘 **financial** 재정적인, 재정상의 / **security** 안전, 안보 / **workaholic** 일 중독자 / **provide A with B** A에게 B를 제공하다 / **paycheck** 봉급 / **self-confidence** 자신감 / **challenging** 도전적인 / **psychologist** 심리학자 / **claim** 주장하다 / **identity** 정체성 / **self** 자아 / **individualism** 개성 / **addiction** 중독 / **compulsive** 강박적인, 충동적인 / **advantageous** 이로운

011 | ③

주어진 글 다음에 이어질 글의 순서로 가장 적절한 것은? 2020. 지방직 9급

Nowadays the clock dominates our lives so much that it is hard to imagine life without it. Before industrialization, most societies used the sun or the moon to tell the time.

(A) For the growing network of railroads, the fact that there were no time standards was a disaster. Often, stations just some miles apart set their clocks at different times. There was a lot of confusion for travelers.

(B) When mechanical clocks first appeared, they were immediately popular. It was fashionable to have a clock or a watch. People invented the expression "of the clock" or "o'clock" to refer to this new way to tell the time.

(C) These clocks were decorative, but not always useful. This was because towns, provinces, and even neighboring villages had different ways to tell the time. Travelers had to reset their clocks repeatedly when they moved from one place to another. In the United States, there were about 70 different time zones in the 1860s.

① (A) — (B) — (C)　　② (B) — (A) — (C)
③ (B) — (C) — (A)　　④ (C) — (A) — (B)

··· 해설 시간순서 전개방식상 (B)에 first가 있으므로 (B)가 먼저 시작되어야 하고 (C)에 These clocks는 (B)의 mechanical clocks를 지칭하므로 (B)와 (C)는 묶여 있어야 한다. 따라서 글의 순서로 가장 적절한 것은 ③ (B) — (C) — (A)이다.

! 해석 요즘은 시계가 우리의 삶을 너무나 많이 지배하므로 시계가 없는 삶을 상상하기는 힘들다. 산업화 이전, 대부분의 사회는 시간을 알기 위해 태양이나 달을 사용했다.

(B) 기계 시계가 처음 등장했을 때, 그것들은 즉시 인기를 얻었다. 시계나 손목시계를 갖는 것이 유행이 되었다. 사람들은 시간을 알 수 있는 이러한 새로운 방식을 언급하기 위해 'of the clock' 또는 'o'clock'이라는 표현들을 고안해냈다.

(C) 이러한 시계들은 장식적이었지만 항상 유용하지는 않았다. 그 이유는 시골과 지방들, 그리고 심지어 인접한 마을조차도 이 시간을 알리는 방식이 서로 달랐기 때문이었다. 여행객들은 자신들이 한 장소에서 다른 장소로 이동할 때 반복해서 시계를 다시 맞추어야 했다. 1860년대에 미국에서는 약 70개의 서로 다른 시간대가 있었다.

(A) 철도망이 증가하면서 표준시간대가 없다는 사실은 재앙이었다. 단지 몇 마일 서로 떨어져 있는 역들도 종종 서로 다른 시간대에 그들의 시계를 맞추었다. 여행객들에게는 어마어마한 혼란이 있었다.

어휘 nowadays 요즘은, 요즘에는 / dominate 압도하다 / industrialization 산업화 / railroad 철도 / time standards 표준시간대 / disaster 재앙 / apart 떨어져 있는 / confusion 혼란 / mechanical 기계장치의 / immediately 즉시 / fashionable 유행하는 / refer to ~을 언급하다 / decorative 장식적인 / province 지방, 지역 / repeatedly 반복해서, 반복적으로 / zone 지역, 영역

012 | ④

주어진 문장이 들어갈 위치로 가장 적절한 것은? 2020. 국가직 9급

It was then he remembered his experience with the glass flask, and just as quickly, he imagined that a special coating might be applied to a glass windshield to keep it from shattering.

In 1903 the French chemist, Edouard Benedictus, dropped a glass flask one day on a hard floor and broke it. (①) However, to the astonishment of the chemist, the flask did not shatter, but still retained most of its original shape. (②) When he examined the flask he found that it contained a film coating inside, a residue remaining from a solution of collodion that the flask had contained. (③) He made a note of this unusual phenomenon, but thought no more of it until several weeks later when he read stories in the newspapers about people in automobile accidents who were badly hurt by flying windshield glass. (④) Not long thereafter, he succeeded in producing the world's first sheet of safety glass.

해설 시간순서 전개방식(Time order patten)을 이용해야 한다. 주어진 제시문에 그가 자신의 경험이 기억이 났다고 했고 ③ 다음 문장에서 그가 신문을 읽고 나서야 비로소 유리 플라스크를 생각했다고 했으므로 주어진 제시문은 시간순서상 ④에 들어가는 것이 가장 적절하다.

해석 1903년에 프랑스의 화학자 Edouard Benedictus는 어느 날 딱딱한 바닥에 유리 플라스크를 떨어뜨렸고 그것을 깨뜨렸다. 하지만 그 화학자에게 놀라움을 안기며, 플라스크는 산산조각 나지 않았고, 여전히 원래의 모양 대부분을 유지했다. 그가 플라스크를 조사했을 때 플라스크 안쪽에 필름 코팅이 들어있다는 것을 알아냈는데, 플라스크가 가지고 있던 콜로디온 용액에 잔여물이 남아있었다. 그는 이러한 특이한 현상을 메모해 두었지만, 몇 주 뒤 자동차 사고로 인해 날아오는 자동차 앞 유리에 크게 다친 사람들에 관한 신문기사를 읽고 나서야 비로소 그것에 대해 생각하기 시작했다. 그가 그 유리 플라스크에 관한 자신의 경험을 기억해낸 것이 바로 그때였고, 아주 빠르게, 특별한 코팅이 자동차의 앞 유리에 적용되면 유리창이 산산조각나지 않을지도 모른다는 상상을 했다. 그 후 얼마 지나지 않아, 그는 세계 최초의 안전유리판을 만드는 데 성공했다.

어휘 apply 적용하다, 응용하다 / astonishment 놀라움 / chemist 화학자 / windshield 자동차의 앞 유리, 바람막이창 / shatter 산산조각나다 / retain 유지하다, 보유하다 / examine 조사하다 / contain 포함하다, 가지고 있다 / phenomenon 현상 / not long thereafter 아주 빠르게, 재빨리 *thereafter 그 후에 / sheet 한 장(판)

013 | ③

주어진 글 다음에 이어질 글의 순서로 가장 적절한 것은? 2020. 국가직 9급

Past research has shown that experiencing frequent psychological stress can be a significant risk factor for cardiovascular disease, a condition that affects almost half of those aged 20 years and older in the United States.

(A) Does this mean, though, that people who drive on a daily basis are set to develop heart problems, or is there a simple way of easing the stress of driving?

(B) According to a new study, there is. The researchers noted that listening to music while driving helps relieve the stress that affects heart health.

(C) One source of frequent stress is driving, either due to the stressors associated with heavy traffic or the anxiety that often accompanies inexperienced drivers.

① (A) − (C) − (B)   ② (B) − (A) − (C)
③ (C) − (A) − (B)   ④ (C) − (B) − (A)

해설 주어진 제시문의 스트레스로 인해 건강상의 문제가 생길 수 있다는 내용에 대한 구체적인 예를 제시하는 (C)가 처음에 이어지는 것이 글의 흐름상 가장 자연스럽고 또한 (A)의 질문(is there a~)에 대한 대답으로 (B)의 there is가 이어져야 한다. 따라서 정답은 ③ (C)−(A)−(B)가 된다.

해석 과거의 연구는 빈번한 심리적 스트레스를 경험하는 것이 미국에서 20세 이상의 사람들 중 거의 절반에게 영향을 주는 질환인 심혈관 질병의 주요 위험 요소가 될 수 있음을 보여주었다.

(C) 잦은 스트레스의 한 가지 요인은 운전인데, 이는 교통체증과 관련된 스트레스 요인이 될 수 있고 또는 미숙한 운전자들에게 흔히 동반되는 불안일 수도 있다.

(A) 하지만, 이것은 매일 운전하는 사람들이 심장 질환에 걸리게 된다는 의미일까, 또는 운전의 스트레스를 덜어줄 간단한 방법은 있을까?

(B) 새로운 연구에 따르면, 있다. 연구원들은 운전하면서 음악을 듣는 것이 심장 건강에 영향을 미치는 스트레스를 완화시켜주는 데 도움이 되는 것에 주목했다.

어휘 frequent 빈번한 / psychological 심리학적인 / significant ①주요한, 중요한 ②상당한, 꽤 많은 / factor 요소 / cardiovascular 심혈관의 / on a daily basis 매일 / ease 완화시키다, 덜어주다(=relieve) / note ①주목하다 ②언급하다, 말하다 / stressor 스트레스 요인, 인자 / associate 관계[관련]시키다, 연상시키다 / heavy traffic 교통체증, 교통 혼잡 / anxiety 걱정, 불안 / accompany 동반하다

014 | ④

주어진 문장이 들어갈 위치로 가장 적절한 것은?   2020. 지방직 9급

> But there is also clear evidence that millennials, born between 1981 and 1996, are saving more aggressively for retirement than Generation X did at the same ages, 22~37.

> Millennials are often labeled the poorest, most financially burdened generation in modern times. Many of them graduated from college into one of the worst labor markets the United States has ever seen, with a staggering load of student debt to boot. (①) Not surprisingly, millennials have accumulated less wealth than Generation X did at a similar stage in life, primarily because fewer of them own homes. (②) But newly available data providing the most detailed picture to date about what Americans of different generations save complicates that assessment. (③) Yes, Gen Xers, those born between 1965 and 1980, have a higher net worth. (④) And that might put them in better financial shape than many assume.

해설 시간순서 전개방식(제시문의 1981 and 1995와 ④에 1965 and 1980)과 지시대명사(④에 them은 문맥상 주어진 문장의 millennials를 가리킨다)를 이용해야 한다. 따라서 주어진 문장은 ④에 들어가는 것이 가장 적절하다.

해석 밀레니얼 세대는 종종 현대에 가장 가난하고 가장 큰 재정적인 부담을 지닌 세대라는 꼬리표가 붙는다. 그들 중 많은 수가 미국이 여태껏 목격해 왔던 최악의 노동 시장 중 하나에 진입했을 때 대학을 졸업했고 그것도 휘청거릴 만큼의 학자금 대출이 부담으로 남아있게 되었다. 놀랄 것도 없이, 밀레니얼 세대는 X 세대가 비슷한 삶의 단계에서 누렸던 것보다 더 적은 자산을 축적해 왔는데 그 이유는 주로 밀레니얼 세대는 거의 아무도 집을 소유하지 못했기 때문이다. 그러나 다른 세대의 미국인들이 저축한 것에 관해 가장 세부적인 묘사를 제공하는 새로이 사용된 데이터는 그러한 평가를 복잡하게 만든다. 그렇다, 1965년에서 1980년에 태어난 X 세대는 순(純) 자산이 더 높다. <u>그러나 또한 1981년에서 1996년 사이에 태어난 밀레니얼 세대가 22세에서 37세에 있는 동일한 나이 대에 있는 X 세대들이 그랬던 것보다 은퇴를 위해 더 공격적으로 저축을 하고 있다는 분명한 증거가 있다.</u> 그리고 그것이 많은 사람들이 추정하는 것보다 그들을 좀 더 나은 재정적 상황에 있게 할 것이다.

어휘 **clear** 분명한, 명확한 / **evidence** 증거 / **millennials** 밀레니얼 세대(1980년대 초부터 2000년대 초까지 출생한 세대) / **save** 저축하다, 저금하다 / **aggressively** 공격적으로 / **retirement** 은퇴 / **Generation** X 세대(= Gen Xers) / **label** 라벨(을 붙이다), 꼬리표(를 붙이다) / **finacially** 재정적으로 / **burden** 부담(을 지우다) / **stagger** 휘청[비틀]거리다 / **load** 짐, 부담 / **debt** 빚, 부채 / **to boot** 그것도(앞서 한 말에 대해 다른 말을 덧붙일 때) / **accumulate** 모으다, 축적하다 / **wealth** 부(富) / **primarily** 주로 / **complicate** 복잡하게 하다 / **assessment** 평가 / **net worth** 순(純) 자산 / **assume** 추정하다, 생각하다

015 | ④

주어진 문장 다음에 이어질 글의 순서로 가장 적절한 것은?   2019. 국가직 9급

> South Korea boasts of being the most wired nation on earth.

> (A) This addiction has become a national issue in Korea in recent years, as users started dropping dead from exhaustion after playing online games for days on end. A growing number of students have skipped school to stay online, shockingly self-destructive behavior in this intensely competitive society.
> (B) In fact, perhaps no other country has so fully embraced the Internet.
> (C) But such ready access to the Web has come at a price as legions of obsessed users find that they cannot tear themselves away from their computer screens.

① (A) — (B) — (C)   ② (A) — (C) — (B)
③ (B) — (A) — (C)   ④ (B) — (C) — (A)

해설 (A)의 This addiction(이러한 중독)은 (C)의 컴퓨터에서 벗어나지 못하는 중독된 사용자들을 지칭하고 있고 (C)의 such access(그러한 접근)는 (B)의 인터넷을 충분히 수용함을 지칭하므로 글의 순서로 가장 적절한 것은 ④ (B) — (C) — (A)이다.

해석 대한민국은 지구상에서 인터넷 연결이 가장 잘된 나라임을 자랑한다.
(B) 사실, 아마도 다른 어떤 나라들도 인터넷을 충분히 수용하는 나라는 없다.
(C) 그러나 웹에 그러한 빠른 접근은 중독된 다수의 사용자들이 컴퓨터 화면에서 스스로를 떼어 놓을 수 없다는 것을 알게 되면서 상당한 대가를 치르고 있다.
(A) 이러한 중독은 사용자들이 며칠간 계속해서 온라인 게임을 한 후 피로로 인하여 급사하기 시작하면서 최근 한국에서 국가적 이슈가 되고 있다. 더 많은 수의 학생들이 온라인 접속을 유지하기 위해 수업을 빠지고 있는데, 이는 이러한 매우 경쟁적인 사회에서 놀라울 정도로 자기 파괴적인 행동이다.

어휘 **wired** 인터넷에 연결된 / **addiction** 중독 / **dropping dead** 급사 / **exhaustion** 피로, 피곤함 / **on end** 계속해서, 연이어 / **shockingly** 놀라울 정도로 / **self-destructive** 자기 파괴적인 / **intensely** 강렬하게, 매우 / **competitive** 경쟁적인 / **embrace** 포옹하다, 수용하다 / **ready** 즉각적인; 준비된 / **come at a price** 대가를 치르다[지불하다] / **legions of** 많은 / **obsessed** 강박적인, 중독된 / **tear** 찢다; 벗어나다

016 | ④

주어진 문장이 들어갈 위치로 가장 적절한 것은? 2019. 국가직 9급

> Some of these ailments are short-lived; others may be long-lasting.

For centuries, humans have looked up at the sky and wondered what exists beyond the realm of our planet. (①) Ancient astronomers examined the night sky hoping to learn more about the universe. More recently, some movies explored the possibility of sustaining human life in outer space, while other films have questioned whether extraterrestrial life forms may have visited our planet. (②) Since astronaut Yuri Gagarin became the first man to travel in space in 1961, scientists have researched what conditions are like beyond the Earth's atmosphere, and what effects space travel has on the human body. (③) Although most astronauts do not spend more than a few months in space, many experience physiological and psychological problems when they return to the Earth. (④) More than two-thirds of all astronauts suffer from motion sickness while traveling in space. In the gravity-free environment, the body cannot differentiate up from down. The body's internal balance system sends confusing signals to the brain, which can result in nausea lasting as long as a few days.

해설 주어진 제시문에 these ailments(이러한 질병들) 바로 앞 문장에는 ailments가 있어야 하는데 질병을 나타내는 표현은 ③ 다음 문장에 있는 problems밖에 없으므로 주어진 문장이 들어가기에 가장 적절한 곳은 ④이다.

해석 수 세기 동안 인간은 하늘을 보았고 지구 밖 저 너머에 무엇이 존재하는지 궁금해했다. 고대 천문학자들은 우주에 관해 더 많이 알기를 소망하며 밤하늘을 조사했다. 보다 최근에는, 어떤 영화들이 우주 공간에서 인간의 생명을 지속시킬 수 있는 가능성을 탐구했고 반면에 다른 영화에서는 외계 생명체가 우리 지구를 방문할 수 있었을지 아닌지에 관한 의문을 제기했다. 우주비행사인 Yuri Gagarin이 1961년 우주를 방문한 최초의 사람이 된 이후 과학자들은 지구 대기권 밖 환경이 어떤지 그리고 우주여행이 인간의 몸에 어떤 영향을 미쳤는지 연구해 왔다. 비록 대부분의 우주비행사들이 우주에서 몇 달 이상을 보내지는 않지만, 많은 우주비행사들이 지구로 되돌아오면 생리적, 심리적 문제를 경험한다. <u>이러한 질병들 중 일부는 일시적이지만 다른 경우에는 장기적일 수도 있다.</u> 모든 우주비행사들 중 3분의 2 이상이 우주여행을 하는 동안 멀미로 고통을 받는다. 무중력 상태에서는 신체는 위와 아래를 구별할 수 없다. 신체내부의 균형 체계는 뇌로 혼란스러운 신호를 보내는데 이로 인해 며칠 동안 메스꺼움이 지속될 수 있다.

어휘 ailment 질병 / lasting 지속하는, 지속적인 / wonder 궁금해하다 / realm 영역, 범위 / planet 행성; 지구 / ancient 고대의 / astronomer 천문학자 / examine 조사하다, 연구하다 / explore 탐험하다, 탐구하다 / possibility 가능성 / sustain 지속하다, 계속하다 / question 의문을 제기하다 / extraterrestrial 외계의 / astronaut 우주비행사 / atmosphere 대기; 분위기 / physiological 생리적인 / motion sickness 멀미 / gravity 중력 / result in ~을 초래하다, 야기하다 / nausea 메스꺼움

017 | ②

주어진 글 다음에 이어질 글의 순서로 가장 적절한 것은? 2019. 지방직 9급

There is a thought that can haunt us: since everything probably affects everything else, how can we ever make sense of the social world? If we are weighed down by that worry, though, we won't ever make progress.

(A) Every discipline that I am familiar with draws caricatures of the world in order to make sense of it. The modern economist does this by building models, which are deliberately stripped down representations of the phenomena out there.

(B) The economist John Maynard Keynes described our subject thus: "Economics is a science of thinking in terms of models joined to the art of choosing models which are relevant to the contemporary world."

(C) When I say "stripped down," I really mean stripped down. It isn't uncommon among us economists to focus on one or two causal factors, exclude everything else, hoping that this will enable us to understand how just those aspects of reality work and interact.

① (A) – (B) – (C)　　② (A) – (C) – (B)
③ (B) – (C) – (A)　　④ (B) – (A) – (C)

해설 주어진 문장에서 어떻게 세상을 이해할 수 있는가에 대한 의문을 제시하고 마지막 문장에서 '걱정이 많으면 진보할 수 없다'고 했으므로 세상을 이해하기 위해 세상의 캐리커처를(모습을) 그린다는 (A)의 내용이 이어져야 글의 흐름이 자연스럽다. 그리고 (A) 마지막 부분에 세상을 이해하는 방법을 stripped down(지운다)이라고 했으므로 이 내용에 대한 구체적인 진술을 하는 (C)가 이어져야 글의 흐름이 자연스럽다. 따라서 정답은 ②(A)-(C)-(B)이다.

해석 우리를 괴롭힐 수 있는 생각이 있는데 그 생각은 모든 것이 다른 모든 것에 영향을 줄 수 있기 때문에 어떻게 우리가 사회적 세상을 이해할 수 있을까?이다. 하지만 만약 우리가 그 걱정에 짓눌린다면, 우리는 결코 진보할 수 없을 것이다.

(A) 내게 익숙한 모든 학문들은 그것(세상)을 이해하기 위해 세상의 캐리커처를(모습을) 그린다. 현대 경제학자들은 모형을 만듦으로써 이것을 하는데(세상을 이해하는데), 이모형들은 세상 밖에 있는 현상에 관한 설명들은 의도적으로 지운다.

(C) 내가 "지웠다"고 말할 때, 나는 정말 지웠음을 의미한다. 우리 경제학자들은 한두 개의 인과 요인에만 초점을 맞추고, 다른 모든 것을 제외시키는 것은 아주 흔한 일이다. 그리고 현실의 그러한 측면들이 단지 어떻게 작동하고 어떻게 상호 작용하는지 이해할 수 있게 해주기를 바란다.

(B) 그래서 경제학자 John Maynard Keynes는 "경제학은 현 세계와 관련이 있는 모형을 선별하는 기술과 그 모형의 관점에서 사고하는 과학이 결합된 학문"이라고 묘사했다.

어휘 haunt ① 괴롭히다 ② 위협하다 ③ 귀신[유령]이 나타나다 / make sense of ~을 이해하다 / weigh down ~을 짓누르다 / though ① 비록 ~일지라도 ② 그러나 / progress 진보, 발전 / discipline ① 규율, 훈육 ② 학문 / be familiar with ~에 익숙

하다 / **deliberately** 고의로, 의도적으로 / **strip down** ① 옷을 벗다 ② 지우다 / **representation** 설명 / **phenomena** 현상들 / **in terms of** ~의 관점에서 / **relevant to** ~와 관련된 / **comtemporary** ① 현대적인 ② 동시대의 / **causal** 인과의 / **factor** 요소 / **exclude** 제외시키다 / **aspect** 측면, 관점 / **interact** 상호 작용하다

018 | ④

주어진 문장이 들어갈 위치로 가장 적절한 것은?　2019. 지방직 9급

> The same thinking can be applied to any number of goals, like improving performance at work.

> The happy brain tends to focus on the short term. (①) That being the case, it's a good idea to consider what short-term goals we can accomplish that will eventually lead to accomplishing long-term goals. (②) For instance, if you want to lose thirty pounds in six months, what short-term goals can you associate with losing the smaller increments of weight that will get you there? (③) Maybe it's something as simple as rewarding yourself each week that you lose two pounds. (④) By breaking the overall goal into smaller, shorter-term parts, we can focus on incremental accomplishments instead of being overwhelmed by the enormity of the goal in our profession.

［해설］ 유사의 공간개념(제시문에 유사의 시그널 same이 있다)을 이용해야 한다. ① 다음에서부터 ③ 까지는 체중감량 시 목표설정에 대한 내용이고 ④ 다음에서부터 직장에서의 과업 향상목표에 대한 설명이 이어지므로 주어진 제시문(체중감량에 대한 내용이 아니라 직장과 관련된 내용)은 ④에 들어가는 것이 문맥상 가장 자연스럽다.

［해석］ 행복한 뇌는 단기간에 집중하는 경향이 있다. 그게 그렇다면, 장기적인 목표를 이룰 수 있게 해 주는 어떤 단기간의 목표를 우리가 달성할 수 있을지 고려해 보는 것은 좋은 생각이다. 예를 들어, 만약 당신이 6개월 안에 30파운드를 빼고 싶다면 당신은 그 목표치에 도달할 수 있도록 조금씩 늘려서 몸무게를 빼는 것과 어떤 단기간의 목표를 결합시킬 수 있을까? 아마도 그렇게 하면 매주 2파운드를 감량할 때마다 당신 스스로에게 보상하는 것만큼 간단한 일이 될 수도 있다. 같은 생각이 직장에서의 과업을 향상시키는 것과 같은 어떤 목표들에도 적용될 수 있다. 전체적인 목표를 더 작은 단기간의 부분으로 나눔으로써, 우리는 우리의 일에서도 목표의 거대함에 압도되는 대신 조금씩 늘어나는 성취에 집중할 수 있다.

［어휘］ **goal** 목표 / **improve** 향상시키다 / **performance** 수행, 과업 / **tend to** ⓥ ⓥ하는 경향이 있다 / **It[That /This] is the case** 그게 그렇다 / **short-term** 단기간의 *long-term 장기간의 / **accomplish** 성취하다, 이루다 / **associate** 연합[결합]시키다 / **increment** 증가, (주로 조금씩) 늘어남 *incremental 증가하는, 조금씩 늘어나는 / **overall** 전체적인, 전반적인 / **instead of** ~대신에 / **overwhelm** 압도하다 / **enormity** 거대함 / **profession** 직업

019 | ④

주어진 문장이 들어갈 위치로 가장 적절한 것은?　2018. 국가직 9급

> Some remain intensely proud of their original accent and dialect words, phrases and gestures, while others accommodate rapidly to a new environment by changing their speech habits, so that they no longer "stand out in the crowd."

> Our perceptions and production of speech change with time. (①) If we were to leave our native place for an extended period, our perception that the new accents around us were strange would only be temporary. (②) Gradually, we will lose the sense that others have an accent and we will begin to fit in — to accommodate our speech patterns to the new norm. (③) Not all people do this to the same degree. (④) Whether they do this consciously or not is open to debate and may differ from individual to individual, but like most processes that have to do with language, the change probably happens before we are aware of it and probably couldn't happen if we were

［해설］ ① 다음과 ② 다음에는 논리의 공백없이 글의 흐름이 자연스럽고 ③ 다음에 this는 ② 다음의 고향을 떠난 사람들이 현지에 적응하는 것을 의미하고 있다. 또한 ③ 다음에서 '다르다'는 내용이 있고 주어진 제시문에서 some ~ while others ~(차이점 설명)가 그 다음의 구체성을 설명하므로, 주어진 문장이 들어가기에 가장 적절한 곳은 ④이다.

［해석］ 말에 대한 우리의 인식과 생성은 시간에 따라 변한다. 만약 우리가 살던 곳을 장기간 떠난다면, 우리 주변의 새로운 억양들이 낯설다는 인식은 단지 일시적일 것이다. 점진적으로 우리는 다른 사람들이 다른 억양을 가지고 있다는 인식을 하지 못할 것이고, 우리는 우리의 말하는 패턴의 새로운 기준을 수용하기 시작할 것이다. 모든 사람이 똑같이 이런 행동을 보이지는 않는다. 몇몇 사람들은 강력하게 자신들의 원래의 억양과 방언들, 구문들과 몸짓들을 여전히 자랑스러워하는 반면, 다른 사람들은 그들의 말하는 습관들을 바꾸면서 새로운 환경에 재빨리 적응하기 때문에 그들은 더 이상 주위 사람들과 다르게 보이지 않는다. 그들이 이런 행동을 의식적으로 하는지 하지 않는지는 여전히 논쟁거리가 되고 있고, 아마도 사람들마다 다를 수 있지만, 언어와 관련이 있는 대부분의 과정들처럼 우리가 그것을 인식하기도 전에 변화는 아마도 일어날 것이고, 우리가 변화를 미리 인식 했다면 일어나지 않을 수도 있다.

［어휘］ **intensely** 강력하게 / **dialect** 방언, 사투리 / **phrase** 구문 / **accomodate** 수용하다 / **rapidly** 빠르게, 신속하게 / **stand out** 두드러지다 / **perception** 인식 / **temporary** 일시적인 / **gradually** 점진적으로, 점차로 / **fit in** ~에 맞추다, ~에 적응하다 / **consciously** 의식적으로 / **have to do with** ~와 관계가 있다 / **be aware of** ~을 인식하다, 알다

020 | ③

다음 주어진 문장 다음에 이어질 글의 순서로 가장 적절한 것은?

A technique that enables an individual to gain some voluntary control over autonomic, or involuntary, body functions by observing electronic measurements of those functions is known as biofeedback.

(A) When such a variable moves in the desired direction (for example, blood pressure down), it triggers visual or audible displays — feedback on equipment such as television sets, gauges, or lights.
(B) Electronic sensors are attached to various parts of the body to measure such variables as heart rate, blood pressure, and skin temperature.
(C) Biofeedback training teaches one to produce a desired response by reproducing thought patterns or actions that triggered the displays.

① (A) — (B) — (C)
② (B) — (C) — (A)
③ (B) — (A) — (C)
④ (C) — (A) — (B)

해설 (A)에 such a variable 바로 앞 문장에는 variable이 있어야 하므로 (B) 다음 (A)가 이어져야 하고 (C)에 the displays 는 (A)의 visual or audible displays를 지칭하므로 주어진 문장 다음 글의 순서는 ③ (B)−(A)−(C)가 된다.

해석 여러 기능에 대한 전자기기의 측정치를 관찰함으로써 개인 이 자율적 또는 비자율적인 몸의 기능에 대한 어떤 자발적 인 통제를 가능케 하는 기술을 바이오피드백이라 일컫는다.
(B) 전자기기 감지기들은 심박수, 혈압, 피부 온도와 같은 다 양한 변수를 측정하기 위해 몸의 구석구석 다양한 부분 에 부착된다.
(A) 그러한 변수가 원하는 방향(예를 들어, 혈압이 낮아짐) 으로 움직이면, 이것은 시청각 기기나 치수 혹은 불빛 과 같은 피드백으로 시각적 또는 청각적 표시를 유발 한다.
(C) 바이오피드백 훈련은 그러한 표시를 유발한 사고 패턴 이나 행동을 재생산함으로써 사람들이 바람직한 반응 을 이끌도록 교육시키는 것이다.

어휘 **voluntary** 자발적인 ***involuntary** 비자발적인 / **function** ① 기능 ② 기능하다 / **observe** ① 관찰하다 ② 지키다, 준수하다 / **measurement** 측정(치) / **variable** 변수 / **trigger** 유발하다, 일으키다 / **audible** 청각의 / **guage** 게이지, 치수 / **attach** 부착하다, 붙이다 / **heart rate** 심박수 / **blood pressure** 고혈압

021 | ②

주어진 문장 다음에 이어질 글의 순서로 가장 적절한 것은?

Devices that monitor and track your health are becoming more popular among all age populations.

(A) For example, falls are a leading cause of death for adults 65 and older. Fall alerts are a popular gerotechnology that has been around for many years but have now improved.
(B) However, for seniors aging in place, especially those without a caretaker in the home, these technologies can be lifesaving.
(C) This simple technology can automatically alert 911 or a close family member the moment a senior has fallen.

* gerotechnology : 노인을 위한 양로 기술

① (B) — (C) — (A)
② (B) — (A) — (C)
③ (C) — (A) — (B)
④ (C) — (B) — (A)

해설 (B)의 these technologies는 주어진 문장의 Devices를 지칭 하고, (C)의 This simple technology는 (A)에서 언급된 gerotechnology를 가리키므로 주어진 문장 다음에 이어질 글 의 순서로 가장 적절한 것은 ② (B)−(A)−(C)이다.

해석 당신의 건강을 모니터하고 추적하는 장치들은 점점 더 모 든 연령대의 사람들에게 인기를 얻고 있다.
(B) 하지만 aging in place(노년기에 접어들면 새로운 환경 에 대한 적응력이 떨어지면 자기가 살던 곳에서 계속적 으로 거주하려는 현상) 연장자들 중 특히 가정 내에서 돌봐주는 사람이 없는 경우 이러한 기술들은 생명을 구 할 수도 있다.
(A) 예를 들어, 낙상은 65세 이상 노인들에게 있어 사망의 주된 원인이다. 낙상 경보는 수년 동안 있어 왔던 대중 적인 노인 양로 기술이지만 이제서야 개선되었다.
(C) 이 단순한 기술은 노인이 넘어지는 순간, 자동으로 911 이나 가까운 가족 구성원에게 알려준다.

어휘 **device** 장치 / **track** 추적하다 / **fall alert** 낙상 경보 / **senior** 연장자 / **caretaker** 다른 사람을 돌보는 사람 / **the moment S+V** ~하자마자

022 | ④

주어진 문장이 들어갈 위치로 가장 적절한 것은?　2018. 지방직 9급

> If neither surrendered, the two exchanged blows until one was knocked out.

The ancient Olympics provided athletes an opportunity to prove their fitness and superiority, just like our modern games. (①) The ancient Olympic events were designed to eliminate the weak and glorify the strong. Winners were pushed to the brink. (②) Just as in modern times, people loved extreme sports. One of the favorite events was added in the 33rd Olympiad. This was the pankration, or an extreme mix of wrestling and boxing. The Greek word pankration means "total power." The men wore leather straps with metal studs, which could make a terrible mess of their opponents. (③) This dangerous form of wrestling had no time or weight limits. In this event, only two rules applied. First, wrestlers were not allowed to gouge eyes with their thumbs. Secondly, they could not bite. Anything else was considered fair play. The contest was decided in the same manner as a boxing match. Contenders continued until one of the two collapsed. (④) Only the strongest and most determined athletes attempted this event. Imagine wrestling "Mr. Fingertips," who earned his nickname by breaking his opponents' fingers!

해설 ③ 다음 문장에서 경기 규칙과 마지막 문장에서 둘 중 하나가 쓰러질 때까지 경기가 지속된다고 했고 ④ 다음 문장에 단지 강한 자만이 경기에 도전했다는 내용에서 논리의 공백이 있음을 알 수 있다. 따라서 주어진 제시문은 ④에 들어가야 한다.

해석 고대 올림픽은 현대 경기들처럼 선수들에게 자신의 건강과 우월성을 증명할 기회를 제공했다. 고대 올림픽 경기는 약한 자들을 제거하고 강한 자들을 미화하기 위해 고안되었다. 승리자는 벼랑 끝까지 몰렸다. 현대와 똑같이 사람들은 극한 스포츠를 좋아했다. 좋아하는 경기들 중 하나가 33회 올림픽 경기에 추가되었다. 그것은 판크라티온(pankration) 또는 레슬링과 권투의 극단적인 조합이었다. 그리스 단어인 pankration은 '완전한 힘'을 의미한다. 남자들은 그들의 상대방을 끔찍이 엉망으로 만들 수 있었던 금속 징이 박힌 가죽 끈을 착용했다. 이 위험한 형태의 레슬링은 시간이나 체중 제한이 없었다. 이 경기에서는 단지 두 가지 규칙만이 적용되었다. 첫 번째로, 레슬러는 엄지로 눈을 찌르는 것이 허용되지 않았다. 두 번째로, 물어뜯을 수 없었다. 그 외에는 어떤 것도 공정한 경기로 간주되었다. 그 시합은 권투 경기와 동일한 방식으로 결정되었다. 경쟁자는 두 사람 중 하나가 쓰러질 때까지 경기를 계속했다. <u>만일 누구도 항복하지 않는다면, 그 둘은 한 사람이 녹초가 될 때까지 주먹을 주고받았다.</u> 단지 가장 강하고 가장 군건한 경기자만이 이 경기에 도전했다. 상대의 손가락을 부러뜨려 자신의 별명을 Mr. Fingertips라고 얻은 선수와 레슬링 하는 것을 상상해 보라.

어휘 athlete 운동선수 / fitness 건강(함) / superiority 우월성, 우월함 / eliminate 없애다, 제거하다 / glorify 미화하다, 찬양하다 / push A to the brink A를 벼랑 끝으로 몰다 / extreme sports 극한 스포츠 / leather 가죽 / strap 끈, 줄 / stud 징, 단추 / mess 엉망 / opponent 경쟁자, 상대방 /

gouge 찌르다 / thumb 엄지 / bite 물다, 깨물다 / contender 도전자, 경쟁자 / determined 단호한, 군건한 / collapse 넘어지다, 붕괴하다 / surrender 항복[굴복]하다 / attempt 시도하다, 도전하다 / earn 얻다, 획득하다

Chapter 06 내용 일치

001 | ④

다음 글의 내용과 일치하는 것은?　2023. 국가직 9급

Around 1700 there were, by some accounts, more than 2,000 London coffeehouses, occupying more premises and paying more rent than any other trade. They came to be known as penny universities, because for that price one could purchase a cup of coffee and sit for hours listening to extraordinary conversations. Each coffeehouse specialized in a different type of clientele. In one, physicians could be consulted. Others served Protestants, Puritans, Catholics, Jews, literati, merchants, traders, Whigs, Tories, army officers, actors, lawyers, or clergy. The coffeehouses provided England's first egalitarian meeting place, where a man chatted with his tablemates whether he knew them or not.

① The number of coffeehouses was smaller than that of any other business.
② Customers were not allowed to stay for more than an hour in a coffeehouse.
③ Religious people didn't get together in a coffeehouse to chat.
④ One could converse even with unknown tablemates in a coffeehouse.

해설 ④ 본문 마지막 문장에서 커피하우스에서는 아는 사람이든 모르는 사람이든 같은 테이블에 있는 사람들과 대화를 나눴다고 했으므로 본문의 내용과 일치한다.
① 본문 첫 번째 문장에서 런던에 2,000개가 넘는 커피하우스가 다른 어느 업종보다도 더 많은 부지를 점하고 있다고 했으므로 본문의 내용과 일치하지 않는다.
② 본문 2번째 문장에서 커피 한잔을 사서 몇 시간 동안 앉아 대화를 들을 수 있다고 했으므로 본문의 내용과 일치하지 않는다.
③ 본문 5번째 문장에서 개신교도, 청교도, 천주교도, 유대인들이 커피하우스를 이용했다고 했으므로 본문의 내용과 일치하지 않는다.

해석 1700년경 일설에 따르면 런던에 2,000개가 넘는 커피하우스가 있어, 다른 어느 업종보다도 더 많은 부지를 점유하고 더 많은 임차료를 냈다고 한다. 그것은 '페니 유니버시티'로 알려지게 되었는데, 그 가격(1페니)에 커피 한 잔을 사서 몇 시간 동안 앉아 특별한 대화들을 들을 수 있었기 때문이다. 각 커피하우스는 각기 다른 유형의 고객층에 특화되어 있었다. 한 곳에서는 의사와 상담할 수 있었다. 다른 곳들은 개신교도, 청교도, 천주교도, 유대인, 문인, 무역상, 상인, 휘그당원, 토리당원, 육군 장교, 배우, 변호사, 성직자들이 이

용했다. 커피하우스는 영국 최초의 평등주의적 만남의 장소를 제공했고 아는 사람이든 모르는 사람이든 그곳에선 같은 테이블 사람들과 대화를 나눴다.

① 커피하우스의 수는 다른 어떤 사업체의 수보다도 적었다.
② 고객들은 커피하우스에 한 시간 이상 머물 수 없었다.
③ 종교인들은 대화를 나누려 한 커피하우스에 모이지 않았다.
④ 커피하우스에서는 같은 테이블에 있는 모르는 사람들과도 대화를 나눌 수 있었다.

어휘 occupy 차지하다 / premise 부지, 건물 / extraordinary 놀라운 / clientele 고객, 손님 / physician 내과의사 / consult 상담하다 / protestants 개신교도 / puritans 순교도 / literati 교양 있는 사람들, 인문학자 / merchant 상인 / clergy 성직자 / egalitarian 평등주의의 / chat 잡담하다, 수다 떨다 / converse 대화하다

002 | ④

다음 글의 내용과 일치하지 않는 것은? 2023. 지방직 9급

The traditional way of making maple syrup is interesting. A sugar maple tree produces a watery sap each spring, when there is still lots of snow on the ground. To take the sap out of the sugar maple tree, a farmer makes a slit in the bark with a special knife, and puts a "tap" on the tree. Then the farmer hangs a bucket from the tap, and the sap drips into it. That sap is collected and boiled until a sweet syrup remains — forty gallons of sugar maple tree "water" make one gallon of syrup. That's a lot of buckets, a lot of steam, and a lot of work. Even so, most of maple syrup producers are family farmers who collect the buckets by hand and boil the sap into syrup themselves.

① 사탕단풍나무에서는 매년 봄에 수액이 생긴다.
② 사탕단풍나무의 수액을 얻기 위해 나무껍질에 틈새를 만든다.
③ 단풍나무시럽 1갤런을 만들려면 수액 40갤런이 필요하다.
④ 단풍나무시럽을 만들기 위해 기계로 수액 통을 수거한다.

해설 ④ 본문 마지막 문장에서 단풍나무시럽 생산자 대부분은 손으로 통을 수거한다고 했으므로 본문의 내용과 일치하지 않는다.
① 본문 2번째 문장에서 매년 봄 사탕단풍나무는 많은 수액을 생산한다고 했으므로 본문의 내용과 일치한다.
② 본문 3번째 문장에서 농부는 특수한 칼로 나무껍질에 틈새를 만든다고 했으므로 본문의 내용과 일치한다.
③ 본문 5번째 문장에서 40갤런의 사탕단풍나무 '물'로 1갤런의 시럽을 만든다고 했으므로 본문의 내용과 일치한다.

해석 단풍나무시럽을 만드는 전통적인 방법은 흥미롭다. 매년 봄 사탕단풍나무는 땅위에 여전히 많은 눈이 있을 때 물기가 많은 수액을 생산한다. 사탕단풍나무에서 수액을 채취하기 위해 농부는 특수한 칼로 나무껍질에 틈새를 만들고 나무에 '수도꼭지'를 꽂는다. 그런 다음 농부는 수도꼭지에 통을 걸고 그러면 수액이 그 안으로 떨어진다. 달콤한 시럽이 남을 때까지 그 수액을 모으고 끓이는데, 40갤런의 사탕단풍나무 '물'로 1갤런의 시럽을 만든다. 이는 많은 통, 많은 증기, 많은 노동을 의미한다. 그럼에도 불구하고 단풍나무시럽 생산자들 대부분은 손으로 통을 수거하고 직접 수액을 끓여 시럽으로 만드는 가족 단위의 농부들이다.

어휘 maple 단풍나무 / watery 물기가 많은 / sap 수액 / slit 구멍, 틈새 / bark 나무껍질 / tap 수도꼭지 / hang 걸다, 매달다 / bucket 양동이, 들통

003 | ④

다음 글의 내용과 일치하지 않는 것은? 2022. 국가직 9급

Umberto Eco was an Italian novelist, cultural critic and philosopher. He is widely known for his 1980 novel *The Name of the Rose*, a historical mystery combining semiotics in fiction with biblical analysis, medieval studies and literary theory. He later wrote other novels, including *Foucault's Pendulum* and *The Island of the Day Before*. Eco was also a translator: he translated Raymond Queneau's book *Exercices de style* into Italian. He was the founder of the Department of Media Studies at the University of the Republic of San Marino. He died at his Milanese home of pancreatic cancer, from which he had been suffering for two years, on the night of February 19, 2016.

① The Name of the Rose is a historical novel.
② Eco translated a book into Italian.
③ Eco founded a university department.
④ Eco died in a hospital of cancer.

해설 ④ 본문 마지막 문장에서 암 때문에 집에서 죽었다고 했으므로 '병원에서 죽었다'는 내용은 본문의 내용과 일치하지 않는다.
① 본문 2번째 문장에서 <장미의 이름>이란 소설로 유명해졌고 그 소설이 역사적 수수께끼에 관한 것이라 했으므로 본문의 내용과 일치한다.
② 본문 4번째 문장에서 <스타일의 연습>이란 소설을 이태리어로 번역했다고 했으므로 본문의 내용과 일치한다.
③ 본문 5번째 문장에서 대학의 미디어학부 설립자라 했으므로 본문의 내용과 일치한다.

해석 Umberto Eco는 이탈리아의 소설가이자 문화 비평가 그리고 철학자였다. 그는 1980년 <장미의 이름>이란 소설로 널리 유명세를 탔는데 그 소설은 역사적 수수께끼를 다루고 있고 소설 속 기호학을 성서 분석, 중세 연구 그리고 문학 이론과 결합하고 있다. 그는 후에 <푸코의 추> 그리고 <그 전날의 섬>을 포함해서 다른 소설들도 썼다. Eco는 또한 번역가였는데 레몽 크노의 책 <스타일의 연습>을 이탈리아어로 번역했다. 그는 San Marino공화국 대학교 미디어학부의 설립자였다. 그는 2016년 2월 19일 밤에 2년간 앓아왔던 췌장암으로 밀라노의 자택에서 죽었다.
① <장미의 이름>은 역사 소설이다.
② Eco는 이탈리아어로 책을 번역했다.
③ Eco는 대학 학부를 설립했다.
④ Eco는 암으로 병원에서 죽었다.

어휘 critic 비평가 / philosopher 철학가 / be known for ~로 유명하다, ~로 알려져 있다 / widely 폭넓게 / combine A with B A와 B를 결합시키다 / semiotics 기호학 / biblical 성서의, 성서속의 / analysis 분석 / medieval 중세의 / literary 문학의, 문학적인 / translator 번역가 * translate 번역하다 / founder 설립자 *found 설립하다, 세우다 / pancreatic 췌장의

004 | ③

다음 글의 내용과 일치하지 않는 것을 고르시오.. 2022. 지방직 9급

In many Catholic countries, children are often named after saints; in fact, some priests will not allow parents to name their children after soap opera stars or football players. Protestant countries tend to be more free about this; however, in Norway, certain names such as Adolf are banned completely. In countries where infant mortality is very high, such as in Africa, tribes only name their children when they reach five years old, the age in which their chances of survival begin to increase. Until that time, they are referred to by the number of years they are. Many nations in the Far East give their children a unique name which in some way describes the circumstances of the child's birth or the parents' expectations and hopes for the child. Some Australian aborigines can keep changing their name throughout their life as the result of some important experience which has in some way proved their wisdom, creativity or determination. For example, if one day, one of them dances extremely well, he or she may decide to re-name him/herself 'supreme dancer' or 'light feet'.

① Children are frequently named after saints in many Catholic countries.
② Some African children are not named until they turn five years old.
③ Changing one's name is totally unacceptable in the culture of Australian aborigines.
④ Various cultures name their children in different ways.

해설 ③ 본문 6번째 문장에서 호주 원주민들은 그들의 이름을 일생 동안 계속해서 바꿀 수 있다고 했으므로 내용과 일치하지 않는다.
① 본문 첫 번째 문장에서 많은 가톨릭 국가에서는 아이들의 이름을 종종 성인의 이름을 따서 짓는다고 했으므로 내용과 일치한다.
② 본문 3번째 문장에서 유아 사망률이 높은 아프리카 국가들에서는 5세가 되어서야 아이들의 이름을 짓는다고 했으므로 내용과 일치한다.
④ 본문 1~4번째 문장에서 각기 다른 방식으로 이름을 짓는다고 했으므로 내용과 일치한다.

해석 많은 가톨릭 국가에서는 아이들의 이름을 종종 성인의 이름을 따서 짓는다; 사실상 몇몇 성직자들은 부모들이 자신들의 아이 이름을 드라마 스타나 축구 선수의 이름을 따서 짓도록 허락하지 않을 것이다. 개신교 국가들은 이것에 대해 좀 더 자유로울 수 있다; 하지만, 노르웨이에서는 Adolf와 같은 특정 이름들은 완전히 금지된다. 아프리카와 같이 유아 사망률이 매우 높은 국가에서는 부족들이 생존 가능성이 높아지기 시작하는 나이인 5세가 되어서야 아이들의 이름을 짓는다. 그때까지는 아이들은 연수로 불린다. 극동의 많은 나라들은 그들의 자녀에게 어떤 식으로든 아이의 출생의 상황이나 부모들의 기대와 희망을 묘사하는 독특한 이름을 지어준다. 몇몇 호주 원주민들은 그들의 지혜, 창의성 또는 결단력을 증명한 몇몇 중요한 경험의 결과를 토대로 그들의 이름을 일생 동안 계속해서 바꿀 수 있다. 예를 들어, 어느 날 그들 중 한명이 춤을 아주 잘 춘다면, 그 혹은 그녀는 자신의 이름을 '최고 무용수' 또는 '가벼운 발'로 이름을 다시 짓기로 결정할 수도 있다.

① 많은 가톨릭 국가에서 아이들은 종종 성인의 이름을 따서 지어진다.
② 어떤 아프리카 어린이들은 5살이 되고 나서야 비로소 이름이 지어진다.
③ 이름을 바꾸는 것은 호주 원주민들의 문화에서 완전히 용납될 수 없다.
④ 다양한 문화들이 자녀의 이름을 다른 방식으로 짓는다.

어휘 **name** 이름짓다 / **saint** 성인 / **priest** 성직자 / **soap opera** 연속극 / **protestant** 개신교 / **ban** 금하다 / **infant** 유아 / **mortality** 사망률 / **reach** 이르다, 다다르다 / **refer to** 언급하다 / **unique** 독특한 / **describe** 묘사하다 / **circumstance** 상황 / **expectation** 기대 / **aborigine** 원주민 / **throughout** ~에 걸쳐서 / **wisdom** 지혜 / **determination** 결단력, 결심 / **name after** ~의 이름을 따서 명명하다 / **totally** 완전히

005 | ③

다음 글의 내용과 일치하지 않는 것을 고르시오.. 2022. 지방직 9급

Christopher Nolan is an Irish writer of some renown in the English language. Brain damaged since birth, Nolan has had little control over the muscles of his body, even to the extent of having difficulty in swallowing food. He must be strapped to his wheelchair because he cannot sit up by himself. Nolan cannot utter recognizable speech sounds. Fortunately, though, his brain damage was such that Nolan's intelligence was undamaged and his hearing was normal; as a result, he learned to understand speech as a young child. It was only many years later, though, after he had reached 10 years, and after he had learned to read, that he was given a means to express his first words. He did this by using a stick which was attached to his head to point to letters. It was in this 'unicorn' manner, letter-by-letter, that he produced an entire book of poems and short stories, *Dam-Burst of Dreams*, while still a teenager.

① Christopher Nolan은 뇌 손상을 갖고 태어났다.
② Christopher Nolan은 음식을 삼키는 것도 어려웠다.
③ Christopher Nolan은 청각 장애로 인해 들을 수 없었다.
④ Christopher Nolan은 10대일 때 책을 썼다.

해설 ③ 본문 5번째 문장에서 Nolan의 뇌 손상은 지능이 손상되지는 않을 정도였고 청력은 정상적이었다고 했으므로 내용과 일치하지 않는다.
① 본문 2번째 문장에서 Nolan은 태어날 때부터 뇌가 손상되었다고 했으므로 내용과 일치한다.
② 본문 2번째 문장에서 Nolan은 음식을 삼키기 어려울 정도로 몸의 근육을 거의 통제하지 못했다고 했으므로 내용과 일치한다.
④ 본문 마지막 문장에서 Nolan은 10대일 때 <Dam-Burst of Dreams>라는 책을 썼다고 했으므로 내용과 일치한다.

해석 Christopher Nolan은 영어권에서는 다소 유명한 아일랜드 작가이다. 태어날 때부터 뇌가 손상된 Nolan은 음식을 삼키기 어려울 정도로 몸의 근육을 거의 통제하지 못했다. 그는 스스로 일어나 앉을 수 없기 때문에 휠체어에 묶여 있어야

만 한다. Nolan은 알아들을 수 있는 말소리를 낼 수 없다. 하지만, 다행스럽게도, 그의 뇌 손상은 Nolan의 지능이 손상되지는 않을 정도였고 그의 청력은 정상적이었기 때문에, 그 결과로 그는 어렸을 때 말을 이해하는 것을 배웠다. 그러나 그가 10살이 되고 읽기를 배운 후 수년이 지나서야 그의 첫 말을 표현할 수 있는 수단을 갖게 되었다. 그는 글자를 가리키기 위해 머리에 붙어있는 막대기를 이용하여 이것을 했다. 그가 아직 10대일 때 <Dam-Burst of Dreams>라는 시와 단편으로 이루어진 전체 책 한 권을 쓴 것은 한 글자씩 쓰는 이런 '유니콘' 방식이었다.

➕ 어휘 renown 유명한 / extent 정도 / have difficulty in ~ing ~하는 데 어려움을 겪다 / swallow 삼키다 / strap 묶다, 매다 / sit up 일어나 앉다 / utter 말하다, 소리를 내다 / recognizable 알아들을 수 있는, 인식할 수 있는 / such that ~할 정도인 / intelligence 지능 / normal 정상적인 / means 수단 / attach 붙이다 / point 가리키다 / manner 방식 / letter-by-letter 한 글자씩 / entire 전체의

006 | ④

다음 글의 내용과 일치하지 않는 것은?　　2021. 국가직 9급

Deserts cover more than one-fifth of the Earth's land area, and they are found on every continent. A place that receives less than 25 centimeters (10 inches) of rain per year is considered a desert. Deserts are part of a wider class of regions called drylands. These areas exist under a "moisture deficit," which means they can frequently lose more moisture through evaporation than they receive from annual precipitation. Despite the common conceptions of deserts as hot, there are cold deserts as well. The largest hot desert in the world, northern Africa's Sahara, reaches temperatures of up to 50 degrees Celsius (122 degrees Fahrenheit) during the day. But some deserts are always cold, like the Gobi Desert in Asia and the polar deserts of the Antarctic and Arctic, which are the world's largest. Others are mountainous. Only about 20 percent of deserts are covered by sand. The driest deserts, such as Chile's Atacama Desert, have parts that receive less than two millimeters (0.08 inches) of precipitation a year. Such environments are so harsh and otherworldly that scientists have even studied them for clues about life on Mars. On the other hand, every few years, an unusually rainy period can produce "super blooms," where even the Atacama becomes blanketed in wildflowers.

① There is at least one desert on each continent.
② The Sahara is the world's largest hot desert.
③ The Gobi Desert is categorized as a cold desert.
④ The Atacama Desert is one of the rainiest deserts.

해설 ④ 본문 9번째 문장에서 Atacama 사막은 건조한 사막이라 했으므로 '가장 비가 많은 사막'이라는 보기의 내용은 본문과 일치하지 않는다.
① 본문 첫 번째 문장에서 사막이 모든 대륙에서 발견된다고 했으므로 글의 내용과 일치한다.

② 본문 6번째 문장에서 Sahara 사막이 세상에서 가장 뜨거운 사막이라 했으므로 글의 내용과 일치한다.
③ 본문 7번째 문장에서 Gobi 사막은 추운 사막이라고 했으므로 글의 내용과 일치한다.

해석 사막은 지구 육지의 5분의 1이상을 차지하고 있고 모든 대륙에서 발견된다. 연중 25센티미터(10인치) 미만의 비가 오는 지역을 사막으로 간주한다. 사막은 건조 지역이라고 불리는 광범위한 지역 분류 중 하나이다. 이 지역들은 연간 강수보다 증발을 통해 흔히 수분을 더 많이 잃을 수 있다는 것을 의미하는 '수분 부족' 환경하에 존재한다. 뜨겁다는 사막의 일반적인 개념에도 불구하고, 추운 사막들 또한 존재한다. 세상에서 가장 큰 뜨거운 사막인 북아프리카의 Sahara 사막은 낮 동안 최고 섭씨 50도(화씨 122도)에 이른다. 하지만 아시아에 있는 Gobi 사막이나 세상에서 가장 큰 남극과 북극의 극지방 사막과 같이, 어떤 사막들은 항상 춥다. 다른 사막에는 산이 많다. 사막은 단지 약 20%만이 모래로 덮여 있다. 칠레의 Atacama 사막과 같은 가장 건조한 사막에는 연간 강수량이 2밀리미터(0.08인치) 미만인 곳들이 있다. 그러한 환경들은 너무 가혹하고 비현실적이어서 과학자들이 화성의 생명체에 대한 단서를 찾기 위해 그 사막들을 연구하기도 한다. 반면에, 수년에 한 번씩 유난히 비가 많이 오는 기간이 Atacama조차도 야생화로 뒤덮이게 하는 '슈퍼 블룸 현상'을 만들어낼 수도 있다.
① 적어도 각 대륙에는 하나의 사막이 있다.
② Sahara 사막은 세상에서 가장 큰 뜨거운 사막이다.
③ Gobi 사막은 추운 사막으로 분류된다.
④ Atacama 사막은 가장 비가 많은 사막들 중 하나이다.

➕ 어휘 continent 대륙 / class 분류, 종류 / region 지역 / deficit 부족, 결핍 / moisture 수분 / evaporation 증발 / annual 매년의 / precipitation 강수, 강수량 / conception 개념 / as well 또한, 역시 / reach ~ 에 이르다 / Antarctic 남극 / Arctic 북극 / mountainous 산이 많은 / harsh 가혹한, 거친 / otherworldly 비현실적인, 초자연적인 / clue 실마리, 해결책 / blanketed with ~로 뒤덮인 / wildflower 야생화 / at least 적어도 / categorize 분류하다

007 | ④

다음 글의 내용과 일치하는 것은?

2021. 국가직 9급

The most notorious case of imported labor is of course the Atlantic slave trade, which brought as many as ten million enslaved Africans to the New World to work the plantations. But although the Europeans may have practiced slavery on the largest scale, they were by no means the only people to bring slaves into their communities: earlier, the ancient Egyptians used slave labor to build their pyramids, early Arab explorers were often also slave traders, and Arabic slavery continued into the twentieth century and indeed still continues in a few places. In the Americas some native tribes enslaved members of other tribes, and slavery was also an institution in many African nations, especially before the colonial period.

① African laborers voluntarily moved to the New World.
② Europeans were the first people to use slave labor.
③ Arabic slavery no longer exists in any form.
④ Slavery existed even in African countries.

해설 ④ 본문 마지막 문장에서 노예제도는 많은 아프리카 국가에서 관습이었다고 했으므로 글의 내용과 일치한다.

① 본문 첫 번째 문장에서 농장 일을 시키려고 천만 명의 아프리카인들을 신세계로 끌고 오게 되었다고 했으므로 '자발적으로 신세계로 이주했다'는 내용은 본문과 일치하지 않는다.

② 본문 두 번째 문장에서 유럽인들이 자신들의 지역사회로 노예들을 데리고 온 유일한 사람들은 결코 아니었다고 했으므로 '최초의 유럽인'은 본문과 일치하지 않는다.

③ 본문 두 번째 문장에서 아랍의 노예제도는 20세기에도 지속되었고 실제로 여전히 몇몇 지역에서는 아직도 계속되고 있다고 했으므로 '더 이상 어떤 형태로도 존재하지 않는다'는 내용은 본문과 일치하지 않는다.

해석 수입된 노동력의 가장 악명 높은 경우는 당연히 대서양 노예무역이고 이로 인해 농장 일을 시키려고 천만 명의 아프리카인들을 신세계로 끌고 오게 되었다. 하지만 유럽인들이 비록 가장 큰 규모로 노예제도를 시행했을지라도 그들은 자신들의 지역사회로 노예들을 데리고 온 유일한 사람들은 결코 아니었다. 즉, 초기의 고대 이집트인들은 피라미드를 건설하기 위해서 노예 노동력을 이용했고 초기 아랍 탐험가들 또한 노예 무역상이었다. 그리고 아랍의 노예제도는 20세기에도 지속되었고 실제로 여전히 몇몇 지역에서는 아직도 계속되고 있다. 미국에서는 몇몇 토속부족들이 다른 부족의 구성원들을 노예로 만들었고 특히 식민지 시기 이전에는 노예제도는 또한 많은 아프리카 국가에서는 관습이었다.
① 아프리카 노동자들은 자발적으로 신세계로 이주했다.
② 유럽인들은 노예 노동력을 이용한 최초의 사람들이었다.
③ 아랍의 노예제도는 더 이상 어떤 형태로도 존재하지 않는다.
④ 노예제도는 심지어 아프리카 국가들에서도 존재했다.

어휘 **notorious** 악명 높은 / **import** 수입하다 / **slave** 노예 *slavery 노예제도 * enslave 노예로 만들다 / **plantation** 농장 / **practice** 실행하다 / **on the large scale** 대규모로 / **by no means** 결코 ~않는 / **only** 유일한 / **explorer** 탐험가 / **trader** 무역상 / **indeed** 실제로 / **tribe** 부족 / **institution** ① 기관, 단체 ② 관습, 제도 / **especially** 특히 / **colonial** 식민지의 / **laborer** 노동자 / **voluntarily** 자발적으로 / **no longer** 더 이상 ~않다 / **exist** 존재하다

008 | ②

다음 글의 내용과 일치하지 않는 것은?

2021. 지방직 9급

Women are experts at gossiping, and they always talk about trivial things, or at least that's what men have always thought. However, some new research suggests that when women talk to women, their conversations are far from frivolous, and cover many more topics (up to 40 subjects) than when men talk to other men. Women's conversations range from health to their houses, from politics to fashion, from movies to family, from education to relationship problems, but sports are notably absent. Men tend to have a more limited range of subjects, the most popular being work, sports, jokes, cars, and women. According to Professor Petra Boynton, a psychologist who interviewed over 1,000 women, women also tend to move quickly from one subject to another in conversation, while men usually stick to one subject for longer periods of time. At work, this difference can be an advantage for men, as they can put other matters aside and concentrate fully on the topic being discussed. On the other hand, it also means that they sometimes find it hard to concentrate when several things have to be discussed at the same time in a meeting.

① 남성들은 여성들의 대화 주제가 항상 사소한 것들이라고 생각해 왔다.
② 여성들의 대화 주제는 건강에서 스포츠에 이르기까지 매우 다양하다.
③ 여성들은 대화하는 중에 주제의 변환을 빨리한다.
④ 남성들은 회의 중 여러 주제가 논의될 때 집중하기 어렵다.

해설 ② 본문 3번째 문장에서 여성들의 대화 주제는 다양하지만 그중 스포츠는 현저하게 없다고 했으므로 글의 내용과 일치하지 않는다.

① 본문 첫 번째 문장에서 여성들이 사소한 것에 대해 얘기한다고 남성들은 늘 생각해왔다고 했으므로 글의 내용과 일치한다.

③ 본문 5번째 문장에서 여성들은 대화 중 한 주제에서 다른 주제로 빠르게 이동하는 경향이 있다고 했으므로 글의 내용과 일치한다.

④ 본문 마지막 문장에서 남성들은 회의에서 여러 가지를 동시에 논의해야 할 때 집중하기 힘들다고 했으므로 글의 내용과 일치한다.

해석 여성들은 가십에 능숙하고, 그들은 항상 사소한 것들에 대해 이야기한다, 적어도 남성들은 항상 그렇게 생각해왔다. 하지만 몇몇 새로운 연구는 여성들이 여성들과 대화를 할 때, 그들의 대화는 결코 하찮지 않고, 남성들이 다른 남성들과 대화할 때보다 더 많은 주제(최대 40개의 주제)를 다루

고 있음을 보여준다. 여성들의 대화는 그 범위가 건강에서부터 자신들의 집, 정치에서 패션, 영화에서 가족, 교육에서 인간관계 문제에까지 이르지만, 스포츠는 현저하게 없다. 남성들은 더 제한된 범위의 주제를 갖는 경향이 있는데, 가장 인기 있는 것은 일, 스포츠, 농담, 자동차 그리고 여성이다. 1,000명이 넘는 여성들을 인터뷰한 심리학자인 Petra Boynton 교수에 따르면, 여성들은 또한 대화 중 한 주제에서 다른 주제로 빠르게 이동하는 경향이 있는 반면, 남성들은 보통 한 주제에서 더 오랫동안 벗어나지 않는다. 직장에서, 그들은 다른 문제들을 제쳐두고 논의되는 주제에 완전히 집중할 수 있기 때문에, 이러한 차이는 남성들에게 이점이 될 수 있다. 반면에, 이는 또한 그들이 가끔 회의에서 여러 가지를 동시에 논의해야 할 때 집중하기 힘들다는 것을 의미한다.

➕ **어휘** **be an expert at** ~에 능숙하다 / **gossip** 수다(를 떨다), 잡담(하다), 험담(하다) / **trivial** 사소한 / **at least** 적어도 / **far from** 결코 ~ 하지 않는 / **frivolous** 하찮은, 사소한 / **cover** ① 덮다 ② 다루다 / **up to** ~까지 / **range from A to B** (범위가) A에서부터 B에 이르다 * **range** ① 범위, 영역 ② 산맥 / **notably** 현저하게, 두드러지게 / **absent** 없는, 부재의 / **tend to** ⓥ ⓥ하는 경향이 있다 / **stick to** ~에 집착하다, ~을 고수하다 / **put A aside** A를 제쳐두다, A를 접어두다 / **concentrate on** ~ 에 집중하다 / **fully** 완전히, 철저하게 / **on the other hand** 반면에

009 | ④

다음 글의 내용과 일치하지 않는 것은?

2020. 국가직 9급

The Second Amendment of the U.S. Constitution states : "A well-regulated Militia, being necessary to the security of a free State, the right of the people to keep and bear Arms, shall not be infringed." Supreme Court rulings, citing this amendment, have upheld the right of states to regulate firearms. However, in a 2008 decision confirming an individual right to keep and bear arms, the court struck down Washington, D.C. laws that banned handguns and required those in the home to be locked or disassembled. A number of gun advocates consider ownership a birthright and an essential part of the nation's heritage. The United States, with less than 5 percent of the world's population, has about 35~50 percent of the world's civilian-owned guns, according to a 2007 report by the Switzerland-based Small Arms Survey. It ranks number one in firearms per capita. The United States also has the highest homicide-by-firearm rate among the world's most developed nations. But many gun-rights proponents say these statistics do not indicate a cause-and-effect relationship and note that the rates of gun homicide and other gun crimes in the United States have dropped since highs in the early 1990's.

① In 2008, the U.S. Supreme Court overturned Washington, D.C. laws banning handguns.
② Many gun advocates claim that owning guns is a natural-born right.
③ Among the most developed nations, the U.S. has the highest rate of gun homicides.
④ Gun crimes in the U.S. have steadily increased over the last three decades.

💬 **해설** ④ 본문 마지막 문장에서 총기 살인 및 관련 범죄가 1990년 이후로 감소하고 있다고 했으므로 '꾸준히 증가했다'는 내용은 본문의 내용과 일치하지 않는다.
① 본문 3번째 문장(However, in a 2008 ~)에서 대법원이 권총휴대를 금하는 Washington D.C.의 법을 기각했다고 했으므로 본문의 내용과 일치한다.
② 본문 4번째 문장(A number of gun advocates ~)에서 총기 소유 옹호자들은 총기 소유가 천부권이라 생각한다고 했으므로 본문의 내용과 일치한다.
③ 본문 7번째 문장(The United States also has ~)에서 미국이 세계의 선진국들 중에서 가장 높은 총기 살인율을 가지고 있다고 했으므로 본문의 내용과 일치한다.

❗ **해석** 미국 연방헌법 수정조항 제2조는 "잘 규제된 시민군은 자유국가의 안보에 필요하므로, 무기를 소장하고 휴대하는 국민의 권리는 침해되어서는 안 된다."라고 진술하고 있다. 대법원의 판결들은 이 수정조항을 인용하면서 총기를 규제하기 위한 주(州)의 권리를 유지해 왔다. 그러나 2008년 무기를 소유하고 휴대할 수 있는 개인의 권리를 확인하는 결정에서 법원은 권총을 금지하고 가정에서 권총은 안전장치를 해 두거나 분해해 둘 것을 요구하는 워싱턴 D.C.의 법을 기각했다. 많은 총기 지지자들은 총기 소유권이 천부권이며 국가 유산의 필수적인 부분으로 생각한다. 스위스에 본부를 두고 있는 Small Arms Survey의 2007년 보고서에 따르면 전 세계인구의 5퍼센트 미만인 미국은 전 세계 민간 소유 총기의 약 30~35퍼센트를 보유하고 있다. 미국은 1인당 총기소유 비율이 1위이다. 미국은 또한 세계의 최고 선진국들 중에서도 총기에 의한 살인율이 가장 높다. 하지만 많은 총기 소유권 지지자들은 이 통계치가 인과관계를 나타내지 못하며 총기 살인이나 기타 총기관련 범죄가 1990년대 초의 최고치 이후로 줄어들고 있다는 점에 주목한다.
① 2008년에 미국 연방 대법원은 권총을 금지하는 Washington D.C.의 법을 뒤집었다.
② 많은 총기 옹호자들은 총기의 소유는 천부권이라고 주장한다.
③ 가장 발전된 국가들 중에서 미국은 가장 높은 총기 살인율을 가지고 있다.
④ 미국에서 총기관련 범죄는 최근 30년 넘게 꾸준하게 증가하고 있다.

➕ **어휘** **amendment** 수정, 고침 / **constitution** 헌법 / **regulate** 규제하다 / **security** 안전, 안보 / **right** 권리 / **bear** 지니다, 휴대하다 / **infringe** 침해하다 / **ruling** 판결, 결정 / **Supreme Court** 대법원 / **cite** 인용하다 / **uphold** 유지하다, 지탱하다 / **firearm** (권총 등의) 화기 / **confirm** 확인하다 / **strike down a law** 법을 폐지하다 / **ban** 금하다 / **disassemble** 분해하다 / **advocate** 옹호자, 지지자 / **ownership** 소유 / **birthright** 천부권, 생득권 / **heritage** 유산 / **civilian** 민간(인) / **per capita** 1인당 / **homicide** 살인(하다), 살해(하다) / **rate** 비율 / **developed nation** 선진국 / **proponent** 지지자, 옹호자(= advocate ≠ opponent : 반대자) / **statistics** 통계(치) / **indicate** 나타내다, 보여주다 / **cause-and-effect relationship** 인과관계 / **crime** 범죄 / **overturn** 뒤집다 / **claim** 주장하다 / **natural-born** 타고난, 천부적인 / **steadily** 꾸준히, 안정되게 / **decade** 10년

010 | ③

다음 글의 내용과 일치하지 않는 것은? 2020. 국가직 9급

Dubrovnik, Croatia, is a mess. Because its main attraction is its seaside Old Town surrounded by 80-foot medieval walls, this Dalmatian Coast town does not absorb visitors very well. And when cruise ships are docked here, a legion of tourists turn Old Town into a miasma of tank-top-clad tourists marching down the town's limestone-blanketed streets. Yes, the city of Dubrovnik has been proactive in trying to curb cruise ship tourism, but nothing will save Old Town from the perpetual swarm of tourists. To make matters worse, the lure of making extra money has inspired many homeowners in Old Town to turn over their places to Airbnb, making the walled portion of town one giant hotel. You want an "authentic" Dubrovnik experience in Old Town, just like a local? You're not going to find it here. Ever.

① Old Town은 80피트 중세 시대 벽으로 둘러싸여 있다.
② 크루즈 배가 정박할 때면 많은 여행객이 Old Town 거리를 활보한다.
③ Dubrovnik 시는 크루즈 여행을 확대하려고 노력해 왔다.
④ Old Town에서는 많은 집이 여행객 숙소로 바뀌었다.

[해설] ③ 본문 4번째 문장에서 Dubrovnik 시는 유람선 관광을 억제하기 위해 노력해 왔다고 했으므로 본문의 내용과 일치하지 않는다.
① 본문 2번째 문장에서 Dubrovnik의 주요 관광명소가 80피트의 중세 성벽으로 둘러싸인 해안가의 Old Town이라고 했으므로 본문의 내용과 일치한다.
② 본문 3번째 문장에서 유람선들이 정박할 때면 Old Town은 탱크톱을 입은 관광객들이 마을을 활보한다고 했으므로 글의 내용과 일치한다.
④ 본문 5번째 문장에서 Old Town의 집들이 거대한 호텔로 만들어졌다고 했으므로 글의 내용과 일치한다.

[해석] Croatia에 있는 Dubrovnik는 엉망진창이다. 이곳의 주된 관광명소는 80피트의 중세 벽돌로 둘러싸인 해변의 Old Town이기 때문에 이 Dalmatian 해안 마을은 방문객들을 잘 흡수하지 못한다. 그리고 유람선이 이곳에 정박하면, 많은 관광객들은 Old Town을 탱크톱을 입은 관광객들이 석회암으로 포장된 마을거리를 활보하는 불길한 분위기로 바꾼다. 그렇다, Dubrovnik 시는 유람선 관광을 억제하기 위해 적극적으로 노력해 왔지만, 그 어떤 것도 Old Town을 끊임없는 관광객 무리로부터 구하지는 못할 것이다. 설상가상으로, 여분의 돈을 벌 수 있다는 유혹은 Old Town의 많은 주택 소유자들에게 Airbnb로 그들의 집을 양도하도록 자극해서, 마을의 벽으로 둘러싸인 지역을 하나의 거대한 호텔로 만들었다. 지역주민처럼 Old Town에서 '진정한' Dubrovnik를 경험하고 싶은가? 당신은 이곳에서 그것을 찾을 수 없을 것이다. 영원히.

[어휘] mess 엉망(진창)인 상태[상황] / attraction ① 매력 ② 관광명소 / surround 에워싸다, 둘러싸다 / medieval 중세의 / absorb 흡수하다 / cruise ship 유람선 / dock 정박하다, (배를) 부두에 대다 / a legion of 수많은 / miasma 불길함 / A-clad A를 입은 / march 행진하다, 활보하다 / proactive 적극적인, 주도하는 / perpetual 끊임없는, 계속되는 / swarm 떼, 무리 / to makes matters worse 설상가상으로 / lure 유혹 / turn over (권리, 책임 등을) 넘기다, 양도하다 / portion 부분 / authentic 진정한, 진실된

011 | ④

다음 글의 내용과 일치하지 않는 것은? 2020. 지방직 9급

Carbonate sands, which accumulate over thousands of years from the breakdown of coral and other reef organism, are the building material for the frameworks of coral reefs. But these sands are sensitive to the chemical make-up of sea water. As oceans absorb carbon dioxide, they acidify — and at a certain point, carbonate sands simply start to dissolve. The world's oceans have absorbed around one-third of human-emitted carbon dioxide. The rate at which the sands dissolve was strongly related to the acidity of the overlying seawater, and was ten times more sensitive than coral growth to ocean acidification. In other words, ocean acidification will impact the dissolution of coral reef sands more than the growth of corals. This probably reflects the coral's ability to modify their environment and partially adjust to ocean acidification, whereas the dissolution of sands is a geochemical process that cannot adapt.

① The frameworks of coral reefs are made of carbonate sands.
② Corals are capable of partially adjusting to ocean acidification.
③ Human-emitted carbon dioxide has contributed to the worlds' ocean acidification.
④ Ocean acidification affects the growth of corals more than the dissolution of coral reef sands.

[해설] ④ 본문 6번째 문장에서 바다의 산성화는 산호의 성장보다 산호초 모래의 용해에 영향을 준다고 했으므로 ④ '바다의 산성화는 산호초 모래의 용해보다 산호의 성장에 더 영향을 준다'는 내용은 본문과 일치하지 않는다.
① 본문 첫 번째 문장에서 탄산염 모래가 산호초 뼈대를 만드는 재료라고 했으므로 본문과 일치한다.
② 본문 마지막 문장에서 산호가 부분적으로 바다의 산성화에 적응하는 능력이 있다고 했으므로 본문과 일치한다.
③ 본문 3번째 문장에서 바다가 이산화탄소를 흡수하면서 산성화된다고 했고 4번째 문장에서 세계의 바다가 인간이 배출한 이산화탄소의 3분의 1을 흡수한다고 했으므로 본문과 일치한다.

[해석] 수천 년 동안 산호와 다른 암초 유기체들의 분해로부터 쌓인 탄산염 모래는 산호초 뼈대를 만드는 재료이다. 하지만 이 모래는 바닷물의 화학적 구성요소에 쉽게 영향을 받는다. 바다는 이산화탄소를 흡수하면서 산성화되고 어떤 시점에서 탄산염 모래가 그냥 용해되기 시작한다. 세계의 대양들은 인간이 배출한 이산화탄소의 대략 3분의 1을 흡수한다. 모래가 용해되는 속도는 상층부에 있는 바닷물의 산성화와 크게 관련이 있고 산호의 성장보다 바다의 산성화에 열배 더 민감하게 영향을 준다. 즉, 다시 말해서 바다의 산성화는 산호의 성장보다 산호초 모래의 용해에 영향을 줄 것이다. 이것은 아마도 자신의 환경을 바꾸고 부분적으로 바다의 산성화에 적응하는 산호초의 능력을 반영하는 반면 모래의 용해는 적응할 수 없는 지구화학적 과정이다.
① 산호초의 뼈대는 탄산염 모래로 만들어진다.
② 산호는 바다의 산성화에 부분적으로 적응할 수 있다.
③ 인간이 배출한 이산화탄소는 세계 바다의 산성화에 기여해 왔다.

④ 바다의 산성화는 산호초 모래의 용해보다는 산호의 성장에 더 영향을 준다.

[+ 어휘] carbonate sand 탄산염 모래 / breakdown 분해 / coral 산호 / reef 암초, 초 *coral reef 산호초 / organism 유기체, 유기물 / framework 뼈대, 틀 / make-up 구성 / absorb 흡수하다 / carbon dioxide 이산화탄소 / acidify 산성화하다 *acidity 산성 *acidification 산성화 / emit 내보내다 / rate 비율, 속도 / dissolve 용해하다 *dissolution 용해 / in other words 즉, 다시 말해서 / impact 영향을 주다 / reflect 반영하다 / modify 바꾸다, 수정하다 / partially 부분적으로 / whereas 반면에 / geochemical 지구화학적인 / process 과정 / adapt 적응하다(= adjust)

012 | ④

다음 글의 내용과 일치하지 않는 것은?   2019. 국가직 9급

Langston Hughes was born in Joplin, Missouri, and graduated from Lincoln University, in which many African-American students have pursued their academic disciplines. At the age of eighteen, Hughes published one of his most will-known poems, "Negro Speaks of Rivers." Creative and experimental, Hughes incorporated authentic dialect in his work, adapted traditional poetic forms to embrace the cadences and moods of blues and jazz, and created characters and themes that reflected elements of lower-class black culture. With his ability to fuse serious content with humorous style, Hughes attacked racial prejudice in a way that was natural and witty.

① Hughes는 많은 미국 흑인들이 다녔던 대학교를 졸업하였다.
② Hughes는 실제 사투리를 그의 작품에 반영하였다.
③ Hughes는 하층 계급 흑인들의 문화적 요소를 반영한 인물을 만들었다.
④ Hughes는 인종편견을 엄숙한 문체로 공격하였다.

[해설] ④ 본문 마지막 문장에서 인종편견을 자연스럽고 위트있게 공격했다고 했으므로 내용과 일치하지 않는다.
① 본문 1번째 문장에서 많은 흑인들이 다니는 대학에 다녔다고 했으므로 내용과 일치한다.
② 본문 3번째 문장에서 자신의 시에 실제 사투리를 사용했다고 했으므로 내용과 일치한다.
③ 본문 3번째 문장 마지막 부분에서 하층 계급 흑인들의 문화요소를 반영했다고 했으므로 내용과 일치한다.

[해석] Langston Hughes는 미주리주 조플린에서 태어났고 많은 아프리카계 미국 학생들이 학업을 추구한 링컨 대학을 졸업했다. 18세의 나이에 Hughes는 그의 가장 유명한 시 중하나인 "흑인, 강에 대해 말하다"를 출판했다. 창조적이고 실험적인 Hughes는 자신의 작품에 진정한 사투리를 포함시켰고, 블루스와 재즈의 억양과 분위기를 수용하기 위해 전통적인 시적 형태를 각색했으며, 하층 계급 흑인들의 문화요소를 반영하는 인물들과 주제를 만들어냈다. 심각한 내용을 유머러스한 스타일과 융합시키는 능력으로 Hughes는 자연스럽고 위트 있는 방법으로 인종편견을 공격했다.

[+ 어휘] pursue 추구하다 / discipline 훈련 *academic discipline 학업 / publish 출판하다 / experimental 실험적인 / incorporate 포함하다 / authentic 진짜의 / dialect 사투리, 방언 / adapt 각색하다 / embrace 포용하다, 수용하다 / cadence 억양, 운율 / mood 분위기 / character 특징; 등장 인물 / theme 주제 / reflect 반영하다 / fuse A with B A를 B에 융합시키다 / serious 심각한; 진지한 / content 내용 / racial 인종의 / prejudice 편견

013 | ②

다음 글의 내용과 일치하지 않는 것은?   2019. 국가직 9급

The earliest government food service programs began around 1900 in Europe. Programs in the United States date from the Great Depression, when the need to use surplus agricultural commodities was joined to concern for feeding the children of poor families. During and after World War II, the explosion in the number of working women fueled the need for a broader program. What was once a function of the family — providing lunch — was shifted to the school food service system. The National School Lunch Program is the result of these efforts. The program is designed to provide federally assisted meals to children of school age. From the end of World War II to the early 1980s, funding for school food service expanded steadily. Today it helps to feed children in almost 100,000 schools across the United States. Its first function is to provide a nutritious lunch to all students; the second is to provide nutritious food at both breakfast and lunch to underprivileged children. If anything, the role of school food service as a replacement for what was once a family function has been expanded.

① The increase in the number of working women boosted the expansion of food service programs.
② The US government began to feed poor children during the Great Depression despite the food shortage.
③ The US school food service system presently helps to feed children of poor families.
④ The function of providing lunch has been shifted from the family to schools.

[해설] ② 본문 2번째 문장에서 대공황 동안에 잉여 식량을 활용할 필요성이 가난한 가정의 아동들에게 음식을 제공하기 위한 관심과 일치했다고 했으므로 식량이 부족했다는 내용은 본문의 내용과 일치하지 않는다.
① 본문 3번째 문장에서 일하는 여성의 수가 늘어나서 더욱 광범위한 프로그램에 대한 필요성을 부채질했다고 했으므로 본문의 내용과 일치한다.
③ 본문 8번째 문장에서 미국의 학교 급식 체계가 아이들에게 음식을 제공하는 것을 돕고 있다고 했고 본문 9번째 문장에서 그 급식 체계의 두 번째 기능이 혜택을 못 받는 계층의 아이들에게 아침과 점심 모두 영양가 있는 음식을 제공하는 것이라고 했으므로 본문의 내용과 일치한다.
④ 본문 4번째 문장에서 점심을 제공하는 것과 같은 가정의 기능이 학교 급식 지원 시스템으로 전환되었다고 했으므로 본문의 내용과 일치한다.

해석 최초의 정부 식량 지원 프로그램은 대략 1900년경에 유럽에서 시작되었다. 미국에서의 식량 지원 프로그램은 대공황 시기부터 시작되었는데, 이 시기에 잉여 농산물 사용에 대한 필요성이 가난한 가정의 아이들에게 식량을 제공하기 위한 관심과 결합하게 되었다. 세계 제2차 대전 당시와 그 이후에 일하는 여성들의 수가 폭발적으로 증가하면서 더욱 폭넓은 프로그램에 대한 필요성을 부채질했다. 이전에는 점심을 제공하는 것과 같은 가정의 기능이 학교 급식 지원 시스템으로 전환되었다. 국가의 학교 급식 프로그램은 이러한 노력의 결과이다. 이 프로그램은 취학 연령의 아이들에게 연방 차원에서 도움을 받아 식사를 제공하기 위해 고안되었다. 제2차 세계 대전이 끝날 무렵부터 1980년대 초기까지 학교 급식 서비스를 위한 자금 지원이 꾸준히 확대되었다. 오늘날 그것은 미국 전역에 걸쳐 거의 10만 개의 학교에서 아이들에게 급식을 제공하는 것을 돕고 있다. 그것의 첫 번째 기능은 모든 학생들에게 영양가 높은 점심을 제공하는 것이고 두 번째는 혜택을 못 받는 계층의 아이들에게 아침과 점심 모두 영양가 있는 음식을 제공하는 것이다. 오히려, 한때 가정의 기능이었던 것의 대체물로서의 학교 급식 서비스의 역할이 확대되고 있다.

① 일하는 여성들의 수의 증가가 식량 지원 프로그램의 팽창을 북돋았다.
② 미국 정부는 식량 부족에도 불구하고 대공황 동안에 가난한 아이들에게 식량을 공급하기 시작했다.
③ 미국의 학교 급식 체계는 현재 가난한 가정의 아동들에게 음식 제공을 돕고 있다.
④ 점심을 제공하는 역할이 가정에서 학교로 전환되고 있다.

어휘 date from ~부터 시작되다 / Great Depression 대공황 / surplus 잉여 / agricultural 농업의 / commodity 상품, 물품 / concern 관심; 근심 / feed 먹다, 먹이다 / explosion 폭발 / fuel 연료; 부채질하다 / broad 폭넓은 / function 기능 / shift 이동하다, 전환하다 / federally 연방차원으로 / assist 돕다 / funding 기금지원 / expand 팽창하다 / steadily 꾸준히, 일관되게 / nutritious 영양가 높은, 영양분이 높은 / underprivileged 혜택을 못 받는 / if anything 오히려 / replacement 대체 / expand 팽창하다 / boost 북돋우다 / despite ~에도 불구하고 / shortage 부족, 결핍 / presently 현재(에는)

014 | ②

다음 글의 내용과 일치하는 것은?   2019. 지방직 9급

Prehistoric societies some half a million years ago did not distinguish sharply between mental and physical disorders. Abnormal behaviors, from simple headaches to convulsive attacks, were attributed to evil spirits that inhabited or controlled the afflicted person's body. According to historians, these ancient peoples attributed many forms of illness to demonic possession, sorcery, or the behest of an offended ancestral spirit. Within this system of belief, called demonology, the victim was usually held at least partly responsible for the misfortune. It has been suggested that Stone Age cave dwellers may have treated behavior disorders with a surgical method called trephining, in which part of the skull was chipped away to provide an opening through which the evil spirit could escape. People may have believed that when the evil spirit left, the person would return to his or her normal state. Surprisingly, trephined skulls have been found to have healed over, indicating that some patients survived this extremely crude operation.

* convulsive : 경련
* behest : 명령

① Mental disorders were clearly differentiated from physical disorders.
② Abnormal behaviors were believed to result from evil spirits affecting a person.
③ An opening was made in the skull for an evil spirit to enter a person's body.
④ No cave dwellers survived trephining.

해설 ② 본문 2번째 문장에서 비정상적인 행동들은 악령 탓이라 했으므로 글의 내용과 일치한다.
① 본문 1번째 문장에서 정신장애와 신체장애를 명확하게 구별하지 못했다고 했으므로 글의 내용과 일치하지 않는다.
③ 본문 4번째 문장에서 악령이 나가도록 구멍을 뚫었다고 했으므로 악령이 들어올 수 있도록 구멍이 만들어졌다는 내용은 일치하지 않는다.
④ 본문 4번째 문장에서 두개골 천공이라 불리는 수술법으로 행동장애를 치료할 수도 있다고 생각했고 본문 마지막 문장에서 두개골 천공 수술을 한 사람들이 생존할 수 있었다고 했으므로 글의 내용과 일치하지 않는다.

해석 약 오십만 년 전 선사시대 사회들은 정신장애와 신체장애를 명확하게 구별하지 못했다. 단순한 두통에서 경련성 발작에 이르기까지 비정상적인 행동은 고통받는 사람의 몸에 거주하거나 그 몸을 통제하는 악령들 탓으로 돌렸다. 역사가들에 따르면 이러한 고대 민족들은 많은 형태의 질병들을 악마에 홀린 것, 마법, 또는 화난 조상 혼백의 명령 탓으로 돌렸다. '귀신학'이라 불리는 이러한 신념 체계에서는 희생자가 적어도 그 불행에 부분적으로 책임을 졌다. 석기시대 동굴 거주자들은 두개골의 일부를 잘라내어 사악한 악령이 빠져나갈 수 있는 구멍을 뚫는 '두개골 천공'이라 불리는 수술 방법으로 행동장애를 치료할 수도 있다고 생각했을 것이다. 사람들은 악령이 떠나면 그 사람이 정상적인 상태로 돌아온다고 믿었는지도 모른다. 놀랍게도, 두개골 천공 수술을 받은 두개골들이 치유된 것으로 발견되었는데, 이는 일부 환자들이 이렇게 극도로 조잡한 수술에서 살아

남을 수 있었다는 것을 암시한다.
① 정신장애는 신체장애와 명확하게 구분되었다.
② 비정상적 행동들은 사람에게 영향을 주는 악령으로부터 기인한다고 믿어졌다.
③ 악령이 사람의 몸에 들어갈 수 있도록 두개골에 구멍이 만들어졌다.
④ 어떤 동굴 거주자들도 두개골 천공으로부터 살아남지 못했다.

어휘 prehistoric 선사시대의 / distinguish 구별하다, 식별하다 / sharply 명확하게, 분명하게 / disorder 장애 / abnormal 비정상적인 / behavior 행동, 행위 / attack 발작 / attribute A to B A를 B탓으로 돌리다 / evil spirit 악령 / inhabit 거주하다, 살다 / afflict 괴롭히다, 고통을 주다 / demonic 악마의 / sorcery 마법, 요술 / offended 화난 / ancestral 조상의 / demonology 귀신학 / victim 희생자 / at least 적어도 / dweller 거주자 / surgical 수술적인 / trephining 두개골 천공 / skull 두개골 / chip away 잘라내다 / opening 구멍 / normal 정상적인 / state 상태 / crude 조잡한

015 | ①

다음 글의 내용과 일치하지 않는 것을 고르시오. 2019. 지방직 9급

In the nineteenth century, the most respected health and medical experts all insisted that diseases were caused by "miasma," a fancy term for bad air. Western society's system of health was based on this assumption: to prevent diseases, windows were kept open or closed, depending on whether there was more miasma inside or outside the room; it was believed that doctors could not pass along disease because gentlemen did not inhabit quarters with bad air. Then the idea of germs came along. One day, everyone believed that bad air makes you sick. Then, almost overnight, people started realizing there were invisible things called microbes and bacteria that were the real cause of diseases. This new view of disease brought sweeping changes to medicine, as surgeons adopted antiseptics and scientists invented vaccines and antibiotics. But, just as momentously, the idea of germs gave ordinary people the power to influence their own lives. Now, if you wanted to stay healthy, you could wash your hands, boil your water, cook your food thoroughly, and clean cuts and scrapes with iodine.

① In the nineteenth century, opening windows was irrelevant to the density of miasma.
② In the nineteenth century, it was believed that gentlemen did not live in places with bad air.
③ Vaccines were invented after people realized that microbes and bacteria were the real cause of diseases.
④ Cleaning cuts and scrapes could help people to stay healthy.

해설 ① 본문 2번째 문장에서 독기의 양에 따라 방문을 열거나 닫는다고 했으므로 독기의 밀도와 관계가 없다는 내용은 본문과 일치하지 않는다.

② 본문 2번째 문장 마지막 부분에서 귀족은 나쁜 공기가 있는 방에서 살지 않는다고 했으므로 본문의 내용과 일치한다.
③ 본문 5번째 문장(Then, almost overnight, people started ~)에서 사람들이 병원균에 대한 개념을 알게 되었다고 했고 그다음 문장에서 백신이 발명되었다고 했으므로 본문의 내용과 일치한다.
④ 본문 마지막 문장에서 베인 상처와 긁힌 상처를 요오드 용액으로 깨끗이 하면 건강을 유지할 수 있다고 했으므로 글의 내용과 일치한다.

해석 19세기에 가장 존경받는 건강과 의학 전문가들 모두 질병은 나쁜 공기에 대한 근사한 용어인 '독기'에 의해 야기된다고 주장했다. 서구 사회의 건강 체계는 이 주장을 기반으로 하였다: 그래서 질병을 막기 위해, 방 안에 또는 방 바깥에 더 많은 '독기'가 있느냐에 따라 창문을 열기도 하고 또 닫기도 하였으며; 그리고 귀족들은 나쁜 공기가 있는 방에서 살지 않기 때문에 의사들(귀족들)은 병을 전하지 않는다고 사람들은 믿었다. 그런데 세균이라는 개념이 나타났다. 과거에는 모든 사람들이 나쁜 공기가 당신을 아프게 한다고 믿었다. 하지만 거의 하룻밤 사이에 사람들은 질병의 진짜 원인인 미생물과 박테리아라고 불리는 보이지 않는 것들이 있다고 깨닫기 시작했다. 외과 의사들이 소독제를 채택하고 과학자들이 백신과 항생제를 발명하듯이 이 새로운 질병의 관점은 의학에 전면적인 변화를 가져왔다. 그러나 일반 사람들에게도 똑같이 중요하게 병원균이라는 개념이 자신들의 삶에 영향을 미친다는 사실을 알게 되었다. 이제 당신이 건강해지고 싶다면 손을 씻고, 물을 끓이고, 음식을 철저하게 조리하고 베인 상처와 긁힌 상처를 요오드 용액으로 깨끗이 할 수 있어야 한다.

① 19세기에 창문을 여는 것은 독기의 밀도와는 관계가 없었다.
② 19세기에 귀족은 나쁜 공기가 있는 장소에는 살지 않는다고 사람들은 믿었다.
③ 백신은 사람들이 미생물과 박테리아가 질병의 진짜 원인이라는 것을 인식한 이후에 발명되었다.
④ 베인 상처와 긁힌 상처를 깨끗이 하는 것은 사람들이 건강을 유지하는 데 도움을 줄 수 있다.

어휘 respected 존경받는 / expert 전문가 / miasma 독기, 지저분한 공기 / assumption 추정, 가정 / depending on ~에 따라(서) / pass along 전달하다 / gentlemen 신사, 귀족 inhabit 살다, 거주하다 / quarter 지역, 구역 / then ① 그러고 나서 ② 그러면, 그렇다면 ③ 그러나 ④ 그 당시에는 / invisible 눈에 보이지 않는 / microbe 미생물 / sweeping 전면적인, 광범위한 / surgeon 외과 의사 / adopt 채택하다 / antiseptic 소독제 / antibiotic 항생제 / momentously 중요하게 / ordinary 보통의 / thoroughly 철저하게 / cuts 베인 상처 / scrapes 긁힌 상처 / iodine 요오드 용액

016 | ③

다음 글의 내용과 일치하지 않는 것을 고르시오.

2019. 지방직 9급

Followers are a critical part of the leadership equation, but their role has not always been appreciated. For a long time, in fact, "the common view of leadership was that leaders actively led and subordinates, later called followers, passively and obediently followed." Over time, especially in the last century, social change shaped people's views of followers, and leadership theories gradually recognized the active and important role that followers play in the leadership process. Today it seems natural to accept the important role followers play. One aspect of leadership is particularly worth noting in this regard: Leadership is a social influence process shared among all members of a group. Leadership is not restricted to the influence exerted by someone in a particular position or role; followers are part of the leadership process, too.

① For a length of time, it was understood that leaders actively led and followers passively followed.
② People's views of subordinates were influenced by social change.
③ The important role of followers is still denied today.
④ Both leaders and followers participate in the leadership process.

해설 ③ 본문 4번째 문장에서 오늘날에는 팔로워들이 하는 중요한 역할을 받아들이는 것이 당연해 보인다고 했으므로 팔로워들의 중요한 역할이 오늘날에도 여전히 부정되고 있다는 설명은 글의 내용과 일치하지 않는다.
① 본문 2번째 문장에서 리더십에 대한 일반적인 견해는 리더들은 적극적으로 이끌고 팔로워들은 수동적으로 따른다고 했으므로 글의 내용과 일치한다.
② 본문 3번째 문장에서 사회적 변화가 팔로워들에 대한 사람들의 관점을 형성했다고 했으므로 글의 내용과 일치한다.
④ 본문 마지막 문장에서 리더십은 리더들의 영향력에만 국한되지 않고 팔로워들 역시 리더십 과정의 일부분이라고 했으므로 글의 내용과 일치한다.

해석 팔로워들은 리더십 방정식에서 중요한 역할을 하지만, 그들의 역할이 항상 제대로 이해되어 온 것은 아니다. 사실 오랫동안 "리더십에 대한 일반적인 견해는 리더들은 적극적으로 이끌고, 나중에 팔로워들이라고 불린 하급자들은 수동적으로 고분고분하게 따른다는 것이었다." 시간이 지나면서, 특히 지난 세기에 사회적 변화가 팔로워들에 대한 사람들의 관점을 형성했고, 리더십 이론들도 점진적으로 팔로워들이 리더십 과정에서 적극적이고 중요한 역할을 한다는 것을 인정했다. 오늘날에는 팔로워들이 하는 중요한 역할을 받아들이는 것이 당연해 보인다. 리더십의 한 측면은 특히 이 점과 관련하여 주목할 만한 가치가 있다: 리더십은 한 조직의 모든 구성원들 사이에서 공유되는 사회적 영향 과정이다. 리더십은 특정한 지위나 역할을 가진 누군가에 의해 가해진 영향력에만 국한되지 않는다; 팔로워들 역시 리더십 과정의 일부분이다.
① 오랜 기간 동안 리더들은 적극적으로 이끌고, 팔로워들은 수동적으로 따르는 것으로 이해되었다.
② 하급자들에 대한 사람들의 관점은 사회적 변화에 의해 영향을 받았다.
③ 팔로워들의 중요한 역할은 오늘날에도 여전히 부정되고 있다.
④ 리더들과 팔로워들 모두 리더십 과정에 참여한다.

어휘 **critical** ① 비판적인 ② 중요한 / **part** ① 부분 ② 역할(= role) / **equation** 방정식 / **appreciate** 이해하다 / **actively** 능동적으로, 적극적으로 / **subordinate** 하급자, 부하직원 / **passively** 수동적으로 / **obediently** 고분고분하게 / **shape** ① 모습 ② 형성하다 / **theory** 이론 / **gradually** 점진적으로 / **recognize** 인정하다, 인식하다 / **aspect** 측면, 관점(= regard) / **restrict** 제한하다 / **exert** 힘을 가하다 / **particular** 특별한, 독특한 / **participate in** ~에 참여하다

017 | ②

다음 글의 내용과 일치하는 것은?

2018. 국가직 9급

Sharks are covered in scales made from the same material as teeth. These flexible scales protect the shark and help it swim quickly in water. A shark can move the scales as it swims. This movement helps reduce the water's drag. Amy Lang, an aerospace engineer at the University of Alabama, studies the scales on the short fin mako, a relative of the great white shark. Lang and her team discovered that the mako shark's scales differ in size and in flexibility in different parts of its body. For instance, the scales on the sides of the body are tapered—wide at one end and narrow at the other end. Because they are tapered, these scales move very easily. They can turn up or flatten to adjust to the flow of water around the shark and to reduce drag. Lang feels that shark scales can inspire designs for machines that experience drag, such as airplanes.

① A shark has scales that always remain immobile to protect itself as it swims.
② Lang revealed that the scales of a mako shark are utilized to lessen drag in water.
③ A mako shark has scales of identical size all over its body.
④ The scientific designs of airplanes were inspired by shark scales.

해설 ② 본문 9번째 문장에서 청상아리의 항력(drag)을 줄일 수 있다고 했으므로 내용과 일치한다.
① 본문 3번째 문장에서 비늘을 움직일 수 있다고 했으므로 immobile(움직임이 없는)은 내용과 일치하지 않는다.
③ 본문 6번째 문장에서 비늘의 사이즈가 다르다고 했으므로 identical size(같은 사이즈)는 내용과 일치하지 않는다.
④ 본문 마지막 문장에서 비늘이 비행기와 같은 디자인에 영감을 줄 수 있을 거라고 했으므로 과거시제인 영감을 받았다(were inspired)는 내용과 일치하지 않는다.

해석 상어는 상어의 이빨과 동일한 물질로 만들어진 비늘로 덮여 있다. 이 유연성 있는 비늘들은 상어를 보호하고 물속에서 빠르게 수영할 수 있도록 돕는다. 상어는 수영할 때 비늘을 움직일 수 있다. 이 움직임은 물 안에서의 항력을 줄이는 데 도움을 준다. Alabama 대학의 항공우주 엔지니어 Amy Lang은 대백상어과(科)인 청상아리 비늘을 연구하고 있다. Lang과 그녀의 팀은 청상아리의 몸의 여러 부분에 따라 유연성과 비늘

의 사이즈가 다양하다는 것을 발견했다. 예를 들어, 몸의 양쪽 비늘의 폭은 점점 가늘어진다. 즉, 한쪽 끝은 넓고, 그 반대쪽 끝은 좁다. 비늘들의 폭이 점점 좁아지기 때문에, 이 비늘들은 매우 쉽게 움직인다. 비늘은 좁아지고 납작해지면서 상어 주변의 물의 흐름에 적응할 수 있게 해주고 항력을 줄여준다. Lang은 상어의 비늘이 비행기와 같은 항력을 겪는 기계들의 디자인에 영감을 줄 수 있다고 생각한다.

① 상어는 헤엄을 칠 때 자신을 보호하기 위해서 늘 움직임이 없는 비늘을 가진다.

② Lang은 물속에서 항력을 줄이기 위해 청상아리의 비늘이 사용된다는 것을 밝혔다.

③ 청상아리는 몸 전체에 같은 크기의 비늘을 가지고 있다.

④ 비행기의 과학적인 디자인은 상어 비늘에 의해 영감을 받았다.

➕ 어휘 scale 비늘 / flexible 유연한 / drag 항력 / aerospace 항공우주 / relative 친척 / mako 청상아리 / taper (폭이) 점점 가늘어지다 / narrow 좁은 / turn up 좁히다, 좁아지다 / flatten 납작해지다 / adjust 적응하다, 조절하다 / inspire 영감을 주다 / immobile 움직임이 없는 / reveal 밝혀내다, 드러내다 / utilize 이용하다 / lessen 줄이다 / identical 동일한 / immobile 움직임이 없는 / reveal 밝혀내다 / utilize 이용하다 / lessen 줄이다 / identical 동일한

Chapter 07 기타 유형

001 | ①

다음 글에 나타난 Johnbull의 심경으로 가장 적절한 것은? 2021. 국가직 9급

In the blazing midday sun, the yellow egg-shaped rock stood out from a pile of recently unearthed gravel. Out of curiosity, sixteen-year-old miner Komba Johnbull picked it up and fingered its flat, pyramidal planes. Johnbull had never seen a diamond before, but he knew enough to understand that even a big find would be no larger than his thumbnail. Still, the rock was unusual enough to merit a second opinion. Sheepishly, he brought it over to one of the more experienced miners working the muddy gash deep in the jungle. The pit boss's eyes widened when he saw the stone. "Put it in your pocket," he whispered. "Keep digging." The older miner warned that it could be dangerous if anyone thought they had found something big. So Johnbull kept shoveling gravel until nightfall, pausing occasionally to grip the heavy stone in his fist. Could it be?

① thrilled and excited
② painful and distressed
③ arrogant and convinced
④ detached and indifferent

🔵 해설 주어진 지문의 16살 된 광부 Johnbull이 다이아몬드를 발견한 후 그것을 다른 광부에게 보여주고 그 광부의 눈이 커지면서 계속 파보라는 내용으로 보아 Johnbull의 심경으로 ① '흥분되고 신이 난'이 가장 적절하다.

❗ 해석 타는 듯이 더운 한낮의 태양 아래, 최근에 발굴된 자갈 더미에서 노란 달걀 모양의 돌덩어리가 눈에 띄었다. 호기심에 가득 찬 16살의 광부 Komba Johnbull은 그것을 집어 들고 납작한 피라미드 모양의 면을 손가락으로 만졌다. Johnbull은 이전에 다이아몬드를 본 적은 없지만, 심지어 큰 발견물조차도 그의 엄지손톱보다 크지 않으리라는 것을 충분히 알고 있었다. 하지만, 그 돌은 다른 사람의 의견을 필요로 할 만큼 충분히 특이했다. 소심하게, 그는 그것을 정글 깊숙한 곳에서 진흙땅을 파는 더 경험 많은 광부들 중 한 명에게 가지고 갔다. 그 돌을 본 탄광의 우두머리는 눈이 커졌다. "그것을 주머니에 넣어둬."라고 그는 속삭였다. "계속 파봐." 그 나이든 광부는 만약 누군가가 그들이 뭔가 큰 것을 발견했다고 생각한다면 위험해질 수 있다고 경고했다. 그래서 Johnbull은 해가 질 때까지 계속해서 자갈을 파냈고, 무거운 돌을 손으로 잡기 위해 가끔씩 멈췄다. 그럴 수 있을까?

① 흥분되고 신이 난

② 고통스럽고 괴로운

③ 거만하고 확신하는

④ 무심하고 무관심한

➕ 어휘 blazing 타는 듯이 더운 / midday 한낮, 정오(=noon) / stand out 두드러지다 / unearth 파내다, 발굴하다 *unearthed 발굴된 / gravel 자갈 / curiosity 호기심 / miner 광부 *mine 광산, 갱 / finger ① 손가락 ② 손으로 만지다 / plane ① 비행기 ② (평평한) 면 ③ 차원 / thumbnail 엄지손톱 / still ① 아직도, 여전히 ② 정지된 ③ 하지만, 그러나 / merit ① 가치

② 이점, 장점 ③ ~을 받을 만하다[가치가 있다] / **sheepishly** 소심하게 / **gash** ① (깊이 베인) 상처 ② 찌꺼기, 폐기물 / **pit** ① (깊게 베인) 상처 ② 갱, (광물) 채취장 / **warn** 경고하다 / **shovel** ① 삽 ② 삽으로 파다 / **nightfall** 해질녘 / **pause** 멈추다, 일시정지(하다) / **occasionally** 가끔, 이따금 / **grip** 잡다, 쥐다 / **fist** 주먹, 손 / **distressed** 괴로운 / **arrogant** 거만한 / **detached** 무심한

③ 덥석 물다 / **jaw** 턱 / **blink** 깜빡이다 / **suck** 빨다, 빨아들이다 / **wield** 휘두르다 / **record-breaking** 기록적인 / **press** 누르다 / **bend** 구부리다 / **lash** 후려치다, 내리치다 / **extraordinary** 비범한, 놀라운, 어마어마한 / **velocity** 속도 / **secretive** 비밀스러운, 은밀한 / **predator** 포식자 / **litter** 쓰레기 / **subterranean** 지하의

002 | ③

밑줄 친 부분이 지칭하는 대상이 다른 것은?   2019. 서울시 9급

Dracula ants get their name for the way they sometimes drink the blood of their own young. But this week, ① the insects have earned a new claim to fame. Dracula ants of the species *Mystrium camillae* can snap their jaws together so fast, you could fit 5,000 strikes into the time it takes us to blink an eye. This means ② the blood-suckers wield the fastest known movement in nature, according to a study published this week in the journal *Royal Society Open Science*. Interestingly, the ants produce their record-breaking snaps simply by pressing their jaws together so hard that ③ they bend. This stores energy in one of the jaws, like a spring, until it slides past the other and lashes out with extraordinary speed and force — reaching a maximum velocity of over 200 miles per hour. It's kind of like what happens when you snap your fingers, only 1,000 times faster. Dracula ants are secretive predators as ④ they prefer to hunt under the leaf litter or in subterranean tunnels.

해설 ①, ②, ④는 모두 드라큘라 개미를 지칭하지만 ③은 문맥상 드라큘라 개미의 턱(their jaws)을 지칭하므로 정답은 ③이 된다.

해석 드라큘라 개미는 가끔 자신들의 새끼의 피를 마시는 방식 때문에 그 이름을 얻었다. 하지만 이번 주에, 그 곤충들은 그 명성에 대한 새로운 권한을 얻게 되었다. Mystrium camillae종의 드라큘라 개미는 그들의 턱을 아주 빠르게 맞부딪칠 수 있는데, 우리가 눈을 깜빡하는 사이에 5,000번 턱을 움직일 수 있을 만큼 빠르다. 이번 주 <Royal Society Open Science>지에 발표된 한 연구에 따르면 이것은 그 흡혈동물들이 자연에서 알려진 것들 중 가장 빨리 움직인다는 것을 의미한다. 흥미롭게도, 그 개미들은 단순히 턱을 한 번에 아주 세게 눌러서 그것들(그들의 턱)을 구부러지게 함으로써 이 기록적인 물어뜯기를 만들어낸다. 이것은 마치 용수철처럼 한쪽 턱에 에너지를 저장하는데 바로 그때 그 한쪽 턱이 최고 시속이 200마일 이상에 이르는 어마어마한 속도와 힘으로 다른 쪽 턱을 미끄러지듯이 지나치면서 내려치게 된다. 이것은 우리가 손가락으로 딱 소리를 낼 때 일어나는 것과 비슷하지만 그 속도는 자그마치 1,000배 더 빠르다. 드라큘라 개미는 은밀한 포식자들인데 그 이유는 그들이 떨어진 낙엽 밑이나 지하 터널 안에서 사냥하는 것을 선호하기 때문이다.

어휘 **insect** 곤충 / **earn** 얻다, 획득하다 / **claim** ① 주장, 요구 ② 권한, 권리 / **fame** 명성 / **snap** ① 맞부딪치다 ② 딱 소리를 내다

003 | ④

밑줄 친 부분 중 글의 흐름상 가장 어색한 것은?   2018. 국가직 9급

Most people like to talk, but few people like to listen, yet listening well is a ① rare talent that everyone should treasure. Because they hear more, good listeners tend to know more and to be more sensitive to what is going on around them than most people. In addition, good listeners are inclined to accept or tolerate rather than to judge and criticize. Therefore, they have ② fewer enemies than most people. In fact, they are probably the most beloved of people. However, there are ③ exceptions to that generality. For example, John Steinbeck is said to have been an excellent listener, yet he was hated by some of the people he wrote about. No doubt his ability to listen contributed to his capacity to write. Nevertheless, the result of his listening didn't make him ④ unpopular.

해설 법원직, 경찰직, 국회직에서는 자주 출제되는 유형이다. 밑줄 친 4개의 어휘 중 흐름(문맥)상 어색한 어휘를 고르는 문제이고, 그 어휘는 문맥으로 확인해야 한다. 정답은 글의 흐름상 반의어이다.

④ Nevertheless(반대·대조의 signal)를 기준으로 앞 문장에는 '글쓰기에 도움이 되었다'라는 ⊕개념이 있기 때문에 Nevertheless 다음 내용에는 ⊖내용이 있어야 한다. 따라서 unpopular는 popular로 고쳐 써야 한다.

① 밑줄 바로 앞 문장에 '듣기를 좋아하는 사람은 거의 없다'라고 했으므로 rare(드문)의 흐름은 문맥상 적절하다.

② 밑줄 바로 앞 문장에 '잘 듣는 사람들은 다른 사람들을 비판하기보다는 인정하고 용인한다'고 했으므로 have fewer enemies(더 적은 적을 가진다)는 문맥상 적절하다.

③ 밑줄 바로 앞 문장에 '잘 듣는 사람들은 사랑받는다'고 했고, However 다음 그 예외에 대한 예가 다음 문장에 이어지므로 문맥상 적절하다.

해석 대부분의 사람들은 말하는 것을 좋아한다. 그러나 듣기를 좋아하는 사람은 거의 없다. 하지만 잘 듣는 것은 모든 사람들이 소중히 여겨야 하는 드문 재능이다. 잘 듣는 사람들은 더 많이 듣기 때문에 주변 사람들에게 일어나는 일에 대하여 대부분의 사람들보다 더 많이 알고 더 민감하게 된다. 게다가 잘 듣는 사람은 (다른 사람들을) 인정하거나 용인하는 것을 판단하거나 비판하는 것보다 더 잘하게 된다. 그러므로 그들은 대부분의 사람들보다 더 적은 적을 가지고 있다. 사실상 그들은 아마도 가장 사랑받는 사람일 것이다. 그러나 그러한 일반론에도 예외는 있다. 예를 들어 John Steinbeck은 훌륭한 청자였다고 말해진다. 그러나 그는 그가 썼던 사람들의 대부분에게 미움을 받았다. 그의 듣기 능

력은 의심할 여지없이 그의 글쓰기에 도움이 되었다. 그럼에도 불구하고, 그의 듣기의 결과는 그를 <u>인기 없게</u>(→ 인기 있게) 만들지 않았다.

➕ 어휘 **treasure** ① 보물 ② 소중히 여기다 / **go on** 시작하다 / **be inclined to** ⓥ ⓥ하는 경향이 있다 / **tolerate** ① 용인하다 ② 참다, 견디다 / **beloved** 사랑받는 / **exception** 예외 / **generality** 일반론 / **no doubt** 아마, 틀림없는 / **contribute to** ~에 기여하다 / **capacity** 능력 / **nevertheless** 그럼에도 불구하고 / **unpopular** 인기 없는

004 | ①

다음 글에 나타난 화자의 심경으로 가장 적절한 것은? 2018. 지방직 9급

My face turned white as a sheet. I looked at my watch. The tests would be almost over by now. I arrived at the testing center in an absolute panic. I tried to tell my story, but my sentences and descriptive gestures got so confused that I communicated nothing more than a very convincing version of a human tornado. In an effort to curb my distracting explanation, the proctor led me to an empty seat and put a test booklet in front of me. He looked doubtfully from me to the clock, and then he walked away. I tried desperately to make up for lost time, scrambling madly through analogies and sentence completions. "Fifteen minutes remain," the voice of doom declared from the front of the classroom. Algebraic equations, arithmetic calculations, geometric diagrams swam before my eyes. "Time! Pencils down, please."

① nervous and worried
② excited and cheerful
③ calm and determined
④ safe and relaxed

💬 해설 turned white as a sheet, in an absolute panic, so confused, tried desperately, scambling madly 등의 표현을 통해서 화자의 급박하면서도 초조한 심경을 추론할 수 있다. 따라서 정답은 ①이다.

❗ 해석 나의 얼굴은 백짓장처럼 하얘졌다. 나는 시계를 보았다. 시험은 지금쯤 거의 끝나가고 있을 것이다. 나는 완전히 공황 상태로 시험장에 도착했다. 나는 내 사정을 이야기하려고 했지만 내 문장들과 설명의 몸짓들이 너무나 혼란스러워 나는 휴먼 토네이도밖에 안 되는 의사소통을 하고 있었다. 나의 산만한 설명을 막으려고 시험 감독관은 나를 빈자리로 안내했고 시험지를 내 앞에 내려놓았다. 그는 미심쩍게 나를 보다가 시계로 눈을 돌렸고 그리고 걸어 나갔다. 나는 필사적으로 손실된 시간을 만회하려고 노력하였고 유추와 문장 완성들을 미친듯이 허둥지둥 써 내려갔다. "15분 남았습니다." 운명의 목소리가 교실 앞에서 공표되었다. 대수 방정식, 산술 계산, 기하 도표들이 내 눈앞에서 헤엄쳐 갔다. "시간 다 되었습니다, 연필 놓으세요."
① 초조하고 걱정스러운
② 신나고 즐거운
③ 평온하고 단호한
④ 안전하고 느긋한

➕ 어휘 **turn white** 하얘지다 / **descriptive** 묘사적인, 설명의 / **nothing more than** ~에 불과한, ~밖에 안 되는 / **convincing** 확실한, 설득력 있는 / **curb** 막다, 못하게 하다 / **distracting** 산만한 / **booklet** 소책자 / **doubtfully** 의심스럽게 / **desperately** 필사적으로 / **make up for** 보충하다, 보상하다 / **scramble** 허둥지둥하다 / **analogy** 유추 / **declare** 선언하다 / **algebraic** 대수의, 대수학의 / **equation** 방정식 / **arithmetic** 산수, 연산 / **geometric** 기하학

005 | ①

다음 글을 읽고 유추할 수 있는 것은? 2017. 사복직 9급

It was November : rain fell coldly and drearily. He buttoned himself in his long raincoat and went to meet her. She had promised to wear a red carnation; the suggestion was her own, and tickled him hugely. As the pink-faced suburbanites poured, in an icy stream, into the hot waiting-room, he looked for her. Presently he saw her : she came toward him immediately, since his height was unmistakable. They talked excitedly flustered, but gradually getting some preliminary sense of each other.

① The man and woman are meeting for the first time.
② The man lived in a suburban neighborhood.
③ The man was tall and ticklish.
④ The man suggested the woman wear a flow.

💬 해설 두 남녀가 만나기로 했고 여자가 카네이션을 달고 나오기로 약속했다고 했으므로 두 남녀는 서로 모르는 사이이고 처음 만나는 사이일 것이다. 따라서 이 글을 읽고 유추할 수 있는 것은 ①이다.

❗ 해석 11월이었다. 비는 차갑고 음울하게 내리고 있었다. 그는 그의 긴 우비의 단추를 채우고 그녀를 만나러 갔다. 그녀는 빨간 카네이션을 달기로 약속했었다. 그 제안은 그녀 스스로 한 것이었으며, 그것이 그를 매우 재미있게 했다. 얼굴이 벌겋게 달아오른 교외 거주민들이 한기를 띤 채 줄지어, 따뜻한 대기실 안으로 밀려들어 왔고, 그는 그녀를 찾으려 했다. 곧, 그는 그녀를 보았다 : 그녀는 즉시 그에게로 다가왔다. 그의 키는 결코 놓치기 어려운 키이기 때문이었다. 그들은 흥분한 채로 갈팡질팡하였으나, 점차 서로에 대하여 어떠한 예감을 느끼고 있었다.
① 그 남자와 여자는 처음 만나고 있다.
② 그 남자는 교외 지역에 살았다.
③ 그 남자는 키가 크고 간지럼을 탄다.
④ 그 남자는 그 여자가 꽃을 달고 있을 것을 제안했다.

➕ 어휘 **drearily** ① 음울하게 ② 지루하게 / **button** ① 단추 ② 단추를 채우다 / **tickle** ① 간질이다 ② 재미있게 하다 / **hugely** 거대하게, 엄청나게 / **pink-faced** 얼굴이 벌겋게 달아오른 / **suburbanite** 교외 거주민 / **pour** ① (쏟아)붓다 ② 쏟아져 들어오다 / **presently** 곧, 이내 / **unmistakable** 오해의 여지가 없는, 틀림없는 / **flustered** 갈팡질팡하는, 허둥지둥하는 / **gradually** 점차로 / **preliminary** 예비의 / **sense** 예감

PART 03 어휘

Chapter 01 밑줄 어휘

001 | ②

밑줄 친 부분의 의미와 가장 가까운 것을 고르시오. 2023. 국가직 9급

Jane wanted to have a small wedding rather than a fancy one. Thus, she planned to invite her family and a few of her <u>intimate</u> friends to eat delicious food and have some pleasant moments.

① nosy　　　　　② close
③ outgoing　　　④ considerate

🔵 해설 intimate는 '친밀한, 가까운'의 뜻으로, 이와 가장 가까운 유의어는 ② close이다.

❗해석 Jane은 화려한 결혼식보다는 작은 결혼식을 원했다. 그래서 그녀는 맛있는 음식을 먹고 즐거운 시간을 보내기 위해 가족과 <u>가까운</u> 친구 몇 명을 초대할 계획을 세웠다.

➕ 어휘 **fancy** 화려한 / **intimate** 친밀한, 가까운 (= close) / **pleasant** 즐거운 / **moment** 순간 / **nosy** 참견하기 좋아하는, 꼬치꼬치 캐묻는 / **outgoing** 외향적인 / **considerate** 사려 깊은

002 | ②

밑줄 친 부분의 의미와 가장 가까운 것을 고르시오. 2023. 국가직 9급

The <u>incessant</u> public curiosity and consumer demand due to the health benefits with lesser cost has increased the interest in functional foods.

① rapid　　　　　② constant
③ significant　　④ intermittent

🔵 해설 incessant는 '지속적인, 계속되는'의 뜻으로, 이와 가장 가까운 유의어는 ② constant이다.

❗해석 더 적은 비용으로 건강상 이점을 챙길 수 있기 때문에 <u>지속적인</u> 대중의 호기심과 소비자 수요가 기능성 식품에 대한 관심을 증가시켰다.

➕ 어휘 **incessant** 끊임없는, 계속되는, 지속적인 / **public** 대중의 / **curiosity** 호기심 / **demand** 요구하다 / **due to** ~때문에 / **functional** 기능의, 기능적인 / **rapid** 빠른, 신속한 / **constant** 지속적인, 계속되는 / **significant** ① 상당한, 꽤 많은 ② 중요한 / **intermittent** 간헐적인, 간간히 일어나는

003 | ④

밑줄 친 부분의 의미와 가장 가까운 것을 고르시오. 2023. 국가직 9급

Because of the pandemic, the company had to <u>hold off</u> the plan to provide the workers with various training programs.

① elaborate　　　② release
③ modify　　　　④ suspend

🔵 해설 hold off는 '보류하다, 연기하다, 미루다'의 뜻으로, 이와 가장 가까운 유의어는 ④ suspend이다.

❗해석 전염병의 대유행 때문에, 그 회사는 직원들에게 다양한 훈련 프로그램을 제공하려던 계획을 <u>보류해야</u> 했다.

➕ 어휘 **pandemic** 대유행, 전염병의 대규모 유행 / **provide A with B** A에게 B를 제공하다 / **elaborate** 자세히 말하다 / **release** 출시하다, 내보내다 / **modify** 수정하다, 고치다 / **suspend** 일시 중단하다, 연기하다, 미루다

004 | ①

밑줄 친 부분의 의미와 가장 가까운 것을 고르시오. 2023. 국가직 9급

The new Regional Governor said he would <u>abide by</u> the decision of the High Court to release the prisoner.

① accept　　　　② report
③ postpone　　　④ announce

🔵 해설 abide by는 '준수하다, 지키다, 따르다'라는 뜻으로, 이와 가장 가까운 유의어는 ① accept이다.

❗해석 새로운 지역 주지사는 그 수감자를 석방하기로 한 고등 법원의 결정을 <u>준수할</u> 것이라고 말했다.

➕ 어휘 **regional** 지역의 / **Governor** 주지사 / **abide by** 준수하다, 지키다, 따르다 / **accept** 받아들이다, 수락하다 / **report** 발표하다 / **postpone** 미루다, 연기하다 / **announce** 알리다, 발표하다

005 | ②

밑줄 친 부분의 의미와 가장 가까운 것을 고르시오. 2023. 지방직 9급

Further explanations on our project will be given in <u>subsequent</u> presentations.

① required　　　② following
③ advanced　　　④ supplementary

🔵 해설 subsequent는 '그 다음의, 차후의'라는 뜻으로, 이와 가장 가까운 유의어는 ② following이다.

! **해석** 우리 프로젝트에 대한 추가 설명은 <u>그 다음</u> 발표에서 주어질 것이다.

+ **어휘** **further** ① 더 멀리에 ② 더 이상의, 추가의 / **presentation** 발표 / **following** 그 다음의, 다음에 나오는 / **advanced** 진보된, 발전된 / **supplementary** 보충의, 추가의

006 | ④

밑줄 친 부분의 의미와 가장 가까운 것을 고르시오. 2023. 지방직 9급

Folkways are customs that members of a group are expected to follow to show <u>courtesy</u> to others. For example, saying "excuse me" when you sneeze is an American folkway.

① charity   ② humility
③ boldness   ④ politeness

… **해설** courtesy는 '공손함, 예의바름'의 뜻으로, 이와 가장 가까운 유의어는 ④ politeness이다.

! **해석** 사회적 관행은 한 집단의 구성원들이 다른 사람들에게 공손함을 보이기 위해 따르기로 되어있는 관습이다. 예를 들어, 당신이 재채기를 할 때 "실례합니다"라고 말하는 것은 미국의 풍속이다.

+ **어휘** **folkway** 사회적 관행, 풍속 / **custom** 관습 / **expect** 기대하다 / **sneeze** 재채기하다 / **charity** 자선 / **humility** 겸손 / **boldness** 대담함

007 | ①

밑줄 친 부분의 의미와 가장 가까운 것을 고르시오. 2023. 지방직 9급

These children have been <u>brought up</u> on a diet of healthy food.

① raised   ② advised
③ observed   ④ controlled

… **해설** bring up은 '기르다, 양육하다'의 뜻으로, 이와 가장 가까운 유의어는 ① raise이다.

! **해석** 이러한 아이들은 건강에 좋은 음식을 주식으로 <u>양육되어</u> 왔다.

+ **어휘** **on a diet of** ~을 주식[먹이]으로 / **observe** ① 관찰하다 ② 지키다, 준수하다

008 | ①

밑줄 친 부분의 의미와 가장 가까운 것을 고르시오. 2023. 지방직 9급

Slavery was not <u>done away with</u> until the nineteenth century in the U.S.

① abolished   ② consented
③ criticized   ④ justified

… **해설** do away with는 '없애다, 폐지하다'의 뜻으로, 이와 가장 가까운 유의어는 ① abolished이다.

! **해석** 노예제도는 미국에서 19세기까지 <u>폐지되지</u> 않았다.

+ **어휘** **slavery** 노예제도 / **abolish** 없애다, 폐지하다 / **consent** 동의하다 / **criticize** 비판하다 / **justify** 합리화[정당화]하다

009 | ①

밑줄 친 부분의 의미와 가장 가까운 것을 고르시오. 2022. 국가직 9급

For years, detectives have been trying to <u>unravel</u> the mystery of the sudden disappearance of the twin brothers.

① solve   ② create
③ imitate   ④ publicize

… **해설** unravel은 '풀다, 해결하다'의 뜻으로 이와 가장 가까운 유의어는 ① solve이다.

! **해석** 여러 해 동안 형사들은 갑작스러운 쌍둥이 형제들의 실종에 대한 수수께끼를 <u>해결하고자</u> 노력해 왔다.

+ **어휘** **detective** 형사 / **imitate** 모방하다 / **publicize** 알리다, 공표하다

010 | ②

밑줄 친 부분의 의미와 가장 가까운 것을 고르시오. 2022. 국가직 9급

Before the couple experienced parenthood, their four-bedroom house seemed unnecessarily <u>opulent</u>.

① hidden   ② luxurious
③ empty   ④ solid

… **해설** opulent는 '호화로운, 사치스러운'의 뜻으로 이와 가장 가까운 유의어는 ② luxurious이다.

! **해석** 그 부부가 부모가 되기 전 4개의 방이 있는 집은 불필요한 <u>호사</u>인 것 같다.

+ **어휘** **parenthood** 부모가 됨, 부모임 / **unnecessarily** 불필요하게 / **empty** 텅 빈 / **solid** ① 견고한, 단단한 ② 고체의

011 | ④

밑줄 친 부분의 의미와 가장 가까운 것을 고르시오. 2022. 국가직 9급

The boss <u>hit the roof</u> when he saw that we had already spent the entire budget in such a short period of time.

① was very satisfied   ② was very surprised
③ became extremely calm   ④ became extremely angry

… **해설** hit the roof(ceiling)는 '몹시 화내다'의 뜻으로 이와 가장 가까운 유의어는 ④ became extremely angry이다.

❗해석 그 사장은 우리가 그렇게 짧은 시간동안 전체 예산을 이미 다 쓴 것에 대해 몹시 화를 냈다.

➕어휘 **entire** 전체의 / **budget** 예산 / **extremely** 극도로

012 | ②

밑줄 친 부분의 의미와 가장 가까운 것을 고르시오.　2022. 지방직 9급

School teachers have to be <u>flexible</u> to cope with different ability levels of the students.

① strong　　　　　　② adaptable
③ honest　　　　　　④ passionate

💬해설 flexible은 '유연한'의 뜻으로 이와 가장 비슷한 유의어는 ② adaptable이다.

❗해석 학교 선생님들은 학생들의 다양한 능력 수준에 대처하기 위해 <u>유연해야만</u> 한다.

➕어휘 **cope with** ~에 대처하다 / **ability** 능력 / **passionate** 열정적인

013 | ①

밑줄 친 부분의 의미와 가장 가까운 것을 고르시오.　2022. 지방직 9급

Crop yields <u>vary</u>, improving in some areas and falling in others.

① change　　　　　　② decline
③ expand　　　　　　④ include

💬해설 vary는 '다양하다'의 뜻으로 이와 가장 가까운 유의어는 ① change이다.

❗해석 농작물 생산은 <u>다양하다</u>. 즉, 일부지역에서는 늘어날 수도 있고 다른 곳에서는 감소할 수도 있다.

➕어휘 **crop** 농작물 / **decline** 감소하다 / **expand** 확장하다 / **include** 포함하다

014 | ④

밑줄 친 부분의 의미와 가장 가까운 것을 고르시오.　2022. 지방직 9급

I don't feel inferior to anyone <u>with respect to</u> my education.

① in danger of　　　　② in spite of
③ in favor of　　　　　④ in terms of

💬해설 with respect to는 '~에 관해서, ~에 관한 한'의 뜻으로 이와 가장 가까운 유의어는 ④ in terms of이다.

❗해석 나는 <u>교육에 관해서는</u> 어느 누구에게도 뒤지지 않는다.

➕어휘 **inferior to** ~보다 열등한 / **in danger of** ~의 위험 속에서 / **in spite of** ~에도 불구하고 / **in favor of** ~의 편에서, ~에 찬성하여

015 | ①

밑줄 친 부분의 의미와 가장 가까운 것을 고르시오.　2021. 국가직 9급

Privacy as a social practice shapes individual behavior <u>in conjunction with</u> other social practices and is therefore central to social life.

① in combination with　　② in comparison with
③ in place of　　　　　　④ in case of

💬해설 in conjunction with는 '~와 함께, ~와 협력하여'의 뜻으로 이와 의미가 가장 가까운 것은 ① in combination with이다.

❗해석 사회적 관행으로서의 사생활은 다른 사회적 관행과 <u>함께하는</u> 개인의 행동을 만들고 그래서 사회적 삶의 중심이 된다.

➕어휘 **privacy** 사생활 / **practice** ① 실행, 실천 ② 훈련, 연습 ③ 관행, 관례 / **in comparison with** ~에 비해서, ~와 비교해 볼 때 / **in place of** ~대신에, ~을 대신해서 / **in case of** ① 만약 ~ 한다면 ② ~의 경우에 대비해서

016 | ②

밑줄 친 부분의 의미와 가장 가까운 것을 고르시오.　2021. 국가직 9급

The influence of Jazz has been so <u>pervasive</u> that most popular music owes its stylistic roots to jazz.

① deceptive　　　　　② ubiquitous
③ persuasive　　　　　④ disastrous

💬해설 pervasive는 '만연한, 퍼지는, 스며드는'의 뜻으로 이와 가장 가까운 유의어는 ② ubiquitous이다.

❗해석 재즈의 영향력은 너무 <u>만연해서</u> 대부분의 팝음악은 그 스타일의 뿌리가 재즈에 기인한다.

➕어휘 **owe A to B** ① A는 B덕분[덕택]이다 ② A는 B에 기인하다[때문이다] / **deceptive** 속이는 / **ubiquitous** 도처에 있는, 어디에나 존재하는 / **persuasive** 설득력 있는, 설득적인 / **disastrous** 재앙의

017 | ②

밑줄 친 부분의 의미와 가장 가까운 것을 고르시오.　2021. 국가직 9급

This novel is about the <u>vexed</u> parents of an unruly teenager who quits school to start a business.

① callous　　　　　　② annoyed
③ reputable　　　　　④ confident

💬해설 vexed는 '화가 난, 짜증내는'의 뜻으로 이와 가장 가까운 유의어는 ② annoyed이다.

❗해석 이 소설은 학교를 그만두고 사업을 시작하려는 다루기 힘든 십대를 둔 <u>화난</u> 부모님에 관한 것이다.

➕어휘 **unruly** 다루기 힘든, 제멋대로 구는 / **callous** 냉담한 / **reputable** 평판이 좋은 / **confident** 자신감이 있는, 확신하는

018 | ④

밑줄 친 부분의 의미와 가장 가까운 것은? 2021. 지방직 9급

> For many compulsive buyers, the act of purchasing, rather than what they buy, is what leads to gratification.

① liveliness
② confidence
③ tranquility
④ satisfaction

해설 gratification은 '만족(감)'의 뜻으로 이와 가장 가까운 유의어는 ④ satisfaction이다.

해석 많은 충동구매자들에게 구매의 행위는 그들이 사는 물품보다는 (구매로 인한) 만족감 때문이다.

어휘 **compulsive** 충동적인 / **purchase** 구매하다 / **rather than** ~ 라기보다는 / **lead to** 초래하다, 야기하다, 이끌다 / **gratification** 만족(감) / **liveliness** 쾌활함, 활발함 / **confidence** 자신감 / **tranquility** 평온함, 고요함 / **satisfaction** 만족(감)

019 | ④

밑줄 친 부분의 의미와 가장 가까운 것은? 2021. 지방직 9급

> In studying Chinese calligraphy, one must learn something of the origins of Chinese language and of how they were originally written. However, except for those brought up in the artistic traditions of the country, its aesthetic significance seems to be very difficult to apprehend.

① encompass
② intrude
③ inspect
④ grasp

해설 apprehend는 '파악하다, 이해하다'의 뜻으로 이와 가장 가까운 유의어는 ④ grasp이다.

해석 중국의 서예를 공부하는 데 있어서, 우리는 중국어의 기원이 무엇인지 그리고 그것들이 어떻게 원래 쓰였는지를 배워야 한다. 하지만, 그 나라의 예술적 전통에서 자란 사람들을 제외하고는, 그것(서예)의 미적 의미는 파악하기가 매우 어려운 것 같다.

어휘 **calligraphy** 서예 / **origin** 기원, 근원 *originally 원래, 본래 / **except for** ~ 을 제외하고 / **bring up** 기르다, 양육하다 / **aesthetic** 심미적인, 미적인 / **significance** ① 중요(성) ② 의미, 의의 / **apprehend** ① 체포하다 ② 파악하다, 이해하다 / **encompass** ① 포함하다 ② 애워싸다, 둘러싸다 / **intrude** ① 침입하다, 침범하다 ② 방해하다 / **inspect** 조사하다 / **grasp** ① 잡다, 쥐다 ② 파악하다, 이해하다

020 | ①

밑줄 친 부분의 의미와 가장 가까운 것을 고르시오. 2020. 국가직 9급

> Extensive lists of microwave oven models and styles along with candid customer reviews and price ranges are available at appliance comparison websites.

① frank
② logical
③ implicit
④ passionate

해설 candid는 '솔직한, 정직한'의 뜻으로 이와 가장 가까운 유의어는 ① frank이다.

해석 솔직한 고객 리뷰 그리고 가격표와 함께 광범위한 전자레인지 모델과 스타일 목록은 가전제품 비교 웹사이트에서 이용 가능하다.

어휘 **extensive** 광범위한 / **microwave oven** 전자레인지 / **along with** ~와 함께 / **price range** 가격표 *range 범위, 영역 / **available** 이용 가능한 / **appliance** 가전제품 / **comparison** 비교 / **frank** 솔직한, 정직한 / **logical** 논리적인 / **implicit** 암시된, 내포된 / **passionate** 열정적인

021 | ④

밑줄 친 부분의 의미와 가장 가까운 것을 고르시오. 2020. 국가직 9급

> It had been known for a long time that Yellowstone was volcanic in nature and the one thing about volcanoes is that they are generally conspicuous.

① passive
② vaporous
③ dangerous
④ noticeable

해설 conspicuous는 '눈에 띄는, 두드러진'의 뜻으로 이와 가장 가까운 유의어는 ④ noticeable이다.

해석 옐로우스톤이 사실상 화산이었다는 사실은 오랫동안 알려져 왔고 화산에 관한 한 가지 사실은 일반적으로 눈에 잘 띈다는 것이다.

어휘 **for a long time** 오랫동안 / **volcanic** 화산의 / **in nature** 사실상, 본질적으로 / **volcano** 화산 / **generally** 일반적으로 / **passive** 수동적인 / **vaporous** 수증기가 가득한, 수증기 같은 / **noticeable** 눈에 띄는, 두드러진

022 | ③

밑줄 친 부분의 의미와 가장 가까운 것을 고르시오. 2020. 국가직 9급

> He's the best person to tell you how to get there because he knows the city inside out.

① eventually
② culturally
③ thoroughly
④ tentatively

해설 inside out은 '(1) (안팎을) 뒤집어 (2) 속속들이, 철저하게'의 뜻으로 문맥상 이와 가장 가까운 유의어는 ③ thoroughly이다.

해석 그는 그 도시를 속속들이 알고 있기 때문에 당신이 거기에 어떻게 가는지를 알려줄 최적의 사람이다.

어휘 **eventually** 궁극적으로, 결국 / **culturally** 문화적으로 / **thoroughly** 철저하게, 완전하게 / **tentatively** ① 잠정적으로 ② 망설이며, 머뭇거리며

023 | ①

밑줄 친 부분의 의미와 가장 가까운 것을 고르시오. 2020. 국가직 9급

> All along the route were thousands of homespun attempts <u>to pay tribute to</u> the team, including messages etched in cardboard, snow and construction paper.

① honor
② compose
③ publicize
④ join

해설 pay (a) tribute to는 '~에게 찬사를 바치다'의 뜻으로 이와 가장 가까운 유의어는 ① honor이다.

해석 판지와 눈 위에 그리고 공작용 종이에 아로새겨진 메시지를 포함하여 길을 따라서 그 팀에게 찬사를 바치는 수천의 소박한 시도들이 있었다.

어휘 route 길 / homespun 소박한, 평범한 / attempt 시도(하다) / tribute 찬사, 경의 / etch (유리·금속 등에) 식각(蝕刻)하다, 아로새기다 / cardboard 판지 / construction 건설, 공작 / honor 경의를 표하다, 존경하다 / compose 구성하다 / publicize 공표하다 / join 연결하다, 잇다

024 | ④

밑줄 친 부분의 의미와 가장 가까운 것을 고르시오. 2020. 지방직 9급

> Strategies that a writer adopts during the writing process may <u>alleviate</u> the difficulty of attentional overload.

① complement
② accelerate
③ calculate
④ relieve

해설 alleviate는 '완화하다(시키다), 경감하다(시키다)'의 뜻으로 이와 가장 가까운 유의어는 ④ relieve이다.

해석 작문과정 동안 작가가 채택하는 전략들이 집중력 과부화의 어려움을 완화시킬 수 있다.

어휘 strategy 전략 / adopt ① 채택하다 ② 입양하다 / process 과정 / attentional 주의하는, 집중하는 / overload ① 과부화 ② 과적하다 / complement 보충하다, 보완하다 / accelerate 가속하다 / calculate 계산하다 / relieve 완화하다(시키다), 경감하다(시키다)

025 | ②

밑줄 친 부분의 의미와 가장 가까운 것을 고르시오. 2020. 지방직 9급

> The cruel sights <u>touched off</u> thoughts that otherwise wouldn't have entered her mind.

① looked after
② gave rise to
③ made up for
④ kept in contact with

해설 touch off는 '야기하다, 초래하다'의 뜻으로 이와 가장 가까운 유의어는 ② give rise to이다.

해석 그 잔인한 장면이 그렇지 않다면 그녀의 마음에 떠오를 수 없었던 생각을 초래했다.

어휘 cruel 잔인한 / sight 장면, 광경 / otherwise 그렇지 않다면 / look after 돌보다 / make up for 보충하다, 보상하다 / keep in contact[touch] with ~ 와 접촉[연락]을 취하다[유지하다]

026 | ①

밑줄 친 부분의 의미와 가장 가까운 것을 고르시오. 2020. 지방직 9급

> The school bully did not know what it was like to be <u>shunned</u> by the other students in the class.

① avoided
② warned
③ punished
④ imitated

해설 shun은 '회피하다, 피하다'의 뜻으로 이와 가장 가까운 유의어는 ① avoid이다.

해석 학교에서 아이들을 괴롭히는 학생은 학급에서 다른 학생들에 의해 회피되는(따돌림 당하는) 것이 무엇인지 몰랐다.

어휘 bully (약자를) 괴롭히는 사람, 불량배 / what is A like? A는 어때? / warn 경고하다 / punish 처벌하다 / imitate 모방하다

027 | ④

밑줄 친 부분의 의미와 가장 가까운 것은? 2020. 지방직 9급

> After Francesca <u>made a case for</u> staying at home during the summer holidays, an uncomfortable silence fell on the dinner table. Robert was not sure if it was the right time for him to tell her about his grandiose plan.

① objected to
② dreamed about
③ completely excluded
④ strongly suggested

해설 make a case for는 'to argue that something is the best thing to do(가장 좋은 것이라 주장하다)' 또는 'to state the reasons why something should be done(왜 해야 하는지 이유를 대다)'의 의미로 이와 가장 가까운 유의어는 ④ strongly suggest(강력하게 제안하다)이다.

해석 Francesca가 여름휴가 동안 집에 있자고 주장한 후에 편치 않은 침묵이 저녁식사 동안 이어졌다. Robert는 그가 자신의 거창한 계획을 그녀에게 말할 적절한 시간인지 확신할 수 없었다.

어휘 grandiose 거창한 / object to ~ 을 반대하다 / exclude 제외시키다 / suggest ① 제안하다 ② 보여주다, 암시하다

028 | ①

밑줄 친 부분의 의미와 가장 가까운 것을 고르시오. 2019. 국가직 9급

Natural Gas World subscribers will receive accurate and reliable key facts and figures about what is going on in your industry, so they are fully able to <u>discern</u> what concerns their business.

① distinguish
② strengthen
③ undermine
④ abandon

해설 discern은 '알아차리다, 식별하다'의 뜻으로 이와 가장 가까운 유의어는 ① distinguish이다.

해석 <Natural Gas World> 구독자들은 당신의 업계에서 진행되고 있는 것에 대한 정확하고 믿을 만한 핵심적인 사실과 수치들을 받게 될 것이다. 그래서 그 구독자들은 자신들의 사업에 영향을 미치는 것을 충분히 식별할 수 있다.

어휘 **accurate** 정확한 / **reliable** 믿을 만한, 신뢰할 만한 / **figure** ① 숫자 ② 인물 ③ 모습, 형상 / **industry** ① 산업 ② 업계 / **concern** ~에 영향을 미치다 / **distinguish** 구별하다, 식별하다 / **strengthen** 강화하다(시키다) / **undermine** 약화시키다 / **abandon** 버리다, 포기하다

029 | ②

밑줄 친 부분의 의미와 가장 가까운 것을 고르시오. 2019. 국가직 9급

Ms. West, the winner of the silver in the women's 1,500m event, <u>stood out</u> through the race.

① was overwhelmed
② was impressive
③ was depressed
④ was optimistic

해설 stood out은 stand out의 과거형으로 '두드러지다, 눈에 띄다'의 뜻이다. 이와 가장 가까운 유의어는 ② was impressive이다.

해석 여자 1,500m 시합에서 은메달을 딴 West양은 경기 내내 두드러졌다.

어휘 **overwhelm** 압도하다 / **impressive** 인상적인, 감명 깊은 / **depressed** 우울한 / **optimistic** 낙천적인, 낙관적인

030 | ③

밑줄 친 부분의 의미와 가장 가까운 것을 고르시오. 2019. 국가직 9급

Schooling is <u>compulsory</u> for all children in the United States, but the age range for which school attendance is required varies from state to state.

① complementary
② systematic
③ mandatory
④ innovative

해설 compulsory는 '강제하는, 의무적인'의 뜻으로 이와 가장 가까운 유의어는 ③ mandatory이다.

해석 미국에서 학교 교육은 모든 아이들에게 의무적이지만, 학교 출석이 요구되는 연령대는 주(州)마다 다양하다.

어휘 **schooling** 학교 교육 / **compulsory** 의무적인, 필수의 / **age range** 연령대 *range 범위, 영역 / **attendance** 출석 / **complementary** 보충하는, 보완하는 / **systematic** 체계적인 / **mandatory** 의무적인, 필수의 / **innovative** 혁신적인, 정확한

031 | ①

밑줄 친 부분의 의미와 가장 가까운 것을 고르시오. 2019. 국가직 9급

Although the actress experienced much turmoil in her career, she never <u>disclosed</u> to anyone that she was unhappy.

① let on
② let off
③ let up
④ let down

해설 disclose는 '드러내다, 폭로하다'의 뜻으로 이와 가장 가까운 유의어는 ① let on이다.

해석 비록 그 여배우는 그녀의 경력에서 많은 혼란을 경험했지만 결코 누구에게도 그녀가 불행하다는 것을 드러내지 않았다.

어휘 **actress** 여배우 / **experience** 경험하다 / **turmoil** 혼란, 소동 / **career** 경력; 직업 / **let on** (비밀을) 말하다, 드러내다 / **let off** 발사하다, 쏘다 / **let up** 약해지다, 느슨해지다 / **let down** 실망시키다

032 | ①

밑줄 친 부분의 의미와 가장 가까운 것을 고르시오. 2019. 지방직 9급

I came to see these documents as relics of a sensibility now dead and buried, which needed to be <u>excavated</u>.

① exhumed
② packed
③ erased
④ celebrated

해설 excavate는 '발굴하다'의 뜻으로 이와 가장 가까운 유의어는 ① exhume이다.

해석 나는 이 문서들을 이제 죽어서 매장된 감성의 유물로 여기게끔 되었는데 이 문서들은 발굴될 필요가 있었다.

어휘 **come to** ⓥ ⓥ하게끔 되다 / **see A as B** A를 B로 여기다, 간주하다 / **document** 문서 / **relic** 유물 / **sensibility** 감성, 감수성 / **bury** 매장하다, 묻다 / **exhume** 발굴하다, 파내다 / **pack** 포장하다, 싸다 / **erase** 지우다 / **celebrate** 축하하다, 기념하다

033 | ①

밑줄 친 부분의 의미와 가장 가까운 것을 고르시오. 2019. 지방직 9급

Riding a roller coaster can be a joy ride of emotions: the nervous anticipation as you're strapped into your seat, the questioning and regret that comes as you go up, up, up, and the <u>sheer</u> adrenaline rush as the car takes that first dive.

① utter
② scary
③ occasional
④ manageable

(해설) sheer는 '순전한, 순수한'의 뜻으로 이와 가장 가까운 유의어는 ①utter이다.

(해석) 롤러코스터를 타는 것은 감정의 폭주드라이브일 수 있다. 즉, 당신이 좌석에서 안전벨트를 맬 때의 초조한 기대감, 그리고 당신이 높이, 높이 또 높이 올라갈 때 오는 의문과 후회, 그리고 롤러코스터가 첫 번째 하강할 때 몰려드는 순수한 아드레날린 분출과 같은 것이다.

(어휘) **joy ride** 폭주드라이브 / **nervous** 초조한 / **anticipation** 기대(감) / **strap into a seat** 안전벨트를 매다 / **questioning** 의문 / **regret** 후회 / **sheer** 순수한, 순전한 / **utter** 순전한, 순수한, 완전한 / **scary** 무서운, 두려운 / **occasional** 가끔의 / **manageable** 관리할 수 있는

034 | ④

밑줄 친 부분의 의미와 가장 가까운 것을 고르시오. 2019. 지방직 9급

Time does seem to slow to a trickle during a boring afternoon lecture and race when the brain is engrossed in something highly entertaining.

① enhanced by
② apathetic to
③ stabilized by
④ preoccupied with

(해설) engrossed in은 '~에 몰두하는'의 뜻으로 이와 가장 가까운 유의어는 ④ preoccupied with이다.

(해석) 지루한 오후 강의 동안 시간은 눈곱만큼씩 줄어드는 것 같고 뇌가 아주 재미있는 무언가에 몰두하고 있을 때에는 시간이 쏜살같이 흘러가는 것 같다.

(어휘) **slow to a trickle** 눈곱만큼 줄어들다 / **boring** 지루한 / **lecture** 강의 / **highly** 아주, 매우, 꽤 / **entertaining** 재미있는, 즐거운 / **enhance** 강화하다 / **apathetic** 무관심한, 냉담한 / **stabilized** 안정된 / **preoccupied** 사로잡힌, 정신이 팔린

035 | ①

밑줄 친 부분의 의미와 가장 가까운 것을 고르시오. 2019. 지방직 9급

These daily updates were designed to help readers keep abreast of the markets as the government attempted to keep them under control.

① be acquainted with
② get inspired by
③ have faith in
④ keep away from

(해설) keep abreast of는 '~에 정통하다, ~을 잘 알다'의 뜻으로 이와 가장 가까운 유의어는 ① be acquainted with이다.

(해석) 이러한 일일 업데이트는 독자들이 시장을 잘 알 수 있도록 돕기 위해 고안되었는데 그 이유는 정부가 시장을 통제하려고 시도했기 때문이다.

(어휘) **daily** 매일의 / **keep abreast of** ① ~에 정통하다, ~을 잘 알다 ② ~와 어깨를 나란히 하다 / **attempt** 시도하다 / **keep A under control** A를 통제하다 / **be acquainted with** ~을 잘 알다 / **get inspired by** ~에 영감을 받다 / **have faith in** ~을 믿다 / **keep away from** ~을 멀리하다

036 | ④

밑줄 친 부분의 의미와 가장 가까운 것을 고르시오. 2019. 서울시 9급

At least in high school she made one decision where she finally saw eye to eye with her parents.

① quarreled
② disputed
③ parted
④ agreed

(해설) see eye to eye는 '~에 동의하다'의 뜻으로 이와 가장 가까운 유의어는 ④ agreed이다.

(해석) 적어도 고등학교 시절 그녀는 마침내 자신의 부모님과 의견이 일치하는 한 가지 결정을 했다.

(어휘) **at least** 적어도 / **decision** 결정 *make decision 결정하다 / **quarrel** 논쟁하다 / **dispute** ① 논쟁, 분규 ② 반박하다 / **part** 갈라놓다, 분할하다

037 | ①

밑줄 친 부분의 의미와 가장 가까운 것은? 2018. 국가직 9급

Robert J. Flaherty, a legendary documentary filmmaker, tried to show how indigenous people gathered food.

① native
② ravenous
③ impoverished
④ itinerant

(해설) indigenous는 '고유의, 토착의'라는 뜻으로 이와 가장 가까운 유의어는 ①native이다.

(해석) 전설적인 다큐멘터리 영화제작자인 Robert J. Flaherty는 어떻게 토착민들이 음식을 모았는지를 보여주려고 노력했다.

(어휘) **legendary** 전설적인 / **filmmaker** 영화제작자 / **native** 토박이의 / **ravenous** ① 배고픈, 굶주린 ② 엄청난 ③ 탐욕스러운 / **impoverished** 가난한 / **itinerant** 떠돌아다니는

038 | ①

밑줄 친 부분의 의미와 가장 가까운 것을 고르시오. 2018. 국가직 9급

The police spent seven months working on the crime case but were never able to determine the identity of the malefactor.

① culprit
② dilettante
③ pariah
④ demagogue

(해설) malefactor는 '악인, 범인'의 뜻으로 이와 가장 가까운 유의어는 ① culprit이다.

(해석) 경찰은 그 범죄 사건을 수사하느라 7개월을 보냈지만, 그 범죄자의 신원을 밝히지 못했다.

(어휘) **malefactor** 악인 / **crime** 범죄 / **identity** 신원 / **culprit** 범죄자 / **dilettante** 애호가 / **pariah** 버림받은 사람 / **demagogue** 선동가

039 | ④

밑줄 친 부분의 의미와 가장 가까운 것을 고르시오.   2018. 국가직 9급

While at first glance it seems that his friends are just leeches, they prove to be the ones he can depend on through thick and thin.

① in no time
② from time to time
③ in pleasant times
④ in good times and bad times

해설 through thick and thin은 '좋을 때나 안 좋을 때나'의 뜻으로 이와 가장 가까운 유의어는 ④ in good times and bad times 이다.

해석 얼핏 보면 그의 친구들은 거머리들(쪼잔한 사람) 같아 보이지만, 그들은 그가 좋을 때나 안 좋을 때나 서로 의지할 수 있는 사람들로 판명되었다.

어휘 **through thick and thin** 좋을 때나 안 좋을 때나 / **glance** 흘깃 보다, 흘깃 봄 / **leech** 거머리, 쪼잔한 사람 / **in no time** 즉시, 당장 / **from time to time** 때때로, 이따금

040 | ①

밑줄 친 부분의 의미와 가장 가까운 것을 고르시오.   2018. 지방직 9급

The paramount duty of the physician is to do no harm. Everything else — even healing — must take second place.

① chief   ② sworn
③ successful   ④ mysterious

해설 paramount는 '(1) 최고의, 아주 뛰어난 (2) 주된, 주요한'의 뜻으로 이와 가장 비슷한 의미를 갖는 유의어는 ① chief이다.

해석 의사의 가장 주된 책무는 해를 끼치지 않는 것이다. 심지어 치료 같은 그 밖의 다른 것은 부차적이다.

어휘 **paramount** ① 최고의, 아주 뛰어난 ② 주된, 주요한 / **duty** 의무, 책무 / **harm** ① 해 ② 해를 입히다 / **healing** 치료 / **second place** 부차적인, 2순위, 2등 / **sworn**(swear의 과거분사형) 맹세한, 맹서한

041 | ②

밑줄 친 부분의 의미와 가장 가까운 것을 고르시오.   2018. 지방직 9급

It is not unusual that people get cold feet about taking a trip to the North Pole.

① become ambitious   ② become afraid
③ feel exhausted   ④ feel saddened

해설 get cold feet은 '겁을 먹다'의 뜻으로 이와 가장 비슷한 의미를 갖는 유의어는 ② become afraid이다.

해석 북극으로 여행하는 것에 대해서 사람들이 겁을 먹는 것은 흔한 일이다.

어휘 **get cold feet** 겁을 먹다, 초조해하다 / **North Pole** 북극 / **ambitious** 야심 있는, 야심찬 / **afraid** 겁먹은, 두려운 / **exhausted** 피곤한, 지친 / **sadden** 슬프게 하다 *saddened 슬퍼진

042 | ④

밑줄 친 부분의 의미와 가장 가까운 것은?   2018. 지방직 9급

The student who finds the state-of-the-art approach intimidating learns less than he or she might have learned by the old methods.

① humorous   ② friendly
③ convenient   ④ frightening

해설 intimidate은 '위협하다, 겁먹게 하다'의 뜻으로 이와 가장 가까운 유의어는 ④ frighten이다.

해석 최신식 접근법이 두렵다고 생각하는 그 학생은 그들이 구식 방법으로 배웠던 것보다 덜 배우게 된다.

어휘 **state-of-the-art** 최신식의, 최첨단의 / **approach** 접근(하다), 접근법 / **humorous** 재미있는 / **friendly** 친근한 / **convenient** 편리한

043 | ②

밑줄 친 부분과 의미가 가장 가까운 것은?   2018. 서울시 9급

Surgeons were forced to call it a day because they couldn't find the right tools for the job.

① initiate   ② finish
③ wait   ④ cancel

해설 call it a day는 '끝내다'의 뜻으로 이와 가장 가까운 유의어는 ② finish이다.

해석 외과 의사들은 그 수술에 적합한 방법을 찾지 못했기 때문에 수술을 끝내야만 했다.

어휘 **surgeon** 외과의사 / **force** 강요하다 / **call it a day** 끝내다 / **initiate** 시작하다

044 | ④

밑줄 친 부분과 의미가 가장 먼 것은?   2018. 서울시 9급

As a prerequisite for fertilization, pollination is essential to the production of fruit and seed crops and plays an important part in programs designed to improve plants by breeding.

① crucial   ② indispensable
③ requisite   ④ omnipresent

(●해설) essential은 '필수적인'의 뜻으로 이 의미와 거리가 먼 것은 ④ omnipresent이다.

(!해석) 수정을 위한 선행조건으로서, 수분은 열매와 씨앗용 작물의 생산에 필수적이며, 번식에 의해 식물들을 향상시키기 위해 고안된 프로그램들 내에서 중요한 역할을 한다.

(+어휘) **prerequisite** 선행조건 / **fertilization** ① 비옥화 ② 수정 (受精), 수태 * **fertilize** ① 비옥화[기름지게]하다 ② 수정시키다 / **pollination** (식물) 수분 (작용) / **crop** 작물, 농작물 / **play a part** 역할을 하다 / **crucial** 중대한, 결정적인 / **requisite** ① 꼭 필요한 ② 필수품 (조건) / **omnipresent** 도처에, 어디에나 있는

045 | ①

밑줄 친 부분과 의미가 가장 가까운 것은? 2018. 서울시 9급 (추가채용)

Ethical considerations can be an <u>integral</u> element of biotechnology regulation.

① key
② incidental
③ interactive
④ popular

(●해설) integral은 '필수적인'의 뜻으로 이와 가장 가까운 유의어는 ① key이다.

(!해석) 윤리적 고려가 생명공학 규제의 필수적인 요소가 될 수 있다.

(+어휘) **ethical** 윤리적인 / **consideration** 고려 / **integral** ① 필수적인 ② 완전한 / **regulation** 규제 / **key** 필수[핵심]적인 / **incidental** 부수적인 / **interactive** 상호적인

Chapter 02 빈칸 어휘

001 | ④

밑줄 친 부분에 들어갈 말로 가장 적절한 것은? 2023. 지방직 9급

Voters demanded that there should be greater _____ in the election process so that they could see and understand it clearly.

① deception
② flexibility
③ competition
④ transparency

(●해설) 유권자들이 선거 과정을 명확히 보고 이해할 수 있어야 한다고 했으므로 문맥상 빈칸에 들어갈 말로 가장 적절한 것은 ④ transparency이다.

(!해석) 유권자들은 선거 절차를 명확히 보고 이해할 수 있도록 선거 과정에 더 큰 투명성이 있어야 한다고 요구했다.

(+어휘) **voter** 유권자, 투표자 / **demand** 요구하다 / **election** 선거 / **so that** ~하도록, ~하기 위하여 / **clearly** 명확히 / **deception** 속임수 / **flexibility** 유연성 / **competition** 경쟁 / **transparency** 투명성, 투명함

002 | ②

밑줄 친 부분에 들어갈 말로 가장 적절한 것을 고르시오.. 2022. 국가직 9급

A mouse potato is the computer _____ of television's couch potato : someone who tends to spend a great deal of leisure time in front of the computer in much the same way the couch potato does in front of the television.

① technician
② equivalent
③ network
④ simulation

(●해설) 빈칸 다음 유사의 signal(서로 다른 소재에 대한 유사점) the same way를 이용해서 빈칸을 추론할 수 있어야 한다. 문맥상 빈칸에 들어가기에 가장 적절한 것은 ② equivalent이다.

(!해석) 마우스 포테이토(컴퓨터 앞에서 시간을 많이 보내는 사람) 는 텔레비전의 카우치 포테이토(소파에 앉아 텔레비전을 보면서 시간을 보내는 사람)와 동등한 컴퓨터 용어이다. 즉, 텔레비전 앞에서 카우치 포테이토가 시간을 보내는 것과 똑같은 방식으로 컴퓨터 앞에서 많은 여가시간을 보내는 경향이 있는 사람을 칭한다.

(+어휘) **tend to ⓥ** ⓥ하는 경향이 있다 / **a great deal of** 많은 / **couch** 소파 / **equivalent** ① 동등한, 맞먹는 ② 상응하는 것, 같은 것 / **simulation** 모방, 흉내

003 | ①

밑줄 친 부분에 들어갈 말로 가장 적절한 것을 고르시오. 2022. 국가직 9급

Mary decided to _____ her Spanish before going to South America.

① brush up on
② hear out
③ stick up for
④ lay off

(●해설) 빈칸 다음 '남미에 가기 전에'라는 표현이 있으므로 빈칸에는 스페인어를 공부한다는 내용이 들어가야 한다. 따라서 빈칸에 들어가기에 가장 적절한 것은 ① brush up on이다.

(!해석) Mary는 남미에 가기 전에 스페인어를 복습하기로 결심했다.

(+어휘) **decide** 결심하다, 결정하다 / **brush up on** 복습하다, 다시 공부하다 / **hear out** ~을 끝까지 듣다 / **stick up for** ~을 방어하다, 옹호하다 / **lay off** 해고하다

004 | ④

밑줄 친 부분에 들어갈 말로 가장 적절한 것은? 2022. 지방직 9급

Sometimes we _____ money long before the next payday.

① turn into
② start over
③ put up with
④ run out of

(●해설) 빈칸 뒤에 다음 월급날이라는 표현이 있으므로 빈칸에 들어가기에 가장 적절한 것은 ④ run out of이다.

(!해석) 가끔 우리는 다음 월급날도 되기 훨씬 전에 돈이 다 떨어진다.

어휘 **turn into** ~로 변하다 / **start over** 다시 시작하다 / **put up with** 참다, 견디다 / **run out of** ~이 다 떨어지다, ~이 바닥나다

005 | ④

밑줄 친 부분에 들어갈 말로 가장 적절한 것은? 2021. 국가직 9급

A group of young demonstrators attempted to _____ the police station.

① line up
② give out
③ carry on
④ break into

해설 시위자와 경찰서의 관계를 통해 빈칸에 들어갈 내용을 추론할 수 있다. 문맥상 빈칸에 들어가기에 가장 적절한 것은 ④ break into(침입하다)이다.

해석 한 무리의 젊은 시위자들이 경찰서에 침입을 시도했다.

어휘 **demonstrator** 시위자 / **attempt** 시도하다 / **police station** 경찰서 / **line up** 줄을 서다, 일렬로 서다 / **give out** ① 바닥[동]이 나다 ② 정지하다, 멈추다 / **carry on** 계속 가다 / **break into** 침입하다

006 | ③

밑줄 친 부분에 들어갈 말로 가장 적절한 것을 고르시오. 2021. 지방직 9급

Globalization leads more countries to open their markets, allowing them to trade goods and services freely at a lower cost with greater _____.

① extinction
② depression
③ efficiency
④ caution

해설 세계화의 긍정적인 내용을 설명하는 내용의 글이므로 빈칸에 가장 적절한 것은 ③ efficiency이다.

해석 세계화는 더 많은 나라들이 상당히 효율적으로 더 낮은 비용으로 자유롭게 물품과 서비스를 교환 할 수 있도록 시장 개방을 이끈다.

어휘 **glottalization** 세계화 / **trade** 무역하다, 교환하다 / **goods** 물건 상품 / **extinction** 멸종 / **depression** 우울(증) / **efficiency** 효율성 / **caution** 주의, 경고

007 | ①

밑줄 친 부분에 들어갈 말로 가장 적절한 것을 고르시오. 2021. 지방직 9급

We're familiar with the costs of burnout: Energy, motivation, productivity, engagement, and commitment can all take a hit, at work and at home. And many of the _____ are fairly intuitive: Regularly unplug. Reduce unnecessary meetings. Exercise. Schedule small breaks during the day. Take vacations even if you think you can't afford to be away from work, because you can't afford not to be away now and then.

① fixes
② damages
③ prizes
④ complications

해설 문장부호 ': (colon)'을 이용해서 빈칸을 추론해야 한다. :(colon) 다음 번아웃의 해결책을 제시하고 있고 :(colon)은 논리의 방향이 같으므로 빈칸에 들어가기에 가장 적절한 것은 해결책의 의미를 지닌 ① fixes이다.

해석 우리는 번아웃[소진]의 희생에 친숙하다. 예를 들어서 직장에서든 집에서든 에너지, 동기부여, 생산성, 참여 그리고 헌신 등이 모두 타격을 입는다. 그래서 많은 해결책들은 꽤 직관적으로 인식된다. 즉, 규칙적으로 플러그를 뽑아야 하고, 불필요한 회의를 줄이고, 운동하고, 자주 쉬고, 가끔 여력이 없어 일에서 벗어날 수 없다 하더라도 휴가를 가야 한다.

어휘 **be familiar with** ~에 친숙하다 / **burnout** 번아웃[소진], 극도의 피로 / **motivation** 동기부여 / **productivity** 생산성 / **engagement** 참여 / **commitment** ① 다짐, 약속 ② 헌신, 몰두 / **take a hit** 타격을 입다 / **intuitive** 직관적인 / **regularly** 규칙적으로, 정기적으로 / **reduce** 줄이다 / **can't afford to** ⓥ ⓥ할 여유가 없다 / **now and then** 이따금, 가끔 / **fix** ① 고치다, 수리하다 ② 고정시키다, 정하다 ③ 해결책 / **complication** ① 복잡함, 복잡성 ② 문제, 문제점

008 | ②

밑줄 친 부분에 들어갈 말로 가장 적절한 것을 고르시오. 2021. 지방직 9급

The government is seeking ways to soothe salaried workers over their increased tax burdens arising from a new tax settlement system. During his meeting with the presidential aides last Monday, the President _____ those present to open up more communication channels with the public.

① fell on
② called for
③ picked up
④ turned down

해설 세금 부담으로 인한 근로자들의 불만을 해소할 방법을 찾는다는 내용의 글이므로 빈칸에 들어가기에 가장 적절한 것은 ② called for이다.

해석 정부는 새로운 세금정산 시스템으로 인해 세금증가 부담을 갖는 월급 노동자들을 달랠 방법을 찾고 있다. 지난 월요일 대통령 보좌관 회의에서 대통령은 국민과 더 많은 의사소통채널을 열 것을 참석자들에게 요구했다.

어휘 **seek** 찾다, 구하다 / **soothe** 달래다, 완화시키다 / **salaried** 봉급을 받는 / **burden** 부담, 짐 / **arise** 일어나다, 발생하다 / **settlement** ① 합의 ② 해결(책) ③ 조정, 정산 / **aide** 보좌관 / **present** 참석한, 출석한 / **fall on** ① ~에게 달려[덤벼]들다 ② ~의 책임이다 / **call for** 요구[요청]하다 / **pick up** ① ~을 집다 ② ~을 태우다 ③ 다시 시작하다, 계속하다 / **turn down** 거절하다, 거부하다

009 | ②

밑줄 친 부분에 들어갈 말로 가장 적절한 것은?   2020. 지방직 9급

The issue with plastic bottles is that they're not _____, so when the temperatures begin to rise, your water will also heat up.

① sanitary
② insulated
③ recyclable
④ waterproof

해설 so를 기준으로 인과관계의 논리가 필요하다. so 다음 온도가 상승해서 물이 뜨거워진다고 했으므로 빈칸에 가장 적절한 것은 ② insulated이다.

해석 플라스틱 병의 문제는 그 병들이 단열이 되지 않는다는 것이다. 그래서 온도가 상승하면 물이 또한 뜨거워질 것이다.

어휘 **heat up** 뜨거워지다, 데워지다 / **sanitary** 위생의, 위생적인 / **insulate** 절연[단열, 방음]하다 / **recyclable** 재활용할 수 있는 / **waterproof** 방수의, 방수가 되는

010 | ①

밑줄 친 부분에 들어갈 말로 가장 적절한 것은?   2019. 서울시 9급

Tests ruled out dirt and poor sanitation as causes of yellow fever, and a mosquito was the _____ carrier.

① suspected
② uncivilized
③ cheerful
④ volunteered

해설 황열병의 원인 중 두 가지를 제외시켰으므로 모기가 그 병의 원인으로 의심받게 되었다는 내용이 자연스러우므로 빈칸에 가장 적절한 것은 ① suspected이다.

해석 검사는 황열병의 원인으로서 먼지와 불결한 위생을 제외시켰고 그래서, 모기가 의심받는 매개체가 되었다.

어휘 **rule out** ~을 제외시키다, 배제하다 / **dirt** 흙, 먼지 / **sanitation** 위생 / **yellow fever** 황열(병) / **mosquito** 모기 / **carrier** 매개체, 전달자 / **suspected** 의심되는 / **uncivilized** 문명화되지 않은, 미개한 / **cheerful** 발랄한, 쾌활한 / **volunteer** 자원봉사하다

011 | ②

밑줄 친 부분에 들어갈 말로 가장 적절한 것은?   2019. 서울시 9급

Generally speaking, people living in 2018 are pretty fortunate when you compare modern times to the full scale of human history. Life expectancy _____ at around 72 years, and diseases like smallpox and diphtheria, which were widespread and deadly only a century ago, are preventable, curable, or altogether eradicated.

① curtails
② hovers
③ initiates
④ aggravates

해설 한 세기 전과 비교했을 때 현대사회에서는 질병이 치료되고 수명이 올라갔다는 내용의 글이므로 빈칸에 가장 적절한 것은 ② hovers이다.

해석 일반적으로 말해서, 2018년에 사는 우리들은 현대 사회를 전체 규모의 인류 역사와 비교해 봤을 때 꽤 운이 좋다. 수명은 대략 72세 정도를 맴돌고 있고, 천연두와 디프테리아 같은 질병은 불과 한 세기 전만 해도 널리 퍼져 있었고 치명적이었지만 (2018년에는) 예방이나 치료가 가능했고 또는 완전히 근절되었다.

어휘 **generally speaking** 일반적으로 말해서 / **scale** 규모 / **life expectancy** 수명 / **disease** 질병 / **smallpox** 천연두 / **diphtheria** 디프테리아 / **widespread** 널리 퍼진, 만연한 / **deadly** 치명적인 / **preventable** 예방할 수 있는, 막을 수 있는 / **curable** 치료할 수 있는 / **altogether** 완전히 / **eradicate** 뿌리 뽑다, 근절하다 / **curtail** 삭감하다, 줄이다 / **hover** 선회하다, 맴돌다 / **initiate** 시작하다 / **aggravate** 악화시키다

012 | ②

밑줄 친 부분에 들어갈 말로 가장 적절한 것은?   2018. 국가직 9급

Listening to music is _____ being a rock star. Anyone can listen to music, but it takes talent to become a musician.

① on a par with
② a far cry from
③ contingent upon
④ a prelude to

해설 빈칸 다음 문장에 누구나 음악을 들을 수 있지만 음악가가 되기 위해서는 재능이 필요하다는 내용이 있으므로 음악을 듣는 것과 록스타가 되는 것은 '다르다'는 내용이 필요하므로 빈칸에 가장 적절한 것은 ② a far cry from이다.

해석 음악을 듣는 것과 록스타가 되는 것은 다르다. 누구든지 음악을 들을 수는 있다, 하지만 음악가가 되기 위해서는 재능이 필요하다.

어휘 **talent** 재능 / **on a par with** ~와 동등한, 같은 / **a far cry from** ~와는 거리가 먼, 다른 / **contingent upon** ~의 여하에 달린 / **a prelude to** ~에 대한 서막, 전주곡

013 | ③

다음 밑줄 친 부분에 들어갈 말로 가장 적절한 것은? 2018. 지방직 9급

Since the air-conditioners are being repaired now, the office workers have to _____ electric fans for the day.

① get rid of
② let go of
③ make do with
④ break up with

해설 에어컨이 지금 현재 수리중이고 빈칸 다음 electric fan(선풍기)이 있으므로 빈칸에 가장 적절한 것은 문맥상 '~로 임시변통하다, 아쉬운 대로 ~로 만족하다'의 의미를 갖는 ③ make do with가 된다.

해석 에어컨이 현재 수리 중이기 때문에 직원들은 오늘 하루 동안 <u>아쉬운 대로</u> 선풍기로 만족해야 한다.

어휘 since ① ~때문에 ② ~이래로 / **air-conditioner** 에어컨 / **repair** 고치다, 수리하다 / **electric fan** 선풍기 / **get rid of** ~을 제거하다, 없애다 / **let go of** ~를 놓다, 놓아주다 / **make do with** ~로 임시변통하다[때우다], 아쉬운 대로 ~로 만족하다 / **break up with** ~와 헤어지다

014 | ④

글의 흐름상 빈칸에 들어갈 단어로 가장 옳은 것은? 2018. 서울시 9급

Social learning theorists offer a different explanation for the counter-aggression exhibited by children who experience aggression in the home. An extensive research on aggressive behavior and the coercive family concludes that an aversive consequence may also elicit an aggressive reaction and accelerate ongoing coercive behavior. These victims of aggressive acts eventually learn via modeling to _____ aggressive interchanges. These events perpetuate the use of aggressive acts and train children how to behave as adults.

① stop
② attenuate
③ abhor
④ initiate

해설 빈칸을 기준으로 지시형용사 these를 이용(Likeness : 논리의 방향이 비슷하다)해야 하고 또한 오답을 지울 수 있어야 한다. 빈칸 앞에 폭력성을 유발한다는 내용이 있고 빈칸 다음 폭력성을 영구화시킨다는 내용이 있으므로 빈칸에 가장 적절한 것은 이와 비슷한 논리의 내용인 ④ initiate이다.

해석 사회 학습 이론가들은 가정폭력을 경험한 아이들에게서 보여지는 폭력 대응에 대해서 다른 설명을 제공한다. 폭력적인 행동과 강압적인 가정에 대한 광범위한 연구는 폭력을 회피하려는 결과가 또한 폭력적인 반응을 이끌어내고, 지속적인 강압적 행동을 가속화한다고 결론짓는다. 폭력적인 행동으로 인한 이 같은 희생자들은 결국 폭력의 상호교환을 <u>시작하는</u> 역할을 따라하기를 통해서 학습한다. 이러한 사태가 폭력적인 행동의 사용을 영구화하고 아이들이 어른들과 같이 행동하는 방법을 훈련시키게 된다.

어휘 **social learning theorist** (심리학) 사회이론가 / **explanation** 설명 / **counter** 반하는, 대응하는 / **aggression** 폭력, 공격 * **aggressive** 폭력[공격]적인 / **exhibit** 보여주다, 전시하다 /

extensive 광범위한 / **coercive** 강압적인 / **aversive** 회피하는 * **avert** 피하다, 회피하다 / **ongoing** 지속적인, 계속 진행 중인 / **perpetuate** 영구화하다, 영속화하다 / **attenuate** 악화시키다 / **abhor** 혐오하다 / **initiate** 시작하다 / **elicit** 이끌어내다, 야기하다 / **accelerate** 가속화하다 / **victim** 희생자, 희생물 / **eventually** 결국, 궁극적으로 / **via** ~을 통해서, ~을 경유해서

015 | ③

글의 흐름상 빈칸에 들어갈 단어로 가장 옳지 않은 것은? 2018. 서울시 9급

Following his father's imprisonment, Charles Dickens was forced to leave school to work at a boot-blacking factory alongside the River Thames. At the run-down, rodent-ridden factory, Dickens earned six shillings a week labeling pots of "blacking," a substance used to clean fireplaces. It was the best he could do to help support his family. Looking back on the experience, Dickens saw it as the moment he said goodbye to his youthful innocence, stating that he wondered "how he could be so easily cast away at such a young age." He felt _____ by the adults who were supposed to take care of him.

① abandoned
② betrayed
③ buttressed
④ disregarded

해설 빈칸 앞에 어린 시절 버려졌다(cast away)라고 했으므로 빈칸에는 이와 비슷한 내용의 단어가 있어야 한다. 주어진 문제는 빈칸에 들어갈 수 없는 단어를 고르는 것이므로 정답은 ③ buttress이다.

해석 아버지가 투옥된 후 Charles Dickens는 템스강을 따라 위치한 구두 닦기 공장에서 일하기 위해 학교를 그만 둘 수밖에 없었다. 황폐하고 쥐가 들끓던 공장에서 디킨스는 벽난로를 닦는 데 사용되는 물질인 검정구두약통에 라벨을 붙이며 일주일에 6실링을 벌었다. 그것이 그의 가족을 부양하기 위해 그가 할 수 있는 최선이었다. 과거를 돌아보면서 그때를 디킨스는 자신의 젊은 날의 순수함에게 작별인사를 보내던 순간으로 생각했다. 그리고 그는 "그렇게 어린 나이의 아이를 어떻게 그렇게 쉽게 버릴 수 있을까"라며 의아해했었다고 말했다. 그는 자신을 돌봐야만 하는 어른들로부터 <u>버려진</u> 느낌을 받았다.

어휘 **imprisonment** 투옥 / **boot black** 구두 닦기 / **run-down** 황폐한, 쇠퇴한 / **rodent-ridden** 쥐가 들끓는 * **rodent** 설치류 / **earn** 벌다, 획득하다 / **substance** 물질 / **fireplace** 벽난로 / **youthful** 젊은 시절의 / **shillings** 실링(영국에서 1971년까지 사용되던 주화) / **innocence** ① 순진함 ② 무죄, 무고함 / **cast away** 버리다, 내던지다 / **take care of** 돌보다 / **abandon** 버리다, 포기하다 / **betray** 배반하다 / **buttress** 지지하다, 버팀목이 되다 / **disregard** 무시하다

016 | ④

글의 흐름상 빈칸에 들어갈 단어로 가장 옳은 것은? 2018. 서울시 9급

> Mr. Johnson objected to the proposal because it was founded on a _____ principle and also was _____ at times.

① faulty − desirable
② imperative − reasonable
③ conforming − deplorable
④ wrong − inconvenient

해설 제안에 반대한 이유가 첫 번째 빈칸에 와야 하고 and(논리의 방향이 같다.) 다음 내용도 역시 반대 이유가 있어야 하므로 정답은 ④ wrong − inconvenient가 된다.

해석 Johnson 씨는 그 제안에 반대했는데 그 이유는 그 제안이 잘못된 원리 위에 세워졌고 또한 가끔은 불편했기 때문이다.

어휘 object to ~에 반대하다 / proposal 제안 / found 세우다, 설립하다 / principal 원리, 원칙 / at times 가끔, 때때로 / faulty 잘못된 / desirable 바람직한 / imperative 꼭 필요한, 필수적인 / reasonable 이성적인, 이치에 맞는 / conforming 순응하는 / deplorable 개탄스러운

017 | ④

빈칸에 들어갈 단어로 가장 적절한 것은? 2018. 서울시 9급 (추가채용)

> Mephisto demands a signature and contract. No mere _____ contract will do. As Faust remarks, the devil wants everything in writing.

① genuine
② essential
③ reciprocal
④ verbal

해설 빈칸 다음 모든 것을 서면으로 원한다는 내용이 있으므로 빈칸에는 이와 대비를 이루는 ④ verbal(구두의)이 필요하다.

해석 메피스토는 서명과 계약을 요구한다. 단순한 구두계약으로는 충분하지 않을 것이다. 파우스트가 언급한 것처럼 그 악마는 모든 것을 서면으로 원한다.

어휘 contract 계약(서) / mere 단순한 / do (자동사로) 충분하다 / remark 언급하다 / devil 악마 / genuine 진짜의 / reciprocal 상호간의 / verbal 말로 하는, 구두의

018 | ②

2017. 하반기 국가직 9급 (추가채용)

밑줄 친 부분에 들어갈 말로 가장 적절한 것을 고르시오.

> As a middle class Jew growing up in an ethnically mixed Chicago neighborhood, I was already in danger of being beaten up daily by rougher working-class boys. Becoming a bookworm would only have given them a decisive reason for beating me up. Reading and studying were more permissible for girls, but they, too, had to be careful not to get too _____, lest they acquire the stigma of being 'stuck up.'

① athletic
② intellectual
③ hospitable
④ inexperienced

해설 빈칸 앞의 but을 기준으로 반대·대조(different)를 이용해야 한다. but 앞에서 독서와 공부가 더 많이 허용되었다고 했으므로 but 다음에는 독서와 공부와 반대되는 내용이 있어야 한다. 그러나 빈칸 앞에 not이 있으므로 빈칸에는 독서와 공부와 관련된 내용이 있어야 한다. 따라서 정답은 ② intellectual가 된다.

해석 인종적으로 혼합된 시카고 인근의 중산층 유대인으로 성장했기 때문에 나는 이미 매일 더 거친 노동계층의 남자아이들에게서 맞을 위험에 처해 있었다. 책벌레가 되는 것은 단지 그들에게 나를 때리는 데 결정적인 이유를 제공할 뿐이었다. 독서와 공부는 여자아이들에게나 허용되었다. 그러나 그들(여자아이들) 역시 "우쭐댄다"는 오명을 남기지 않기 위해서 지나치게 지적이지 않도록 주의해야만 했다.

어휘 middle-class 중산층의 / grow up 성장하다, 자라다 / ethnically 인종적으로, 민족적으로 / be in danger of ~할 위험이 있다 / rough 거친 / working-class 노동계급의 / bookworm 책벌레 / decisive 결정적인 / permissible 허용되는 / acquire 얻다 / stigma 오명, 낙인 / athletic 육상의 / intellectual 지적인 / hospitable 우호적인, 환대하는 / inexperienced 미숙한

019 | ④

2017. 하반기 국가직 9급 (추가채용)

밑줄 친 부분에 공통으로 들어갈 말로 가장 적절한 것은?

> • She's disappointed about their final decision, but she'll _____ it eventually.
> • It took me a very long time to _____ the shock of her death.

① get away
② get down
③ get ahead
④ get over

해설 첫 번째 문장에서 but을 기준으로 앞에 '실망했다'는 내용이 있으므로 but 다음에는 실망에 대한 반대·대조의 내용이 있어야 한다. 따라서 빈칸에 가장 적절한 것은 ④ get over이다.

해석
• 그녀는 그들의 최종 결정에 실망하지만 그녀는 결국 그것을 극복할 것이다.
• 내가 그녀의 죽음으로 인한 충격을 극복하는 데 아주 오랜 시간이 걸렸다.

어휘 disappointed 실망한 / decision 결정 / eventually 결국 / get away ①휴가를 가다 ②도망치다, 벗어나다 / get down 내려가다 / get ahead 성공하다, 앞지르다 / get over 극복하다

020 | ①

다음 밑줄 친 부분에 들어갈 말로 가장 적절한 것을 고르시오. 2017. 지방직 9급

> Our main dish did not have much flavor, but I made it more _____ by adding condiments.

① palatable
② dissolvable
③ potable
④ susceptible

해설 but을 기준으로 앞에는 맛이 없다(not ~ flavor)는 내용이 있으므로 빈칸에는 이와 반대되는 내용인 ① palatable이 정답이 된다.

해석 우리의 주 요리가 별로 맛이 없어서 나는 조미료를 첨가해서 조금 더 맛있게 만들었다.

어휘 flavor 맛 / condiment 조미료, 양념 / palatable 맛있는 / dissolvable 분해할 수 있는 / potable 마셔도 되는 / susceptible 민감한

021 | ④

밑줄 친 부분에 들어갈 말로 가장 적절한 것은? 2017. 하반기 지방직 9급 (추가채용)

A police sergeant with 15 years of experience was dismayed after being _____ for promotion in favor of a young officer.

① run over
② asked out
③ carried out
④ passed over

해설 경력이 많은 경찰관이 승진에 대해 실망했다고 했으므로 빈칸에 가장 적절한 것은 ④ passed over이다.

해석 15년 경력의 경사는 젊은 경찰관을 선호하는 승진에서 제외된 후 실망하였다.

어휘 police sergeant (경찰 계급) 경사 / dismay 실망시키다 / run over 차에 치다 / ask out 데이트를 신청하다 / carry out 수행하다, 실행하다 / pass over 제외시키다

022 | ③

다음 밑줄 친 부분에 들어갈 말로 가장 적절한 것은? 2017. 지방직 7급

Many species of insects, like katydids and walking sticks, resemble leaves. This form of mimicry, in which animals _____ themselves as uninteresting and inedible objects to evade predators, is known as masquerade.

* katydid : 미국산 여칫과(科)의 곤충
* walking stick : 대벌레

① clone
② detain
③ camouflage
④ domesticate

해설 빈칸 앞에 resemble(닮다), mimicry(흉내, 모방) 등을 통해서 빈칸을 추론할 수 있다. 따라서 빈칸에 가장 적절한 것은 ③ camouflage이다.

해석 여칫과 곤충과 대벌레 같은 많은 곤충의 종류가 나뭇잎과 닮았다. 동물들이 포식자를 피하기 위해 관심거리도 안되고 먹을 수도 없는 것처럼 스스로를 위장하는 이런 흉내의 형태는 가장으로 알려져 있다.

어휘 mimicry 흉내, 모방 / inedible 먹을 수 없는, 못 먹는 / object 물건, 대상 / predator 포식자 / masquerade 가장, 위장 / clone 복제(하다) / detain 구금[억류]하다 / camouflage 위장하다 / domesticate 길들이다, 사육하다

023 | ②

다음 빈칸에 들어갈 가장 적절한 단어는? 2017. 서울시 9급

A faint odor of ammonia or vinegar makes one week old infants grimace and _____ their heads.

① harness
② avert
③ muffle
④ evoke

해설 식초와 암모니아 냄새로 아이가 얼굴을 찡그리고 머리를 돌리게 한다는 내용의 글이다. 따라서 ② avert가 정답이 된다.

해석 암모니아나 식초의 희미한 냄새는 생후 일주일 된 유아들이 얼굴을 찡그리게 만들고, 머리를 돌리게 한다.

어휘 faint 희미한 / odor 냄새 / vinegar 식초 / infant 유아 / grimace 얼굴을 찡그리다 / harness 이용하다, 활용하다 / avert ① 피하다 ②(고개를) 돌리다 / muffle ①(소리를) 죽이다 ② 감싸다, 덮다 / evoke 불러일으키다

024 | ①

빈칸에 들어갈 가장 적절한 것은? 2017. 서울시 7급

Culture is defined as material, and even nonmaterial, objects that are passed from one generation to the next. Cultures often vary across space and time. While cultures may be diverse, they also share some similarities. Academic research has identified several cultural _____, that is, cultural attributes that may be found wherever people occupy a territory.

① universals
② discriminations
③ renaissances
④ prejudices

해설 이 글은 문화가 다른 것 같지만 유사점을 공유하는 즉, 문화의 유사성(보편성)에 관한 글이므로 빈칸에 가장 적절한 것은 ① universals이다.

해석 문화는 한 세대에서 다음 세대로 전달되는 물질적인, 심지어는 비물질적인 대상으로 정의 내려진다. 문화는 종종 시공간에 따라 다양해진다. 문화는 다양한 반면에 몇몇 유사점들을 공유한다. 학술 연구가 몇몇 보편성을 확인하고 있는데 이는 사람들이 살고 있는 곳이면 어디든지 발견될 수 있는 문화적 특성이다.

어휘 define 정의를 내리다 / object ① 물건, 물체 ② 대상 / generation 세대 / diverse 다양한 / identify 확인하다 / attribute ① ~의 탓으로 돌리다 ② 특성, 특징 / occupy 차지하다 / territory 영토, 영역 / universal ① 보편적인 ② 보편성 / discrimination 차별 / renaissance 르네상스 (문예부흥기) / prejudice 편견

025 | ③

다음 밑줄 친 부분에 들어갈 표현으로 가장 적절한 것은?   2017. 사복직 9급

> Research shows you'll eat less food and take in fewer calories if you eat slowly, so _____ yourself at holiday meals.

① hide
② express
③ pace
④ betray

해설 음식을 천천히 먹으면 음식을 적게 먹을 수 있고 칼로리 섭취도 줄일 수 있다고 했으므로 먹는 속도를 조절하는 것이 빈칸에 가장 적절하다. 따라서 정답은 ③ pace가 된다.

해석 만일 당신이 천천히 먹으면 음식을 덜 먹게 되고 칼로리를 덜 섭취하게 된다는 것을 연구는 보여 준다, 그러므로 휴가 기간에 먹는 속도를 조절해라.

어휘 **take in** 섭취하다 / **meal** 음식, 식사, 끼니 / **hide** 숨기다 / **express** 표현하다 / **pace** 속도를 유지하다 / **betray** 배신하다, 배반하다

026 | ②

다음 밑줄 친 부분에 들어갈 표현으로 가장 적절한 것은?   2017. 사복직 9급

> The government is currently trying to find an alternative to garbage disposal to _____ environmental pollution.

① slope off
② head off
③ set off
④ run off with

해설 정부가 환경오염을 막기 위해서 쓰레기 처리 대안을 찾고 있다고 했으므로 빈칸에 가장 적절한 것은 ② head off가 된다.

해석 정부는 현재 환경오염을 막기 위해서 쓰레기 처리에 대한 대안을 찾고자 노력하고 있다.

어휘 **currently** 현재 / **alternative** 대안, 다른 방도 / **garbage** 쓰레기 / **disposal** 처리, 처분 / **slope off** 살며시 빠져나가다 / **head off** 막다, 저지하다 / **set off** 유발하다, (폭탄 등을) 터뜨리다 / **run off with** (~을 훔쳐) 달아나다

PART 04 생활영어

001 | ①

밑줄 친 부분에 들어갈 말로 알맞은 것을 고르시오. 　2023. 국가직 9급

> A : I got this new skin cream from a drugstore yesterday. It is supposed to remove all wrinkles and make your skin look much younger.
> B : _____
> A : Why don't you believe it? I've read in a few blogs that the cream really works.
> B : I assume that the cream is good for your skin, but I don't think that it is possible to get rid of wrinkles or magically look younger by using a cream.
> A : You are so pessimistic.
> B : No, I'm just being realistic. I think you are being gullible.

① I don't buy it.
② It's too pricey.
③ I can't help you out.
④ Believe it or not, it's true.

해설 A가 새로 구입한 스킨 크림의 효능에 관해 이야기했고 그 다음 왜 그것을 믿지 않느냐고 물어보는 대화가 이어지므로 빈칸에 들어가기에 가장 적절한 것은 ① '난 안 믿어.'이다.

해석 A : 어제 약국에서 이 새 스킨 크림을 샀어. 이건 모든 주름을 없애주고 피부를 훨씬 젊어 보이게 해준대.
B : 난 안 사(→난 안 믿어).
A : 왜 안 믿는 거야? 내가 블로그 몇 개에서 이 크림이 정말 효과 있다는 글을 읽었어.
B : 난 그 크림이 피부에 좋다고 생각하지만, 크림을 사용해서 주름을 없애거나 마법처럼 더 젊어 보이는 건 불가능하다고 생각해.
A : 넌 너무 비관적이야.
B : 아니야, 난 그냥 현실적인 거야. 난 네가 잘 속는 것 같아.
① 난 안 사(난 안 믿어).
② 너무 비싸.
③ 난 널 도와줄 수 없어.
④ 믿거나 말거나 사실이야.

어휘 **be supposed to ⓥ** ① ⓥ하기로 되어있다 ② ⓥ해야만 한다 / **remove** 없애다, 제거하다 / **wrinkle** 주름 / **assume** 생각하다, 가정하다 / **get rid of** 없애다, 제거하다 / **pessimistic** 비관적인 / **gullible** 남의 말을 잘 믿는, 잘 속는 / **I don't buy it** 난 안 믿어 / **pricey** 비싼 / **help out** 도와주다

002 | ②

밑줄 친 부분에 들어갈 말로 알맞은 것을 고르시오. 　2023. 국가직 9급

> A : I'd like to go sightseeing downtown. Where do you think I should go?
> B : I strongly suggest you visit the national art gallery.
> A : Oh, that's a great idea. What else should I check out?
> B : _____
> A : I don't have time for that. I need to meet a client at three.
> B : Oh, I see. Why don't you visit the national park, then?
> A : That sounds good. Thank you!

① This is the map that your client needs. Here you go.
② A guided tour to the river park. It takes all afternoon.
③ You should check it out as soon as possible.
④ The checkout time is three o'clock.

해설 도심 구경을 하고 싶어 하는 A에게 B가 갈 만한 곳을 추천하고 있고 빈칸 앞에 A가 추가로 무엇을 볼지 질문을 했다. 빈칸 다음 B가 그럴 시간이 없다고 대답했으므로, 빈칸에 들어갈 말로 가장 적절한 것은 ② '강 공원으로 가는 가이드 투어. 오후 내내 걸릴 거야.'이다.

해석 A : 시내 관광을 하고 싶어. 넌 내가 어디로 가야 한다고 생각해?
B : 국립 미술관을 방문하는 것을 강력히 추천해.
A : 아, 좋은 생각이야. 또 어떤 것을 봐야 할까?
B : 강 공원으로 가는 가이드 투어. 오후 내내 걸릴 거야.
A : 난 그럴 시간이 없어. 3시에 고객을 만나야 하거든.
B : 아, 그렇구나. 그러면 국립공원을 방문해보는 건 어때?
A : 좋은 생각이네. 고마워!
① 이게 당신 고객에게 필요한 지도야. 자 여기 있어.
② 강 공원으로 가는 가이드 투어. 오후 내내 걸릴 거야.
③ 가능한 한 빨리 그걸 확인해야해.
④ 체크아웃 시간은 3시야.

어휘 **sightseeing** 관광 / **downtown** 도심 / **guided tour** 가이드가 안내하는 여행 / **national park** 국립공원 / **as soon as possible** 가능한 빨리

003 | ④

밑줄 친 부분에 들어갈 말로 가장 적절한 것을 고르시오. 2023. 지방직 9급

> A : Pardon me, but could you give me a hand, please?
> B : ＿＿＿＿＿＿＿＿＿＿＿＿＿＿＿＿＿＿
> A : I'm trying to find the Personnel Department. I have an appointment at 10.
> B : It's on the third floor.
> A : How can I get up there?
> B : Take the elevator around the corner.

① We have no idea how to handle this situation.
② Would you mind telling us who is in charge?
③ Yes. I could use some help around here.
④ Sure. Can I help you with anything?

●●● 해설 ▷ 인사과를 찾으려는 A가 B에게 도움을 요청하고 이에 B가 인사과의 위치를 설명하는 대화가 이어지므로 빈칸에 들어갈 말로 가장 적절한 것은 ④ '물론이죠. 무엇을 도와드릴까요?'이다.

❗ 해석 ▷ A : 실례합니다만, 저 좀 도와주실 수 있나요?
B : 물론이죠. 무엇을 도와드릴까요?
A : 제가 인사과를 찾는 중입니다. 10시에 약속이 있습니다.
B : 3층에 있어요.
A : 거기에 어떻게 올라가나요?
B : 모퉁이 주변에 승강기를 타세요.
① 우리가 이 상황을 어떻게 다루어야 할지 모르겠네요.
② 책임자가 누구인지 말씀해 주실 수 있나요?
③ 네. 여기 도움이 좀 필요해요.
④ 물론이죠. 무엇을 도와드릴까요?

➕ 어휘 ▷ **pardon me** 실례합니다 (= Excuse me) / **give A a hand** A를 도와주다 / **Personnel Department** 인사과 / **have an appointment** 약속이 있다 / **handle** 다루다, 처리하다, 조종하다 / **be in charge** 책임을 지다 / **use help** 도움이 필요하다

004 | ③

밑줄 친 부분에 들어갈 말로 가장 적절한 것을 고르시오. 2023. 지방직 9급

> A : You were the last one who left the office, weren't you?
> B : Yes. Is there any problem?
> A : I found the office lights and air conditioners on this morning.
> B : Really? Oh, no. Maybe I forgot to turn them off last night.
> A : Probably they were on all night.
> B : ＿＿＿＿＿＿＿＿＿＿＿＿＿＿＿＿＿＿

① Don't worry. This machine is working fine.
② That's right. Everyone likes to work with you.
③ I'm sorry. I promise I'll be more careful from now on.
④ Too bad. You must be tired because you get off work too late.

●●● 해설 ▷ 대화의 흐름상 퇴근하면서 사무실 불과 에어컨을 끄지 않은 B가 미안해하면서 할 수 있는 말은 ③ '죄송합니다. 앞으로 더 조심할게요.'이다.

❗ 해석 ▷ A : 당신이 마지막으로 퇴근했죠, 그렇지 않나요?
B : 네 그렇습니다. 무슨 문제가 있나요?

A : 오늘 아침에 사무실 불과 에어컨이 켜져 있는 것을 발견했어요.
B : 정말요? 아, 이런. 아마 어젯밤에 그것들을 끄는 것을 깜빡한 것 같아요.
A : 아마 그것들은 밤새 켜져 있었을 거예요.
B : 죄송합니다. 앞으로 더 조심할게요.
① 걱정하지 마세요. 이 기계는 잘 작동해요.
② 맞아요. 모든 사람이 당신과 함께 일하는 것을 좋아해요.
③ 죄송합니다. 앞으로 더 조심할게요.
④ 너무 안 좋네요. 당신은 너무 늦게 퇴근해서 피곤할 거예요.

➕ 어휘 ▷ **turn off** 끄다 / **work** 작동하다 / **get off work** 퇴근하다

005 | ④

밑줄 친 부분에 들어갈 말로 가장 적절한 것을 고르시오. 2022. 국가직 9급

> A : I heard that the university cafeteria changed their menu.
> B : Yeah, I just checked it out.
> A : And they got a new caterer.
> B : Yes. Sam's Catering.
> A : ＿＿＿＿＿＿＿＿＿＿＿＿＿＿＿＿？
> B : There are more dessert choices. Also, some sandwich choices were removed.

① What is your favorite dessert
② Do you know where their office is
③ Do you need my help with the menu
④ What's the difference from the last menu

●●● 해설 ▷ 빈칸 다음 디저트 선택이 더 많아졌고 몇몇 샌드위치 선택이 없어졌다는 대답이 있으므로 빈칸에 들어갈 내용으로 가장 적절한 것은 ④ '옛날 메뉴와 다른 점이 뭐야'이다.

❗ 해석 ▷ A : 대학 구내식당 메뉴가 바뀌었다고 들었어.
B : 맞아, 나도 방금 확인했어.
A : 그리고 새로운 음식 공급업체가 들어왔대.
B : 그래, Sam's Catering이야.
A : 옛날 메뉴와 다른 점이 뭐야?
B : 디저트 선택이 더 많아졌고 또, 몇 개의 샌드위치 종류가 없어졌어.
① 네가 가장 좋아하는 디저트는 뭐야
② 그들의 사무실이 어디 있는지 알아
③ 메뉴에 대한 내 도움이 필요해
④ 옛날 메뉴와 다른 점이 뭐야

➕ 어휘 ▷ **cafeteria** 구내식당 / **check out** 확인하다 / **cater** 음식을 공급하다 *caterer 음식 공급업체(자) / **remove** 없애다, 제거하다

006 | ③

밑줄 친 부분에 들어갈 말로 가장 적절한 것을 고르시오. 2022. 국가직 9급

> A : Hi there. May I help you?
> B : Yes, I'm looking for a sweater.
> A : Well, this one is the latest style from the fall collection. What do you think?
> B : It's gorgeous. How much is it?
> A : Let me check the price for you. It's $120.
> B : _____.
> A : Then how about this sweater? It's from the last season, but it's on sale for $50.
> B : Perfect! Let me try it on.

① I also need a pair of pants to go with it
② That jacket is the perfect gift for me
③ It's a little out of my price range
④ We are open until 7 p.m. on Saturdays

해설 스웨터 가격이 120달러라고 했고 빈칸 다음 A가 값싼 다른 스웨터를 권하고 있으므로 빈칸에 들어갈 내용으로 가장 적절한 것은 ③ '제 가격대를 조금 벗어났어요'이다.

해석 A : 안녕하세요. 무엇을 도와드릴까요?
B : 네, 스웨터를 찾고 있어요.
A : 음, 이것은 이번 가을 시즌으로 나온 가장 최신 스타일인데 어떠세요?
B : 아주 좋은데요. 얼마입니까?
A : 가격을 좀 볼게요. 120달러네요.
B : 제 가격대를 조금 벗어났어요.
A : 그럼 이 스웨터는 어떠세요? 지난 시즌에 나온 건데, 50달러로 할인 중입니다.
B : 완벽합니다! 한번 입어볼게요.
① 그것에 어울리는 바지도 또한 필요해요
② 그 재킷은 저를 위한 완벽한 선물이에요
③ 제 가격대를 조금 벗어났어요
④ 토요일엔 오후 7시까지 영업합니다

어휘 **look for** 찾다, 구하다 / **latest** 가장 최근의 / **gorgeous** 아주 멋진, 좋은 / **on sale** 할인중인 / **try on** 시험 삼아 입어보다 / **go with** ~ 와 어울리다 / **range** 범위, 영역

007 | ④

밑줄 친 부분에 들어갈 말로 가장 적절한 것은? 2022. 지방직 9급

> A : Hey! How did your geography test go?
> B : Not bad, thanks. I'm just glad that it's over! How about you? How did your science exam go?
> A : Oh, it went really well. _____. I owe you a treat for that.
> B : It's my pleasure. So, do you feel like preparing for the math exam scheduled for next week?
> A : Sure. Let's study together.
> B : It sounds good. See you later.

① There's no sense in beating yourself up over this
② I never thought I would see you here
③ Actually, we were very disappointed
④ I can't thank you enough for helping me with it

해설 빈칸 다음 A가 '밥을 한번 사겠다'고 했으므로 빈칸에는 고마움의 표현이 있어야 한다. 따라서 빈칸에 들어갈 말로 가장 적절한 것은 ④ '도와줘서 정말 고마워'이다.

해석 A : 안녕! 지리 시험은 어땠어?
B : 나쁘지 않았어, 고마워. 난 그냥 시험이 끝나서 기뻐! 넌 어때? 과학 시험은 어땠니?
A : 오, 정말 잘 봤어. 도와줘서 정말 고마워. 밥 한번 살게.
B : 천만에. 어쨌든, 다음 주에 예정된 수학 시험에 대비하고 싶니?
A : 물론이지. 같이 공부하자.
B : 좋은 생각이야. 나중에 봐.
① 이 일에 대해 자책하는 것은 무의미해
② 여기서 너를 만날 줄은 몰랐어
③ 실제로 우리는 매우 실망했어
④ 도와줘서 정말 고마워

어휘 **geography** 지리 / **owe** 빚지다 / **treat** 대접, 한턱 / **beat oneself up** 자책하다 / **disappoint** 실망시키다 / **actually** 실제로, 사실상

008 | ①

밑줄 친 부분에 들어갈 말로 가장 적절한 것을 고르시오. 2021. 국가직 9급

> A : Were you here last night?
> B : Yes. I worked the closing shift. Why?
> A : The kitchen was a mess this morning. There was food spattered on the stove, and the ice trays were not in the freezer.
> B : I guess I forgot to go over the cleaning checklist.
> A : You know how important a clean kitchen is.
> B : I'm sorry. _____

① I won't let it happen again.
② Would you like your bill now?
③ That's why I forgot it yesterday.
④ I'll make sure you get the right order.

해설 부엌상태가 엉망임을 지적하는 A의 말에 '다시는 그런 일이 일어나지 않게 하겠다'는 B의 대답이 대화의 흐름상 가장 적절하므로 정답은 ①이 된다.

해석 A : 어젯밤에 당신은 여기에 있었나요?

B : 네. 마감 교대근무를 하고 있었어요. 왜 그러시죠?

A : 오늘 아침 주방이 엉망이었고 음식이 가스레인지 위에 튀어있었어요. 그리고 제빙용기도 냉동실 안에 없었구요.

B : 제가 청소 체크리스트 점검을 깜빡했나 봐요.

A : 깨끗한 주방이 얼마나 중요한지 알잖아요.

B : 죄송해요. <u>다시는 그런 일이 일어나지 않게 하겠습니다.</u>

① 다시는 그런 일이 일어나지 않게 하겠습니다.

② 지금 계산 하시겠습니까?

③ 그것이 내가 그것을 어제 깜빡한 이유에요.

④ 당신의 주문 내용이 맞는지 내가 확인해 볼게요.

어휘 **closing** 마감 / **shift** 교대 / **mess** 엉망인 상태[상황] / **spatter** 튀다 / **stove** 가스레인지 / **ice tray** 제빙기 그릇 [용기] / **freezer** 냉동고 / **bill** 계산서 / **order** 주문

009 | ②

밑줄 친 부분에 들어갈 말로 가장 적절한 것을 고르시오.   2021. 국가직 9급

A : Have you taken anything for your cold?
B : No, I just blow my nose a lot.
A : Have you tried nose spray?
B : _____
A : It works great.
B : No, thanks. I don't like to put anything in my nose, so I've never used it.

① Yes, but it didn't help.
② No, I don't like nose spray.
③ No, the pharmacy was closed.
④ Yeah, how much should I use?

해설 빈칸 앞에 A가 코 스프레이를 사용해 봤냐고 물었고 빈칸 다음 효과가 아주 좋다고 했으므로 빈칸에 들어갈 B의 대답으로는 부정적 내용이 있어야 한다. 따라서 빈칸에 들어가기에 가장 적절한 것은 ② '아니요, 난 코 스프레이를 좋아하지 않아요.'이다.

해석 A : 당신의 감기에 대해 어떤 것을 해보셨나요?

B : 아니요, 그냥 코만 많이 풀었네요.

A : 당신은 코 스프레이를 사용해봤나요?

B : <u>아니요, 난 코 스프레이를 좋아하지 않아요.</u>

A : 그거 효과가 아주 좋은데요.

B : 고맙지만 사양할래요. 난 코에 무언가를 넣는 것을 좋아하지 않아요. 그래서 그것을 한 번도 사용해 본 적이 없어요.

① 네, 하지만 그것은 도움이 되지 않았어요.

② 아니요, 난 코 스프레이를 좋아하지 않아요.

③ 아니요, 약국이 문을 닫았어요.

④ 네, 얼마나 많이 내가 사용해야 하나요?

어휘 **blow a nose** 코를 풀다 / **pharmacy** 약국

010 | ①

밑줄 친 부분에 들어갈 말로 가장 적절한 것은?   2021. 지방직 9급

A : Did you have a nice weekend?
B : Yes, it was pretty good. We went to the movies.
A : Oh! What did you see?
B : Interstellar. It was really good.
A : Really? _____
B : The special effects. They were fantastic. I wouldn't mind seeing it again.

① What did you like the most about it?
② What's your favorite movie genre?
③ Was the film promoted internationally?
④ Was the movie very costly?

해설 영화와 관련된 B의 대답이 특수 효과이므로 A의 질문으로 가장 적절한 것은 영화의 어떤 점이 좋았는가와 관련된 질문이 빈칸에 들어가야 한다. 따라서 정답은 ① '어떤 점이 가장 좋았어?'이다.

해석 A : 주말 잘 보냈어?

B : 응, 아주 좋았어. 우리는 영화 보러 갔어.

A : 오! 뭘 봤는데?

B : <인터스텔라>. 영화가 정말 좋았어.

A : 정말? 어떤 점이 가장 좋았어?

B : 특수 효과야. 정말 환상적이었어. 한 번 더 봐도 괜찮을 것 같아.

① 정말? 어떤 점이 가장 좋았어?

② 네가 가장 좋아하는 영화 장르는 뭐야?

③ 그 영화가 세계적으로 홍보되었나?

④ 그 영화가 매우 비쌌어?

어휘 **special effect** 특수 효과 / **fantastic** 환상적인, 멋진 / **mind** 꺼려하다 / **genre** 장르 / **promote** 홍보하다, 승진하다 / **costly** 값비싼

011 | ③

밑줄 친 부분에 들어갈 말로 가장 적절한 것은?   2020. 국가직 9급

A : Thank you for calling the Royal Point Hotel Reservations Department. My name is Sam. How may I help you?
B : Hello, I'd like to book a room.
A : We offer two room types : the deluxe room and the luxury suite.
B : _____?
A : For one, the suite is very large. In addition to a bedroom, it has a kitchen, living room and dining room.
B : It sounds expensive.
A : Well, it's $ 200 more per night.
B : In that case, I'll go with the deluxe room.

① Do you need anything else
② May I have the room number
③ What's the difference between them
④ Are pets allowed in the rooms

···해설 빈칸의 질문 다음 A가 디럭스 룸과 럭셔리 스위트 룸의 차이점을 설명하고 있으므로 빈칸에는 이 두 룸의 차이점을 묻는 내용이 있어야 한다. 따라서 빈칸에 들어가기에 가장 적절한 것은 ③ '둘의 차이점이 무엇인가요'이다.

!해석 A : Royal Point 호텔 예약부에 전화 주셔서 감사합니다. 제 이름은 Sam입니다. 무엇을 도와드릴까요?

B : 안녕하세요, 방을 하나 예약하고 싶습니다.

A : 저희는 디럭스 룸과 럭셔리 스위트룸 두 종류의 방을 제공하고 있습니다.

B : 둘의 차이점이 무엇인가요?

A : 우선, 스위트룸은 매우 큽니다. 침실 이외에도, 부엌, 거실, 그리고 식당이 있습니다.

B : 그 방은 비싸겠네요.

A : 네, 하루 200불이 더 나갑니다.

B : 그렇다면 저는 디럭스 룸으로 가겠습니다.

① 더 필요한 게 있나요

② 방 번호를 알려 주시겠어요

③ 둘의 차이점이 무엇인가요

④ 애완동물이 객실에 들어올 수 있나요

+어휘 reservation 예약 / in addition to ~ 이외에도

012 | ②

밑줄 친 부분에 들어갈 말로 가장 적절한 것은? 2020. 지방직 9급

A : Oh, another one! So many junk emails!
B : I know. I receive more than ten junk emails a day.
A : Can we stop them from coming in?
B : I don't think it's possible to block them completely.
A : _____?
B : Well, you can set up a filter on the settings.
A : A filter?
B : Yeah. The filter can weed out some of the spam emails.

① Do you write emails often
② Isn't there anything we can do
③ How did you make this great filter
④ Can you help me set up an email account

···해설 스팸 메일이 너무 많아 그 방법을 찾는 A의 질문에 차단 프로그램을 이용할 수도 있다는 B의 대답으로 미루어 보아 빈칸에 들어가기에 가장 적절한 것은 ② '우리가 할 수 있는 게 뭐 없을까'이다.

!해석 A : 이런, 또 하나가 왔어! 스팸 메일이 너무 많아!

B : 알아. 나도 하루에 열 통 이상씩 받아.

A : 스팸 메일이 들어오는 걸 막을 수 있을까?

B : 완전히 차단할 수는 없을 것 같아.

A : 우리가 할 수 있는 게 뭐 없을까?

B : 글쎄, 설정에서 차단 프로그램을 설치할 수는 있지.

A : 차단 프로그램?

B : 응. 차단 프로그램이 일부 스팸 메일을 삭제할 수 있어.

① 이메일을 자주 쓰니

② 우리가 할 수 있는 게 뭐 없을까

③ 어떻게 이 훌륭한 차단 프로그램을 만들었어

④ 이메일 계정 만드는 것을 도와줄 수 있니

+어휘 junk email 스팸 메일 / block 차단하다 / completely 완전히, 완전하게 / set up 설치하다 / filter 필터, 여과장치 / setting 설정 / weed out 삭제하다, 제거하다 / account 계정

013 | ②

밑줄 친 부분에 들어갈 말로 가장 적절한 것은? 2019. 국가직 9급

A : Would you like to try some dim sum?
B : Yes, thank you. They look delicious. What's inside?
A : These have pork and chopped vegetables, and those have shrimps.
B : And, um, _____?
A : You pick one up with your chopsticks like this and dip it into the sauce. It's easy.
B : Okay. I'll give it a try.

① how much are they
② how do I eat them
③ how spicy are they
④ how do you cook them

···해설 B의 빈칸 다음 A가 딤섬을 먹는 방법을 설명하고 있으므로 빈칸에 들어갈 내용으로 가장 적절한 것은 ②이다.

!해석 A : 딤섬을 좀 먹어볼래?

B : 응, 고마워. 맛있어 보이는데. 안에 뭐가 들어있어?

A : 이것들은 돼지고기와 다진 채소가 들어 있고, 저것들은 새우가 들어 있어.

B : 그러면 음, 그것들은 어떻게 먹어?

A : 이렇게 젓가락으로 하나 들고 소스에 찍어. 간단해.

B : 알았어. 먹어 볼게.

① 그것들은 얼마야

② 그것들은 어떻게 먹어

③ 그것들은 얼마나 맵니

④ 너는 그것들을 어떻게 요리하니

+어휘 abroad 해외로 / pork 돼지고기 / chopped (잘게) 다진 / shrimp 새우 / chopstick 젓가락 / dip 담그다 / spicy ① 매운 ② 양념 맛이 강한

014 | ③

밑줄 친 부분에 들어갈 말로 가장 적절한 것은? 2019. 지방직 9급

A : Hello. I need to exchange some money.
B : Okay. What currency do you need?
A : I need to convert dollars into pounds. What's the exchange rate?
B : The exchange rate is 0.73 pounds for every dollar.
A : Fine. Do you take a commission?
B : Yes, we take a small commission of 4 dollars.
A : _____?
B : We convert your currency back for free. Just bring your receipt with you.

① How much does this cost
② How should I pay for that
③ What's your buy-back policy
④ Do you take credit cards

해설 대화의 제일 마지막에 B가 '다시 환전할 때는 무료로 해 주겠다'고 했으므로 이 대답의 질문으로 가장 적절한 것은 ③ '환매 정책은 어떻게 되나요?'이다.

해석 A : 안녕하세요. 제가 환전이 필요합니다.
B : 그래요. 어떤 통화가 필요하세요?
A : 달러를 파운드로 바꿔야 해요. 환율이 어떻게 되죠?
B : 환율은 달러 당 0.73 파운드에요.
A : 알겠습니다. 수수료가 있나요?
B : 네, 우리는 4달러의 소액의 수수료를 받습니다.
A : 환매 정책은 어떻게 되나요?
B : 다시 환전할 때는 무료로 해드려요. 그냥 영수증만 가져오세요.
① 이것은 얼마인가요
② 제가 그것에 대해 얼마나 지불해야 합니까
③ 환매 정책은 어떻게 되나요
④ 신용카드로 계산되나요

어휘 **exchange** 교환하다 / **currency** 통화 / **convert** 바꾸다, 전환하다 / **exchange rate** 환율 / **take a commission** 수수료를 떼다 / **for free** 무료로 / **receipt** 영수증 / **buy-back** 환매 (되사기) / **policy** 방침, 제도

015 | ①

밑줄 친 부분에 들어갈 말로 가장 적절한 것을 고르시오. 2018. 국가직 9급

A : Can I ask you for a favor?
B : Yes, what is it?
A : I need to get to the airport for my business trip, but my car won't start. Can you give me a lift?
B : Sure. When do you need to be there by?
A : I have to be there no later than 6 : 00.
B : It's 4 : 30 now. _____.
  We'll have to leave right away.

① That's cutting it close
② I took my eye off the ball
③ All that glitters is not gold
④ It's water under the bridge

해설 A의 차가 시동이 걸리지 않아 B에게 공항까지 태워 줄 것을 요청하고 있고, 빈칸 다음 '지금 당장 출발해야 할 것 같아.'라고 했으므로 빈칸에 가장 적절한 것은 ① '시간이 아슬아슬하네'이다.

해석 A : 부탁 하나 해도 돼?
B : 응, 뭔데?
A : 출장 때문에 공항에 가야 하는데 차의 시동이 걸리지 않아. 나 좀 태워다줄 수 있어?
B : 물론이지. 공항에 언제까지 도착해야 해?
A : 늦어도 6시까지는 가야 해.
B : 지금 4시 30분이야. 시간이 아슬아슬하네. 지금 당장 출발해야 할 것 같아.
① 시간이 아슬아슬하네
② 내가 한 눈을 팔았어
③ 반짝인다고 다 금은 아니야
④ 이미 다 지난 일이야

어휘 **business trip** 출장 / **start** (차의) 시동을 걸다 / **no later than** 늦어도 ~까지는 / **right away** 지금 당장

016 | ②

다음 빈칸에 들어갈 내용으로 가장 적절한 것은?   2018. 국가직 9급

> A : Do you know how to drive?
> B : Of course. I'm a great driver.
> A : Could you teach me how to drive?
> B : Do you have a learner's permit?
> A : Yes, I got it just last week.
> B : Have you been behind the steering wheel yet?
> A : No, but I can't wait to _____.

① take a rain check   ② get my feet wet
③ get an oil change   ④ change a flat tire

해설 대화의 흐름상 A가 운전면허를 딴 지 1주일 밖에 안됐지만 운전을 하고 싶어 B에게 운전을 가르쳐 달라고 했으므로 빈칸에 들어가기에 가장 적절한 것은 ②이다.

해석 A : 너 운전 할 줄 아니?
B : 물론이지. 나는 운전 잘 해.
A : 나에게 운전하는 법을 가르쳐 주겠니?
B : 넌 그럼 임시 면허증을 가지고 있어?
A : 응, 지난주에 받았어.
B : 운전대를 잡은 적은 있어?
A : 아니. 하지만 나는 너무 <u>시작해 보고</u> 싶어.
① 다음을 기약 하고
② 시작해 보고
③ 오일 교환을 하고
④ 펑크난 타이어를 교체 하고

어휘 **a learner's permit** 임시 면허증 / **be[sit] behind the steering wheel** 운전대를 잡다, 운전하다 *steering wheel 운전대 / **cannot wait to** ⓥ ⓥ하고 싶다 / **take a rain check** 다음을 기약하다 / **get my feet wet** (막) 시작하다 / **get an oil change** 오일을 교체하다 / **flat tire** 펑크난 타이어

017 | ②

밑줄 친 부분에 들어갈 말로 가장 적절한 것은?   2018. 지방직 9급

> A : My computer just shut down for no reason. I can't even turn it back on again.
> B : Did you try charging it? It might just be out of battery.
> A : Of course, I tried charging it.
> B : _____
> A : I should do that, but I'm so lazy.

① I don't know how to fix your computer.
② Try visiting the nearest service center then.
③ Well, stop thinking about your problems and go to sleep.
④ My brother will try to fix your computer because he's a technician.

해설 컴퓨터 충전이 다 되어있는데도 컴퓨터의 전원이 안 들어오는 상황이므로 빈칸에 가장 적절한 것은 ②이다.

해석 A : 내 컴퓨터가 아무 이유 없이 꺼졌어. 다시 켤 수도 없어.
B : 충전해봤어? 배터리가 다 나갔을지도 몰라.
A : 물론 충전도 다시 해봤지.
B : <u>그렇다면 가장 가까운 서비스센터를 찾아가봐.</u>
A : 그래야 할 것 같아. 근데 내가 좀 게을러서.
① 난 네 컴퓨터를 고치는 법을 몰라.
② 그렇다면 가장 가까운 서비스 센터를 찾아가봐.
③ 음, 네 문제에 대해 그만 생각하고 잠이나 자.
④ 우리 오빠가 네 컴퓨터를 고쳐려고 할거야. 왜냐하면 오빠는 기술자거든.

어휘 **shut down** (기계가) 멈추다, 정지하다 / **turn on** 켜다 / **charge** 충전하다 / **be out of battery** 배터리가 나가다 / **lazy** 게으른 / **fix** 고치다, 수리하다

018 | ①

밑줄 친 부분에 들어갈 말로 가장 적절한 것을 고르시오.   2018. 지방직 9급

> A : Where do you want to go for our honeymoon?
> B : Let's go to a place that neither of us has been to.
> A : Then, why don't we go to Hawaii?
> B : _____

① I've always wanted to go there.
② Isn't Korea a great place to live?
③ Great! My last trip there was amazing!
④ Oh, you must've been to Hawaii already.

해설 둘 다 하와이는 가 본 적이 없기 때문에 신혼여행을 하와이로 가는 건 어떠냐는 질문에 대한 대답으로 ①이 가장 적절하다.

해석 A : 신혼여행은 어디로 가고 싶어?
B : 우리 둘 다 가보지 않은 곳으로 가자.
A : 그렇다면 하와이로 가는 거 어때?
B : <u>난 늘 그곳에 가고 싶었어.</u>
① 난 늘 그곳에 가고 싶었어.
② 한국은 살기 좋은 곳 아니니?
③ 좋은데! 그곳에서의 내 마지막 여행은 멋졌어.
④ 오, 당신은 하와이에 벌써 가본 게 틀림없구나.

어휘 **honeymoon** 신혼여행 / **have been to** ~ ~에 갔다[다녀]왔다 / **amazing** 놀라운, 멋진

Chapter 02 짧은 대화

001 | ③

두 사람의 대화 중 자연스럽지 않은 것은? 2023. 국가직 9급

① A : He's finally in a hit movie!
   B : Well, he's got it made.
② A : I'm getting a little tired now.
   B : Let's call it a day.
③ A : The kids are going to a birthday party.
   B : So, it was a piece of cake.
④ A : I wonder why he went home early yesterday.
   B : I think he was under the weather.

해설 아이들이 생일 파티에 갈 거라는 A의 말에 '식은 죽 먹기'라는 대답은 대화의 흐름상 어색하다. 따라서 정답은 ③이다.

해석 ① A : 그가 마침내 흥행작에 출연했어!
   B : 음, 그가 해냈구나.
② A : 나 이제 좀 피곤해.
   B : 오늘은 여기까지 하자.
③ A : 아이들이 생일 파티에 갈 거야.
   B : 그래서 그건 식은 죽 먹기였어.
④ A : 어제 그가 왜 일찍 집에 갔는지 궁금해.
   B : 내 생각에는 그는 몸이 좋지 않았어.

어휘 **get it made** 해내다, 잘 풀리다, 성공하다 / **call it a day** 끝내다, 마치다 / **a piece of cake** 식은 죽 먹기 / **under the weather** 몸이 좋지 않은

002 | ③

두 사람의 대화 중 자연스럽지 않은 것은? 2023. 지방직 9급

① A : How would you like your hair done?
   B : I'm a little tired of my hair color. I'd like to dye it.
② A : What can we do to slow down global warming?
   B : First of all, we can use more public transportation.
③ A : Anna, is that you? Long time no see! How long has it been?
   B : It took me about an hour and a half by car.
④ A : I'm worried about Paul. He looks unhappy. What should I do?
   B : If I were you, I'd wait until he talks about his troubles.

해설 오랜만에 만나 얼마 만에 보는 건지 묻는 A의 말에 자동차로 한 시간 반 정도 걸렸다는 B의 대답은 대화의 흐름상 자연스럽지 않다. 따라서 정답은 ③이다.

해석 ① A : 머리는 어떻게 해 드릴까요?
   B : 머리 색깔이 좀 싫증나서요. 염색하고 싶어요.
② A : 지구 온난화를 늦추기 위해 우리가 할 수 있는 일은 무엇일까요?
   B : 우선, 대중교통을 더 많이 이용해야 해요.
③ A : Anna, 너 맞지? 오랜만이야! 이게 얼마만이야?
   B : 차로 한 시간 반 정도 걸렸어.
④ A : Paul이 걱정돼. 그는 불행해 보여. 어떻게 해야 하지?
   B : 내가 너라면, 그가 자기 문제에 대해 말할 때까지 기다릴 거야.

어휘 **be tired of** ~에 싫증나다 / **dye** 염색하다 / **slow down** (속도를) 늦추다 / **public transportation** 대중교통

003 | ④

두 사람의 대화 중 가장 어색한 것은? 2022. 지방직 9급

① A : I like this newspaper because it's not opinionated.
   B : That's why it has the largest circulation.
② A : Do you have a good reason for being all dressed up?
   B : Yeah, I have an important job interview today.
③ A : I can hit the ball straight during the practice but not during the game.
   B : That happens to me all the time, too.
④ A : Is there any particular subject you want to paint on canvas?
   B : I didn't do good in history when I was in high school.

해설 캔버스에 무엇을 그리고 싶냐는 A의 질문에 고등학교 때 역사를 잘하지 못했다는 B의 대답은 대화의 흐름상 어색하다. 따라서 정답은 ④이다.

해석 ① A : 나는 이 신문이 독선적이지 않아서 좋아.
   B : 그게 그 신문의 판매 부수가 가장 많은 이유야.
② A : 정장을 입은 이유가 있어?
   B : 응, 오늘 중요한 면접이 있어.
③ A : 나는 연습 중에는 공을 똑바로 칠 수 있지만 경기 중에는 칠 수 없어.
   B : 나도 늘 그래.
④ A : 캔버스에 그리고 싶은 특별한 주제가 있어?
   B : 나는 고등학교 때 역사를 잘하지 못했어.

어휘 **opinionated** 독선적인 / **dress up** 정장을 입다 / **particular** 특별한 / **do good in** ~을 잘하다

004 | ③

두 사람의 대화 중 가장 어색한 것은? 2021. 지방직 9급

① A : I'm so nervous about this speech that I must give today.
   B : The most important thing is to stay cool.
② A : You know what? Minsu and Yujin are tying the knot!
   B : Good for them! When are they getting married?
③ A : A two-month vacation just passed like one week. A new semester is around the corner.
   B : That's the word. Vacation has dragged on for weeks.
④ A : How do you say 'water' in French?
   B : It is right on the tip of my tongue, but I can't remember it.

해설 방학이 너무 빨리 지나가 버렸다는 A의 말에 그 말이 옳다고 동의하면서 방학을 몇 주간 질질 끌고 있다는 B의 대답은 대화의 흐름상 어색하다. 따라서 정답은 ③이다.

해석 ① A : 오늘 내가 해야 하는 이 연설 때문에 너무 긴장돼.
   B : 가장 중요한 건 침착하는 거야.
② A : 그거 알아? 민수랑 유진이 결혼한대!
   B : 잘됐네! 그들은 언제 결혼한대?

③ A : 두 달간의 방학이 그냥 일주일처럼 지나가 버렸어. 새 학기는 곧 다가올 거고.
　　B : 내 말이. 방학이 몇 주째 계속되고 있어.
④ A : '물'을 프랑스어로 어떻게 말하지?
　　B : 기억이 날 듯 말 듯한데, 기억이 안 나.

+ 어휘 **nervous** 초조한, 긴장된 / **speech** 연설 / **tie the knot** 결혼하다 / **drag on** 질질[오래] 끌다, 계속되다 / **on the tip of one's tongue** 혀끝에서 맴도는, 기억이 날 듯 말 듯한

005 | ④

두 사람의 대화 중 가장 어색한 것은?　　　　　2020. 국가직 9급

① A : When is the payment due?
　　B : You have to pay by next week.
② A : Should I check this baggage in?
　　B : No, it's small enough to take on the plane.
③ A : When and where shall we meet?
　　B : I'll pick you up at your office at 8 : 30.
④ A : I won the prize in a cooking contest.
　　B : I couldn't have done it without you.

… 해설 A의 상을 탔다는 말에 대한 응답으로 B의 당신이 없었다면 자신은 그것을 할 수 없었다는 대답은 대화의 흐름상 어색하다. 따라서 정답은 ④이다.

! 해석 ① A : 납부 기한이 언제입니까?
　　　 B : 다음주까지 내셔야 합니다.
② A : 이 짐을 부쳐야 하나요?
　　　 B : 아니요, 비행기에 들고 탈 만큼 충분히 작네요.
③ A : 우리 언제 어디서 만날까요?
　　　 B : 제가 8시 30분에 당신의 사무실로 태우러 가겠습니다.
④ A : 제가 요리대회에서 상을 탔어요.
　　　 B : 당신이 없었다면 저는 그것을 하지 못했을 거예요.

+ 어휘 **payment due** 납부기한 / **check in** (짐을) 부치다 / **baggage** 짐, 수하물 / **take on** (사람이나 짐을) 태우다, 싣다

006 | ②

두 사람의 대화 중 가장 자연스러운 것은?　　　　　2020. 지방직 9급

① A : Do you know what time it is?
　　B : Sorry, I'm busy these days.
② A : Hey, where are you headed?
　　B : We are off to the grocery store.
③ A : Can you give me a hand with this?
　　B : OK. I'll clap for you.
④ A : Has anybody seen my purse?
　　B : Long time no see.

… 해설 어디로 가느냐고 묻는 A의 질문에 식료품 가게로 간다는 B의 대답은 대화의 흐름상 가장 자연스럽다. 따라서 ②가 정답은 ②이다.

! 해석 ① A : 지금 몇 시야?
　　　 B : 미안해, 요즘 내가 바빠.
② A : 이봐, 어디 가는 길이야?
　　　 B : 식료품 가게에 가는 중이야.
③ A : 이것 좀 도와줄래?
　　　 B : 알았어, 박수 쳐줄게.
④ A : 내 지갑 본 사람 있어?
　　　 B : 오랜만이야.

+ 어휘 **head** 향하다 / **be off to** ~로 가다, 향하다 / **grocery store** 식료품 가게 / **give ~ a hand** ~를 도와주다 / **clap** 박수치다 / **purse** 지갑

007 | ④

두 사람의 대화 중 가장 어색한 것은?　　　　　2019. 국가직 9급

① A : I'm traveling abroad, but I'm not used to staying in another country.
　　B : Don't worry. You'll get accustomed to it in no time.
② A : I want to get a prize in the photo contest.
　　B : I'm sure you will. I'll keep my fingers crossed.
③ A : My best friend moved to Sejong City. I miss her so much.
　　B : Yeah. I know how you feel.
④ A : Do you mind if I talk to you for a moment?
　　B : Never mind. I'm very busy right now.

… 해설 '잠깐 얘기하는 것을 꺼려하느냐'의 질문에 '결코 꺼려하지 않는다'라고 말한 후 '지금 너무 바쁘다'라고 말을 잇는 것은 적절한 대답이 될 수 없다. 따라서 정답은 ④이다.

! 해석 ① A : 난 해외여행 중인데, 다른 나라에 머무는 데 금방 익숙해지지가 않아.
　　　 B : 너무 걱정하지 마. 곧 익숙해질 거야.
② A : 나는 사진 콘테스트에서 상을 받고 싶어.
　　　 B : 넌 꼭 상을 탈 거야. 행운을 빌어줄게.
③ A : 가장 친한 내 친구가 세종시로 이사 갔어. 나는 그녀가 정말 그리워.
　　　 B : 응. 나는 네 마음이 어떤지 알겠어.
④ A : 잠깐 얘기 좀 할 수 있을까?
　　　 B : 물론이지. 나는 지금 매우 바빠.

+ 어휘 **abroad** 해외로 / **be used to ⓥ-ing** ⓥ하는 데 익숙하다 (=**get accustomed to ⓥ-ing** ⓥ하는 데 익숙해지다) / **in no time** 곧, 당장에 / **keep one's fingers crossed** 행운을 빌다 / **miss** 그리워하다 / **mind** 꺼려하다

008 | ④

두 사람의 대화 중 가장 어색한 것은?　　　　　　　2019. 지방직 9급

① A : What time are we having lunch?
　 B : It'll be ready before noon.
② A : I called you several times. Why didn't you answer?
　 B : Oh, I think my cell phone was turned off.
③ A : Are you going to take a vacation this winter?
　 B : I might. I haven't decided yet.
④ A : Hello. Sorry I missed your call.
　 B : Would you like to leave a message?

해설 전화를 받지 못해 미안해하는 A의 말에 메시지를 남기겠냐고 묻는 B의 대답은 대화의 흐름상 어색하다. 따라서 정답은 ④이다.

해석 ① A : 우리 몇 시에 점심 먹어요?
　　　 B : 정오 전에는 준비가 될 거예요.
　　② A : 당신에게 여러 번 전화했었어요. 왜 안 받았어요?
　　　 B : 아, 제 휴대폰이 꺼졌던 것 같아요.
　　③ A : 올겨울에 휴가 가실 건가요?
　　　 B : 갈 수도 있지만 아직 결정하지 못했어요.
　　④ A : 여보세요. 전화를 못 받아서 미안해요.
　　　 B : 메시지를 남기시겠습니까?

어휘 turn off 끄다 / miss ① 그리워하다 ② 놓치다

009 | ④

대화 중 가장 어색한 것은?　　　　　　　　　2019. 서울시 9급

① A : What was the movie like on Saturday?
　 B : Great. I really enjoyed it.
② A : Hello. I'd like to have some shirts pressed.
　 B : Yes, how soon will you need them?
③ A : Would you like a single or a double room?
　 B : Oh, it's just for me, so a single is fine.
④ A : What time is the next flight to Boston?
　 B : It will take about 45 minutes to get to Boston.

해설 Boston행 다음 비행기의 출발 시각을 묻는 A의 질문에 Boston까지 가는 데 걸리는 시간을 말하는 B의 대답은 대화의 흐름상 적절하지 않다. 따라서 정답은 ④이다.

해석 ① A : 토요일에 본 영화는 어땠어요?
　　　 B : 좋았어요. 난 정말 재미있게 봤어요.
　　② A : 안녕하세요. 이 셔츠들을 다림질하고 싶어요.
　　　 B : 네, 언제까지 이것들이 필요하신가요?
　　③ A : 싱글룸을 원하십니까, 아니면 더블룸으로 하시겠습니까?
　　　 B : 아, 저 혼자니까 싱글룸이 좋아요.
　　④ A : Boston행 다음 비행기는 몇 시인가요?
　　　 B : Boston까지 약 45분이 걸릴 거예요.

어휘 What is A like? A는 어때? / press 다림질하다 / flight 비행(기)

010 | ③

대화 중 가장 어색한 것은?　　　　　　　　　2018. 서울시 9급

① A : I'd like to make a reservation for tomorrow, please.
　 B : Certainly. For what time?
② A : Are you ready to order?
　 B : Yes, I'd like the soup, please.
③ A : How's your risotto?
　 B : Yes, we have risotto with mushroom and cheese.
④ A : Would you like a dessert?
　 B : Not for me, thanks.

해설 리조또가 어떤지에 대한 대답으로 버섯과 치즈를 곁들인 리조또가 있다는 내용은 어색하다. 따라서 정답은 ③이다.

해석 ① A : 내일 예약하고 싶습니다.
　　　 B : 물론이지요. 몇 시로 해드릴까요?
　　② A : 주문하시겠습니까?
　　　 B : 네, 수프 주세요.
　　③ A : 리조또는 어떠셨나요?
　　　 B : 네, 우리는 버섯과 치즈를 곁들인 리조또가 있습니다.
　　④ A : 디저트 드시겠습니까?
　　　 B : 감사하지만 전 괜찮습니다.

어휘 reservation 예약 / order 주문하다 / mushroom 버섯

011 | ①

A와 B의 대화 중 가장 어색한 것은?　　　　　　2018. 서울시 7급

① A : Did you hear the exam results?
　 B : They really cut corners when they built an extension.
② A : Tomorrow is the D-day. I am really nervous.
　 B : Break a leg, Sam. I'm sure your performance will be great.
③ A : Why don't we get this purse? It looks great.
　 B : We can't afford this purse! It costs an arm and a leg.
④ A : How often do you go to a cinema?
　 B : I only go to the cinema once in a blue moon.

해설 시험 결과에 대한 물음에 증축에 대한 원칙과 절차에 대한 대답은 대화의 흐름상 적절하지 않다. 따라서 정답은 ①이다.

해석 ① A : 시험 결과 들었니?
　　　 B : 그들은 증축을 할 때 절차나 원칙을 완전히 무시했어.
　　② A : 내일이 디데이야. 정말 긴장돼.
　　　 B : 행운을 빌어, 샘! 네가 잘할 거라고 믿어.
　　③ A : 이 지갑을 사는 게 어때? 좋아 보이는데.
　　　 B : 이 지갑을 살 형편이 안 돼! 너무 비싸.
　　④ A : 얼마나 자주 영화 보러 가?
　　　 B : 아주 가끔 가.

어휘 cut corners 절차나 원칙을 무시하다 / extension 증축, 확장 / nervous 긴장된 / break a leg 행운을 빌다 / performance ① 공연 ② 수행[능력], 실적 / purse 지갑 / afford ~할 여유가[형편이] 있다[되다] / cost an arm and a leg 큰돈이 들다 / once in a blue moon 아주 가끔

김세현

주요 약력

- 현 남부행정고시학원 영어 강사
- Eastern Michigan University 대학원 졸
- TESOL(영어교수법) 전공
- 전 EBS 영어 강사
- 전 Megastudy/Etoos/Skyedu 영어 강사
- 전 에듀윌 영어 강사

주요 저서

- 박문각 김세현 영어 기본서
- 박문각 김세현 영어 단원별 기출문제
- 박문각 김세현 영어 실전 400제
- 박문각 김세현 영어 파이널 모의고사
- 박문각 김세현 영어 문법 줄세우기
- 에듀윌 기본서
- 에듀윌 기출문제분석
- 에듀윌 심화문제풀이
- EBS 완전 소중한 영문법
- EBS 이것이 진짜 리딩스킬이다

동영상강의

www.pmg.co.kr

김세현
영어
단원별 기출문제

초판 인쇄 | 2023. 11. 20.   **초판 발행** | 2023. 11. 27.   **편저** | 김세현

발행인 | 박 용   **발행처** | (주)박문각출판   **등록** | 2015년 4월 29일 제2015-000104호

주소 | 06654 서울시 서초구 효령로 283 서경 B/D 4층   **팩스** | (02)584-2927

전화 | 교재 문의 (02)6466-7202

저자와의
협의하에
인지생략

정가 17,000원   ISBN 979-11-6987-604-9